Abbé J. LE ROUX

ÉLÉMENTS
DE
PHILOSOPHIE

A L'USAGE DES ÉLÈVES

DE LA

CLASSE DE PHILOSOPHIE

DEUXIÈME ÉDITION

PARIS

LIBRAIRIE CH. POUSSIELGUE

15, RUE CASSETTE, 15

1903

ÉLÉMENTS
DE
PHILOSOPHIE

Imprimatur :
Vannes, le 10 octobre 1902,
† AMÉDÉE-JEAN,
Évêque de Vannes,

PROPRIÉTÉ DE L'ÉDITEUR

ALLIANCE DES MAISONS D'ÉDUCATION CHRÉTIENNE

ÉLÉMENTS

DE

PHILOSOPHIE

A L'USAGE DES ÉLÈVES

DE LA

CLASSE DE PHILOSOPHIE

PAR

L'Abbé J. LE ROUX

Directeur de l'École Saint-François-Xavier, Vannes

DEUXIÈME ÉDITION

PARIS

LIBRAIRIE CH. POUSSIELGUE

15, RUE CASSETTE, 15

1903

LETTRE

DE

SA GRANDEUR MONSEIGNEUR L'ÉVÊQUE DE VANNES

Évêché de Vannes, 10 octobre 1903.

Cher Monsieur le Chanoine,

Je viens de parcourir votre livre intitulé Éléments de Philosophie à l'usage des élèves de la classe de philosophie-lettres.

Ce volume me paraît éminemment propre à obtenir le but que vous vous êtes proposé : donner à vos chers élèves les vrais principes d'une saine philosophie, et les amener sûrement au baccalauréat si ardemment désiré.

Votre division logique est facile à retenir ; les définitions sont précises, les déductions s'enchaînent, le style est remarquable par son élégance et sa propriété. C'est ce qu'il faut pour assurer le succès d'un tel ouvrage.

Je le bénis, ainsi que son auteur, et le cher collège que vous dirigez avec un si grand dévouement.

Avec mes félicitations, veuillez recevoir, cher Monsieur le Chanoine, l'assurance de mes meilleurs sentiments en Notre-Seigneur.

† Amédée-Jean,
Évêque de Vannes.

INTRODUCTION

LA SCIENCE — LES SCIENCES
LA PHILOSOPHIE. — OBJET ET DIVISION

La Science.

La Science se distingue de la connaissance vulgaire. La connaissance vulgaire se borne à constater les faits ; la science veut connaître la raison des choses, c'est-à-dire leurs principes, leurs causes ou leurs lois.

« La science, a dit Aristote, commence par l'étonnement et finit par son contraire. » Le vulgaire ne s'étonne pas des faits qu'il voit se produire chaque jour sous ses yeux. Le savant s'en étonne et en cherche l'explication : il veut savoir, par exemple, pourquoi l'eau ne remonte dans le corps de pompe que jusqu'à une certaine hauteur. Lorsqu'il a donné l'explication du phénomène, son étonnement cesse, si bien qu'il serait fort étonné du contraire.

La science est un ensemble de connaissances certaines et générales, logiquement reliées entre elles.

Un ensemble... Une connaissance isolée n'est pas la science. Des connaissances simplement juxtaposées ne la constituent même pas ; il faut qu'elles soient reliées entre elles, unies par un lien logique. C'est ce lien qui fait la science.

De *connaissances certaines*... C'est sur ce point que la science diffère de l'opinion qui consiste à connaître avec probabilité, c'est-à-dire avec un certain doute ou avec crainte de se tromper. La science se compose de vérités évidentes par elles-mêmes ou prouvées ; elle ne se contente pas d'affirmations contestables, de lois hypothétiques. La connaissance vulgaire peut être certaine, mais d'une certitude dont nous sommes incapables de rendre compte ; au contraire, la science est en état de donner les motifs de sa certitude.

Et *générales*... La science a pour but d'expliquer les choses. Or, expliquer les choses, en rendre raison, c'est dire *pourquoi* et *comment* elles sont. Pourquoi cette chose est-elle ainsi ? Comment se produit-elle ? Le *comment* des choses, c'est la loi ou la manière constante selon laquelle les choses se produisent. La loi de la chute des corps dit comment cette chute s'accomplit : les corps tombent selon la loi du mouvement uniformément accéléré. Le *pourquoi*, c'est la cause ou le principe qui est la raison des choses. Le physicien nous explique l'ascension du liquide dans le corps de pompe par la pression atmosphérique. Dans les sciences abstraites on donne la raison d'une proposition en montrant qu'elle est la conséquence d'un principe certain. La science pourrait donc se définir la connaissance des causes et des lois. Or les causes et les lois sont générales ; il s'ensuit que la science est du général.

Il n'y a pas de science du particulier, il n'y a de science que du général. *Non est scientia fluxorum*, disaient les scolastiques. Il n'y a pas de science de l'individuel, parce que les individus sont variables et successifs et par conséquent la science serait toujours à recommencer. Il n'y a pas de science du particulier. Les sciences expérimentales ont, il est vrai, pour point de départ les faits particuliers, mais elles ont pour objet les caractères généraux des êtres et leurs rapports communs ou bien les lois qui expliquent les faits. En étudiant des faits, par exemple la dilatation de tel corps par la chaleur, le physicien détermine les rapports constants de ces faits, c'est-à-dire la *loi* de la dilatation des corps. De l'observation de quelques êtres semblables, par exemple, les mammifères, le naturaliste dégage les caractères constants, c'est-à-dire l'idée du type ou du genre, l'idée de mammifère en général. C'est ainsi que la science a un objet constant ; car si l'individu meurt, l'espèce subsiste ; si les faits sont changeants et multiples, la loi est constante.

En général, les sciences se contentent d'étudier le *comment* des choses et ne cherchent pas d'ordinaire le *pourquoi*. Une science seule s'en préoccupe directement, la philosophie, qui est essentiellement la science des causes.

La science nous procure de nobles jouissances. Elle a, de plus, une grande utilité pratique et elle est féconde en applications bienfaisantes. Elle nous permet *de prévoir l'avenir pour y pourvoir*. Nous pouvons ainsi maîtriser la nature et lui commander. Bacon a dit avec un peu d'exagération : « la science humaine et la puissance humaine coïncident. » Il n'en reste pas moins vrai que la puissance de l'homme sur la nature grandit avec la science de ses lois et que les découvertes scientifiques ne tardent pas à faire naître des applications industrielles.

Ces applications bienfaisantes ne sont pourtant que le but secondaire de la science. La fin véritable est de faire connaître la vérité. La science est, de sa nature, spéculative, et Aristote a pu dire sans paradoxe qu'une science est d'autant plus excellente qu'elle est moins utile.

Les Sciences.

La faiblesse de l'esprit humain et la nécessité de mettre de l'ordre dans nos connaissances ont fait diviser la science en différents groupes ou sciences particulières. Cette division du travail intellectuel a produit les plus grands résultats.

On peut définir une science particulière : *un ensemble de connaissances certaines et générales relativement à un objet déterminé*. La physique, par exemple, est l'ensemble des connaissances certaines et générales relatives aux propriétés générales des corps.

Classification des sciences. — Toute classification est imparfaite et provisoire, parce que le savoir humain s'agrandit toujours et donne naissance à des sciences nouvelles. Il faudrait, pour pouvoir donner une classification parfaite et définitive, la science totale.

On a classé les sciences d'après le *sujet*, c'est-à-dire d'après les facultés qui contribuent le plus à les former. On les a le plus souvent classées d'après l'*objet* de la connaissance. Enfin on les a classées d'après la connaissance considérée en elle-même dans ses différents degrés d'abstraction et de généralisation.

Aristote divise les sciences en *spéculatives, pratiques* et *poétiques*.

Bacon les divise en sciences de *mémoire*, d'*imagination* et de *raison*.

Ampère les divise en *sciences cosmologiques* et *sciences noologiques*. Il divise chacun de ces règnes en sous-règnes et embranchements et arrive à distinguer 128 sciences.

Auguste Comte groupe les sciences d'après l'ordre de complexité des phénomènes. Il admet six classes de sciences : les *mathématiques*, l'*astronomie*, la *physique*, la *chimie*, la *biologie* et la *sociologie*. Avec la complexité des faits croît aussi la difficulté de la science et par conséquent l'ordre indiqué désigne encore l'ordre du progrès des sciences à travers le temps.

Stuart-Mill prétend que cette merveilleuse systématisation des sciences suffirait à elle seule pour faire d'Auguste Comte un des premiers penseurs du siècle. Ce jugement est excessif. La classification de Comte n'en est pas moins remarquable à plusieurs points de vue. Elle a l'avantage de se fonder à la fois sur la distinction des objets et sur l'ordre de complexité croissante de ces objets.

Elle a de graves défauts : 1° On ne peut admettre d'une manière absolue que les objets des diverses sciences ne renferment que des différences de complexité. Comte avait d'abord enseigné que les lois supérieures se ramènent aux lois inférieures et sont toutes réductibles aux lois mathématiques. Cette théorie est applicable aux sciences de la matière inorganique, car les lois physico-chimiques peuvent se résoudre en formules mathématiques. Mais on ne saurait l'étendre aux phénomènes vitaux et encore moins aux phénomènes psychologiques. Comte a lui-même déclaré plus tard que d'un ordre de lois à l'autre il existe « un immense accroissement. » Les lois inférieures conditionnent les lois supérieures, mais n'en sont pas la condition suffisante. C'est ainsi que l'être vivant possède ce qui se trouve dans le corps inorganique, plus l'organisation et la vie. Il aurait dû de même admettre que la vie consciente psychologique n'est pas réductible à la vie physiologique.

2° Cette classification ne fait pas de place à la philosophie qui n'aurait d'autre rôle que de coordonner les résultats les plus généraux des sciences et ne serait que la systématisation des sciences. Or, la philosophie n'a pas seulement cet objet ; elle embrasse l'étude de l'âme et des règles à suivre pour connaître le vrai, pratiquer le bien et réaliser le beau ; elle comprend encore la critique des lois de l'esprit et la recherche des causes.

3° Cette classification ne représente pas fidèlement l'ordre historique du développement des sciences. « Il y a, dit Spencer, entre les sciences une action et une réaction mutuelles et leur progrès est souvent parallèle, au lieu d'être successif. Il reste vrai pourtant que dans les sciences cosmologiques l'ordre indiqué par Comte correspond au développement historique : les mathématiques étaient très avancées au temps d'Euclide ; l'astronomie était constitude au temps de Copernic ; la physique ne date que de Galilée ; la chimie, de Lavoisier ; la biologie a dû ses grands progrès à Claude Bernard. Mais plusieurs sciences morales, comme la psychologie, la logique et la morale, avaient fait de grands progrès avant la physiologie, la physique et la chimie.

Spencer a perfectionné la classification d'Auguste Comte. Il distingue :

1° Les sciences abstraites : la *logique*, les *mathématiques*.

2° Les sciences abstraites-concrètes : *mécanique, physique, chimie*.

3° Les sciences concrètes : *astronomie, géologie, biologie, psychologie, sociologie*. Cette classification restitue à la logique et à la psychologie la place que Comte leur avait refusée. Mais elle a le tort de n'en pas donner de spéciale à la morale et à la métaphysique.

Classification commune. — La classification la plus simple distingue avec Ampère les sciences de la matière et de l'esprit, les *sciences cosmologiques* et les *sciences noologiques ou morales*.

I. Sciences cosmologiques. — Les sciences cosmologiques se divisent en sciences du *concret* et de *l'abstrait*.

a) — Les sciences cosmologiques *concrètes* se partagent en sciences physiques et naturelles.

Les sciences physiques proprement dites étudient la matière inerte et non organisée : *physique, chimie, minéralogie, géologie, astronomie*.

Les sciences naturelles ou biologiques étudient les corps vivants : *anatomie et physiologie animales, anatomie et physiologie végétales, paléontologie, pathologie*.

b) — Les sciences *abstraites* ont pour objet l'étude des propriétés les plus générales de la matière, nombre, étendue, mouvement : *arithmétique, algèbre, géométrie mécanique*.

II. Sciences noologiques ou morales. — Elles forment deux groupes, les *sciences morales* proprement dites et les *sciences philosophiques*.

a) — Les *sciences morales* proprement dites ont pour objet les diverses manifestations de l'esprit.

1° l'homme parle : *sciences philologiques*.

2° L'homme vit en société : *sciences sociales et juridiques*.

3° L'homme et la société subissent des vicissitudes : *sciences historiques*.

b) — Les *sciences philosophiques* étudient l'esprit humain et Dieu et la nature intime des êtres : *psychologie, métaphysique*.

La Philosophie, son Objet.

On a conçu la philosophie de diverses manières. On l'a entendue de l'explication que chacun imagine de l'ensemble des réalités qui nous entourent. Les positivistes ont entendu par philosophie la science qui montre les rapports généraux de toutes les sciences. Spencer l'appelle le savoir unifié.

En réalité, la philosophie est une science spéciale ayant son objet propre et son domaine séparé. Mais cet objet est complexe et difficile à déterminer.

Pour déterminer l'objet de la philosophie, nous procédons par élimination. Après avoir donné à toutes les autres sciences leur objet, nous nous demandons quels sont les objets qui restent à connaître et que les autres sciences ne traitent pas. Les questions qu'elles n'étudient pas sont l'objet d'une science, complément nécessaire des autres sciences, la philosophie.

Or, en jetant un coup d'œil sur la classification commune des sciences, il est évident que si les sciences cosmologiques étudient tous les faits de la matière morte ou vivante, les sciences morales proprement dites n'étudient pas tous les faits noologiques. A côté des faits qui manifestent l'activité morale, il reste à étudier des faits humains intérieurs tout aussi réels que les faits extérieurs, plus réels même, puisqu'ils les expliquent : les idées, les sentiments, les actes de volonté. Ces phénomènes intimes et l'esprit qui en est le sujet sont la matière d'une nouvelle science. La philosophie étudie les faits de conscience dans l'homme individuel, soit pour découvrir ce qu'ils sont : *psychologie*, soit pour déterminer ce qu'ils doivent être : *logique, morale* et *esthétique*.

Avec les sciences psychologiques le cycle du savoir n'est pas encore fermé. Toutes les sciences cosmologiques, et même les sciences morales dont nous venons de parler, s'occupent des faits. Mais quelle est la nature intime des êtres en qui se passent ces faits? Qu'est-ce que la matière où se passent les faits physiques? Qu'est-ce que la vie qui est le principe des faits physiologiques? Qu'est-ce que l'âme où se passent les faits psychologiques? Quand on le saura, on aura la science complète de notre monde.

Il reste encore une question d'une extrême importance : Au-dessus de cet univers n'y a-t-il rien? Se suffit-il à lui-même? Ne faut-il pas en chercher l'explication dans le principe suprême d'où il dérive, dans la cause première : Dieu? Ces trois dernières questions sont l'objet de la métaphysique. La philosophie comprend donc la psychologie et la métaphysique. Depuis Socrate, toutes les grandes écoles philosophiques ont eu leur psychologie et leur métaphysique. Ces deux parties de la philosophie sont intimement unies. La solution des questions métaphysiques dépend des résultats fournis par la psychologie, la logique et la morale ; on ne peut donc séparer les sciences métaphysiques des sciences psychologiques. Le point de départ de la philosophie est l'étude de l'âme et son terme est la connaissance de Dieu.

Définition de la philosophie. — La complexité de l'objet de la philosophie en rend la définition difficile.

Aristote la définit : *la connaissance des premiers principes et des premières causes.* Cette définition convient à la métaphysique.

Les scolastiques la définissent : *la connaissance des choses par leurs causes les plus élevées.*

Bossuet la définit : *la connaissance de Dieu et de soi-même.*

On peut encore la définir : *la science de l'âme humaine et des premiers principes de la connaissance et de l'existence.*

On la définit enfin : *la connaissance raisonnée de l'âme, du monde, de Dieu et de leurs rapports.*

Philosophie des Sciences.

Puisqu'elle a un objet spécial et distinct, la philosophie est donc une science spéciale. D'autre part, la philosophie peut être appelée une science universelle, non pas en ce sens qu'elle les renferme toutes, mais parce qu'elle les domine. Combiner des nombres, décrire des plantes, raconter les événements, ce n'est pas faire de la philosophie. Mais, s'il y a des sciences distinctes de la philosophie, il y a cependant une philosophie de toutes les sciences.

La philosophie des sciences est la partie la plus élevée de chaque science, qui étudie les principes qui lui servent de base, en détermine ou en apprécie la méthode et en contrôle les résultats les plus généraux.

Toutes les sciences reposent sur certaines notions qu'elles acceptent sans les discuter. La géométrie repose sur la notion d'étendue; la mécanique et la physique, sur la notion de force. Toutes les sciences supposent les notions de loi, de principe, de cause. C'est l'œuvre de la philosophie de préciser ces principes, d'en chercher l'origine et d'en déterminer la nature.

Il faut à toute science une méthode, c'est-à-dire un ensemble de procédés pour arriver à découvrir ou à démontrer la vérité. Si la philosophie ne crée pas toutes les méthodes, elle les apprécie, elle en montre la valeur et la portée. On ne peut d'ailleurs connaître cette valeur sans analyser l'esprit humain, sans connaître les lois de la pensée elle-même dans ses rapports avec la réalité.

Plus l'intelligence se développe, plus elle a besoin d'unité. Chaque science nous donne certaines vérités. Il est important de les relier entre elles et de les coordonner. Au-dessus des sciences particulières on conçoit donc une science des sciences qui aurait pour but d'unifier nos connaissances et d'en former un vaste système. La généralisation des sciences serait donc l'œuvre philosophique par excellence ; elle réunirait toutes les sciences si nombreuses dans une lumineuse unité ; mais cette généralisation suppose la philosophie proprement dite, sans laquelle elle est impossible et dont elle est fort distincte.

La philosophie d'une science a pour objet les notions fondamentales de cette science et sa méthode et elle s'applique à montrer les relations de cette science avec les autres sciences. La science n'est pas encore assez avancée pour que ce dernier travail puisse être accompli d'une manière parfaite.

Division de la Philosophie. — Ordre a suivre

La philosophie se divise en *psychologie, logique, morale* et *métaphysique*.

La métaphysique se divise en *métaphysique générale* qui comprend la *théorie de la connaissance* et *l'ontologie* et en *métaphysique spéciale* qui traite des différents êtres. La métaphysique spéciale comprend :

La *cosmologie rationnelle*, science de la nature des corps.
La *psychologie rationnelle*, science de la nature de l'âme.
La *théologie rationnelle*, science de Dieu.

L'ordre dans lequel il faut disposer les parties de la philosophie, s'il ne présente rien de nécessaire et d'absolu, n'est pourtant pas indifférent.

Les scolastiques commençaient par la logique, parce que la logique, science du raisonnement, est l'instrument et comme la clef de la philosophie. Les modernes commencent par la psychologie. Pour s'étudier soi-même, il n'est pas nécessaire d'avoir fait un cours de logique et de posséder une connaissance approfondie des règles du raisonnement, la logique naturelle suffit.

Il vaut mieux commencer par la psychologie; car il faut toujours conduire par ordre ses pensées en commençant par les objets les plus simples et les plus faciles à connaître : or le premier objet qui s'offre à l'homme, c'est l'homme lui-même. « Commençons donc par l'étude de l'âme humaine, disait Bacon. » La méthode psychologique qui prend pour point de départ l'étude de la pensée est donc la plus logique.

Descartes passe pour être le créateur de la méthode psychologique. Il en a seulement posé le principe en fondant la philosophie sur une observation psychologique, dans son *cogito, ergo sum*. Mais après avoir fondé la philosophie sur l'observation de la pensée, il a conclu les autres vérités fondamentales d'une manière déductive, *more geometrico*. Locke, dans son *Essai sur l'Entendement humain*, l'école écossaise et l'école spiritualiste française ont continué les observations psychologiques. La méthode psychologique est à peu près la seule suivie aujourd'hui.

Les scolastiques plaçaient la théodicée avant la morale. Ils en donnaient pour raison que la morale ne peut pas être indépendante de la théodicée. Il est certain qu'il faut remonter à Dieu pour trouver le premier principe et la raison suprême de nos devoirs et que, sans la connaissance de Dieu et de sa justice, il ne peut exister aucune morale qui repose sur un fondement stable. « La morale, dit Janet, est fondée sur Dieu, auteur et gouverneur du monde, ou elle n'est pas. »

Faut-il en conclure d'une manière absolue qu'on ne puisse pas traiter de la morale avant d'avoir étudié la théodicée ? Le programme place la morale avant la métaphysique. Cet ordre a l'avantage de ne pas diviser la science de l'âme et de réserver pour la fin du cours les questions les plus difficiles. Un autre avantage plus grand encore : la morale fournit à la théodicée l'une de ses meilleures preuves. On peut d'ailleurs constituer une morale en constatant dans la conscience humaine la notion du bien obligatoire pour toute volonté libre et par conséquent l'existence d'une loi morale obligatoire, universelle et absolue.

ÉLÉMENTS DE PHILOSOPHIE

PREMIÈRE PARTIE

PSYCHOLOGIE

La psychologie est la science des faits de l'âme et de sa nature.

Elle se divise en *psychologie expérimentale* et en *psychologie rationnelle*.

La *psychologie expérimentale* traite des faits psychologiques, des opérations et des facultés de l'âme et de leurs lois.

La *psychologie rationnelle* établit par le raisonnement la nature de l'âme et sa destinée. La psychologie expérimentale et la psychologie rationnelle diffèrent par leur objet et par leur méthode. La première a pour objet les faits de l'âme, les états de conscience et recherche les lois des phénomènes psychologiques. La psychologie rationnelle étudie la nature de l'âme et sa destinée. La 1re emploie la méthode expérimentale ; la 2e, la méthode déductive. Il ne faut cependant pas exagérer ces distinctions et en faire deux sciences séparées. Elles sont, au contraire, les deux parties d'une même science. La psychologie rationnelle s'appuie sur les résultats de la psychologie expérimentale pour démontrer la nature de l'âme et sa destinée. La spiritualité de l'âme se démontre par un raisonnement qui a pour base les caractères et les actes du sujet pensant, tels qu'ils se révèlent à la conscience. — Un certain nombre de philosophes contemporains n'admettent que la psychologie expérimentale. Les phénoménistes (Hume, Stuart-Mill, Taine) se contentent d'étudier les phénomènes de conscience et leurs lois. Les psychophysiciens (Weber, Fechner, Wundt, Ribot) s'appliquent à rechercher les rapports des faits psychologiques et des faits physiologiques. Les uns et les autres ne s'occupent pas de la nature de l'âme et du principe des faits de conscience : ils font donc une psychologie « sans âme » et favorisent ainsi le matérialisme lors même qu'ils ne le professeraient pas.

CHAPITRE PRÉLIMINAIRE

OBJET ET MÉTHODE
LA PSYCHOLOGIE EXPÉRIMENTALE

La psychologie est la science de l'âme. Mais l'âme ne se manifeste à nous que par l'intermédiaire des faits. Nous ne pouvons même saisir immédiatement les facultés ou pouvoirs de l'âme, il faut les étudier dans les faits dont elles sont le principe et qui nous les révèlent. « Il faut, dit saint Thomas, que les facultés se distinguent d'après leurs actes ». « Je ne vois pas les propriétés de mon âme, dit Platon, mais je puis juger de leur différence par la différence de leurs actes. » L'étude de l'âme humaine doit donc commencer par l'étude des faits. La méthode d'observation suivie avec tant de succès dans les sciences de la nature peut s'appliquer à la psychologie qui a de grandes analogies avec les sciences physiques et naturelles. Comme les sciences de la nature, la psychologie expérimentale observe et analyse les faits psychologiques, les classe d'après leurs caractères différentiels, les compare, les rapporte aux puissances qui les produisent et constate les lois de ces puissances ou facultés. Nous avons donc à étudier :

1° La nature et les caractères des faits psychologiques.
2° Les moyens de les observer.
3° Leur classification.

I. — Caractères des faits psychologiques

Un fait est ce qui commence et ce qui finit. Il est transitoire de sa nature.

On distingue trois ordres de faits :

1° Les *faits physiques* qui se passent dans les corps inertes : rayonnement de la chaleur, réflexion de la lumière, réfraction.

2° Les *faits physiologiques* qui s'accomplissent dans les êtres vivants : sécrétions, circulation du sang, mouvements nerveux.

3° Les *faits psychologiques* ou faits de conscience qui sont les modifications diverses dont l'âme toute seule ou avec le corps est le théâtre et dont nous pouvons avoir conscience : les émotions, les pensées, les volitions.

Une question se pose : les faits que la psychologie étudie constituent-ils un ordre distinct de phénomènes ou sont-ils de même nature que les faits physiologiques ?

Les matérialistes et les positivistes voudraient les confondre sous le nom de faits biologiques. Pour eux les idées, les volitions, les sensations sont le résultat du travail cérébral. Or, l'étude des fonctions du cerveau appartient à la physiologie et par conséquent l'étude des faits psychologiques n'est qu'une branche de cette science. La psychologie n'est donc qu'un chapitre de la physiologie.

Nous affirmons que la psychologie est une science spéciale ; car elle repose sur des faits qui diffèrent profondément des faits physiologiques.

Ils diffèrent 1° *par leur nature*. Les phénomènes de la vie organique (digestion, respiration, circulation du sang) consistent dans des mouvements. Ils sont étendus, ils ont des dimensions ; on les mesure ou on peut espérer de les mesurer. Abstraction faite de la vie, qui reste un profond mystère, les phénomènes physiologiques ont été assimilés par Descartes et plusieurs autres aux faits physiques et chimiques ; incontestablement ils se ramènent à des mouvements.

Les phénomènes psychologiques, au contraire, sont inétendus, ne se produisent pas dans l'espace, il est impossible de les ramener à des mouvements. Prenons un exemple : une blessure au pied est un phénomène physiologique, la douleur qui en résulte est un phénomène psychologique. La blessure a une certaine étendue, on peut en mesurer la longueur, la largeur et la profondeur ; mais il serait absurde de dire que la douleur a tant de centimètres de longueur, de largeur ou de profondeur. A plus forte raison en est-il ainsi des phénomènes proprement spirituels, comme les idées, les volitions. Impossible de concevoir le côté droit d'une résolution, le haut ou le bas d'une pensée ou d'une joie. Sans doute on parle couramment de la profondeur d'une idée, de l'élévation d'une pensée, mais qui ne voit que ces expressions sont de pures métaphores? A la différence des faits physiologiques, les faits psychologiques ne s'accomplissent pas dans l'espace, mais dans le temps : on peut mesurer leur durée.

2° Les faits psychologiques diffèrent des faits physiologiques *par la manière dont ils sont connus*. Les faits physiologiques sont connus au moyen des sens, surtout par la vue, l'ouïe et le toucher, souvent aidés des instruments, comme le scalpel, la loupe, etc. Nous pouvons les observer chez les autres aussi bien et même mieux que sur nous-mêmes. Ces faits existent d'ailleurs indépendamment de la connaissance que nous pouvons en avoir. Les phénomènes psychologiques ne sont connus que par la conscience, ils échappent aux sens. Seul l'homme qui les produit ou les éprouve les connaît directement, en a conscience. Les sens, il est vrai, peuvent percevoir les signes extérieurs de la douleur ou de la joie, mais non ces sentiments eux-mêmes. Le caractère conscient des faits psychologiques et le caractère inconscient des faits physiologiques suffirait seul à motiver la distinction entre ces deux ordres de faits et à prouver que l'objet de la psychologie est distinct de celui de la physiologie.

Concluons qu'il faut admettre en nous deux classes de phénomènes absolument irréductibles, tant par leurs caractères intrinsèques que par leur mode d'observation. Par suite, il faut maintenir une distinction essentielle entre les deux sciences : la *physiologie*, science de l'organisme et des lois de son fonctionnement et la *psychologie*, science de l'âme, de ses phénomènes et de leurs lois.

Rapports de la psychologie et de la physiologie. — Les faits psychologiques et les faits physiologiques sont aussi étroitement unis qu'ils sont profondément distincts ; ils se compénètrent si bien que tout fait physiologique a son retentissement dans la vie psychologique et que tout fait psychologique a son retentissement dans la vie physiologique. De là les rapports étroits qui doivent régner entre la physiologie et la psychologie et le concours réciproque que ces deux sciences sont appelées à se prêter. Loin de séparer l'une de l'autre la psychologie et la physiologie, pour bien connaître l'homme, il faut unir ces deux sciences. Il est donc facile de concevoir l'importance d'une science intermédiaire qui a spécialement pour objet l'étude des relations de l'esprit avec les organes, la psychologie physiologique, ou psycho-physique qui a fait de si rapides progrès grâce à la collaboration des physiologistes et des psychologues.

II. — Sources d'information de la psychologie.

La psychologie expérimentale est une science de faits. L'observation doit donc être le point de départ de la psychologie. « L'homme est ce qu'il est, dit Royer-Collard, observons-le, ne l'imaginons pas. »

L'observation psychologique est double : *intérieure* et

extérieure. L'observation intérieure est appelée *subjective*, parce que c'est le même sujet qui observe et qui est observé. L'observation extérieure, qui porte ordinairement sur les autres hommes, est appelée *objective*, parce que l'objet observé est distinct de celui qui observe.

Méthode subjective. — Pour connaître les faits psychologiques, il faut commencer par s'observer soi-même. Seule l'observation personnelle nous fait connaître les faits de conscience directement et en eux-mêmes. L'observation personnelle est donc la source première d'information de la psychologie : psychologie bien ordonnée commence par soi-même. Sans cette introspection, il nous serait impossible d'avoir la notion des phénomènes psychologiques. De même qu'on ne peut faire comprendre à un aveugle ce que c'est qu'une couleur, de même on ne pourrait faire comprendre à un être qui n'a pas la conscience, ce qu'est un phénomène psychologique.

Broussais et A. Comte ont rejeté cette observation personnelle. Plusieurs autres philosophes ont accumulé les objections contre ce procédé d'investigation. Ils ont dit que l'observation personnelle est impossible. L'œil ne se voit pas lui-même. On ne peut nier que nous nous connaissions nous-mêmes. Tous les hommes ont conscience de leur vie intérieure, et, à certains moments, ils observent ce qui se passe en eux.

Pour posséder la science de l'âme, il ne suffit pas de constater vaguement les faits, il faut que nous en ayons une connaissance distincte, précise, analytique. Pour cela il faut observer attentivement par la réflexion appliquée aux faits perçus par la conscience.

Cette observation subjective présente des avantages et des difficultés.

1° Avantages. — Dans l'observation interne l'objet est connu immédiatement et sans intermédiaire et de nombreuses chances d'erreur sont ainsi écartées. L'observation par la conscience ne nous fait pas seulement connaître les phénomènes, mais le sujet ou même la cause du phénomène. C'est pour ce motif que la vie psychologique est en somme moins obscure que la vie physiologique et Descartes a pu dire que l'homme est plus facile à connaître dans son âme que dans son corps.

2° *Difficultés*. — *a*) Les faits psychologiques ne font que traverser la conscience pour disparaître aussitôt, ils se succèdent avec une rapidité extrême. — Il est vrai que beaucoup de faits sont fugitifs, mais ils se répètent souvent et la mémoire, en reproduisant les faits passés, nous permet de les étudier.

b) Les faits sont complexes : ils se pénètrent les uns les autres, et se mêlent souvent à des faits physiologiques. — Mais nous pouvons les décomposer par l'analyse psychologique et une attention méthodique nous en révèle les éléments.

c) Souvent l'attention altère les faits que nous voulons étudier (colère). — Mais la mémoire les reproduit et nous permet de les étudier.

d) L'amour propre et les préjugés nous trompent. L'homme trouve en lui-même ce qu'il veut y voir et ne remarque pas ce qui est en désaccord avec ses idées préconçues. — Assurément il y a là une difficulté réelle qui a bien retardé les progrès de la psychologie. Il faut combattre cette cause d'erreur par un examen réfléchi et raisonné et par l'amour sincère et désintéressé de la vérité.

Méthode objective. — La méthode subjective ne saurait suffire. Par l'observation personnelle, le psychologue ne connaîtrait que lui-même et non la nature humaine en général et, par conséquent, il ne pourrait faire œuvre scientifique. Il faut donc que le psychologue ait recours à d'autres sources d'information, il faut qu'il observe les autres hommes. Il est vrai que nous ne percevons pas directement les faits de conscience chez nos semblables ; mais nous pouvons les deviner à l'aide des signes qui les manifestent ; par la conversation, par un grand nombre de signes, nous pouvons connaître les états de conscience de nos semblables. Les manifestations de la vie psychologique et par suite les sources d'information de la méthode objective sont :

1° Le *langage*. Il réfléchit comme un miroir fidèle la vie intellectuelle et morale de l'homme. On trouve dans chaque langue la psychologie de la nation qui la parle. Les langues reflètent le génie des différents peuples.

2° L'*histoire* est comme une psychologie en action. Rien n'est plus instructif pour le psychologue que le tableau des mœurs et de la vie des peuples.

3° La *littérature*. Les moralistes et surtout les poètes ont décrit l'homme moral avec ses pensées, ses vertus et ses vices. Racine a décrit l'homme tel qu'il est ; Molière a saisi sur le vif les défectuosités et les ridicules de l'humanité ; Shakespeare a merveilleusement décrit les états morbides de l'âme, tous les sentiments, toutes les passions.

4° *La psychologie comparée* nous fait connaître les différents degrés de la vie psychologique dans l'enfant et dans l'adulte, dans le sauvage et le civilisé, dans l'homme malade et dans l'homme en santé, dans l'homme et dans l'animal. De même que les faits exceptionnels ou tératologiques sont les plus instructifs pour les physiciens et les physiologistes, l'étude des cas anormaux (aveugles-nés, sourds-muets, aliénés, hystériques, somnambules naturels ou artificiels) est pour le psychologue une source de précieux renseignements. De nos jours, toutes ces branches de la psychologie se sont singulièrement développées. Il s'est fondé en Europe et en Amérique de nombreux laboratoires de psychologie expérimentale où l'on applique à l'étude des phénomènes psychologiques les procédés d'observation et d'expérimentation employés jusqu'ici dans les sciences physiques et naturelles.

Il est nécessaire que le psychologue ait recours à la méthode objective pour contrôler et généraliser les résultats de l'observation personnelle. Ce n'est qu'à ce prix qu'il découvrira les caractères essentiels qui sont communs à tous les hommes. Mais quelle que soit l'importance de l'observation objective, elle ne peut se substituer à la méthode subjective, puisqu'elle dépend de celle-ci et la suppose. Nous ne pouvons connaître les manifestations de ce qui se passe dans les autres et les interpréter sans la connaissance de notre propre vie intime. L'observation subjective et l'observation objective, inséparablement unies, tel est donc le double fondement d'une psychologie scientifique.

De l'expérimentation en psychologie

L'expérimentation consiste à susciter les phénomènes que l'on se propose d'étudier. L'expérimentation, si féconde dans les sciences physiques et naturelles, est-elle possible en psychologie ?.

Plusieurs philosophes l'ont nié, mais à tort : l'expérimentation est possible en psychologie.

On peut expérimenter 1° d'une *manière idéale* : on peut faire un raisonnement pour se rendre compte des opérations qui le composent. On peut évoquer des idées pour comprendre mieux le mécanisme de la mémoire, le rôle de l'association des idées dans le souvenir, etc. On peut encore expérimenter sur les autres en agissant sur leur âme pour y produire des phénomènes que l'on observera ensuite. Un maître peut chercher à se rendre compte de l'utilité de telle méthode d'enseignement. Un homme politique essaiera tel système de récompense ou de punition.

On a dit que la première catégorie d'observations n'est pas de l'expérimentation proprement dite, et que la seconde étant faite sur un grand nombre d'individus, ne donne que des résultats assez vagues. Cette remarque est juste, si l'expérimentation consiste à susciter l'apparition d'un phénomène ou à modifier les circonstances dans lesquelles il se produit. Mais si, avec Claude Bernard, on la fait consister essentiellement dans la vérification d'une hypothèse, le champ de l'expérimentation s'agrandit. Un psychologue peut, à l'occasion des faits antérieurement perçus, concevoir des hypothèses et découvrir ensuite, par l'observation de lui-même ou des autres, des faits qui la vérifient ;

2° On peut expérimenter *d'une manière réelle* :

a) Certaines observations équivalent à des expériences, lorsque la nature ou le hasard présentent des cas qui peuvent servir à la vérification d'une hypothèse : le cas des aveugles-nés opérés de la cataracte a permis de résoudre en partie le problème des perceptions acquises ; les désordres survenus dans la mémoire ont permis de préciser le rôle important de l'organisme cérébral dans le souvenir.

b) Il y a des phénomènes psychologiques qui dépendent de phénomènes physiologiques déterminés et dont il est possible de mesurer l'intensité. Les recherches faites sur ce point ont donné naissance à deux sciences : la Psychophysiologie et la Psychophysique.

La *psychophysique* se propose d'établir expérimentalement les rapports qui existent entre les diverses sensations ou perceptions et leurs antécédents physiques. Les psychophysiciens, comme Weber, Wundt, Fechner, Sanford, Ribot, etc., ont mesuré : 1° La vitesse des sensations, 2° la quantité minimum d'excitation nécessaire pour chaque sensation, 3° les cercles de sensation tactile, 4° le rapport de la sensation à l'excitation.

La psychophysique a donc fait certaines expériences intéressantes et révélé certains faits nouveaux.

La *psychophysiologie* est la science des rapports entre les antécédents physiologiques et les états psychiques.

Expériences psycho-physiologiques : un animal à qui

on a enlevé les lobes cérébraux, en laissant intacte la moëlle allongée, perd l'instinct et l'intelligence, mais la sensibilité et le mouvement subsistent. (Flourens).

La faculté du langage ou l'aphasie dépend de la 3ᵉ circonvolution gauche frontale (Broca).

Le travail intellectuel détermine l'afflux du sang au cerveau (Mosso).

On a calculé les effets produits par la peur dans la circulation. On a étudié expérimentalement les maladies de la mémoire et de la volonté, les conditions psychologiques de la conscience et de l'attention.

c) Les expériences hypnotiques ont révélé quelques points obscurs de l'âme humaine. L'hypnotisme fait le vide dans l'esprit du sujet et permet d'y introduire des phénomènes psychologiques, dont on peut suivre plus facilement le développement.

III. — CLASSIFICATION DES FAITS PSYCHOLOGIQUES.

Les faits psychologiques sont multiples et variés. Toutefois un peu d'observation suffit pour montrer qu'ils forment des classes bien distinctes. Il est facile de les grouper suivant leurs caractères différentiels et de distinguer dans l'esprit humain diverses facultés qui correspondent à ces différents groupes. Cette méthode, analogue à celle qui est employée dans les sciences naturelles, a conduit les psychologues à distinguer trois groupes ou classes de faits.

1° Il y a des faits qui ont pour caractère de nous affecter en bien ou en mal, de nous causer du plaisir ou de la douleur, ce sont les *faits sensibles* : sensations, sentiments, inclinations.

2° Il y a d'autres faits qui ont pour caractère d'être des connaissances, ce sont les *faits intellectuels* : perceptions, souvenirs, jugements, raisonnements.

3° Il y a des faits qui ont pour caractère d'être un choix entre plusieurs actes possibles, ce sont les *faits volontaires* : volitions, résolutions.

Cette classification est fondée sur des caractères différentiels irréductibles.

I° Les *faits sensibles* sont *subjectifs, passifs, variables*. Ils sont *subjectifs*, c'est-à-dire qu'ils sont de simples manières d'être du sujet. Dans la sensation considérée comme émotion, il n'y a aucune représentation d'objet, mais une simple modification du moi. Ils sont *passifs* : on éprouve un sentiment, on subit une douleur. Ils sont *variables* : la joie et la tristesse se succèdent dans l'âme.

II° Les *faits intellectuels*, au contraire, sont *objectifs* (représentatifs). « Celui qui connaît quelque chose », dit Platon. Ils sont *actifs* : quand je veux démontrer une vérité philosophique, je suis obligé de me représenter l'enchaînement des preuves, ce que je ne puis sans un effort d'attention, sans une activité de l'esprit. Enfin ils sont plus *constants* que les faits sensibles : il y a plus d'uniformité dans nos idées que dans nos humeurs. Les faits intellectuels sont donc distincts des faits sensibles, mais ils leur ressemblent en ce qu'ils sont également *fatals*. Lorsque j'essaie une démonstration, la conclusion ne dépend pas de moi, elle s'impose fatalement à moi. Ce caractère de fatalité établit une différence entre les deux premières classes de faits et la troisième.

III° Les *faits volontaires* sont *libres*. L'âme humaine possède une activité spéciale, elle se détermine elle-même et, loin de subir la loi des choses extérieures, elle les soumet à ses propres desseins. C'est librement que je m'engage dans la lutte pour le bien. J'aurais pu prendre le parti moins noble de m'abandonner à la nature, au lieu de chercher à la corriger et à la vaincre.

Il y a donc trois grandes classes de faits de conscience. Or, des faits distincts supposent des causes distinctes :

nous pouvons donc attribuer ces trois classes de faits à un triple pouvoir de l'âme et reconnaître trois facultés : la sensibilité, l'intelligence et la volonté.

La *sensibilité* est la faculté de jouir et de souffrir.

L'*intelligence* est la faculté de connaître.

La *volonté* est la faculté de se déterminer par soi-même et de son propre mouvement.

En résumé, déterminer les facultés de l'âme, c'est étudier les faits psychologiques dans leurs caractères différentiels et conclure de leurs différences irréductibles à un nombre égal de facultés ou pouvoirs producteurs de ces faits.

Cette classification des facultés est nécessaire ; car il est impossible de ranger dans la même classe des phénomènes actifs et passifs, des faits fatals et libres.

Cette classification est suffisante ; car tous les phénomènes de l'âme entrent dans ces trois catégories et on peut rapporter toute la vie psychologique à ces trois mots : sentir, penser, vouloir.

Les facultés de l'âme. — On peut définir les facultés les pouvoirs que nous possédons d'éprouver certaines modifications ou d'accomplir certains actes. Cette définition convient à la fois à la sensibilité, faculté passive, et aux deux autres facultés qui sont actives.

Les facultés sont à l'âme ce que les propriétés sont à la matière, les fonctions aux corps organisés. Ce sont les forces du monde moral. Cependant les facultés ne peuvent être assimilées en toute chose aux propriétés des corps et aux fonctions des êtres vivants. Les minéraux qui ont des propriétés, les végétaux et les animaux qui ont des fonctions, ignorent qu'ils les possèdent et ne sont pas libres de les exercer à leur gré ou d'agir sur elles. Au contraire, nous avons conscience de posséder des facultés et nous pouvons en diriger l'exercice.

On ne peut nier l'existence des facultés. Si nous décou

vrons en nous des faits sensibles, c'est que nous pouvons sentir que nous avons la faculté de sentir. Il en est de même de l'intelligence et de la volonté. Personne ne peut donc contester le triple pouvoir de sentir, penser, vouloir. Mais il ne faut pas oublier que nous ne connaissons les facultés que par les phénomènes qui les manifestent. Nous ne savons ce que nous pouvons que par les faits que nous éprouvons ou par les actes que nous accomplissons.

On pourrait demander pourquoi nous ne rapportons pas immédiatement à l'âme elle-même cet acte volontaire, cette pensée, ce sentiment. Pourquoi supposer des intermédiaires entre l'âme et les faits ? c'est qu'il paraît impossible d'expliquer par une cause unique et simple, comme est l'âme considérée en elle-même, des actes de nature différente et même opposée, qui souvent se produisent en nous simultanément. Je puis en même temps éprouver un désir et former la résolution de faire le contraire de ce désir. L'on ne conçoit guère que des effets si différents puissent être produits par la même cause immédiate.

Le mot faculté est donc exact et correspond à la réalité. Il faut pourtant éviter un danger. Il ne faudrait pas se représenter les facultés comme des êtres réels, comme des petites âmes dont chacune aurait sa vie propre et sa réalité. Notre âme est tout à la fois sensible, intelligente et douée d'activité volontaire.

Bien plus, si l'abstraction distingue trois sortes de faits, il faut remarquer que ces faits sont intimement liés dans la réalité. Il n'est pas de fait intellectuel qui ne soit uni à des faits sensibles et volontaires : je lis pour m'instruire ou pour me distraire, mais j'y suis volontairement attentif. De même, les faits volontaires sont mêlés à des faits sensibles et intellectuels : si j'entreprends un voyage, il y a pour moi un motif d'utilité ou de plaisir, mais il faut bien que je prenne mes dispositions, que je me trace un programme.

La division en trois facultés n'en subsiste pas moins et

nous devons, dans nos analyses, séparer ce qui est uni dans la réalité. Mais en étudiant successivement l'âme sous ses différents points de vue, nous ne devons pas oublier son unité. La distinction de nos facultés et leur liaison intime révèlent dans l'âme humaine une variété infinie et une unité parfaite qui en constituent la merveilleuse beauté.

La division des facultés que nous venons de donner est récente. Nous trouvons dans l'histoire de la philosophie d'autres divisions.

Platon distingue dans l'âme *la raison*, *l'appétit supérieur*, principe des passions généreuses, et *l'appétit inférieur*, principe des passions basses. Il ne connaît pas *la volonté*.

Aristote distingue les *facultés végétative, sensitive* et *intellectuelle*. Il appelle la volonté *appétit rationnel*. Il ajoute *la faculté motrice*.

Les scolastiques et Bossuet distinguent *les opérations sensitives* et *les opérations intellectuelles*. Les opérations sensitives sont immédiatement liées à la vie physiologique et nous sont communes avec les animaux. Les opérations intellectuelles ne dépendent pas immédiatement de l'organisme et sont propres à l'homme. Les opérations intellectuelles sont *l'entendement* et *l'appétit rationnel* ou *volonté*, qui tend à un bien connu par la raison.

Condillac fait dériver toutes les facultés de *la sensation*. *La sensation représentative* dominante est l'attention ; la double attention est la comparaison et le jugement. *La sensation affective* produit le désir, et le désir dominant est la volonté.

CHAPITRE PREMIE

LA SENSIBILITÉ

La *sensibilité* est la faculté qui atteint en nous, la première, la plénitude de son développement. Pendant l'enfance nos idées sont singulièrement bornées, nos pouvoirs actifs ont peu d'énergie, mais notre âme connaît déjà la joie, la tristesse et la plupart des émotions et des passions qui l'agiteront dans la suite : la colère, la jalousie, etc.

La *sensibilité* est le pouvoir d'éprouver du plaisir et de la douleur, d'être affecté d'une manière agréable ou désagréable.

La *sensibilité* est l'ensemble des émotions que nous pouvons éprouver. Mais les émotions ont leurs principes dans les inclinations. Enfin il arrive qu'à la suite des émotions, telle inclination acquiert plus de puissance et devient passion. La sensibilité comprend donc trois ordres de faits : les émotions, les inclinations, les passions.

Art. 1ᵉʳ — LES ÉMOTIONS

L'émotion est un état passager de l'âme doucement ou violemment agitée. Elle diffère de l'inclination qui est une tendance, une disposition permanente.

Le plaisir et la douleur. — On distingue les émotions agréables et désagréables ou le plaisir et la douleur.

Le *plaisir* est une modification agréable qui résulte d'une inclination satisfaite.

La *douleur* est une modification désagréable qui résulte d'une inclination contrariée ou surmenée.

Nature du plaisir et de la douleur. — Quelques philosophes, entre autres Épicure, chez les anciens, Kant, Schopenhauer, chez les modernes, ont soutenu que le fait primitif de la sensibilité est non le plaisir, mais la douleur.

Pour Épicure, le plaisir est la cessation de la douleur (*indolentia*). Pour Kant, agir c'est faire effort et tout effort suppose une douleur.

Il est vrai qu'il y a des plaisirs qui sont la cessation d'une douleur. Le plaisir devient plus vif par le contraste. On ne jouit jamais plus de la santé qu'après une grave maladie. Mais il y a des plaisirs qui ne sont précédés d'aucune douleur : voir un beau tableau, entendre une belle musique. La doctrine d'Épicure est donc inexacte. Si elle était vraie, il ne pourrait pas exister deux plaisirs consécutifs.

La doctrine de Kant est également fausse. Il est vrai que l'effort est souvent pénible ; mais tout effort n'est pas une peine. L'effort n'est une peine que lorsqu'il est disproportionné et violent. Contenu dans de justes limites il est un plaisir. « L'effort, dans un organisme sain, est une joie, il constitue le plaisir primitif le plus simple, celui de se sentir vivre », dit Caro.

Aristote a soutenu que le plaisir est le fait positif et primitif. Il accompagne le jeu normal de notre activité. « C'est dans l'action que semble exister le bien-être et le bonheur. Le plaisir n'est pas l'acte même, mais c'est un surcroît qui n'y manque jamais. C'est une perfection dernière qui s'y ajoute comme à la jeunesse sa fleur... Non seulement le plaisir naît de l'acte, mais il se mesure à l'acte. Tant vaut l'acte, tant vaut le plaisir qui l'accompagne. »

Cette notion du plaisir est très profonde et nous semble d'une parfaite exactitude.

Le plaisir, dit Aristote, est la fleur de l'activité. On pourrait objecter les plaisirs du *far niente*, les charmes de l'oisiveté pour le paresseux. Mais l'oisiveté, dont plusieurs savourent les délices, n'est pas le désœuvrement complet. L'inaction n'est pour l'homme qu'un temps de repos nécessaire pour réparer ses forces épuisées et non un état dans lequel il aspire à demeurer. L'écolier n'est pas inactif en récréation ou en vacances. Les jeux qui le passionnent sont ceux qui demandent la plus grande activité : la course, la chasse. De même, les gens oisifs sont ingénieux à occuper leurs loisirs et à se préserver, par tous les moyens possibles, de ce plaisir chimérique de ne rien faire.

Le plaisir, dit encore Aristote, est un surcroît. Il ne fait pas partie de l'acte, il s'y ajoute. Si nous comprenions bien cette notion du plaisir, nous ne chercherions jamais le plaisir dans nos actes. Nous le goûterions, chemin faisant, comme on cueille une fleur le long de la route. C'est une loi psychologique, que le plaisir est d'autant plus vif et plus exquis qu'on ne l'a pas cherché.

Descartes explique le plaisir par l'intelligence qui aurait connaissance du bien et du mal qui se passe en nous. La joie, dit-il, est la conscience d'une perfection et la tristesse, la conscience d'une imperfection. C'est confondre la pensée et la sensibilité.

Relations du plaisir et de la douleur. — L'activité ne produit pas seulement le plaisir, elle produit aussi la douleur. On pourrait dire que le plaisir est le résultat de l'exercice spontané et libre de l'activité et que la douleur est le résultat d'une activité qui outrepasse sa puissance ou n'en atteint pas les limites. Il n'est pas un seul mode de notre activité vitale ou morale qui ne soit accompagné de jouissance, s'il s'exerce librement et dans une limite convenable, ou de souffrance, si son action est comprimée ou exercée outre mesure. Une promenade est agréable, une course forcée devient pénible. Une lecture plaît, si elle n'amène pas la contention de l'esprit. Elle devient pénible, si on s'applique trop longtemps à des matières difficiles. On peut donc dire que le plaisir et la douleur, bien que si opposés, sont des phénomènes de même nature et qu'il existe entre eux une relation intime. Platon exprime ainsi le lien intime du plaisir et de la douleur : « L'étrange chose, mes amis, que ce que les hommes appellent le plaisir, et comme il a de merveilleux rapports avec la douleur qu'on prétend son contraire ! Car, si le plaisir et la douleur ne se rencontrent pas en même temps, quand on prend l'un, il faut accepter l'autre, comme si un lien naturel les rendait inséparables. » Ainsi le plaisir ne saurait exister sans la douleur pour compagne ; la douleur le suit comme l'ombre la lumière.

D'autre part, il y a du plaisir dans la douleur. « *Est quædam flere voluptas* », dit Ovide. Racine fait dire à Phèdre : « Il fallait bien souvent me priver de mes larmes ! » S'il y a du plaisir dans les larmes que nous versons sur nos propres maux, il y en a aussi dans celles que nous versons sur les maux des autres. La pitié, la compassion sont des affections douces au cœur. De même nous éprouvons la joie aux représentations dramatiques qui nous arrachent des larmes. « *Lacrymæ ergo amantur et dolores* », conclut saint Augustin. Signalons enfin l'attrait exercé par le spectacle de la souffrance. Les combats d'animaux et, bien plus encore, les combats des gladiateurs ont passionné les hommes. On peut expliquer ce charme étrange que l'analyse psychologique découvre au sein de la douleur par l'excitation extraordinaire d'activité que produisent dans notre être tout entier nos propres douleurs et par la vivacité des émotions que les spectacles tragiques excitent dans l'âme.

Lois du plaisir et de la douleur. — Le plaisir est

dans l'activité. Mais dans quelles conditions et d'après quelle loi l'action cause-t-elle le plaisir et la douleur ?

D'après Aristote, la loi du plaisir réside en un milieu, dans une certaine moyenne de l'activité : trop ou trop peu de lumière, trop ou trop peu de nourriture font souffrir ; une nourriture modérée, une lumière tempérée sont agréables.

Spencer distingue le plaisir négatif et positif, la douleur négative et positive.

La douleur négative est l'impuissance d'agir, la douleur positive est le surmenage.

Le plaisir négatif résulte de l'activité fatiguée qui se repose et se refait. Le plaisir positif vient d'une action modérée. Cette dernière loi est fausse quand il s'agit du plaisir de l'esprit, car « le sensible le plus fort offense les sens, dit Aristote, mais le parfait intelligible recrée l'entendement. »

Un psychologue contemporain anglais, Grote, a cru pouvoir exprimer la loi selon laquelle l'activité détermine le plaisir et la douleur d'après la proportion entre l'activité disponible et l'activité exercée.

1º Il y a plaisir, si l'activité disponible est grande et si elle peut s'exercer librement : l'écolier resté immobile pendant une classe éprouve un vif plaisir à faire agir ses muscles. Le cheval retenu longtemps à l'écurie s'échappe en courses folles. Si cette activité disponible est contrariée, il y a douleur. C'est la grande souffrance du prisonnier.

2º Si l'activité disponible est petite et est contrainte de s'exercer, il y a douleur. S'il lui est permis de suspendre son exercice, il y a plaisir.

Ces lois sont exactes, mais incomplètes. Elles ne considèrent dans l'activité que la quantité. Or, il faut aussi tenir compte de la qualité. Pour qu'il y ait plaisir, il faut agir non seulement dans une certaine mesure, mais d'une certaine manière. De là cette loi : Le plaisir naît d'une activité qui s'exerce dans un sens conforme à ses tendances naturelles ; la douleur, d'une activité détournée de sa fin.

SENSIBILITÉ PHYSIQUE ET MORALE

Sensations et Sentiments

Nos plaisirs et nos douleurs se divisent selon leurs causes déterminantes. Or, ils peuvent être déterminés en nous par des faits de la vie organique ou par des faits de la vie psychologique. C'est pourquoi on distingue la sensibilité physique et la sensibilité morale.

La *sensibilité physique* est le pouvoir d'éprouver du plaisir et de la douleur à la suite d'un changement dans la vie organique.

La *sensibilité morale* est le pouvoir d'éprouver de la joie ou de la tristesse à la suite d'un changement dans la vie psychologique.

Le fait de sensibilité physique s'appelle sensation. Le fait de sensibilité morale s'appelle sentiment. La douleur produite par une blessure est une sensation. Le plaisir d'une lecture ou le plaisir délicat qui résulte du devoir accompli est un sentiment.

Les sensations. — Les sensations sont les émotions agréables ou désagréables déterminées en nous par les impressions faites sur les organes des sens.

La cause physique qui produit la sensation peut être extérieure et alors la sensation est appelée externe, par exemple, une brûlure, ou intérieure, et alors la sensation est appelée interne, par exemple, un rhumatisme.

Analyse de la sensation. — Dans une sensation, il y a un élément physiologique qui consiste dans une *impression* nerveuse. On sait que les nerfs répandus à la surface et dans toutes les parties du corps correspondent au cerveau. Or, quand un objet matériel est mis en contact avec nos organes, les nerfs s'épanouissant à la surface de ces organes subissent une impression, une modification. Instantanément cette impression est transmise au cerveau par le moyen des nerfs et, à la suite de cet ébranlement cérébral, nous éprouvons une sensation, une modification agréable ou désagréable.

Le mouvement cérébral provoque et détermine la sensation, mais il n'est pas la sensation.

1° La sensation nous est révélée par la conscience. Or, la conscience ne nous apprend rien du mouvement cérébral.

2° L'impression nerveuse peut se produire sans être accompagnée de sensation, lorsque l'âme est préoccupée ou distraite. Le sujet hypnotisé est insensible aux piqûres, aux brûlures.

3° L'impression nerveuse a pour caractère le mouvement et l'étendue. La sensation est inétendue, non mesurable, irréductible au mouvement.

Nous pouvons conclure de cette analyse que le plaisir et la douleur physiques ne sont pas de simples mouvements de l'organisme, des vibrations nerveuses et cérébrales. Nos émotions physiques sont liées, il est vrai, à ces mouvements, à ces vibrations, mais elles en sont fort distinctes.

LOCALISATION DE LA SENSATION. — Les sensations sont localisables : je localise la sensation de piqûre dans le doigt. Il faut pourtant remarquer que ce n'est pas la sensation même qui est localisée dans le doigt, mais bien l'excitation organique qui en est la cause. La sensation proprement dite est un fait de conscience et par conséquent n'est pas localisable. C'est en vertu d'une association que nous lions la sensation à l'endroit où se trouve sa cause déterminante. Cette habitude d'associer la sensation à différents organes peut être si grande qu'elle persiste après l'ablation de ces organes ; l'amputé souffre dans le membre qu'il a perdu.

Dans l'analyse de la sensation, il y a un point mystérieux : comment se fait-il qu'un mouvement cérébral détermine une sensation ? « C'est le secret de la nature, ou pour mieux parler, c'est le secret de Dieu », dit Bossuet. C'est le mystère même de l'union de l'âme et du corps, de l'esprit et de la matière, dans l'unité de la personne.

D'après les scolastiques, tout le composé humain participe à ce fait de la sensation qui est à la fois physiologique et psychologique. Ce n'est pas ma narine ou ma bouche qui a du plaisir quand je respire une odeur suave ou que je mange un fruit délicieux, c'est moi qui éprouve ce plaisir, c'est mon être tout entier. C'est donc à tort que les spiritualistes français ont attribué la sensation à l'âme seule.

Remarque. — Le programme considère la sensation comme un phénomène affectif. La plupart des philosophes, au contraire, l'entendent de l'élément sensible qui nous sert à connaître les objets extérieurs et notre propre corps. C'est que dans une sensation il peut exister deux éléments : l'élément affectif, plaisir ou douleur, qui ne nous apprend rien de l'objet, et l'élément représentatif qui est le point de départ de la connaissance de l'objet. Dans l'odeur d'une rose, il y a une sensation affective agréable ; il y a aussi un élément caractéristique par lequel elle se distingue de l'odeur d'une autre fleur et qui devient le signe de la présence d'une rose, c'est l'élément représentatif.

Les sensations internes sont presque exclusivement affectives et ne nous apprennent presque rien de notre organisme. La plupart des sensations externes sont plus représentatives qu'affectives, elles servent surtout à nous faire connaître le monde extérieur. Il faut faire une exception pour les odeurs et les saveurs qui sont en général agréables ou pénibles et nous apprennent peu de chose du monde extérieur.

Ordinairement l'élément affectif et l'élément représentatif sont en raison inverse : je palpe un objet brûlant, je souffre de la brûlure et je ne perçois pas la forme de l'objet.

Lois de la sensation. — 1° Le cerveau est l'organe immédiat de la sensation. Si on coupe ou si on lie fortement les nerfs qui vont d'un membre au cerveau, une lésion faite à ce membre devient insensible. D'autre part, le cerveau peut déterminer des sensations en l'absence de toute impression venant du dehors (rêve, hallucination).

2° Toute sensation suppose un changement d'état et par conséquent une sensation, en se prolongeant, devient inconsciente. C'est pour cela que le plaisir et la douleur se font valoir l'un l'autre.

3° La sensation n'admet qu'un certain degré d'intensité : nos sens ne perçoivent rien d'extrême. Il n'en est pas ainsi du sentiment.

4° Une même cause peut produire dans des sens différents des sensations différentes et des causes différentes peuvent produire dans un sens donné des sensations semblables.

5° La sensation croît comme le logarithme de l'excitation (Loi de Fechner).

Les sentiments. — Les sentiments sont des modifications agréables ou désagréables déterminées par des faits psychologiques. Ce sont les émotions que l'âme éprouve à la suite d'une vue de l'intelligence ou d'une détermination de la volonté. C'est, par exemple, la joie de l'esprit découvrant un problème, la satisfaction de la conscience après le devoir accompli. Dans l'homme, à côté des jouissances et des souffrances du corps, il y a les tristesses et les joies du cœur, de l'esprit et de la conscience : ce sont des sentiments.

Les sentiments peuvent se diviser en sentiments intellectuels, esthétiques, moraux et religieux.

Les *sentiments intellectuels* naissent de l'ignorance et de la connaissance de la vérité.

Les *sentiments esthétiques* sont les joies que nous éprouvons dans la contemplation du beau et les peines que produit en nous la vue de la laideur.

Les *sentiments moraux* ont pour cause le bien et le mal connus et accomplis ; c'est, par exemple, la satisfaction de la conscience ou le remords.

Les *sentiments religieux* sont les émotions que détermine en nous la pensée de Dieu, de sa bonté et de sa justice.

Sensations et Sentiments. — Il existe de nombreuses différences entre les sensations et les sentiments.

1° La cause des sensations est physiologique : c'est une excitation ou impression organique qui produit la sensation d'une brûlure. La cause des sentiments est psychologique : la joie a pour cause la pensée d'un succès ; la tristesse, celle d'un échec.

2° La sensation est localisée dans telle partie du corps. Le sentiment n'est pas localisable : « je reçois une bonne nouvelle, je ne localise pas la joie que j'en éprouve dans l'oreille », dit Rabier.

3° Les sensations sont communes à l'homme et à l'animal, tandis que le sentiment est le privilège de l'homme. Les animaux ont l'analogue du sentiment, mais non le sentiment proprement dit ; car le sentiment véritable est toujours uni à une idée : ce qui me donne du remords, c'est l'idée que j'ai violé mon devoir.

4° La sensation précède la connaissance, tandis que le sentiment la suit. Je puis éprouver un malaise corporel sans en connaître la raison. Pour éprouver en présence d'un objet des sentiments d'amour ou de haine, il faut que nous le connaissions comme favorable ou contraire.

5° Les sensations ont pour objet principal le bien du corps, elles sont les gardiennes de la vie physique. Le sentiment est un des principaux ressorts de la vie intellectuelle et morale. Il y a une grande différence entre ceux qui craignent la douleur physique, recherchent le bien-être matériel et ceux qui estiment les satisfactions de l'esprit et de la conscience.

Les sensations et les sentiments peuvent être unis ou opposés. Dans un bon dîner entre amis qui ne se sont pas vus depuis longtemps, aux sensations agréables s'ajoutent des sentiments délicieux. Les soldats qui supportent les fatigues de la guerre sont souvent pleins d'allégresse. Les martyrs étaient inondés de joie au milieu de leurs tourments.

Art. II. — LES INCLINATIONS

Les inclinations sont des *tendances qui portent l'âme humaine vers certains biens*. Une sorte d'attraction nous porte vers ce qui est conforme à notre nature et une sorte de répulsion nous éloigne de ce qui n'est pas conforme à notre nature. Cette attraction et cette répulsion constituent nos tendances ou inclinations.

Les inclinations sont-elles antérieures au plaisir et à la douleur ?

Les inclinations sont antérieures au plaisir et à la douleur ; car si nous n'avions ni aspirations ni tendances, nous ne pourrions ni jouir ni souffrir. C'est la satisfaction de nos tendances qui engendre le plaisir et l'opposition qu'elles rencontrent qui produit la douleur.

Nous ne pouvons donc admettre la doctrine de Condillac qui soutient que la sensation agréable ou désagréable donne naissance à toutes nos inclinations. Nous ne pouvons non plus accepter la doctrine de Spencer qui soutient qu'à l'origine l'homme n'avait aucune inclination. Le plaisir d'exister engendra l'instinct de persévérer dans l'existence. Cet instinct de conservation donna naissance aux autres inclinations qui se transmirent par l'hérédité.—

En faisant intervenir l'hérédité à propos de l'origine des inclinations, Spencer déplace la question sans la résoudre. Pour pouvoir être transmis, les penchants doivent d'abord exister. Or, si haut qu'on remonte, le plaisir et la douleur sont des effets, ils supposent des tendances antérieures sans lesquelles ils ne peuvent exister. Si notre nature était inerte à l'origine, rien ne lui étant conforme ou contraire, rien ne pouvait l'émouvoir, la faire jouir ou souffrir. Il faut donc nécessairement admettre des inclinations primitives et naturelles.

L'émotion est donc le résultat de l'inclination ; mais elle réagit sur l'inclination, la révèle, la développe et la fortifie. Quand nous avons éprouvé du plaisir, nous sentons en nous une inclination plus forte qui nous attire vers cet objet. Sous l'action de la douleur, nous éprouvons une tendance contraire. Au début, nos tendances sont vagues, orientées seulement vers cette fin générale : la conservation et le développement de notre être. Après l'expérience du plaisir, elles deviennent précises dans leur direction ; nous cherchons ce qui nous a plu. Incapable de créer l'activité, le plaisir lui désigne différentes fins particulières à atteindre. Il y a donc une grande part de vérité dans cette définition de Bossuet : « l'inclination est le mouvement de l'âme, qui, touchée du plaisir ou de la douleur ressenti ou imaginé dans un objet, le poursuit ou s'en éloigne. »

Cette analyse établit que, malgré l'importance du plaisir dans la formation des inclinations, le but des inclinations n'est pas le plaisir, mais la conservation et le développement de l'être.

Division et classification des inclinations

Suivant Spinoza, toutes les inclinations dérivent d'une tendance fondamentale : tout être tend à persévérer dans son être et à développer son être.

On distingue les inclinations naturelles ou innées que l'on appelle instincts et les inclinations acquises, produites par la volonté et l'habitude.

Au point de vue de leur objet, les inclinations se divisent en inclinations personnelles, sociales et supérieures ; car on ne peut aimer que soi, autrui, ou un objet supérieur à l'homme.

Inclinations personnelles. — Les inclinations personnelles dérivent toutes de *l'amour de soi*.

L'amour de soi est légitime et bon, car il est la condition de la conservation de l'être et de son perfectionnement. Mais il peut dégénérer en égoïsme qui rapporte tout à soi et transforme les inclinations personnelles en inclinations vicieuses.

Les inclinations personnelles se divisent en *inclinations physiques* ou *appétits*, en *inclinations spirituelles* et en *inclinations mixtes*.

Les *inclinations physiques ou appétits* sont les tendances qui ont pour objet la conservation et le développement de la vie corporelle : faim, soif, sommeil. Les appétits sont périodiques. Liés à l'organisme ils ne sont susceptibles que d'un développement limité et doivent être réglés par la raison, sinon ils dégénèrent en passions grossières : gourmandise, ivrognerie.

Aux appétits naturels s'ajoutent les appétits factices : besoin de fumer, amour des liqueurs fortes ; ils sont plus dangereux qu'utiles. A mesure qu'on les satisfait, ils deviennent plus tyranniques.

Les *inclinations spirituelles* ont pour objet le développement de la vie intellectuelle et morale.

A la sensibilité correspond l'amour des émotions. L'homme préfère des émotions pénibles à l'absence de toute émotion.

A l'intelligence correspond le désir de savoir, l'instinct de curiosité.

A la volonté correspond le besoin d'agir. De là naissent l'amour de la liberté et de l'indépendance, l'amour du pouvoir. Il faut lui rapporter encore l'émulation, l'amour de l'estime, l'amour de la gloire. Plusieurs de ces sentiments peuvent être défectueux. Maintenus dans de justes limites, ils peuvent produire le sentiment de la dignité personnelle qui nous porte à éviter tout ce qui nous diminuerait non seulement aux yeux de nos semblables, mais encore à nos propres yeux.

Les *inclinations mixtes* sont l'amour du bonheur, l'amour du bien-être, l'amour de la vie qui produit l'instinct de la conservation et l'horreur de la mort, l'amour de la propriété.

Inclinations sociales. — L'homme, a dit Aristote, est un animal sociable. On ne trouverait plus personne aujourd'hui pour dire avec Hobbes et Rousseau que l'état social est d'origine conventionnelle. L'homme a toujours vécu en société. La société est indispensable à la conservation même de l'existence ; elle est la condition de tout progrès. Sans la société, l'homme ne peut se développer ni physiquement, ni intellectuellement, ni moralement.

En vivant au milieu de ses semblables, l'homme suit d'ailleurs le penchant de son cœur. Cette inclination naturelle est une preuve que l'homme est né pour vivre en société.

La Rochefoucauld a nié les inclinations sociales, il a prétendu que l'amour pour nos semblables n'est qu'une façon de nous aimer nous-même ; nous aimons les autres à cause des avantages que nous espérons en retirer. « Toutes nos inclinations viennent se perdre dans l'amour-propre comme les fleuves dans la mer. »

Les évolutionnistes (Spencer) soutiennent que toutes nos inclinations viennent de l'amour de soi et que, par conséquent, même quand nous paraissons obéir à des impulsions désintéressées, nous agissons encore par égoïsme.

L'altruisme n'est qu'un égoïsme plus intelligent et plus profitable que l'égoïsme grossier et irréfléchi des ancêtres.

La doctrine de la Rochefoucauld est évidemment fausse. S'il s'était borné à dire que l'hypocrisie est fréquente, que l'égoïsme se cache souvent sous l'apparence du désintéressement et de l'affection, il aurait dit vrai et aurait fait œuvre utile. Mais sa thèse est absolue ; il fait de l'égoïsme le fond et l'essence de la nature humaine. Or, si nous rentrons en nous-mêmes, si nous nous demandons si nous sommes capables d'un mouvement de générosité, de reconnaissance, d'un sentiment d'amitié dépourvu de tout calcul, la réponse ne peut être douteuse. Il n'est pas nécessaire d'être un héros pour que la volonté se détermine quelquefois par d'autres sentiments que l'intérêt. Qui ne peut secourir un malheureux sans arrière-pensée de vanité ou de tout autre avantage à en retirer ? Il n'est pas d'homme qui n'ait eu des amis auxquels il était attaché par un autre lien que l'espérance du profit.

D'ailleurs l'homme éprouve un plaisir naturel à faire du bien même sans espoir de retour, il n'est donc pas essentiellement égoïste.

La théorie évolutionniste, qui fait de l'altruisme un égoïsme plus intelligent et plus profitable, est plus habile que la thèse de la Rochefoucauld. Aimer les autres est peut-être une façon de s'aimer soi-même. Nous n'aimons peut-être les autres que parce que nous trouvons plaisir à les aimer et parce que nous trouvons notre propre bonheur à leur faire du bien. C'est encore de l'égoïsme, mais il se dissimule sous l'apparence de la générosité.

Il est bien vrai que nous éprouvons du plaisir à faire du bien, et aimer les autres, c'est souvent s'aimer soi-même de la meilleure des manières, parce que c'est grandir son être de toute la hauteur de son désintéressement et il doit en résulter un plaisir exquis. Mais les hommes qui se dévouent ne font point cette observation psychologique, ils aiment par élan de cœur, ils n'agissent pas par calcul. Le plaisir qu'ils éprouvent à faire du bien est la conséquence de l'action, il n'en est pas la cause déterminante. D'ailleurs le plaisir ne peut pas être le but principal de l'acte de dévouement ; car ce plaisir parfait résulte d'un *dévouement vrai*. C'est pourquoi il n'est éprouvé que lorsqu'on s'est oublié soi-même et qu'on ne l'a pas cherché. Ce plaisir lui-même est la preuve que l'homme n'est pas foncièrement égoïste, puisqu'un moyen d'être heureux, c'est de se dévouer, de s'oublier soi-même. La mère s'oublie pour son enfant, le héros pour sa patrie, le martyr pour son Dieu. Qui osera dire après cela que l'homme n'est qu'égoïsme ?

Division des inclinations sociales

Les inclinations sociales ont leur origine dans deux instincts primitifs : *l'instinct de sociabilité* et *la sympathie*.

L'instinct de sociabilité porte l'homme à rechercher la compagnie de ses semblables. C'est un besoin pour l'homme de vivre avec les hommes. On a dû apporter des ménagements au régime cellulaire, parce que, dans un isolement absolu, les condamnés perdaient la santé et la raison.

La *sympathie* est la disposition que l'on remarque chez tous les hommes, et même chez la plupart des animaux, à partager les émotions de leurs semblables. Que l'on mette d'accord deux instruments de musique, une note donnée par l'un vibre à l'unisson sur l'autre, il en est ainsi des âmes humaines, elles vibrent à l'unisson. C'est un fait incontestable que les émotions sont contagieuses et se propagent d'une âme à l'autre.

Dans l'homme, la sympathie ne s'arrête pas à ce premier stade. Elle nous porte à nous mettre en quelque sorte à la place de nos semblables, à jouir de leurs joies, à souffrir de leurs peines et elle devient la base des affections désintéressées et l'un des fondements de la vie morale et sociale. « La pitié, dit Bossuet, est un sentiment de compassion qui ne nous permet pas de voir souffrir nos semblables sans y prendre part, à moins de n'être pas des hommes. »

La sympathie peut atteindre un degré plus élevé. Non seulement elle nous fait partager les joies et les douleurs de nos semblables, mais elle peut nous identifier tellement avec eux que nous arrivions en quelque sorte à perdre la conscience de notre propre moi. C'est cette sympathie, si naturelle dans le cœur d'une mère, qui faisait écrire par Mme de Sévigné à sa fille : « La bise de Grignan me fait mal à votre poitrine ». « Ayez pitié de moi, ma fille est malade », dit la Chananéenne.

La sympathie élevée jusqu'à ce degré produit naturellement le *dévouement* ou la disposition généreuse qui nous porte à subordonner nos intérêts à des intérêts placés en dehors de nous. Un homme dévoué est celui qui a si bien combattu l'égoïsme qu'il considère autrui comme un autre lui-même.

La forme la plus parfaite du dévouement est *l'héroïsme*. Il suppose une grande idée, une grande action et un grand dévouement.

L'héroïsme suppose une grande idée. Cette pensée n'est pas nécessairement l'œuvre du génie. Le héros peut posséder le génie qui lui donne un éclat plus divin : Christophe Colomb avait du génie. Le génie n'est pas nécessaire. Sans une idée noble et sublime, il n'y a pas d'héroïsme. Mais cette idée peut être fournie par un grand cœur. C'est dans son cœur d'évêque que Mgr Affre avait puisé l'idée sublime qui inspira sa mort héroïque. C'est dans son cœur vaillant que Jeanne d'Arc puisa la généreuse idée de « soulager la grande pitié qui était au royaume de France » et de chasser l'Anglais.

L'héroïsme suppose en outre une grande action accomplie avec une générosité et une abnégation sublime. Le héros lutte jusqu'aux derniers battements de son cœur pour la réalisation de sa grande idée. Il s'immole et se sacrifie avec une complète abnégation.

L'héroïsme n'est pas le superlatif du dévouement, pas plus que le sublime n'est le superlatif du beau. C'est un genre à part, c'est un dévouement surhumain. C'est l'amour de Dieu et l'amour de la patrie qui ont inspiré les dévouements les plus héroïques.

Les inclinations sociales se divisent en inclinations *philanthropiques, patriotiques, domestiques, électives*.

Inclinations philanthropiques. — La philanthropie se rapporte à l'humanité toute entière. Elle nous porte à aimer les hommes par cela seul qu'ils sont hommes. On connaît le vers de Térence : *Homo sum, humani nil a me alienum puto*. Ce sentiment était peu connu dans l'antiquité. Les stoïciens le connurent et l'exaltèrent. Mais c'est le christianisme qui le mit en pleine lumière. Il se fonde sur notre communauté d'origine, de nature et de destinée.

Inclinations patriotiques. — L'amour de la patrie renferme des éléments complexes et comprend l'amour du sol où nous sommes nés, l'amour des hommes qui l'habitent, l'amour de la société à laquelle nous sommes unis par une certaine communauté de croyances, de sentiments, d'idées et de mœurs. Ce qui fait la patrie, c'est avant tout une âme commune. Une patrie est une personne morale, elle a pour condition indispensable l'accord des individus qui la composent et qui sont volontairement unis pour accomplir leur destinée. L'unité de loi et de gouvernement est nécessaire ; car, sans cette unité, toute action commune est impossible. Beaucoup d'autres conditions, sans être aussi indispensables, peuvent favoriser le patriotisme : l'unité de race, de langue, de religion. Le patriotisme ne se comprend pas sans le dévouement. On quitte son champ, sa province, on sacrifie sa vie pour défendre la patrie et, après le sacrifice du martyr qui donne son sang pour confesser sa foi, il n'en est pas de plus noble que celui du soldat qui meurt pour son pays.

Platon, dans sa *République*, commet une erreur grossière en supposant que les affections de la famille affaiblissent le patriotisme. L'expérience démontre que plus la famille est forte, plus forte est la patrie. C'est dans la famille que l'on apprend toutes les vertus et par conséquent l'amour de la patrie.

Le cosmopolitisme supprime l'idée de patrie : le cosmopolite se considère comme le citoyen de l'univers.

Inclinations corporatives. — Il se forme dans une nation des corporations particulières qui produisent un ensemble d'inclinations qu'on appelle l'esprit de corps : l'esprit du barreau, l'esprit militaire, l'esprit d'école.

Inclinations domestiques. — De tous les groupes que forment les hommes, le plus naturel, celui qui sert d'origine à la société, c'est la famille, qui est la société fondamentale et primitive. Les inclinations ou affections de famille ont pour objet les personnes qui nous sont unies par les liens du sang : l'amour paternel, maternel, filial, fraternel.

Inclinations électives : l'amour et l'amitié. — Aristote a bien décrit la beauté et les conditions de l'amitié. La véritable amitié est celle qui est fondée sur la vertu.

A côté des affections bienveillantes pour nos semblables, il y a dans l'homme des inclinations qui sortent du vilain fonds de l'âme humaine, l'antipathie, la haine, l'envie, l'ingratitude que Mme de Sévigné appelle sa « bête d'aversion ».

Inclinations supérieures. — Les inclinations supérieures ne sont à l'origine que l'amour de soi. L'amour du vrai, par exemple, est à l'origine la curiosité ; l'amour du bien est l'amour de l'agréable. Mais cet amour peut devenir et devient souvent désintéressé. Alors le savant cherche le vrai par amour de la vérité et se dévoue à la science.

Les inclinations supérieures sont *l'amour du vrai, l'amour du bien, l'amour du beau, l'amour de Dieu.*

L'amour de Dieu est une inclination naturelle à l'homme, c'est un sentiment universel. Tous les hommes ont l'idée de la divinité. Cette idée fait naître un sentiment profond et indestructible fait de crainte, de respect et d'amour. Le sentiment religieux dans son essence la plus haute est l'adoration de Dieu en esprit et en vérité. La prière en est l'expression vivante et universelle.

Les inclinations supérieures procurent à l'âme humaine des joies pures et parfaites et servent à l'élever à sa perfection intellectuelle et morale.

Art. III. — LES PASSIONS

Dans le sens vulgaire, le mot passion signifie un mouvement violent de la sensibilité qui aveugle la raison et emporte la volonté vers le mal.

En philosophie, le mot passion a pris différents sens. Beaucoup de philosophes désignent par ce mot tout phénomène affectif, par exemple, les stoïciens.

Les philosophes anciens, les scolastiques, Descartes, Bossuet, Spinoza entendaient par passions les inclinations, ou mieux encore les émotions ou sentiments que peuvent faire naître les inclinations. Pour les modernes, la passion est une inclination exaltée, vive, impétueuse. La passion ainsi entendue peut être bonne, si elle tend au bien et si elle est dirigée par la raison : passion du dévouement. Elle peut être mauvaise, si elle pousse à agir contre le devoir et n'est pas dirigée par la raison : amour excessif du jeu.

Pour bien comprendre la nature de la passion, il faut la distinguer de l'inclination et en déterminer la cause et les effets.

Comment les inclinations diffèrent-elles de la passion ?

1° Les inclinations sont naturelles et, par conséquent, existent dès l'origine. Les passions naissent plus tard dans la vie.

2° L'inclination est permanente. La passion n'est souvent qu'un accident, qu'une crise, qui passe et renaît. Pourtant quelques passions sont permanentes comme l'avarice.

3° L'inclination est calme et laisse l'homme maître de lui-même. La passion est impétueuse et violente. Elle enlève à l'homme la possession de lui-même et détruit l'harmonie de ses facultés.

4° Les inclinations se développent toutes ensemble dans le cœur de l'homme et vivent en bonne harmonie : on peut aimer à la fois Dieu, sa famille et sa patrie. La passion, surtout si elle est pervertie, est exclusive et jalouse, destructive des autres inclinations : l'avare n'aime que l'or.

5° Les inclinations ont pour fin un bien nécessaire à l'homme. Elles aboutissent au plaisir, il est vrai, mais le plaisir n'est pas la fin des inclinations, elles ont pour but la conservation et le développement de la vie physique, intellectuelle et morale. Les passions nobles et légitimes n'ont pas non plus pour fin le plaisir, mais un bien supérieur. Les passions perverties, au contraire, tendent au plaisir plutôt qu'au bien.

Quelles sont les causes de la passion ? Comment se forme une passion ?

Il y a des causes extérieures et des causes intérieures.

1° CAUSES EXTÉRIEURES. — Les passions ont leur origine dans les tendances ou inclinations de notre nature. Mais plusieurs causes extérieures peuvent déterminer le développement de certaines inclinations.

a). — Les *prédispositions de l'organisme*, le tempérament peuvent rendre plus sensible à tel genre de plaisir et par conséquent préparer à tel genre de passion. L'hérédité a sur ce point une grande influence : un penchant plus ou moins prononcé peut se transmettre par l'hérédité : certaines passions sont héréditaires dans certaines familles.

b). — Le *milieu physique et moral* a aussi une grande influence sur le développement des passions. Le climat, les compagnies, les lectures et surtout l'éducation ont une influence très grande sur la formation des passions.

2° Causes intérieures. — Les vraies causes de la passion sont les causes intérieures.

a). — *L'attention.* En donnant notre attention à une émotion particulière, nous favorisons l'inclination qui la produit. L'influence de la pensée est immense et il y a une part de vérité dans la théorie des idées-forces.

b). — *L'imagination.* Cette faculté a le pouvoir de nous représenter en leur absence les objets de notre désir ou de notre passion naissante, de les transformer, de les exagérer. Si l'objet nous plaît, elle l'orne et l'embellit et augmente ainsi la vivacité du désir. Si l'objet déplaît, elle travaille en sens inverse et accroît avec non moins d'efficacité le sentiment de répulsion. Cette influence de l'imagination sur la passion nous permet de renverser la célèbre parole de La Rochefoucauld : « l'esprit est souvent la dupe du cœur », et de dire que le cœur est souvent la dupe de l'esprit ; car souvent le cœur trompé par l'imagination s'attache à des objets qui n'en valent pas la peine. Les satisfactions idéales de l'imagination sont une des causes les plus puissantes de la passion.

c). — La *volonté.* Puisque la volonté dispose de l'attention, elle pourrait détourner l'esprit de cette contemplation et enlever à la passion la satisfaction idéale, elle pourrait aussi lui refuser la satisfaction réelle. Privée de cette double satisfaction, la passion s'éteindrait comme un feu qui n'a plus d'aliments. « La passion frustrée, dit Bossuet, commence à s'affaiblir, et toujours impuissante prend le parti de se modérer. » Mais souvent la volonté se fait l'auxiliaire de la passion et travaille à la satisfaire. La répétition des actes engendre l'habitude et la passion est formée. C'est à cause de l'influence de la volonté sur la formation des passions que nous sommes responsables des actes accomplis sous l'impulsion des passions.

Quels sont les effets de la passion ? La passion a des effets psychologiques et des effets physiologiques.

1° *Effets psychologiques.* Les passions, surtout si elles sont perverties, agissent sur l'intelligence et sur la volonté. Elles agissent sur l'intelligence en rendant la réflexion difficile et peuvent empêcher la juste appréciation des personnes et des choses. Elles agissent sur la volonté et l'entraînent.

2° *Effets physiologiques.* Les passions agissent sur l'organisme. « Elles font naître dans le cœur des battements, dit Bossuet. On voit dans l'homme en colère les yeux s'allumer, on y voit rougir le visage ». Les passions peuvent augmenter la force, la vigueur physique et, au contraire, peuvent produire dans l'organisme les troubles et les désordres les plus graves.

Lois des passions. — 1° La passion par l'habitude se change en besoin.

2° Les passions se communiquent de proche en proche, en sorte que les hommes réunis éprouvent des passions beaucoup plus vives que les hommes isolés. De là ces grands mouvements populaires d'enthousiasme, de fureur ou de panique.

3° Les passions sont soumises à une alternative plus ou moins régulière que l'on a comparée au flux et au reflux de la mer.

4° Les émotions vives que font naître les passions sont accompagnées de mouvements musculaires. C'est pour cela que le langage naturel est très expressif.

CLASSIFICATION DES PASSIONS

Les passions étant, au sens moderne, des inclinations exaltées, on peut les classer, comme les inclinations, suivant les objets vers lesquels elles nous portent, en *passions personnelles, sociales, supérieures.*

Les passions personnelles se divisent en *passions relatives au corps*, qui sont facilement perverties, et en passions *relatives à l'âme*, qui peuvent être et sont le plus souvent de nobles passions. Les passions relatives à la sensibilité font exception.

Les passions mixtes peuvent facilement devenir mauvaises.

Les passions sociales sont très souvent de nobles passions. Le patriotisme est une noble passion dans le vieil Horace. Une mère se passionne pour son enfant.

Les passions supérieures sont le plus souvent excellentes. La passion du vrai fait le savant, celle du bien fait l'homme vertueux, la passion du beau fait l'artiste; le saint et le martyr aiment et servent Dieu avec passion.

CLASSIFICATION DE BOSSUET.

Bossuet, donnant un sens bien différent de celui des modernes au mot passion, a naturellement classé les passions d'une manière différente.

A la suite d'Aristote et de saint Thomas, il distingue onze passions principales. Six passions se rapportent à l'appétit concupiscible, ou mouvement de l'âme vers le bien (le désir y domine). Ces passions, pour s'éveiller, ne demandent que la présence ou l'absence de l'objet:

L'amour et la haine,
Le désir et l'aversion,
La joie et la tristesse.

Cinq autres passions se rapportent à l'appétit irascible (la colère y domine). Outre la présence ou l'absence de l'objet, elles supposent une certaine difficulté pour l'atteindre ou s'en éloigner.

L'audace et la crainte,
L'espérance et le désespoir,
La colère.

Toutes ces passions, dit Bossuet, viennent de l'amour.

Classification de Descartes.

Dans son *Traité des Passions*, il ramène toutes les passions à six :

L'*admiration*, l'*amour*, la *haine*, le *désir*, la *joie* et la *tristesse*.

L'admiration, dit Descartes, est la première de toutes les passions parce qu'elle naît en nous à la première surprise que nous cause l'objet, avant de l'aimer ou de le haïr. Cette notion n'est pas exacte. On peut aimer ou haïr un objet sans qu'il y ait eu surprise. De plus, les éléments qui constituent l'admiration appartiennent plus à l'intelligence qu'à la sensibilité.

Spinoza n'admet que trois passions principales : *le désir, la joie, la tristesse*. Il confond le sentiment et la pensée.

En résumé, la sensibilité a ses origines dans les inclinations ; elle se révèle à la conscience par les émotions. Non seulement les émotions révèlent les inclinations, mais elles en favorisent le développement. Quelques inclinations acquièrent dans notre âme leur plein développement, elles peuvent même envahir l'âme toute entière et devenir des passions ou impulsions violentes vers le bien ou le mal. Le plus souvent les passions produisent des excès ou des crises violentes. Telle est, en quelque sorte, l'histoire abrégée du cœur humain.

Moralité des passions. — Les passions sont-elles bonnes ou mauvaises? L'histoire de la philosophie ancienne nous offre deux opinions également fausses sur ce point. Les stoïciens prétendaient que les passions, et, par là, ils entendaient toute la sensibilité, sont essentiellement mauvaises et ils faisaient un devoir au sage de s'appliquer à les anéantir comme opposées à la véritable nature de l'être raisonnable. Les sophistes et les cyrénaïques soutenaient que les passions sont essentiellement bonnes par leur conformité à la nature. Cette dernière doctrine est manifestement fausse et légitimerait toutes les turpitudes. La doctrine stoïcienne ne peut pas non plus être acceptée. Il y a des mauvaises passions, mais il y a aussi des passions bonnes. Les passions sont mauvaises, lorsque leur objet est mauvais ou lorsque, par leur violence, elles aveuglent la raison. Mais elles sont bonnes lorsqu'elles restent dans les limites de la raison et qu'elles se portent vers le bien. Par conséquent, si l'on ne peut justifier toute passion sans ouvrir la porte aux pires excès, ce serait mutiler la nature humaine et la condamner à la médiocrité que de détruire toute passion. « Rien de grand ne se fait sans passion, dit Pascal », et l'on a dit avec raison que « les grandes pensées viennent du cœur ». La conséquence s'impose : que l'homme ait donc des passions, mais des passions nobles et soumises à l'empire de la volonté raisonnable. La passion non dirigée ni modérée ne tarderait pas à avoir la plus funeste influence sur toute la vie. Elle troublerait l'intelligence, empêcherait l'esprit de juger avec impartialité et rectitude. Elle amènerait bientôt le dérèglement de la volonté et la réduirait en esclavage.

RÔLE DE LA SENSIBILITÉ

La sensibilité joue un grand rôle dans la vie humaine. Elle contribue à la conservation et au développement de notre vie physique, intellectuelle et morale.

Les *appétits* nous sont donnés pour la conservation de la vie physique. Le plaisir et la douleur qui en résultent nous avertissent de l'action utile ou nuisible des objets et nous font rechercher ce qui nous convient et fuir ce qui nous serait nuisible.

Les *inclinations spirituelles* favorisent la vie intellectuelle et morale.

Les *inclinations sociales* facilitent les rapports de la vie avec nos semblables.

Les *inclinations supérieures* élèvent l'âme vers le vrai, le beau et le bien, vers leur source suprême, et impriment à l'âme une vigoureuse impulsion vers la perfection.

Malgré tous ces avantages, la sensibilité n'en renferme pas moins un grand mystère, la douleur. Sans prétendre résoudre ce grave problème, nous nous contenterons d'indiquer quelques bons effets de la douleur.

Rôle de la douleur. — Comme le plaisir est le signe d'un bien, la douleur est le signe d'un mal ; elle est donc, comme le plaisir, un guide de notre activité. La douleur physique est le cri du corps en péril comme le remords est le cri de l'âme en souffrance. La douleur physique est comme une sentinelle placée entre nous et le monde extérieur pour nous avertir des dangers que court notre organisme. Elle peut devenir un puissant stimulant de notre activité : l'industrie humaine est une lutte contre la douleur.

Au point de vue moral, la douleur a une grande influence. Elle fortifie la volonté, rend l'âme courageuse, énergique et virile : elle trempe l'âme. « L'homme est un apprenti, la douleur est son maître », dit Musset. Elle forme le cœur et pénètre l'âme de douceur et de pitié ; elle fait naître les sentiments bienveillants qui sont le lien le plus fort de la société. La douleur enfin est une expiation et une source de mérites. Elle fait l'homme porter ses regards au delà de la vie. La douleur rapproche de Dieu. « Le mérite et la souffrance, dit Caro, voilà ce qui nous fait immortels ; c'est l'éternel, l'indéracinable argument de la vie future. »

Le pessimisme. — C'est le mystère de la douleur qui a créé l'erreur funeste du pessimisme qui prétend que la vie n'est qu'une suite de douleurs et que le plaisir y est vain et fictif.

Le pessimisme contient une double erreur : l'une psychologique, l'autre morale.

La première erreur est de croire que le plaisir est un fait négatif, tandis qu'il est la fleur de l'activité. Il n'est pas vrai de dire que vivre, c'est souffrir. Vivre, c'est jouir et souffrir.

La deuxième erreur est de croire que le but de la vie est la jouissance, tandis que le but de la vie est le bien à accomplir pour atteindre notre destinée.

Si la jouissance était le but de la vie humaine, nos plaisirs sont assez mêlés de douleur pour que nous puissions nous demander si la vie vaut la peine de vivre. Mais la vie a une fin plus haute : accomplir le bien et réaliser notre éternelle destinée. Le bien, non la jouissance, telle doit être la devise de l'homme. Celui qui a le courage de sacrifier le plaisir au bien reçoit pour prix de sa générosité la douce satisfaction de la conscience qui vaut mieux que le plaisir trompeur du vice et les avantages de l'intérêt.

CHAPITRE II

L'INTELLIGENCE

L'intelligence est la faculté de connaître et de comprendre ou la faculté de penser.

Les caractères de l'intelligence sont ceux que nous avons attribués aux faits intellectuels : elle est objective, active, constante bien que progressive et fatale. Elle se perfectionne par la répétition des actes.

L'intelligence est une et simple. Mais comme elle nous représente des objets divers et qu'il y a diverses manières de connaître et de penser, nous pouvons distinguer dans l'intelligence plusieurs fonctions ou pouvoirs par lesquels elle *acquiert, conserve, élabore* les éléments de la connaissance.

Fonction d'acquisition. — Il faut d'abord à toute connaissance des données ou matériaux sur lesquels l'intelligence puisse s'exercer. Ces données sont fournies par ce qu'on appelle les facultés d'acquisition, qui sont *les sens* et la *conscience*.

C'est au moyen des sens que nous connaissons le monde extérieur. Nous appelons la faculté qui nous les fait connaître *perception externe*. C'est par la conscience que nous connaissons les faits psychologiques. Nous appelons la faculté qui nous les fait connaître *perception interne*.

Ces deux facultés sont dites *facultés expérimentales*, par opposition à la faculté qui nous fait connaître les vérités universelles et nécessaires, la *raison*. Celle-ci est une perception *immatérielle* et *rationnelle*.

Fonction de conservation. — La connaissance serait impossible si elle se perdait aussitôt acquise. Il faut, au contraire, que les données de l'expérience restent toujours à notre disposition et sous le regard de l'esprit. C'est la *mémoire* qui les conserve et les restitue à propos.

La loi selon laquelle la mémoire nous rappelle les matériaux de la connaissance est *l'association des idées*.

Enfin *l'imagination* est le pouvoir de disposer les données de l'expérience dans un ordre nouveau.

Si on excepte la *raison*, les facultés qui accomplissent cette double fonction d'acquisition ou de conservation sont souvent appelées *facultés sensitives*, par opposition aux facultés d'abstraction que l'on appelle *facultés intellectuelles*.

Fonction d'élaboration. — Cette fonction s'accomplit par les opérations de la faculté discursive ou par *les facultés* proprement *intellectuelles* qui travaillent en quelque sorte sur les matériaux fournis par les autres facultés et forment la véritable connaissance.

Par le moyen de *l'abstraction*, de la *comparaison* et de la *généralisation*, nous formons les idées proprement dites. Ces idées, nous les enchaînons ensuite dans nos *jugements* et nos *raisonnements*. La fonction d'élaboration renferme donc *l'abstraction*, la *comparaison*, la *généralisation*, le *jugement* et le *raisonnement*. La fonction d'élaboration est souvent appelée *entendement*. Elle est essentiellement le pouvoir d'apercevoir des rapports entre les choses. Le jugement est la perception et l'affirmation d'un rapport. De même la généralisation est la perception d'un rapport de similitude entre plusieurs objets. Le raisonnement est la perception d'un rapport entre deux jugements et un troisième.

Les opérations, soit *sensitives*, soit *intellectuelles*, sont soumises aux lois supérieures de l'esprit, aux principes directeurs de la connaissance qui sont des jugements universels et nécessaires. La faculté de connaître les principes s'appelle la *raison*, au sens étroit et moderne du mot.

Tel est l'ensemble des opérations de l'intelligence que l'on pourrait définir la *faculté d'acquérir des connaissances, de les conserver* et *de les élaborer*.

FONCTION D'ACQUISITION

Art. 1er. — LA PERCEPTION EXTERNE

La *perception externe* est la faculté par laquelle nous connaissons les objets extérieurs à la suite de leur action sur les organes des sens.

Il ne faut pas confondre les sens et les organes des sens, l'œil et la vue, l'oreille et l'ouïe etc.

L'organe d'un sens est matériel et fait partie du corps ; le sens est immatériel et appartient surtout à l'âme. D'après Aristote et les scolastiques, les sens sont à la fois dans le corps et dans l'âme. Ce n'est ni l'âme seule, ni l'organe seul qui perçoit, mais l'âme par l'organe. On peut définir le sens la faculté que l'âme possède d'éprouver un certain ordre de sensation, chaque fois que le monde extérieur agit sur un organe particulier qui est l'organe de ce sens. La vue, c'est l'âme capable de voir au moyen des yeux etc.

Analyse de la sensation représentative. — La sensation représentative a, comme la sensation affective, des antécédents physiologiques. Des vibrations de l'air viennent frapper mon oreille, le nerf acoustique est excité et cette excitation se transmet au cerveau. Alors se produit le fait bien connu, mais indéfinissable, de la sensation du son, phénomène psychologique essentiellement distinct du fait physiologique ou de l'impression organique qui le précède et en est la condition essentielle. Le fait physiologique consiste dans le mouvement des nerfs : il n'en est pas ainsi de la sensation du son. De plus, le fait de la sensation du son tombe sous la conscience et le fait physiologique est inconscient. A la suite des sensations, l'âme connaît qu'il y a hors d'elle un objet cause des sensations. Cette connaissance d'un objet est la perception proprement dite, qui suppose l'activité de l'esprit, l'interprétation par l'esprit des données sensibles.

Les sensations se divisent selon les différents sens en *odeurs, saveurs, sons, couleurs* et en *sensations de toucher* qui sont des sensations de simple attouchement, de choc, de pression, de chaleur ou de froid.

Les sons et les couleurs ont seuls pu être classés. Suivant la tonalité on classe les sons selon une échelle ascendante ou gamme. On distingue sept couleurs principales qui se fondent dans des nuances intermédiaires.

Les cinq sens. — Les différents sens sont comme les subdivisions de la perception externe. On distingue cinq sens : la vue, l'ouïe, l'odorat, le goût et le toucher.

1° *Le sens de la vue.* — Il a pour organe l'œil et le nerf optique, il donne la lumière, les couleurs.

2° *Le sens de l'ouïe.* — Il a pour organe l'oreille et le nerf acoustique. Par l'ouïe nous percevons les sons avec les différences de tonalité, d'intensité et de timbre.

L'intensité dépend de l'amplitude des vibrations ; la tonalité, de leur nombre ; le timbre, de la nature de l'objet sonore.

3° *Le sens de l'odorat* a pour organe les fosses nasales et le nerf olfactif, il fournit les odeurs.

4° *Le sens du goût* a pour organe la bouche et le palais et nous donne les saveurs.

3° *Le sens du tact* a pour organe les nerfs répandus partout sous la peau. Il a pour organe spécial la main, mais est répandu sur toute la superficie du corps.

Aux cinq sens on a voulu ajouter un sens musculaire, un sens thermique et un sens vital.

Ces sens, s'ils existent, ne sont pas de même nature que les sens externes, parce que leurs sensations ne sont pas projetées à l'extérieur. De plus, ils n'ont pas d'organe distinct. Cependant un grand nombre de psychologues admettent le sens vital, qui nous donnerait certaines notions concernant le bon ou le mauvais état de notre organisme.

PERCEPTIONS NATURELLES ET PERCEPTIONS ACQUISES

On appelle *perceptions naturelles* des sens celles que nos sens peuvent fournir dès l'origine et avant toute éducation. Ces perceptions naturelles sont pour chaque sens des perceptions propres.

Les *perceptions acquises* sont celles qu'un sens peut nous fournir par suite de son asssociation préalable avec d'autres sens.

On appelle *éducation des sens* la suite des expériences, en grande partie involontaires, qui donnent à nos sens des aptitudes nouvelles.

Perceptions naturelles. — Les *perceptions naturelles* de *l'odorat et du goût* sont les *odeurs* et les *saveurs*. Les *perceptions naturelles* de *la vue* sont *l'étendue* et la *couleur*.

Il est presque certain que la vue ne perçoit immédiatement ni la forme ni la distance des objets. L'aveugle-né de Cheselden dut apprendre à situer dans l'espace les objets qui lui apparaissaient d'abord sur un même plan tangent à l'orbite de l'œil. On sait que les jeunes enfants jugent mal des distances et veulent saisir des objets hors de leur portée.

Voici comment s'explique la perception de la forme des objets par la vue. Une sphère est placée devant mes yeux ; ce que la vue distingue d'abord, c'est un disque circulaire avec une certaine distribution de la lumière. Si je me déplace et que je palpe le corps, je trouve une sphère solide. A l'avenir, cette apparence, cette distribution de la lumière seront pour moi les signes d'un corps sphérique.

Nous apprenons d'une manière analogue la distance des objets d'après leur forme apparente. Plus l'objet est petit, plus nous le jugeons éloigné. Nous en jugeons encore d'après la netteté relative des formes et des couleurs. Lorsque la clarté d'un objet devient plus vive, il nous paraît se rapprocher. Un autre moyen d'information plus important encore, c'est l'effort musculaire nécessaire pour l'adaptation de l'œil à la distance. L'œil est un organe mobile servi par un appareil musculaire qui lui permet de s'adapter à la distance et à la direction des objets. Suivant que les objets sont proches ou éloignés, des mouvements musculaires font converger ou diverger les axes visuels. Veut-on voir à droite ou à gauche, c'est une contraction des muscles latéraux de l'œil qui le dirige dans un sens ou dans l'autre.

Les *perceptions naturelles de l'ouïe* sont les *sons*, leur *tonalité*, leur *intensité*, leur *timbre*. Ce n'est qu'après une longue éducation que l'ouïe peut juger de la distance, de la direction du son et de la nature de l'objet sonore. Même après une longue éducation, ses jugements sont encore sujets à de nombreuses erreurs.

Les *perceptions naturelles du toucher*. Le toucher est de tous les sens celui qui est, dès l'origine, le plus instructif. C'est le sens certain, le sens autodidacte. Il joue un grand rôle dans les perceptions acquises des autres sens. On a pu dire que le toucher n'a que des perceptions naturelles. Il se perfectionne par l'expérience, mais il n'acquiert pas de nouvelles perceptions. Chez les aveugles, le tact peut être exercé à un tel point qu'ils discernent avec une habileté singulière les formes les plus fines des corps. Les perceptions du toucher sont la résistance, l'étendue, la forme solide, le poli, les aspérités, la température.

Données des sens et activité de l'esprit. — Les sensations représentatives ne constituent pas à elles seules la perception. Il y faut joindre l'activité de l'esprit. Il faut que l'attention se joigne à la sensation représentative, que l'esprit l'interprète, en dégage l'élément objectif et le rapporte à une cause extérieure. Le langage exprime bien cette nécessité de l'activité de l'esprit. Il y a une différence entre voir et regarder. Les données des sens sont, en quelque sorte, les signes de quelque chose d'extérieur. C'est l'intelligence qui doit interpréter ces signes.

Les erreurs des sens. — Les sceptiques de tous les temps ont pris plaisir à signaler ce qu'ils appellent les erreurs et les illusions des sens, pour contester la certitude de nos connaissances. Une tour carrée paraît ronde de loin ; une longue avenue semble se rétrécir et se terminer en angle ; un bâton plongé dans l'eau paraît brisé ; en chemin de fer les arbres paraissent se mouvoir.

Toutes ces prétendues erreurs viennent non pas des sens, mais des jugements que nous portons à l'occasion des perceptions des sens. Ce ne sont pas les sens qui nous trompent, nous nous trompons dans l'interprétation des données sensibles. Lorsque nous sommes en chemin de fer, nous croyons que les arbres se meuvent, on en conclut que la vue nous trompe. Il n'en est rien. Le mouvement est un changement de place d'un corps par rapport aux autres corps. Dans le cas présent, il y a changement de position de mon corps par rapport aux arbres. Si j'oublie le mouvement qui m'emporte, je crois que les arbres se meuvent, et cet oubli est d'autant plus facile que je reste immobile. C'est pour la même raison que le soleil paraît tourner autour de la terre, parce que nous ne sentons pas le mouvement de la terre.

Plusieurs de ces illusions des sens n'en méritent d'ailleurs pas le nom. La forme brisée est bien la forme apparente que doit nous présenter le bâton plongé dans l'eau, d'après les lois de la réfraction.

Quand l'eau courbe un bâton, ma raison le redresse.

Si néanmoins on veut insister et prétendre que les sens nous trompent, puisqu'ils ne nous montrent pas les choses telles qu'elles sont, par exemple, lorsqu'ils transforment le mouvement en couleur ou en chaleur, nous dirons qu'ils nous trompent heureusement. Sans cette diversité qu'ils introduisent dans le monde matériel, le spectacle du monde extérieur serait sans aucune beauté. Enfin, il ne faut pas oublier que nos sens sont des instruments imparfaits et non des instruments de précision. Il est certain, par exemple, que nos yeux ont leurs imperfections et qu'ils nous seraient plus utiles s'ils étaient à la fois des microscopes et des télescopes. Mais, tels qu'ils sont, ils nous rendent de très grands services.

Conditions de la véracité des sens. — 1° La santé. Dans l'état de maladie, les sens sont des témoins infidèles : Dans le daltonisme, on ne perçoit pas certaines couleurs.

2° Chacun des sens a son objet propre, il faut l'interroger sur ce point, si l'on veut éviter tout danger d'erreur. Dans les perceptions acquises, l'erreur résultera aisément d'une association inconsidérée.

3° Il faut tenir compte du milieu interposé et connaître les lois physiques.

4° Si plusieurs sens témoignent d'un même objet, il faut qu'ils ne se contredisent pas. La concordance des sens produit une rigoureuse induction.

5° Il faut tenir compte des imperfections et des limites de nos sens et ne pas leur demander ce qui est hors de leur portée : notre œil n'est pas organisé pour nous permettre de voir les rayons ultra-violets du spectre.

6° La connaissance que nous donnent les sens est toujours relative. Les découvertes scientifiques ne nous permettent pas d'admettre que les qualités perçues par nos sens soient dans les objets matériels telles qu'elles nous apparaissent. « Abstraction faite de celui qui perçoit, dit Janet, il n'y a dans la nature ni chaud ni froid, ni lumière ni obscurité, ni bruit ni silence ; il n'y a que des mouvements variés ». On sait qu'une seule et même cause physique produit en nous des sensations différentes, si elle agit sur des sens différents. Un courant électrique peut ainsi produire des sensations de lumière, de son, de saveur.

Descartes distinguait les qualités *secondaires* : — son, saveur, froid, — et les *qualités primaires* : étendue, résistance, mouvement. D'après lui, les qualités primaires sont seules objectives.

Différence entre la sensation et la perception. — La sensation est subjective, c'est une modification du moi ; elle est passive, c'est un pur état de conscience. La perception est l'acte par lequel l'esprit s'applique à la sensation et en tire une connaissance en l'interprétant. Je vois quelque chose d'à peu près sphérique et de jaune, c'est une sensation : d'après cette sensation, je dis que j'ai devant moi un objet appelé orange, c'est une perception.

Art. II. — LA PERCEPTION INTERNE

La conscience psychologique ou perception interne est le pouvoir que l'âme possède de connaître ce qui se passe présentement en elle : ses pensées, ses modifications, ses actes.

Nous disons *présentement* : car, dès qu'un phénomène a cessé d'être présent en notre âme, il n'est plus proprement l'objet de la conscience, mais de la mémoire qui est comme une conscience continuée.

On distingue la *conscience spontanée* et la *conscience réfléchie*. La conscience spontanée est une information plus ou moins vague de ce qui se passe en nous. Elle existe partout où il y a une vie psychologique : l'animal qui souffre sait qu'il souffre.

La *conscience réfléchie* est celle par laquelle nous nous replions en quelque sorte sur nous-mêmes pour connaître ce qui se passe en nous. La conscience réfléchie n'accompagne pas tous les états de l'âme. Elle est un pouvoir de notre intelligence qui s'éveille et grandit en nous avec la raison.

Il ne faut pas confondre la conscience réfléchie et la réflexion. La *conscience réfléchie* s'exerce dans le présent et sur le présent. La *réflexion* s'exerce sur le passé comme sur le présent ; elle se compose d'une suite d'opérations ; elle analyse, compare, déduit. L'habitude de la réflexion perfectionne la conscience réfléchie. Un esprit méditatif s'observe mieux lui-même et pénètre mieux dans les profondeurs de l'âme.

Différents sens du mot conscience. — La conscience psychologique diffère de la *conscience morale*, qui est la faculté de distinguer le bien du mal. La conscience psychologique est un témoin, la conscience morale est un juge. La conscience psychologique ne se rapporte qu'à nous : la conscience morale apprécie non seulement nos actions, mais encore la conduite des autres. La conscience psychologique est personnelle et actuelle. La conscience psychologique a un domaine plus restreint que la liberté morale ; elle n'a point pour objet tous les faits de l'âme, mais seulement ceux qui se rapportent au bien et au devoir.

On appelle *liberté de conscience* le pouvoir de pratiquer la religion que l'on préfère ou de ne pas en pratiquer du tout.

La conscience est-elle une faculté spéciale ? — Les Écossais, Jouffroy et Garnier en font une faculté spéciale. La raison qu'ils en donnent est qu'elle a un objet propre.

De même que la connaissance du monde extérieur nous est donnée par la perception externe, la connaissance de nous-même nous est donnée par la conscience.

On peut objecter que la conscience est inséparable des autres facultés et qu'elle leur est coextensive ; elle est le caractère commun et la condition de tous les faits psychologiques et forme comme la trame de notre vie psychologique. Telle est l'opinion d'Hamilton, de Stuart Mill...

Les deux opinions peuvent être exactes. La conscience spontanée peut être dite le mode fondamental de nos facultés et la conscience réfléchie peut être considérée comme une faculté spéciale.

Observons que la conscience réfléchie n'est pas toujours en raison directe du fait psychologique ; par exemple, sous l'empire de la passion, la vie psychologique devient intense et la conscience de ce qui se passe en nous devient obscure. La conscience spontanée est toujours proportionnée au phénomène.

Objet et domaine de la conscience. — 1° La conscience perçoit la totalité des faits de la vie sensible, intellectuelle et morale. Aucun fait psychologique n'échappe de sa *nature* à l'œil de la conscience. Cependant un grand nombre d'actes peuvent passer inaperçus, soit que nous ne fassions pas attention, ou que nous soyons préoccupés, ou que l'impression sur l'âme ait été très faible (faits inconscients).

2° En même temps que nous percevons les phénomènes, nous nous percevons comme *sujet* de ces phénomènes et comme *la cause* des actes libres. Si différents que soient les phénomènes, je me sens en chacun d'eux, je les rapporte à moi, je les appelle miens et je dis : je pense, je sens, je veux. Impliqué dans tous les faits de conscience, le sujet s'en distingue cependant par deux caractères. Les faits sont multiples et changeants, le sujet est *un* et *permanent*. J'ai conscience que le moi qui sent est le même que celui qui pense, que celui qui veut. Je rapporte tous les faits de conscience à un seul sujet qui est *moi*. Les phénomènes changent, le moi ne change pas. Nous nous percevons aussi comme causes dans nos actes libres ; nous avons pleine conscience qu'ils sont notre œuvre propre. Lorsque je dis : je me détermine, j'ai la conscience d'être vraiment cause de ma détermination. Nous appelons le *moi* le sujet permanent et identique de toutes nos opérations ou modifications de conscience.

Différence entre l'observation interne et l'observation externe. — Dans l'observation externe, je ne connais que les faits. Dans l'observation interne, je saisis avec les faits leur sujet et même leur cause, s'il s'agit d'actes libres. Dans l'observation externe, ce n'est que par induction que je puis atteindre la substance et la cause ; dans l'observation interne je les saisis immédiatement. L'école écossaise a donc eu tort d'assimiler la connaissance de soi à celle des choses externes. Dans ces conditions, il serait impossible d'arriver à connaître le *moi*. « Considérer ce qu'on nomme les phénomènes intérieurs, dit Ravaisson, abstraction faite de soi-même, pour s'en conclure ensuite, c'est réellement en faire des phénomènes extérieurs d'où jamais l'on n'arrivera à soi. »

Les idées de la conscience. — La conscience psychologique est la source d'un grand nombre d'idées. Parmi ces idées, il en est quelques-unes d'une plus grande importance.

1° *L'idée de substance.* — Les faits psychologiques sont nombreux, mais le *moi* demeure, persiste à travers ses mille modifications. Il est le sujet stable et constant des phénomènes multiples et successifs. Or, le sujet un et permanent qui sert de sujet, de lien et de support aux phénomènes multiples et successifs, est une substance.

2° *L'idée de cause.* — La cause est une substance active.

dit Janet. Or, nous nous percevons comme cause dans nos actes libres. Lorsque je dis : je me détermine, j'ai la conscience d'être vraiment cause de ma détermination ; j'ai conscience de mon énergie, de la force qui prend cette résolution. Je saisis une cause sur le vif.

3° *L'idée de liberté*. — La conscience me dit que, dans telle circonstance, j'agis de telle manière, parce que je le veux, et que je pourrais agir autrement et que, par conséquent, je suis une cause libre

4° *L'idée de fin*. — La conscience me dit que, dans telle circonstance, j'agis dans tel but : je travaille pour m'instruire.

Bien interrogée la conscience nous prémunit donc contre tous les faux systèmes.

Contre le panthéisme, elle nous fournit une substance personnelle.

Contre le matérialisme, elle nous fournit l'unité, l'identité du moi.

Contre le fatalisme, elle nous fournit l'idée de liberté.
Contre le positivisme, elle nous fournit l'idée de substance et de cause.

Observons que ces idées ne sont pas toutes formées par la conscience. Il serait plus exact de dire que la conscience nous en fournit la matière. La *raison* seule peut concevoir de telles idées à l'occasion des connaissances expérimentales fournies par la conscience. C'est dans ce sens que nous disons que leur origine est dans la conscience, et cela nous permet d'affirmer que la métaphysique doit être fondée sur la psychologie.

Limites de la conscience. — La conscience est essentiellement personnelle. Ses bornes sont celles de notre connaissance réelle et actuelle.

1° Il en résulte que nous n'avons pas conscience du monde extérieur. La conscience nous révèle seulement les modifications que les choses extérieures nous font subir. Le monde extérieur nous est connu par la perception externe.

2° Nous n'avons pas conscience de notre corps. J'ai bien conscience d'être lié à un organisme qui m'obéit ou me résiste, par conséquent la conscience me révèle un moi agissant sur un corps animé et vivant, et c'est pour cela que le moi ne me paraît pas entièrement soustrait aux lois de l'étendue. Je puis donc dire que j'ai conscience de l'existence de mon corps, mais je ne puis pas dire que j'ai conscience de ce corps lui-même, de sa composition, de la structure de mon cerveau ou de mon estomac.

3° Nous n'avons pas conscience de Dieu. Ravaisson écrit : « Dieu nous est plus intérieur que notre intérieur, il est nous plus que nous ne sommes nous-mêmes. » Il est vrai que c'est en Dieu que nous avons l'être, le mouvement et la vie, mais il ne s'ensuit pas qu'ayant conscience de nous-mêmes nous ayons par là même conscience de Dieu. Je n'ai conscience que de ce que je suis : or, je ne suis pas Dieu, je n'ai donc pas conscience de Dieu.

Degrés de la conscience. Les faits inconscients. — Il y a des perceptions sourdes, trop faibles pour être remarquées. Un bruit violent retentit, j'en ai la conscience claire. Au contraire, pendant que j'étudie, j'ai à peine conscience du bruit que l'on fait dans la rue.

Il y a des perceptions obscures dans l'ordre sensible, intellectuel et moral.

1° *Il y a des sensations et des sentiments dont nous n'avons qu'une conscience obscure ou confuse.* Pascal occupé à résoudre un problème ne sent plus ses douleurs. Un malaise général se compose d'une multitude de petites sensations désagréables. Il en est ainsi de la bonne et de la mauvaise humeur qui proviennent de sensations et de sentiments multiples dont nous n'avons pas la conscience claire et distincte. Beaucoup de sentiments et d'inclinations peuvent se développer insensiblement en nous.

2° *Nous avons des perceptions inconscientes.* Le meunier n'entend plus le bruit de son moulin ; le marin n'entend plus le bruit des flots ou de la machine. Dans les perceptions complexes, nous n'avons pas conscience des perceptions élémentaires dont elles sont le résultat : dans un morceau de musique joué par plusieurs instruments, nous ne distinguons pas toutes les notes. Dans les perceptions acquises, nous n'avons pas une conscience claire des opérations inductives que nous révèle l'analyse. Dans l'association, une idée en suggère une autre sans que nous nous rappelions les intermédiaires. Nos idées sont alors comme une rangée de billes placées en ligne sur un billard ; si on heurte la première, la dernière seule se détache du groupe. Comment expliquer la mémoire si l'on n'admet pas que nos idées peuvent rester cachées dans les profondeurs de la conscience ?

3° *Il y a des volitions inconscientes.* La conscience diminue dans les faits habituels à mesure qu'ils se répètent plus souvent. Le pianiste n'a plus conscience du mouvement de ses doigts, ni le marcheur du mouvement de ses jambes. Dans les actes volontaires, nous ne connaissons pas toutes les influences secrètes qui nous poussent à vouloir.

Les faits inconscients remplissent donc notre vie et ils y ont une importance extrême. Ce sont les infiniment petits du monde moral. « C'est souvent dans les perceptions insensibles, dit Leibniz, que se trouve la raison de ce qui se passe en nous, comme la raison des grands phénomènes de la nature se trouve souvent dans des faits insensibles. » Les perceptions inconscientes ont une grande influence sur notre caractère, c'est-à-dire sur nos tendances physiques, intellectuelles et morales. Elles influent sur notre humeur, sur nos idées, sur notre manière de voir et de juger et par conséquent sur nos déterminations. Il se produit dans notre esprit comme des courants d'idées et dans notre volonté des tendances dont nous ne nous rendons pas toujours compte. Ainsi s'explique la faculté d'improviser sur tel sujet médité, la facilité avec laquelle on accomplit, l'occasion s'en présentant, tel acte bon ou mauvais auquel on a souvent pensé. Il y a dans notre âme des prédispositions intellectuelles et morales.

Les faits psychologiques sont susceptibles de degrés sans nombre et la conscience peut décroître indéfiniment sans disparaître. Certains philosophes ont soutenu qu'il y a des faits psychologiques absolument inconscients, qu'il y a un côté de la vie psychologique que la conscience éclaire et un autre qui reste dans l'ombre et qu'ils appellent le *côté nocturne* de l'âme. Cette doctrine est inadmissible. La plupart des faits allégués sont des faits de moindre conscience. Le meunier entend quelque peu le bruit de son moulin, puisqu'il se réveille lorsque le bruit cesse. Le pianiste connaît quelque peu ses mouvements, puisque la distraction les trouble ou les fait cesser. Les autres faits allégués sont des faits inconscients, mais ne sont pas des faits psychologiques. Par exemple, nous ne pouvons pas dire que dans le bruit de la mer nous percevons le bruit de toutes les gouttelettes. Il faut un grand nombre de gouttelettes pour produire la vibration qui détermine la sensation du son. Il est d'ailleurs impossible de concevoir un fait psychologique sans conscience. Nos sentiments, nos pensées, nos volitions ne nous sont connus que comme quelque chose de conscient ; si on leur enlève la conscience, on les rend absolument inconcevables. Que seraient un plaisir et une douleur qui ne seraient aucunement sentis ? Admettre des faits inconscients, serait admettre une autre nature ultra-consciente dont nous ne pourrions rien dire, ni comprendre.

Autorité de la conscience. — Cette autorité est absolue, parce que la connaissance qu'elle donne est immédiate et qu'il y a identité du sujet connaissant et de l'objet connu. Il en résulte que cette connaissance est absolument certaine et l'on ne conçoit plus la possibilité du doute ou de l'erreur. Quand, pour atteindre la vérité, l'esprit est obligé de sortir de lui-même et d'employer des procédés compliqués, l'hésitation se comprend ; je puis me demander si telle perception des sens est réelle. Mais, dès qu'il s'agit de ce que j'éprouve en moi, la question n'a pas de sens, on n'en peut venir là. Cette autorité de la conscience est telle que le doute la consacre et l'affirme en voulant l'ébranler. C'est ce qu'a bien vu Descartes lorsqu'il a voulu fonder sur la conscience toute la métaphysique. Il a considéré avec raison la connaissance par la conscience comme la connaissance évidente entre toutes et il a fondé sa philosophie sur un fait de conscience : la pensée. Le tort de Descartes a été d'enlever toute valeur aux autres facultés.

La conscience n'est pourtant pas infaillible. Parmi les données de la conscience, il y en a qui relèvent exclusivement et immédiatement d'elle. Dans ce cas, son témoignage ne peut pas nous tromper. Un homme souffre quand il a conscience qu'il souffre. Mais il y a des données de la conscience qui relèvent à la fois de la mémoire, de l'imagination, de l'association des idées ; l'erreur peut s'y glisser et s'y glisse souvent.

FONCTION DE CONSERVATION

Art. 1er. — MÉMOIRE

La mémoire est la faculté de conserver, de faire revivre et de reconnaître les connaissances acquises.

Le fait de mémoire complet renferme la *conservation*, la *réminiscence*, la *reconnaissance* et la *localisation dans le passé*.

Sans la conservation et la reviviscence, la mémoire serait anéantie ; mais elles ne sont pas toujours accompagnées de la reconnaissance : on se rappelle une phrase, une sentence, sans se douter qu'on l'a lue. Les idées ou les images remémorées paraissent nouvelles. Plus d'un musicien a cru composer des mélodies que sa mémoire lui fournissait. Ces souvenirs incomplets s'appellent *réminiscences*.

Le *souvenir* implique deux idées métaphysiques: l'idée d'*identité personnelle* et l'*idée de durée*.

La mémoire, étant la conscience continuée, est, comme elle, *subjective* et *personnelle*. C'est pourquoi Royer-Collard a pu dire : « je ne me souviens que de moi-même » Nous ne nous souvenons pas des choses, mais de l'impression que les choses ont faite sur nous. Nous ne pouvons nous rappeler que des états de conscience dans lesquels nous nous sommes trouvés par rapport aux personnes et aux choses. Comment me rappellerais-je de ce qui ne m'aurait aucunement affecté ?

Le souvenir suppose qu'un temps s'est écoulé depuis la première perception jusqu'à la réapparition du fait de conscience. Le moment présent seul appartient à la conscience, la longue chaîne du passé appartient à la mémoire. C'est la mémoire qui nous fournit la notion de temps ou de durée. « Si le temps est un fleuve, c'est en nous-même que nous mesurons son cours », dit Royer-Collard.

Le fait de mémoire renferme trois problèmes : le problème de la *conservation des idées*, le problème de la *réviviscence* et le problème de *la reconnaissance*.

Problème de la conservation des idées.

— Puisque les idées reparaissent et que nous les reconnaissons, il faut bien qu'elles aient été conservées de quelque manière Deux solutions ont été données.

1° *Théorie psychologique* (Platon, saint Augustin, Leibniz) — Nos idées tombent à l'état latent, à l'état de sourde conscience et, par suite d'une circonstance, elles réapparaissent.

Une théorie récente explique la conservation des idées par une habitude psychologique. La mémoire ne conserve pas les idées proprement dites, mais une habitude à les reproduire. De même que, après un mouvement des organes, il reste en eux une tendance à le reproduire, ainsi, après un acte intellectuel, il reste dans la faculté qui l'a produit une certaine disposition à le reproduire.

2° *Théorie physiologique.* — Il reste dans le cerveau des vestiges ou résidus correspondant aux actes antérieurs de connaissance. En quoi consistent ces résidus organiques?

Descartes suppose des plis dans le cerveau, plis d'autant plus profonds que les états de conscience correspondants se sont produits plus de fois.

Hartley suppose des vibrations nerveuses qui persisteraient indéfiniment.

Ribot suppose entre les cellules cérébrales des associations dynamiques.

S'il reste dans le cerveau une trace correspondante à chacune de nos représentations, on comprend que les images puissent revivre et avec elles les idées qui leur sont intimement unies. Dans cette théorie, le cerveau serait comme un phonographe d'une perfection merveilleuse. Ce qui est certain, c'est que tout fait psychologique ayant pour corrélatif un certain état physiologique, le cerveau, après un fait psychologique, n'est plus le même qu'auparavant. Les nerfs cérébraux gardent du mouvement qu'ils viennent d'accomplir une disposition à le reproduire. Ainsi toute pensée laisse sa trace dans ce merveilleux réseau cérébral et la reproduction des phénomènes physiologiques pourra susciter le phénomène mental.

Des faits positifs établissent le concours direct de l'appareil cérébral dans la conservation de la connaissance. Certaines maladies, certaines lésions du cerveau entraînent une amnésie totale ou partielle. L'usage des narcotiques (tabac, opium, morphine) affaiblit et paralyse la mémoire. Au contraire, une surexcitation nerveuse produit quelquefois une hypermnésie. Des asphyxiés revenus à la vie assurent qu'au moment de perdre connaissance, tout leur passé s'est représenté à leur esprit avec une lucidité parfaite.

La loi dite de régression confirme cette conclusion. Quand la mémoire se perd, les souvenirs les plus récents s'effacent les premiers. Rien de plus facile à expliquer dans la théorie physiologique. Il est naturel, en effet, que les empreintes récentes peu profondes disparaissent avant les empreintes anciennes et invétérées.

Quoiqu'il en soit des diverses hypothèses, un fait reste acquis, c'est que le fonctionnement de la mémoire dépend de l'état du cerveau. Il ne faudrait pas en conclure que l'esprit est sans influence sur la conservation et le rappel des idées. Les lois psychologiques de la mémoire prouvent cette influence. Ces lois nous apprennent que la mémoire est une habitude, puisqu'elle en a tous les caractères. C'est donc avec raison que l'on explique la conservation des idées et leur rappel par une *habitude intellectuelle* conditionnée par une *habitude cérébrale*

Problème du rappel des idées. — Sous quelle influence une connaissance plus ou moins oubliée reparaît-elle dans le champ de la conscience ?

Les conditions physiologiques de la reviviscence sont imparfaitement connues. Nos habitudes cérébrales ayant été produites par une excitation, il est naturel de penser qu'elles se réveillent sous l'influence d'une excitation analogue. Mais cette excitation peut être produite par des causes fort diverses.

Au point de vue psychologique, les souvenirs reparaissent quelquefois *spontanément* : à certains jours un air de musique revient sans cesse. Plus souvent le rappel des idées se fait par l'*association*. Il peut enfin se faire par un *acte de volonté*. Mais l'action de la volonté sur le rappel des idées est indirecte. Elle ne peut que fixer l'attention sur des éléments connus (idées ou images), pour évoquer par association le souvenir. Le rappel volontaire se ramène donc, en dernière analyse, au rappel par association.

Lois de la conservation des idées et de la reviviscence.

1° La *vivacité de l'impression*. — Dans cent ans je m'en souviendrais encore, disons-nous quelquefois.

2° L'*attention*. — Elle est le burin de la mémoire.

3° La *répétition*. — On apprend une page en la lisant plusieurs fois.

4° L'*association*. — Les souvenirs enchaînés se rappellent bien plus facilement.

Ces lois ont une grande ressemblance avec les lois de l'habitude. De même que l'habitude, la mémoire est proportionnelle à la répétition des actes et à l'énergie déployée.

Problème de la reconnaissance. — Reconnaître une idée actuellement présente dans la mémoire, c'est savoir qu'on l'a déjà pensée, c'est en quelque sorte la projeter dans le passé. L'idée remémorée faisant partie de nos pensées actuelles et existant dans le présent, comment l'esprit peut-il associer à une modification présente l'idée de passé? La physiologie ne peut évidemment donner aucune explication. C'est à la psychologie seule qu'il appartient d'en faire connaître les conditions et d'en donner quelque explication.

Théorie de Reid. — La mémoire est la perception immédiate du passé. Cette affirmation est inacceptable. Le passé, c'est ce qui n'est plus, et ce qui n'est plus ne peut pas être l'objet d'une perception immédiate. La mémoire ne peut donc être que la reproduction d'une idée passée.

Il est ordinairement facile de ne pas confondre un souvenir avec une perception actuelle; car la perception actuelle est plus vive et plus distincte. « La perception actuelle, dit Spencer, est un état fort, le souvenir est un état faible. » Il y a une grande différence de vivacité entre la vue d'un tableau que j'ai sous les yeux et le souvenir qui m'en revient, lorsque j'ai quitté le musée où je l'ai vu. De plus, le souvenir ne s'impose pas à l'esprit avec la même nécessité que la perception actuelle. Tant que je suis devant un tableau et que j'ouvre les yeux, je ne puis m'empêcher de l'apercevoir. Le souvenir dépend ordinairement de la volonté. Je puis, si je le veux, me représenter un autre tableau, une autre chose. Enfin une perception est confirmée par d'autres perceptions auxquelles elle est liée. Le souvenir, au contraire, est contredit par les perceptions présentes.

Cette théorie nous semble confirmée par un double fait : 1° Quand la vivacité de l'image remémorée est exceptionnellement accrue, on la prend pour une perception actuelle, c'est l'hallucination ; 2° quand les perceptions actuelles font défaut, une image est prise pour une perception réelle, par exemple, dans le sommeil.

Distinction entre les créations de l'imagination et les souvenirs. — 1° Une création de l'imagination demande des efforts, une certaine activité dont nous avons conscience ; dans le souvenir, les images et les idées s'offrent à nous comme d'elles-mêmes. Pour composer un morceau de musique, il faut plus d'application et d'effort que pour se le remémorer.

2° Dans les créations de l'imagination, nous pouvons modifier notre œuvre à notre gré, changeant, ajoutant, retranchant ; nous ne pouvons pas modifier au même degré un souvenir.

3° Le souvenir peut être confirmé par d'autres souvenirs au milieu desquels il prend place : la création de l'imagination ne se rapporte pas à ma vie passée.

Localisation dans le passé. — Localiser un souvenir dans le passé, c'est situer avant ou après tel autre le fait que nous nous rappelons. Voici comment nous nous orientons dans notre vie passée. 1° Nous distinguons dans notre vie passée un certain nombre de souvenirs qui ont une importance plus grande. Nous les rangeons dans leur ordre naturel en leur assignant une date, nous avons ainsi des points de repère qui jalonnent le passé. 2° Autour de ces souvenirs principaux nous groupons les souvenirs secondaires. Pour savoir à quelle date un fait s'est accompli, nous faisons en quelque sorte glisser l'idée de cet événement sur la ligne du passé jusqu'à ce qu'il se place avant ou après tel événement, dont l'idée nous est familière. C'est peu à peu que nous avons appris à situer ainsi nos souvenirs dans le temps. Chez les enfants, chez certaines peuplades sauvages, cette ligne du passé n'existe pas et tout le temps écoulé est comme un chaos dans lequel il est presque impossible de localiser aucun souvenir.

Maladies de la mémoire. — Les principales maladies de la mémoire sont l'*amnésie*, l'*hypermnésie*, la *paramnésie* (fausse mémoire qui croit avoir déjà éprouvé un état qui en réalité est nouveau).

Il y a des *amnésies totales* et *partielles*. Dans les amnésies du langage ou *aphasies*, l'oubli porte d'abord sur le langage rationnel, puis sur le langage émotionnel. Dans le langage rationnel, on commence par oublier les noms propres, puis les noms communs, puis les adjectifs, les verbes. L'amnésie peut être progressive. Elle est alors soumise à la *loi de régression* : on perd d'abord les souvenirs récents, puis successivement le souvenir des choses plus anciennes. Cette loi s'explique ainsi : les souvenirs récents correspondent à des impressions cérébrales moins souvent répétées et plus faibles à cause de la faiblesse de l'organe.

Qualités de la mémoire. — Une bonne mémoire doit être facile, tenace, prompte, fidèle. Ces qualités sont rarement réunies.

Espèces et variétés de mémoires. — On distingue une mémoire sensitive, commune à l'homme et à l'animal, et une mémoire intellectuelle, qui est le propre de l'homme. La mémoire intellectuelle retient les idées avec leurs rapports logiques et rationnels. La mémoire sensitive retient les images avec leurs rapports extérieurs et accidentels. La mémoire sensitive dépend beaucoup plus de l'organisme que la mémoire intellectuelle. La mémoire peut se décomposer en autant de mémoires spéciales qu'il y a en nous de sens différents : mémoire de la vue, mémoire de l'ouïe, etc. Les différents individus ont ces mémoires spéciales plus ou moins développées. Mais l'exercice et l'habitude les développent beaucoup.

Art. II. — L'ASSOCIATION DES IDÉES

L'association des idées est la loi en vertu de laquelle nos idées se suggèrent et s'évoquent les unes les autres.

> Nulle pensée en nous ne languit solitaire ;
> L'une rappelle l'autre...
> Delille.

On définit l'association la tendance de l'esprit à passer spontanément d'une idée à une autre.

Il serait plus juste de dire suggestion des états de conscience, car l'association régit tous les faits psychologiques.

Nos idées ont la propriété de s'évoquer et de se rappeler les unes les autres. De même que, dans le monde physique, tous les corps s'attirent, de même, dans le monde psychologique, les idées sont reliées entre elles et forment une trame où tout s'enchaîne. Nous ne voyons pas toujours le lien qui unit les idées associées, mais il existe.

Il y a sur la nature de l'association deux théories principales : la théorie écossaise et la théorie anglaise.

Théorie écossaise. — Les idées s'attirent dans l'esprit en vertu des rapports qui les unissent et il y a autant de formes d'association qu'il y a d'espèces de rapports entre les idées.

On distingue les rapports *naturels* et *arbitraires*.

Les RAPPORTS NATURELS se divisent en rapports essentiels ou logiques et en rapports accidentels.

Les rapports essentiels sont fondés sur la nature même des choses. Il suffit d'un certain degré de raison pour les découvrir. Voici les principaux :

Le rapport du principe à la conséquence : la responsabilité rappelle le libre arbitre qui en est le principe.

Le rapport de cause à effet : Ictinus rappelle le Parthénon.

Le rapport de moyen à fin : l'immortalité me rappelle mes devoirs ; le fil télégraphique me rappelle la dépêche.

Les rapports accidentels sont :

1° Le *rapport de contiguïté* dans le temps et dans l'espace : Socrate rappelle les sophistes ; le Rhin me fait penser à Strasbourg.

2° Le *rapport de ressemblance et de contraste* : César fait penser à Napoléon ; les Épicuriens nous font penser aux Stoïciens.

Les rapports essentiels ou logiques et les rapports accidentels donnent naissance à deux espèces d'associations. Les unes sont essentielles et logiques. Janet les appelle des liaisons d'idées. Les autres sont accidentelles et par conséquent moins stables.

En dehors des rapports naturels, il y a des RAPPORTS ARBITRAIRES qui dépendent de la libre convention. Parmi ceux-ci le plus important est le rapport de signification. Le langage est une immense association d'idées.

Critique de la théorie écossaise. — Elle repose sur un principe inexact : elle suppose que c'est la perception du rapport, qui opère l'association. Or, l'association précède la perception du rapport ; car la perception du rapport entre deux idées suppose la présence préalable de ces deux idées dans la conscience. Pour que j'affirme un rapport entre César et Napoléon, il faut que ces deux idées soient présentes à ma pensée. La théorie de l'école écossaise ne renferme donc qu'une part de vérité. Il ne suffit pas que

6.

deux idées aient entre elles des rapports de principe à conséquence, de contigüité dans l'espace et dans le temps pour qu'elles se suggèrent mutuellement. Ces deux idées ne peuvent s'évoquer l'une l'autre que si elles ont été déjà, au moins une fois, pensées ensemble et présentes à la fois dans la conscience.

Théorie anglaise. — Elle admet entre les idées une liaison purement subjective et formule ainsi la loi d'association : quand deux idées ont été en contigüité dans la conscience, c'est-à-dire simultanément ou en succession immédiate, si l'une réapparait, l'autre tend à réapparaitre.

Cette loi ainsi formulée est exacte. Pour que deux idées soient liées entre elles de telle sorte que le retour de l'une dans notre esprit puisse y provoquer le retour de l'autre, il faut et il suffit que ces deux idées aient été, un certain nombre de fois, ou même une seule fois, pensées en même temps ou l'une après l'autre. En d'autres termes, leur contigüité dans la conscience est la condition nécessaire et suffisante de leur association future.

Mais l'école anglaise a le tort grave de supposer que la liaison entre les deux idées est toujours purement subjective. L'association des idées peut, il est vrai, se produire indépendamment des rapports que les idées ont entre elles et l'association est alors toute subjective ; mais les rapports réellement existants entre les idées font très souvent naître les associations, qui sont dès lors à la fois subjectives et objectives. Dans ces circonstances, la contigüité dans le temps et dans l'espace, la contigüité causale déterminent la contigüité dans la conscience et produisent les associations. C'est ainsi que Louis XIV rappelle Bossuet, l'Italie rappelle Rome et la *Transfiguration* rappelle Raphaël.

L'école anglaise formule deux lois qui se rapprochent beaucoup des lois de l'école écossaise.

1° *La loi de contigüité.* — La condition nécessaire et

suffisante pour que deux idées se rappellent l'une l'autre, c'est qu'elles aient été en contiguïté dans la conscience.

2° *La loi de similarité*, qui se divise en deux autres : a) — la loi de *ressemblance* : deux idées qui n'ont pas été en contiguïté dans la conscience, peuvent se rappeler l'une l'autre quand elles ont quelque ressemblance. b) — La loi de c...aste : les états de conscience tendent à rappeler les ... contraires : la joie fait penser à la tristesse.

L'association et l'habitude. — L'association des idées s'explique par l'habitude. Ce que l'esprit a fait il tend à le refaire et à le refaire dans l'ordre primitif. Cette tendance est une habitude. Voici un vers que j'ai appris et récité plusieurs fois : si on me donne le premier mot, l'habitude me contraint pour ainsi dire de l'achever.

L'association est soumise à toutes les lois de l'habitude. Elle peut naître d'une seule contiguïté, s'il y a une grande vivacité d'impression ; mais, en général, elle se fortifie par la répétition des actes et peut devenir indissoluble. L'attention exerce une grande influence sur l'association comme sur l'habitude. Enfin l'association, comme l'habitude, refait les choses dans l'ordre où elles ont été faites. Nous ne pouvons pas sans peine réciter à rebours les lettres de l'alphabet ou les lettres formant un mot un peu long.

Importance de l'association. — L'école anglaise voudrait ramener à l'association toutes les opérations de la pensée : l'association serait dans la vie mentale ce qu'est la gravitation dans le monde matériel.

Il faut reconnaître que l'association se trouve mêlée dans une certaine mesure à toutes les opérations de notre esprit et qu'elle est une loi très importante de l'intelligence ; mais elle ne saurait expliquer toute la vie intellectuelle.

Nous pourrions dire que l'association n'explique pas la

fonction d'acquisition de la connaissance ; car, pour associer, il faut déjà posséder les éléments que l'on veut relier entre eux.

L'association n'explique évidemment pas la conscience, puisque celle-ci est la condition essentielle de l'association.

Elle n'explique pas les perceptions naturelles des sens, mais seulement les perceptions acquises.

Elle n'explique pas le jugement. Il est vrai que le jugement suppose la présence de deux idées dans l'esprit et que ces deux idées sont souvent amenées dans l'esprit par l'association. Il n'en existe pas moins une différence essentielle entre le jugement et l'association. Dans le jugement, il y a perception de rapport entre les deux idées, tandis que, dans l'association, il y a une simple juxtaposition d'idées. L'association peut, il est vrai, produire des résultats qui ressemblent à des jugements. C'est ainsi que chez les animaux il y a des consécutions et des inductions qui imitent nos jugements et nos raisonnements. C'est une simple analogie. Dans les animaux, il y a pure suggestion, et, dans l'homme, perception de rapports. En résumé, l'association met sous les yeux de l'esprit la matière sur laquelle il s'exerce, mais c'est l'esprit qui perçoit les rapports. La meilleure preuve que l'association n'explique pas tout l'esprit, c'est que l'intelligence doit lutter sans cesse contre les habitudes mentales que l'association tend à établir. La plupart des préjugés et des superstitions sont des associations.

Enfin l'association ne peut expliquer les notions et les vérités premières.

L'association n'en a pas moins une très grande influence sur les opérations mentales et en particulier sur la mémoire et l'imagination.

L'entendement lui-même ne s'exerce que sur des matériaux fournis par l'association.

L'association a aussi une grande influence sur la sensibilité, elle est l'origine ordinaire de nos sympathies et de nos antipathies.

Enfin, elle a une influence très grande sur la moralité. Si vous associez à l'idée de mensonge l'idée de déshonneur ou l'idée d'habileté et de finesse, votre conduite sera fort différente dans les deux cas. Les Spartiates enivraient des esclaves pour associer l'idée d'ivresse à l'idée de servitude.

Principales formes de l'association. — LA RÊVERIE. L'âme spontanément se laisse aller au cours de ses idées riantes ou tristes. Il y a une rêverie volontaire et une rêverie spontanée. Dans la première, l'esprit n'accepte que les données favorables aux projets que l'on a formés (*Perrette et le Pot au lait*).

LE RÊVE. — Dans le rêve, l'association est plus capricieuse et plus bizarre encore ; l'esprit enchaîné par le sommeil suit la loi automatique de l'association. Nous prenons les images pour des réalités, à cause de l'absence de perceptions actuelles.

LA MÉDITATION. — Dans le travail méditatif, l'esprit n'accepte, parmi les idées présentées par l'association, que celles qui se rapportent logiquement au sujet traité ou approfondi.

ART. III. — L'IMAGINATION

L'imagination est la faculté de se représenter sous une forme sensible des objets qui n'affectent pas actuellement nos sens.

Les représentations de l'imagination s'appellent *images*, parce que le sens de la vue est le plus imaginatif.

On distingue l'*imagination reproductrice* et l'*imagination créatrice*.

L'imagination reproductrice est une faculté de conservation et se rattache à la mémoire. On l'appelle souvent mémoire imaginative. C'est la faculté de nous représenter en leur absence des objets perçus précédemment

C'est le pouvoir de conserver et de faire revivre les *images* des objets perçus. Plusieurs psychologues l'assimilent à la mémoire. Elle diffère pourtant de la mémoire qui rappelle les idées aussi bien que les faits sensibles. En outre, et c'est la grande différence, la mémoire implique la notion de passé, tandis que l'imagination nous représente l'objet dans le présent : j'entends encore cette musique.

Il est important de bien connaître les vrais rapports *de l'imagination* et *de l'entendement*, des *images* et des *idées*.

Imaginer un triangle, c'est se le représenter avec telle dimension, telle ouverture d'angle ; entendre un triangle, c'est savoir qu'il est une figure à trois côtés ; l'image est particulière, l'idée est générale. On peut concevoir clairement des choses que l'on ne peut imaginer, par exemple, la différence entre un kiliogone et un polygone de 999 côtés

Il faut pourtant observer que l'*idée* et l'*image* ont en nous les rapports les plus intimes. Notre âme ne pense jamais sans images. Il se mêle des images sensibles dans les considérations des choses les plus spirituelles, par exemple, Dieu et l'âme. Les Scolastiques disaient : « il n'y a pas d'idée sans les fantômes de l'imagination. »

L'imagination reproductrice, étant en quelque sorte une forme de la mémoire, est soumise aux mêmes lois, et offre les mêmes variétés. En donnant des formes sensibles aux objets absents, elle en conserve plus facilement le souvenir De plus elle fournit des matériaux à l'imagination active.

L'imagination créatrice est le pouvoir de produire des représentations nouvelles en modifiant et en combinant les images et les idées antérieurement acquises. L'imagination créatrice n'est pas une simple reproduction des choses déjà perçues, c'est un travail original de l'intelligence qui combine et crée des représentations neuves avec les matériaux tirés des perceptions passées. Les éléments de ces combinaisons sont empruntés à la réalité, mais disposés par l'esprit dans un ordre nouveau.

Les combinaisons de l'imagination peuvent être capricieuses et bizarres ou raisonnables et suivies. Dans le premier cas, l'imagination est « la folle du logis. » Dans le deuxième cas, elle dirige ses combinaisons d'une manière raisonnée et peut produire des œuvres utiles et bonnes. C'est alors une des plus belles prérogatives de l'esprit humain et le privilège exclusif de l'homme.

L'imagination créatrice se manifeste surtout avec éclat par les découvertes du savant, les créations de l'artiste et du poète, les combinaisons des grands politiques et des hommes de guerre, les inventions de l'industriel, en un mot, dans toutes les œuvres du talent et du génie. Mais les hommes les plus humbles, les plus terre à terre ne sont pas dépourvus de cette imagination. La vie la plus ordinaire demande de l'imagination. L'industriel et le marchand, comme le savant et l'artiste, doivent faire des combinaisons multiples.

En quoi consiste le travail de l'imagination créatrice ?
Dans ce travail, on peut distinguer deux éléments : la *matière*, c'est-à-dire les souvenirs sur lesquels elle opère, et la *forme*, c'est-à-dire les diverses transformations qu'elle fait subir aux souvenirs.

La *matière* sur laquelle s'exerce l'imagination créatrice ce sont tous nos souvenirs : toutes les données des sens, tous nos états intérieurs, sensations, sentiments, idées abstraites et générales, peuvent devenir la matière des combinaisons de l'imagination.

L'imagination donne une *forme* nouvelle à ces matériaux. Elle modifie de mille manière nos souvenirs.

1º Elle ajoute ou retranche.

2º Elle agrandit ou diminue, mais elle agrandit le plus souvent.

3º Elle corrige ou déforme : le peintre supprime tel trait pour embellir un visage.

4º Elle combine des matériaux d'ordre différent. Pour faire ces combinaisons, il faut analyser les objets, les décomposer en leurs éléments, afin de former avec ces éléments des assemblages nouveaux. Le pouvoir de former des combinaisons originales est en raison directe de la puissance d'analyse. On ne saurait mieux comparer l'imagination qu'à l'architecte qui construit une maison avec les débris d'autres maisons détruites. Défaire le passé pour en refaire le présent, dissocier les données du souvenir pour les faire rentrer dans les combinaisons nouvelles, voilà au fond à quoi se ramène l'œuvre de l'imagination.

L'imagination mérite-t-elle le nom de créatrice?

L'imagination ne crée pas de toutes pièces, elle ne tire pas ses conceptions du néant. Elle n'invente ni les idées qui sont la matière de ses œuvres, ni la forme sensible dont elle les revêt. Elle emprunte ses matériaux à la réalité, comme elle emprunte au souvenir la forme sensible : ligne, figure, couleur, son. Cependant il y a quelque chose de profondément original et de vraiment nouveau dans certaines œuvres d'imagination, et on peut les appeler des créations. L'art peut produire des œuvres distinctes de la réalité et supérieures à la réalité. L'artiste ne copie pas seulement la nature, il l'épure et l'idéalise et fait ainsi mieux que la nature.

L'imagination créatrice dans les arts est la faculté de représenter sous une forme sensible un type de beauté que l'artiste a conçu.

Les éléments de la création artistique sont : l'idée, la forme sensible et la fusion de l'idée et de la forme.

1° *L'idée*. — L'artiste doit concevoir un idéal ou un type de beauté. Plus l'idée est grande, élevée, plus est admirable le chef-d'œuvre qu'elle inspire.

2° *La forme sensible*. — Pour exprimer l'idée, il faut une forme sensible qui doit être empruntée à la nature.

3° Pour que l'œuvre atteigne sa perfection, il faut que *l'idée et la forme soient fondues ensemble* dans une union intime et harmonieuse. Il faut que l'idée s'incarne, vive et resplendisse dans la forme. C'est cette fusion harmonieuse qui rend les œuvres vivantes. « *Vivos e marmore cultus.* » « *Spirantia mollius æra.* Le moment heureux où l'artiste découvre la fusion harmonieuse de l'idée et de la forme s'appelle l'inspiration. Une lumière spontanée, mystérieuse illumine tout à coup l'intelligence. Le goût doit présider au choix des formes sensibles. Le courant de l'inspiration peut laisser échapper quelque désordre. L'âme, redevenue calme et maîtresse d'elle-même, examine et pèse toutes choses, épure et corrige. Ce n'est qu'à ce prix qu'on peut espérer de produire une œuvre parfaite.

Le génie. — L'imagination créatrice existe à un certain degré chez tous les hommes, qui en ont un besoin indispensable. Lorsqu'elle est plus puissante et plus parfaite, elle produit le talent et le génie.

Le génie est le pouvoir d'inventer dans les arts et dans les sciences, c'est l'imagination créatrice à son plus haut sommet, c'est un pouvoir créateur.

Le génie dans les arts. — Le génie dans les arts suppose :

1º Une *raison puissante* qui voit plus clair et plus loin que les autres et qui arrache à la nature ou à l'âme humaine ses secrets.

2º Une *riche imagination*. Si élevée qu'elle soit, l'idée n'est rien tant qu'elle ne s'est pas incarnée dans une forme sensible qui la fait rayonner et resplendir. C'est l'imagination qui revêt l'idée de cette forme sensible.

3º Une *vive sensibilité*. Presque toujours l'artiste, quand il crée, est en proie à une puissante émotion. Alors, de toutes les images ou idées que l'association fait surgir, celles-là seules sont saisies et retenues qui sont conformes à l'idée dominante. En général, l'artiste n'a pas d'inspiration si son âme ne s'échauffe et ne s'enflamme.

A ces facultés esthétiques il faut ajouter une *volonté énergique*. Si le génie n'est pas une longue patience, l'artiste doit pourtant mettre dans l'exécution autant de patience qu'il a mis de verve dans l'inspiration. Une œuvre d'art peut demander des années de travail.

Le génie dans les sciences. Le génie scientifique a été justement défini : une puissante imagination au service d'une haute raison. C'est le pouvoir de découvrir des vérités nouvelles. Or l'imagination joue un grand rôle dans les découvertes scientifiques. C'est l'imagination qui suggère les hypothèses qui précèdent et préparent les grandes découvertes et qui sont comme les visions prophétiques de la science. L'attraction universelle, la pression atmosphérique, le système de Copernic, les lois de Képler ont été des anticipations de génie que l'expérience a confirmées et et qui sont devenues les lois fondamentales de la science. Le plus souvent l'hypothèse est la perception subite d'un rapport jusque-là inaperçu entre deux objets ou deux faits. C'est pourquoi le génie scientifique consiste avant tout dans la faculté d'apercevoir des analogies profondes que l'imagination devine par un pressentiment merveilleux. C'est ainsi que Franklin assimile l'éclair à l'étincelle électrique. Lavoisier assimile la respiration à une combustion. Oken assimile le cerveau à une vertèbre. L'imagination est donc bien, comme on l'a dit, l'œil prophétique de la science.

Un grand nombre de beautés littéraires viennent aussi d'assimilations complètement neuves ; de là ces rapprochements imprévus, ces comparaisons géniales qui donnent naissance aux pensées profondes et originales.

Dangers et avantages de l'imagination. — Malebranche et Pascal ont traité avec une sévérité extrême l'imagination. Ils l'ont appelée la « folle du logis », la « folle qui fait la folle » « puissance décevante, d'autant plus fourbe qu'elle ne l'est pas toujours. » Tous ces reproches l'imagination les mérite, lorsqu'elle n'est pas guidée par la raison. Si on lui lâche la bride, elle ne tarde pas à entraîner dans les plus graves erreurs. Elle a le terrible pouvoir de changer les proportions des choses et de nous en enlever la vue saine. L'imagination peut aussi produire des désordres très graves dans les sentiments et dans la conduite. Rien de plus funeste au cœur que les rêves de l'imagination. Ils dégoûtent des devoirs austères. L'imagination embellit souvent le mal et concourt ainsi à développer les plus dangereuses passions.

Lorsqu'elle est éclairée et dirigée par la raison, l'imagination peut, au contraire, nous rendre les plus grands services ; par conséquent, il ne faut pas chercher à l'affaiblir, mais à la régler.

Simplement reproductrice, elle nous retrace l'image des beautés qui nous ont frappés ; elle fait revivre le bonheur que nous avons goûté. Une brillante imagination donne de l'éclat au style et orne la pensée de ses riches couleurs.

L'imagination créatrice crée les chefs-d'œuvres de l'art. Ses combinaisons sont très utiles dans les sciences et dans l'industrie, qui lui doivent leurs progrès et leurs découvertes.

Dans la vie pratique, elle conçoit des biens à réaliser, un but à atteindre. Par suite, elle fait naître en nous le désir, elle excite et soutient ainsi notre activité. C'est elle encore qui trouve les moyens à employer, les plans et les combinaisons nécessaires pour arriver au résultat. L'imagination nous aide à devenir meilleurs en nous représentant vivement un idéal de vertu, de courage ou de dévouement et en excitant en nous un généreux enthousiasme. Malheur aux âmes qui n'ont pas d'idéal et que rien n'attire en haut !

Dans la douleur et dans les épreuves, elle soutient et encourage par les riantes perspectives de l'espérance.

« Pour former un habile homme, dit Bossuet, il faut de l'imagination et de la raison, mais, dans ce tempérament, c'est la raison qui doit dominer, »

FONCTION D'ÉLABORATION

Les sens et la conscience fournissent les matériaux de la connaissance. La mémoire et l'association des idées conservent ces connaissances, les font revivre, les ramènent sous le regard de l'esprit et rendent ainsi possibles les constructions originales de l'imagination. Au-dessus de ces *opérations sensitives*, il y a des *opérations intellectuelles* qui constituent ce qu'on appelle l'*entendement* et qui ont pour but l'élaboration de la connaissance. Ces opérations sont l'*abstraction*, la *comparaison*, la *généralisation*, le *jugement* et le *raisonnement*. Elles supposent, comme acte préliminaire et comme condition, l'*attention*.

Art. I. — L'ATTENTION

L'attention est la condition de l'exercice de toutes nos facultés intellectuelles. Elle se définit l'acte par lequel l'esprit se fixe sur un objet afin de le mieux connaître.

L'attention est un acte intellectuel. C'est l'énergie de l'intelligence, l'effort de l'esprit, et son but est la connaissance.

La volonté a cependant une grande influence sur l'attention. Les personnes qui n'ont qu'une faible volonté ne peuvent soutenir longtemps un effort intellectuel. Il ne faudrait pas en conclure avec Laromiguière que l'attention appartient à la volonté ; car, s'il y a une attention volontaire, il y a une attention spontanée.

La sensibilité a aussi une grande action sur l'attention. Nous sommes facilement attentifs à ce qui nous intéresse. Ce n'est pas une raison de rapporter l'attention à la sensibilité, comme l'a fait Condillac. « L'attention, dit-il, n'est qu'une sensation dominante ». Taine a dit dans le même sens : « l'attention est la fascination exercée sur l'esprit par une image obsédante. » C'est une grave erreur, car 1° l'attention ne porte pas uniquement sur les sensations et les images, mais encore sur les idées et les jugements.

2° Dans la sensation, même représentative, l'âme est passive, elle subit l'action des objets extérieurs. Au contraire, l'attention est essentiellement l'activité de l'âme se portant vers un objet pour le mieux connaître. Ici, comme dans tout son système, Condillac méconnaît l'activité de l'esprit.

3° Il est bien vrai qu'une sensation vive provoque l'attention, mais elle ne la constitue pas.

4° L'attention n'est pas toujours en rapport avec la sensation : je puis regarder un objet presque imperceptible, écouter un son très faible et écarter, pour les percevoir, toute autre attention : une mère veillant son enfant malade n'entend plus le bruit de la rue et perçoit le plus léger mouvement du malade.

On ne doit pas confondre l'attention avec l'image obsédante. Être attentif, ce n'est pas être obsédé par ses idées ou sensations ; c'est, au contraire, s'en rendre maître et les diriger à son gré. L'idée fixe est un signe d'affaiblissement mental. L'attention est la marque d'un esprit qui se possède. Si la thèse sensualiste était vraie, il faudrait dire que l'attention est à son maximum là où elle existe à peine, dans l'enfant et dans le fou.

Caractères de l'attention. — 1° L'attention est *analytique*. Par là-même qu'elle concentre notre esprit sur un seul point, souvent sur un détail, elle nous fait perdre de vue tous les autres : d'où la nécessité de procéder par observations successives et d'analyser.

2° L'attention est *absorbante*, et elle tend à faire disparaître les états psychologiques concomitants.

3° Elle est accompagnée d'une tension des nerfs cérébraux. D'où la fatigue de tête qu'entraîne son exercice prolongé.

Formes de l'attention. — On distingue l'*observation*

externe qui s'applique aux objets extérieurs et la réflexion qui s'applique aux idées abstraites ou aux faits de conscience.

On distingue encore la *méditation* ou réflexion prolongée et la *contemplation*, forme supérieure de la méditation.

L'attention peut être empêchée ou interrompue par la *préoccupation* et la *distraction*.

La *contention* est une application excessive et infructueuse.

Effets de l'attention. — Dans la multitude des objets présents à l'esprit, l'attention en choisit un qu'elle isole des autres et sur lequel elle concentre les forces de l'intelligence, comme la loupe fait converger les rayons lumineux vers un même point. Elle augmente ainsi la puissance de l'esprit et rend la connaissance plus profonde.

L'attention rend les idées claires et distinctes.

Elle grave les connaissances dans la mémoire.

L'attention méthodique, énergique et prolongée produit des résultats merveilleux. Elle est la condition indispensable du développement intellectuel. Une grande puissance d'attention est un des traits distinctifs des esprits supérieurs. Dans les sciences, elle produit les grandes découvertes ; dans les arts, elle est une des conditions de l'inspiration. Par contre, l'impuissance mentale de l'idiot et du fou vient de ce que l'attention leur est impossible. Le manque d'attention est la source de presque toutes nos erreurs.

Sous le rapport moral, il est aussi très important de savoir diriger et maîtriser son attention, pour écarter les pensées dangereuses capables de faire naître les passions.

Il est donc bien important de développer cette faculté précieuse. Nous le pouvons par une volonté énergique en multipliant les actes d'attention.

Les obstacles à l'attention sont la mobilité de l'esprit ou la dissipation, la préoccupation ou l'état de l'esprit absorbé par quelque pensée étrangère et enfin la fatigue d'un long travail intellectuel. Il y a des obstacles permanents que l'on a appelés les maladies de l'attention. 1° *L'idiotisme*, qui consiste dans une anémie congénitale du cerveau, d'où résulte l'impuissance d'être attentif. 2° la *monomanie* ou l'idée fixe, état d'un esprit obsédé par une idée. 3° La *démence* ou folie déterminée par l'incohérence des idées et des images.

Art. II. — L'ABSTRACTION

Les données de l'expérience sont complexes ; mais nous pouvons, par la pensée, distinguer leurs éléments. Ainsi, je vois un arbre et je conçois à part une qualité isolée des autres qualités, par exemple, sa hauteur ; je fais une abstraction.

L'abstraction est une opération qui consiste à considérer à part, ou à séparer mentalement ce qui est inséparable en réalité. Considérer à part une partie séparable d'un tout, par exemple, la tête à part du corps, n'est pas une abstraction proprement dite.

L'abstraction est spontanée ou réfléchie. Elle est spontanée, lorsque nous l'accomplissons sans nous en rendre compte. Elle est *réfléchie*, lorsque nous fixons à dessein notre attention sur telle propriété en négligeant les autres.

L'abstraction réfléchie est une attention restreinte ou élective. C'est le degré supérieur de l'attention isolant, dans un objet donné, un élément ou une qualité pour les mieux connaître.

Nécessité de l'abstraction. — L'intelligence humaine est trop bornée pour pouvoir embrasser les différents aspects de la réalité : elle ne peut les saisir que successivement. Une condition essentielle de la connaissance vraie et profonde est donc d'analyser, de diviser, soit réellement, soit mentalement : *divide et impera*. Cette maxime des Romains est aussi celle de l'esprit humain. Aussi les notions, dont l'ensemble forme les sciences, ne sont que des idées abstraites. Cela est vrai non seulement des mathématiques, mais aussi des autres sciences. Celles qui traitent du monde physique étudient à part chacune des propriétés des corps : pesanteur, chaleur, lumière, etc. La psychologie décrit successivement les opérations de l'âme.

L'abstraction n'est pas un procédé réservé aux savants. Aucune opération ne nous est plus familière et plus naturelle. Nous ne pouvons ni parler ni même penser sans abstraire. Une belle abstraction, c'est la parole de Louis XII : « le Roi de France ne venge pas les injures du Duc d'Orléans. »

Clarté des idées abstraites. — On distingue l'idée concrète et l'idée abstraite. Une idée concrète est la représentation à l'esprit d'un objet réel avec tous les éléments qui le composent : l'idée de Descartes est une idée concrète. Une idée abstraite est la représentation à l'esprit d'un seul élément d'un objet.

Les hommes étant habitués à lier leurs idées à des choses sensibles, l'abstraction leur paraît difficile et obscure. Contrairement à ce préjugé, l'idée abstraite est plus facile à concevoir que l'idée concrète. L'idée abstraite est nécessairement plus simple qu'une idée concrète, puisqu'elle ne représente à l'esprit qu'un élément d'un objet, elle est donc plus claire. Ceci est confirmé par ce fait que les sciences les plus avancées sont les sciences abstraites. Et cependant le langage ordinaire fait souvent du mot abstrait le synonyme d'obscur. C'est bien abstrait, dira-t-on d'une question difficile ! On recommande aux maîtres d'éviter les abstractions. Cette apparente contradiction s'explique ainsi. Nous vivons au milieu des réalités sensibles et complexes et il faut un effort de l'esprit pour séparer la notion abstraite des représentations sensibles qui l'accompagnent dans la réalité. Plus l'abstraction est profonde, plus l'effort d'attention devient pénible et tout le monde n'en est pas capable. Aussi les mathématiques et la logique, qui sont les plus simples de toutes les sciences, paraissent obscures à certains esprits. Au contraire, les sciences de la nature, malgré la complexité des phénomènes et des êtres étudiés, semblent plus faciles, parce qu'on peut voir ou imaginer leur objet.

Inconvénients de l'abstraction —L'abstraction peut habituer l'esprit à n'envisager que les détails et à oublier l'ensemble des choses. Elle nous expose encore à ne considérer qu'un côté des questions et à porter des jugements étroits. De là vient l'étroitesse des esprits systématiques.

Un autre danger vient de la tendance de l'esprit humain à réaliser les abstractions. Ce penchant est favorisé par le langage. Les mots semblent conférer une sorte d'existence indépendante aux objets qu'ils désignent. Il en est surtout ainsi pour les substantifs. Dans l'ancienne physique, le froid, le chaud, le sec, l'humide apparaissaient comme des réalités. On peut même personnifier et diviniser les abstractions. L'Olympe des païens était rempli d'abstractions divinisées.

Art. III. — LA COMPARAISON

L'abstraction divise et décompose les objets de la connaissance. La comparaison rapproche sous un même regard de l'esprit les éléments divisés et prépare la perception des rapports.

La comparaison est l'opération par laquelle l'esprit considère deux ou plusieurs objets ou idées, pour en saisir les rapports.

Condillac la définit « une double attention ». Cette notion est incomplète; car on peut porter son attention sur deux choses sans les comparer. De plus la comparaison est un acte unique d'attention portant sur deux ou plusieurs objets, pour en percevoir les rapports.

La comparaison implique l'attention et l'abstraction. La plupart du temps, les ressemblances sont cachées par de nombreuses différences. Pour les trouver, il faut, par l'analyse et l'abstraction, séparer les différents caractères des choses, afin d'apercevoir les ressemblances. Plus l'analyse aura été complète, plus nombreux seront les points de comparaison.

Importance de la comparaison. — La comparaison est une des opérations les plus fécondes de l'esprit humain. Elle nous fait saisir le lien des choses et leurs rapports. Comparer, c'est distinguer pour identifier, c'est-à-dire connaître les différences et les ressemblances.

La science a pour but de découvrir les rapports constants des choses. La comparaison seule peut faire découvrir ces rapports. La comparaison joue un rôle essentiel dans la généralisation, le jugement, le raisonnement. Elle est nécessaire à la classification et à la définition. Rien n'éclaire plus la pensée qu'une comparaison bien faite. Il faut pour cela que la comparaison soit juste.

La méthode comparative a produit les meilleurs résultats dans les sciences. On a découvert des analogies profondes entre les choses en apparence les plus différentes : le bras de l'homme, le membre antérieur du quadrupède, l'aile de l'oiseau, la nageoire du poisson sont composés des mêmes éléments anatomiques.

Art. IV. — LA GÉNÉRALISATION

C'est l'opération par laquelle l'esprit saisit les ressemblances qui existent entre plusieurs objets et en forme une notion commune qui convient à toute une classe d'êtres : l'idée d'arbre, de mammifère, de douleur.

La généralisation porte l'esprit sur plusieurs objets dont elle extrait et fixe les caractères communs.

La généralisation consiste à juger que les différences, qui distinguent plusieurs objets, sont accidentelles, à unir ces objets en un seul groupe, en choisissant leurs caractères communs essentiels, qui peuvent former une représentation générale de ces objets. Ainsi, après avoir observé un certain nombre de chevaux, je néglige leurs caractères accidentels, les particularités de taille, de race, de robe, et je me fais de tous les chevaux une idée générale qui comprend leurs caractères communs : mammifère, quadrupède, solipède.

Dans la généralisation, il y a : 1° la perception de plusieurs objets.

2° La comparaison de ces objets entre eux.

3° L'abstraction des points de ressemblance cachés sous la multitude des différences.

4° La dénomination.

L'idée générale ainsi obtenue représente non seulement les objets dont on l'a tirée, mais encore un nombre infini d'objets du même genre, de la même classe. C'est pourquoi les scolastiques appelaient l'idée générale *quid aptum inesse multis*.

Rôle du langage dans la généralisation. — Le rôle de la dénomination est très important dans la généralisation.

1° *Le langage sert à former l'idée générale.* — C'est au moyen des mots que nous apprenons à généraliser. Pour désigner des êtres de même espèce, fort différents d'ailleurs, on se sert, en présence d'un enfant, du même mot *chien*, cet enfant ne tarde pas à se former l'idée générale de chien. Les idées générales nous sont données, le plus souvent, toutes faites dans le langage, qui nous apprend comment on a généralisé avant nous.

2° *Le langage sert à conserver l'idée générale.* — Les

caractères dégagés par l'abstraction et réunis dans la comparaison sont maintenus ensemble par le mot qui leur sert de point d'attache. Sans cela, l'idée générale disparaîtrait de l'esprit, semblable à une étincelle qui brille pour s'éteindre. Le mot donne à l'idée générale une existence stable et, comme il est facile à retenir, nous n'avons qu'à nous le rappeler pour retrouver l'idée générale. Nous assurons ainsi les conquêtes de notre esprit, comme une armée fait la conquête d'un pays en y construisant des forteresses. Les mots sont les forteresses de la pensée.

Degrés de généralisation. — La généralisation a divers degrés. L'idée d'animal est plus générale que l'idée d'homme. Elle convient à un plus grand nombre d'êtres ; mais elle renferme moins de propriétés. C'est pourquoi on distingue dans l'idée générale la *compréhension* et *l'extension*.

La *compréhension* est l'ensemble des propriétés exprimées par l'idée générale : animal, mammifère, bimane représentent, au point de vue physiologique, la compréhension de l'idée d'homme. *L'extension* est l'ensemble des êtres auxquels convient l'idée générale. L'extension et la compréhension sont en raison inverse.

Importance de la généralisation. — 1° *Elle est la condition de la science.* — Les philosophes de tous les temps ont admis que la science ayant pour objet des notions constantes ne peut être que du général. Les sciences, il est vrai, ont pour point de départ les faits particuliers et les individus, mais elles ont pour objet les caractères généraux des êtres et leurs rapports constants, c'est-à-dire leurs lois. La généralisation, sous les caractères mobiles ou accidentels qui distinguent les individus, découvre et atteint les caractères constants par lesquels ils se ressemblent et fournit ainsi à la science un objet permanent.

2° *Elle est la condition du langage.* — Sans la généralisation, il faudrait un mot pour exprimer chaque idée, et ce mot ne serait compris que de ceux qui auraient vu cet être. La pensée serait écrasée sous le nombre des mots et des idées. Grâce à la généralisation, on peut exprimer par un seul mot plusieurs objets semblables. Le langage et les livres se composent de noms communs qui expriment des idées générales.

3° *La généralisation permet de mettre de l'ordre et de l'unité dans les données innombrables de l'expérience.* — Un objet nouveau se présente à nous, nous le comparons à d'autres qui nous sont connus, pour l'en distinguer ou pour l'assimiler à eux ; nous le faisons ainsi entrer dans un groupe déjà connu. La connaissance est ainsi simplifiée et notre esprit n'a à retenir que les caractères communs des différents groupes subordonnés.

Dangers de la généralisation. — On se trompe souvent en généralisant trop ou trop vite. C'est l'origine de l'esprit systématique. Broussais ne reconnaissait aux maladies qu'une cause, l'inflammation, et n'admettait que le remède antipyrique.

2° Les idées générales ne comprenant que les caractères communs à une classe d'êtres sont insuffisantes pour la connaissance pleine d'un objet particulier. Vous savez que le ressort principal dans Corneille est l'admiration, et dans Racine, le pathétique ; vous ne connaissez pas pour cela telle pièce de Corneille et de Racine.

Problème de la valeur des idées générales. — Nominalisme, Conceptualisme, Réalisme. — Cette question tient une grande place dans l'histoire de la philosophie. Dans l'antiquité, Platon est réaliste. Le nominalisme est représenté par les écoles cynique et stoïcienne. Dans les temps modernes, Locke et Berkeley, Hume, Hamilton, Stuart-Mill sont nominalistes ; Kant est conceptualiste.

Ce problème a donné lieu au moyen-âge à trois théories célèbres.

1° Nominalisme (Roscelin, XIe siècle, Occam, XIVe siècle.) L'idée générale n'est qu'un mot, une simple émission de voix *(flatus vocis)*. Quand nous disons homme, arbre, nous n'avons rien dans l'esprit et cela ne répond à aucune réalité. Les nominalistes modernes soutiennent qu'on ne peut se représenter une chose en général. Ce qui correspond aux mots homme, arbre, c'est toujours un homme, un arbre en particulier. Les termes ne sont généraux que parce qu'ils réveillent en nous, en vertu de la loi d'association, un nombre indéfini d'images semblables.

2° Conceptualisme (Abélard, XIIe siècle.) Les idées générales sont des conceptions subjectives de l'esprit, des formes de la pensée. L'idée d'homme n'existe que dans notre esprit, que parce que nous la pensons et autant que nous la pensons.

3° Réalisme. — Guillaume de Champeaux (XIe siècle) attribue aux idées générales une existence réelle en dehors des individus, qui n'existent que par leur participation à cette idée ; ils ne sont que des copies éphémères d'une réalité permanente. Les hommes disparaissent, l'humanité subsiste et cette humanité toujours subsistante est seule l'objet de la science. C'est la doctrine de Platon.

Que faut-il penser de ces trois systèmes ?

Ces trois systèmes sont faux.

Le *nominalisme* de Roscelin fait du langage un simple psittacisme. Le *nominalisme moderne* n'est pas non plus d'accord avec les faits que la réflexion observe en nous. Si le géomètre n'avait présent à la pensée qu'un triangle individuel, il ne pourrait pas tirer de cette représentation particulière des conséquences applicables à tous les triangles. Il trace, il est vrai, un triangle particulier, mais ce n'est qu'un exemple et le géomètre n'en a pas moins dans l'esprit une idée applicable à un nombre illimité de triangles, c'est-à-dire une idée générale.

Le *conceptualisme* fait de l'idée générale un pur concept de l'esprit. C'est méconnaître sa véritable nature, car l'idée générale exprime les caractères constants des choses. L'idée générale n'est pas non plus une simple création de notre esprit, comme le prétend le conceptualisme de Kant. Elle se forme dans notre esprit d'après la réalité, par la perception des ressemblances stables et uniformes que nous présente la nature. « Il est vrai que la nature ne nous présente que des êtres particuliers, dit Bossuet, mais elle nous les présente semblables, malgré leurs différences, et on peut dire avec les scolastiques : *universale inchoatur a naturâ, perficitur ab intellectu.* »

Le réalisme est faux. On pourrait dire qu'il est absurde de supposer que les idées générales sont des réalités substantielles auxquelles les individus empruntent leur réalité. Les individus seuls existent, l'universel n'a pas d'existence propre.

Quelle est la véritable doctrine ? On peut dire que l'idée générale n'existe nulle part absolument réalisée, puisque les propriétés qu'elle exprime n'existent dans les individus que réunies à beaucoup d'autres. Mais on peut dire, d'autre part, que l'idée générale existe dans tous les individus : l'idée d'homme, avec les propriétés qu'elle exprime, existe dans tous les hommes et n'existe que dans les individus humains : *universalia non existunt nisi prout sunt in individuo.* L'idée générale, d'autre part, exprime bien une réalité, les ressemblances stables et uniformes des choses, les caractères communs à tel groupe d'individus. C'est pour cela que l'idée générale embrasse tous les individus et qu'elle subsiste et demeure, lorsque les individus disparaissent. Ainsi donc, l'idée générale existe dans tous les individus qui y participent ou la réalisent. Il faut ajouter avec saint Thomas (réalisme modéré) que l'idée générale existe comme concept dans tous les esprits qui la conçoivent. Enfin elle existe dans l'intelligence divine où elle est éternellement entendue. L'idée générale peut ainsi être conçue comme la pensée de la cause première, qui conçoit éternellement les essences des choses et leurs lois et qui les a réalisées en créant l'univers. Quand Dieu créa le monde, il savait ce qu'il faisait et il le savait de toute éternité. Le platonisme pourrait être entendu dans ce dernier sens et il serait vrai.

Art. V. — LE JUGEMENT

Le jugement est l'opération de l'esprit par laquelle nous affirmons qu'une chose est ou n'est pas. Juger, c'est affirmer une chose d'une autre. L'affirmation est de l'essence du jugement. Il peut être négatif ou dubitatif; mais nier, c'est affirmer qu'une chose n'est pas, et exprimer un doute, c'est affirmer que l'on doute.

Le jugement est la perception et l'affirmation d'un rapport. Le jugement a son expression dans la proposition.

Dans tout jugement, il y a trois éléments : 1° l'idée de la chose dont on affirme quelque chose, 2° l'idée de la chose affirmée, 3° l'affirmation. Aussi, la proposition se compose de trois termes : le *sujet*, le *verbe* et l'*attribut*. Le sujet et l'attribut sont la *matière* du jugement; ils expriment les idées entre lesquelles un rapport est perçu. Le verbe constitue *la forme*, il est l'affirmation du rapport perçu et l'élément caractéristique du jugement. Les chinois appellent le verbe le seul mot vivant des langues et Rousseau a dit : « la caractéristique de l'esprit humain est de donner un sens à ce petit mot *est*. »

Locke définissait le jugement « l'affirmation d'un rapport de convenance ou de disconvenance entre deux idées », Reid et Cousin ont soutenu que cette définition ne convient pas à tous les jugements. Ils ont distingué les jugements primitifs, immédiats : j'existe, je souffre, et les jugements comparatifs : la vertu est aimable. Les premiers ne seraient aucunement le résultat de la comparaison. Cette distinction n'a certainement pas l'importance que lui donne Cousin. On pourrait dire d'ailleurs que dans les jugements immédiats, il y a une comparaison implicite. Juger que j'existe, c'est percevoir le rapport de moi et de l'existence. D'ailleurs, si le jugement pouvait exister sans perception de rapport, ne devrait-on pas en conclure qu'un animal est capable de juger ?

Condillac rapporte le jugement à la sensibilité. C'est une erreur : car le jugement est essentiellement perception de rapports. Or, des sensations peuvent être présentes à notre conscience, sans que nous en percevions les rapports. Nous savons d'ailleurs que le jugement n'est pas une simple association d'idées ; car, dans le jugement, il n'y a pas une simple juxtaposition d'idées, mais perception de rapport.

Descartes et Malebranche ont attribué le jugement à la volonté. Rien de plus faux. Le jugement a pour objet le vrai ; la volonté, le bien. Les actes de la volonté sont bons ou mauvais ; les jugements sont vrais ou faux. La volonté est d'ailleurs manifestement absente de certains jugements qui s'imposent : $2 + 2 = 4$; tout ce qui commence a une cause. Ajoutons que, si la théorie cartésienne était vraie, toutes nos erreurs seraient coupables ; or, il est des erreurs invincibles. La volonté n'en a pas moins une grande influence sur le jugement. Elle peut nous faire nous prononcer sans un examen suffisant. Elle peut même extorquer une décision favorable à la passion. Il est certain que les croyances morales, par exemple, dépendent en grande partie de la rectitude de la volonté. Un grand nombre de nos jugements peuvent donc être volontaires, non parce qu'ils sont formés par la volonté, mais parce que la volonté influe sur l'intelligence.

Le jugement au sens vulgaire et au sens psychologique. — Au sens psychologique, le jugement est l'affirmation d'un rapport. Au sens vulgaire, le jugement est la faculté de discerner le vrai du faux, d'apprécier exactement les hommes et les choses. Dans ce sens, bien juger constitue la rectitude des esprits vulgaires et la plus précieuse qualité du génie.

Descartes a prétendu que le bon sens est la chose du monde la mieux partagée. D'autres affirment que le jugement est une qualité rare : on ne rencontre partout que des esprits faux. La contradiction n'est qu'apparente. La parole de Descartes peut s'entendre en ce sens que la raison est identique chez tous les hommes. Les autres constatent que les hommes en font souvent un mauvais usage.

La fin de l'éducation intellectuelle doit être la formation du jugement, pour que l'esprit devienne juste et capable de bien voir les choses et leurs véritables rapports.

Classification des jugements. — On divise les jugements, 1° selon la quantité : en *universels* : tous les corps sont pesants ; en *particuliers* : quelques hommes sont savants ; et en *singuliers* : c'est un homme excellent.

2° Selon la qualité : en *affirmatifs* : les hommes sont mortels ; en *négatifs* : ces hommes ne sont pas savants ; et en *limitatifs* : le plaisir est un bien.

3° Suivant la relation : en *catégoriques* : l'homme est un animal raisonnable ; en *hypothétiques* : l'électricité est un fluide ; en *disjonctifs* qui impliquent une alternative : ce général était incapable ou traître.

4° Suivant la modalité : en *assertoriques*, dont l'affirmation n'implique aucune idée de nécessité : certaines planètes sont habitées ; *problématiques*, qui expriment une opinion : les marées dépendent de la force attractive de la lune ; en *apodictiques*, dans lesquels l'affirmation est accompagnée de la preuve : l'âme est immortelle, parce qu'elle est simple.

Suivant la modalité, on peut encore diviser les jugements en *contingents* et *nécessaires* : le temps est froid ; tout ce qui commence a une cause.

Suivant la relation de l'attribut au sujet, on distingue encore les jugements *analytiques* et *synthétiques*. Dans le premier, l'attribut est l'analyse du sujet : un triangle est une figure à trois côtés. Dans le jugement synthétique, l'attribut ajoute quelque chose au sujet : ce corps pèse vingt livres ; cet homme est savant. »

La plupart des jugements synthétiques sont *a posteriori*. Si cet homme est savant, c'est l'expérience qui peut nous l'apprendre.

Y a-t-il des jugements synthétiques *a priori?* Kant soutient l'affirmative et range parmi les jugements synthétiques tous les principes rationnels, excepté celui d'identité. Les autres philosophes sont pour la négative.

Art. VI. — LE RAISONNEMENT.

Il y a deux sortes de connaissances ; les unes *immédiates* ou *intuitives*, comme les faits de conscience et les principes de la raison ; les autres *médiates* et *discursives*, que nous ne pouvons atteindre que par des intermédiaires, qui servent à découvrir un rapport ou des rapports qui ne peuvent pas être immédiatement perçus. L'art du raisonnement consiste précisément à trouver des intermédiaires, au moyen desquels on arrive à unir des idées trop éloignées. « Quand on ne peut franchir un fossé, dit Jules Simon, on met une pierre au milieu et on le franchit en deux pas. Tel est à peu près l'artifice du raisonnement. »

Le raisonnement est une opération par laquelle d'une vérité connue on passe à une vérité inconnue.

On distingue le raisonnement déductif et le raisonnement inductif.

Le *raisonnement déductif* consiste à tirer de vérités générales des conséquences moins générales ou même particulières. Les corps se dilatent par la chaleur ; donc ce corps se dilatera, si je le chauffe. Le raisonnement déductif consiste donc à tirer d'une vérité d'autres vérités, qu'elle renferme implicitement. Il repose sur ce principe: *Deux choses qui conviennent à une troisième se conviennent entre elles.*

Deux choses, dont l'une convient à une troisième et l'autre ne lui convient pas, ne se conviennent pas entre elles.

Le *raisonnement inductif* va du particulier au général ou du général au plus général. C'est l'induction qui nous élève de la connaissance des faits à celle des lois qui les régissent : ce morceau de bois, cette barre de fer, cette feuille tombent, donc les corps tombent. On peut définir l'induction : le raisonnement qui conclut de quelques faits à tous les faits, il s'élève de quelques cas donnés à tous les cas possibles de la même espèce. Il se fonde sur ce principe : *les mêmes causes dans les mêmes circonstances produisent les mêmes effets.*

Une question délicate est celle-ci : *Quelle est la ressemblance et la différence entre la généralisation et l'induction ?*

Par la généralisation nous formons des idées générales, qui s'appliquent à un nombre illimité d'objets de la même espèce. Par l'induction, nous formons des jugements généraux qu'on nomme des lois.

La loi est l'énoncé d'un rapport constant entre deux choses. On distingue deux sortes de lois. Les unes énoncent un rapport de *coexistence* entre des caractères ou des groupes de caractères : les bœufs sont des ruminants. Les autres énoncent un rapport de *succession* entre deux faits ou deux groupes de faits : l'eau se congèle à 0° et entre en ébullition à 100°.

D'après certains psychologues de l'école anglaise (Stuart-Mill), il y aurait une troisième forme de raisonnement, l'*inférence du particulier au particulier* : l'enfant qui, s'étant brûlé le doigt, évite de s'approcher du feu, a raisonné et conclu, bien qu'il n'ait jamais pensé au principe général : le feu brûle. Il se souvient qu'il a été brûlé, et, sur le témoignage de sa mémoire, il croit que, s'il met le doigt dans la flamme, il sera brûlé. Il infère un fait particulier d'un autre fait particulier. Mais cette prétendue inférence n'est en réalité qu'une association d'idées. La vue de la flamme suggère à l'enfant l'idée de brûlure et par suite un mouvement instinctif de répulsion, de même que la vue du bâton qui l'a frappé une fois, fait aboyer et fuir le chien. Il n'y a là qu'une connexion d'images ou d'idées que l'on peut mettre à profit pour dresser les animaux et même pour élever les enfants. Ce n'es qu'une ombre de raisonnement et non un vrai raisonnement. Il n'y aurait raisonnement que si l'esprit concluait du premier cas au second en vertu d'une ressemblance aperçue et ce serait alors un raisonnement par analogie. Mais le raisonnement par analogie se compose en réalité de deux raisonnements, d'une déduction et d'une induction, et voici comment : je me suis brûlé à une première flamme, j'en induis que la flamme brûle. La flamme brûle, j'en déduis que cette flamme me brûlerait.

Avantages du raisonnement. — Le raisonnement sert à nous faire découvrir des vérités inconnues en nous faisant connaître les conséquences que l'on peut tirer des principes (déduction) et les lois que l'on peut tirer des faits (induction).

Le raisonnement sert à prouver les vérités encore incertaines, à expliquer et à comprendre les vérités obscures. Il nous permet de passer de vérités connues à des vérités inconnues et de reculer ainsi les limites de la science.

Inconvénients du raisonnement. — On peut mal user de cette faculté précieuse. Quand l'esprit est peu juste, ou peu réfléchi, le raisonnement peut être une source d'erreur. On peut raisonner mal, on peut raisonner mal à propos, on peut passer son temps à raisonner au lieu d'agir. C'est ce que Molière a bien exprimé dans ces deux vers :

> Raisonner est l'emploi de toute ma maison,
> Et le raisonnement en bannit la raison.

Le raisonnement est à la fois un signe de faiblesse et de puissance. C'est une imperfection de ne pas saisir immédiatement, dans une intuition simple, les vérités et les rapports des vérités entre elles, mais de les tirer les unes des autres comme par « *machines et artifices* ». C'est un signe de puissance, car il permet à l'intelligence de s'élever dans la science, d'apercevoir les rapports des vérités entre elles et le lien qui les unit.

Art. VIII. — LA RAISON ET LES PRINCIPES DIRECTEURS DE LA CONNAISSANCE

Toutes les opérations, soit *sensitives*, soit *intellectuelles*, sont soumises aux lois supérieures de l'esprit, aux principes nécessaires et universels. Ces principes directeurs de la connaissance constituent ce qu'on appelle au sens moderne la *raison*.

La raison, dans son sens général, est la faculté de comprendre.

On distingue la raison *discursive*, et la raison *intuitive*.

La raison *discursive* applique son activité par les facultés d'élaboration ; elle est par conséquent la puissance d'abstraire, de comparer, de juger et de raisonner. Dans ce sens, la raison est faible et imparfaite dans l'enfant, absente chez l'idiot, pervertie dans la folie, l'animal en est privé.

Bossuet et les scolastiques ont donné à la raison le nom d'intellect ou d'entendement, pour la distinguer des sens et de l'imagination.

La raison discursive peut seule former la science ; son rôle est de former et de coordonner les idées générales.

La raison *intuitive* ou *raison pure* nous fait connaître les notions et les vérités premières.

Les notions premières sont des idées et s'expriment par un mot ; les vérités sont des jugements et s'expriment par une proposition. Les idées sont logiquement antérieures aux vérités, mais, en fait, chronologiquement, elles sont inséparables. Nous ne pouvons pas concevoir la notion de cause sans qu'aussitôt le principe de causalité s'impose à nous.

Caractères des premiers principes. — Quand on a énuméré les diverses fonctions d'acquisition, de conservation et d'élaboration, il reste quelque chose à expliquer dans l'intelligence. Il existe, en effet, des idées et des vérités appelées premières. Ce sont des concepts et des jugements universels et nécessaires, qui sont implicitement contenus dans tout exercice de la pensée. Les premiers principes sont, dit Descartes, des vérités indémontrables qui servent à démontrer tout le reste : tout a sa raison d'être ; rien n'est intelligible sans une raison suffisante.

Les premiers principes sont :

a) Universels. Tous les hommes les possèdent et les appliquent. L'enfant, l'homme inculte, le sauvage s'en servent comme le philosophe.

b) Elles sont nécessaires. Le contraire ne peut être conçu. C'est pourquoi les scolastiques disaient : avec ceux qui contestent les principes on ne discute pas. Les vérités premières sont les lois fondamentales de la pensée humaine, elles constituent l'essence de l'intelligence et forment en quelque sorte sa structure. Elles sont nécessaires pour penser comme les muscles pour marcher. Elles sont si naturelles à l'esprit humain qu'il les applique et s'y conforme même sans connaître leur formule. Ces vérités sont appelées premières, non parce qu'elles apparaissent les premières dans l'esprit chronologiquement, car c'est l'expérience qui les provoque ; mais elles sont les premières en importance et au point de vue logique.

Classification des vérités premières. — On distingue les principes subjectifs et objectifs.

I. — Les principes subjectifs (*principia cognoscendi*) consistent en ce que l'intelligence doit être d'accord avec elle-même et ne doit pas se contredire. Leur rôle est donc d'empêcher l'esprit de tomber dans l'absurde. Les principes subjectifs sont :

1° *Le principe d'identité* : *Une chose est ce qu'elle est.* C'est sur ce principe que reposent tous les raisonnements qui concluent du même au même comme $2 + 2 = 4$. Évidemment ce jugement ne nous apprend rien, mais il exprime la condition de toute opération intellectuelle : l'accord de la pensée avec elle-même. Ce n'est donc pas une proposition frivole.

2° *Le principe de contradiction : Une même chose ne peut pas être et n'être pas en même temps et sous le même rapport.* Ce principe peut aussi s'énoncer : une chose n'est pas autre chose que ce qu'elle est.

3° *Le principe du tiers exclu ou de l'alternative : une chose est ou n'est pas, il n'y a pas de milieu.* Il en résulte que de deux propositions contradictoires, il faut que l'une soit vraie, l'autre fausse. S'il en était autrement, on pourrait dire : telle chose est et n'est pas. Entre deux contradictoires il n'y a donc pas de milieu. Il y a un intermédiaire entre deux contraires.

On peut rattacher aux principes subjectifs les axiomes logiques qui servent de fondement au syllogisme et les axiomes mathématiques.

II. LES PRINCIPES OBJECTIFS (*Principia essendi*) consistent à régler l'accord de l'esprit avec les choses.

Le monde expérimental est régi par deux principes :

1° Le *principe d'espace* : *tout corps est dans l'espace* (expérience des sens).

2° *Le principe de temps* : *Tout événement s'accomplit dans le temps* (expérience de la conscience).

L'ordre intellectuel est régi par plusieurs principes.

a) Le principe de raison suffisante : Tout ce qui est a une raison pour être ainsi. Fouillée le formule ainsi : *Tout ce qui existe est intelligible*, et il l'appelle le principe d'uni-

verselle intelligibilité. Notre esprit ne comprend pas tout,
mais il juge que tout peut être compris, au moins par une
intelligence supérieure à la nôtre.

Il y a pour nous différentes raisons des choses. On explique un fait, on dit pourquoi il s'est produit, en le rattachant à une cause efficiente, à une loi et à une substance. De là trois principes :

b) *Le principe de causalité* : *Tout ce qui commence a une cause*. Toute cause est une raison, mais toute raison n'est pas cause : un théorème a sa raison dans un théorème antérieur, mais non sa cause. Le principe de raison est donc plus large que le principe de cause.

c) *Le principe de loi se formule* : *La nature obéit à des lois*, ou, d'une manière plus précise, *les mêmes causes, dans les mêmes circonstances, produisent les mêmes effets.* Ce principe est le fondement du raisonnement inductif.

d) *Le principe de substance* : *Tout phénomène suppose une substance*, c'est-à-dire un sujet durable et permanent. A ce principe correspond l'axiome grammatical : tout adjectif se rapporte à un substantif exprimé ou sous-entendu. Le principe de substance se rattache étroitement au principe de causalité. En effet, si rien ne dure, il n'y a plus de lien entre les choses et toute causalité disparaît.

Un lien étroit unit les principes de causalité, de substance et de loi au principe de raison. La cause efficiente est une raison d'être de l'effet qu'elle produit. La substance est une raison d'être des qualités. La loi est une raison d'être des faits particuliers et elle indique de quelle manière ils se produisent. Le principe de raison résume donc et dépasse ces trois principes ; car il y a d'autres raisons des choses ; le but, par exemple, que l'on se propose en agissant, est aussi une raison de l'acte accompli. Aussi plusieurs philosophes ajoutent le *principe de finalité* : *rien n'est en vain dans la nature*. A parler en rigueur, il n'est pas un principe premier ; car il est la conséquence du principe de causalité. Il suppose l'idée que le monde a été fait par une cause première souverainement intelligente. Ce principe a des conséquences fécondes, surtout dans les sciences qui étudient les organes et les fonctions des êtres vivants. Dans son application, il faut de la réserve. Mentionnons encore le *principe de moindre action* : *La nature suit toujours les voies les plus simples et les plus directes ; la nature agit toujours avec la plus grande économie de force et de matière. Rien de superflu*, disait Aristote. En vain emploie-t-on le plus où le moins suffit, et le principe de *l'unité de plan ou de l'harmonie de l'univers*. Ce principe est la raison de la permanence des espèces.

Tous les principes qui régissent l'ordre intellectuel peuvent se ramener à deux : le principe d'identité et le principe de raison suffisante.

III. — L'ORDRE MORAL est régi par plusieurs principes. *Il y a une différence absolue entre le bien et le mal. Celui qui fait le bien librement mérite et celui qui fait le mal librement démérite.*

Les principes premiers sont universellement connus et appliqués, souvent d'une façon inconsciente. Les philosophes seuls en connaissent la formule ; mais tous les hommes les connaissent et les appliquent sans y prendre garde. Citons quelques faits à l'appui. Un enfant qui dit si souvent pourquoi applique sans le savoir le principe de cause efficiente et de cause finale. Un sauvage sera choqué d'entendre un homme civilisé se contredire.

Art. VIII. — ORIGINE DES IDÉES.

Les principes directeurs de la connaissance peuvent-ils être expliqués par l'expérience, l'association et l'hérédité ?

L'idée est la représentation d'une chose dans l'esprit.

L'idée subjective est une simple vue intellectuelle.

L'idée objective est l'ensemble des propriétés essentielles d'une chose.

Déterminer l'origine des idées, c'est montrer de quelle manière elles apparaissent dans notre esprit, quelles facultés servent à les former ; c'est rechercher si l'expérience les produit toutes, soit directement, soit indirectement, ou bien, s'il en est qui viennent d'une source supérieure, la Raison.

Cette question divise profondément les écoles. Toutes les solutions peuvent se ramener aux trois suivantes : Les principes ne sont que le résultat de l'expérience (Empirisme). Ils s'expliquent par une activité supérieure de l'esprit indépendamment de l'expérience (Rationalisme exclusif ou idéalisme). Enfin ils s'expliquent par le concours de la raison et de l'expérience (Rationalisme empirique). Il n'est pas difficile de démontrer que ni l'expérience ni la raison prises séparément ne sauraient expliquer l'origine des principes premiers et, par conséquent, qu'il y faut le concours de l'une et de l'autre. Mais c'est une question fort difficile de déterminer exactement en quoi consiste ce concours.

Origine des idées concrètes, des idées abstraites et générales. — Il y a des discussions entre les écoles, même sur l'origine des idées contingentes et concrètes et sur la formation des idées abstraites et générales.

Les idées concrètes, qui se rapportent au monde physique et au monde psychologique, ont leur origine dans l'expérience des sens et de la conscience. Mais les spiritualistes admettent que ces idées ne peuvent être formées sans l'activité de l'esprit s'ajoutant aux données des sens et de la conscience. Les sensualistes anciens et modernes ont nié cette activité de l'esprit. Locke et Condillac ont comparé l'esprit à un miroir passif, à un appareil enregistreur. C'est une erreur. Il n'y a point d'idée formée, si les données des sens et de la conscience ne sont pas interprétées par l'esprit attentif. Notre esprit n'est donc pas une *table rase* au sens des sensualistes et des empiriques.

Les idées générales se forment par la perception de plusieurs objets, par la comparaison de ces objets et par l'abstraction des points de ressemblance, suivies de la dénomination. Dans ce travail, l'activité de l'esprit est si manifeste que Locke l'a admise et s'est séparé en ce point des sensualistes.

Mais c'est surtout sur les idées nécessaires et universelles que porte le débat.

I. Doctrine empirique. — *L'empirisme* soutient que les notions et vérités premières dérivent exclusivement de l'expérience. Tous les sensualistes de l'antiquité ont soutenu cette opinion (1). L'empirisme proprement dit est moderne. Locke, empruntant aux stoïciens et à Aristote une comparaison célèbre, déclare que l'âme, à l'origine, est une *table rase*. Toutes les idées qu'elle a dans la suite lui viennent en dernière analyse de l'expérience. Pour lui l'expérience est double : la sensation perçoit les objets extérieurs ; la réflexion connaît les actes ou modifications de l'âme. Avec les idées simples (concrètes) reçues passivement, nous formons les idées complexes (générales), même les idées de cause, de substance, d'infini ; toutes nos idées nous viennent directement de l'expérience, ou sont construites avec des matériaux fournis par elle.

Réfutation. — Locke a raison de dire qu'il n'y a pas d'idées innées. Mais si toutes nos connaissances commencent par l'expérience, ce n'est pas à dire qu'elles en dérivent.

La comparaison de la *table rase* est acceptable en ce sens que l'esprit est, à l'origine, une tablette où rien n'est écrit ; mais elle est inacceptable si on prétend qu'elle est une tablette indifférente à toute empreinte ; car l'esprit est une force vivante et animée, capable de s'élever au dessus des données expérimentales.

(1) Les principaux sensualistes de l'antiquité sont Démocrite, Épicure, Lucrèce, qui admettent la théorie des *idées-images*. C'est une conception toute matérialiste qui confond la sensation avec l'impression organique qui la détermine.

Enfin les principes ont un double caractère de nécessité et d'universalité que l'empirisme ne peut expliquer ; car l'expérience est toujours particulière et contingente. L'expérience n'atteint que l'être et le fait contingents et individuels, existant à tel moment de la durée, à tel point de l'espace ; elle sait ce qui est, mais non ce qui ne peut pas ne pas être. Elle est donc incapable d'engendrer en nous les principes premiers. Aucun travail de l'esprit sur les données de l'expérience ne peut en faire sortir le nécessaire et l'absolu qui n'y sont pas contenus. C'est pourquoi Locke, ne pouvant expliquer empiriquement les notions de cause et de substance, les dénature en prétendant réduire la notion de substance à une simple collection de phénomènes, et la cause à une simple succession. De même il confond le fini avec l'infini ; car il l'appelle l'addition du fini.

Associationisme. D'après Stuart-Mill les premiers principes seraient des associations inséparables formées lentement en nous par des sensations toujours identiques. Voici, par exemple, comment se forme le principe de causalité : lorsque deux idées se sont succédé dans une conscience, l'apparition de l'une détermine l'apparition de l'autre. Si l'expérience s'est produite souvent, nous ne pouvons concevoir ces idées isolément, il y a entre elles une *association inséparable*. Nous appelons l'antécédent invariable cause et le conséquent invariable effet. Le principe de causalité n'est donc qu'une habitude de notre esprit résultant d'une succession constante. Il en est ainsi de tous les principes. Ils ne sont que des habitudes mentales contractées progressivement et devenues si fortes qu'elles deviennent les lois de notre pensée.

Réfutation. — Une habitude mentale se forme peu à peu. Au contraire, la liaison nécessaire entre l'effet et la cause apparaît dans l'esprit dès le début de la vie mentale et rationnelle. Un enfant n'a pu faire qu'un petit nombre d'expériences, incapables de créer chez lui de fortes habitudes, et cependant, dès le premier éveil de sa raison, la croyance à la causalité existe dans son esprit avec toute sa force. Les expériences postérieures n'en changeront pas le caractère. Sur ce point, il n'y a pas de différence entre l'esprit de l'enfant et l'esprit de l'homme.

En résumé, l'enfant, dès le premier éveil de sa raison, se montre en possession des premiers principes. C'est là un fait dont l'associationisme est incapable de rendre compte. — Bien plus, les principes devraient se trouver chez les animaux, en qui les associations se forment comme en nous.

On a remarqué d'ailleurs qu'il y a des successions invariables dans lesquelles l'antécédent n'est nullement la cause du conséquent : le jour et la nuit, la vie et la mort.

Cette école explique également par l'association le principe d'identité. Mais un enfant ne peut admettre que la partie égale le tout ; ce principe n'est donc pas le fruit de l'expérience.

Stuart-Mill prétend que nous pouvons concevoir un monde où deux plus deux feraient cinq, où un fait commencerait sans avoir de cause, où un même objet serait tout blanc et tout noir. Ces assertions sont manifestement fausses.

L'Hérédiitarisme (1). Spencer rejette les doctrines de Locke et de Stuart-Mill. Pour lui, l'esprit n'est pas *une table rase* ; Il n'est pas non plus un simple produit de l'expérience individuelle soumise à la loi d'association des idées : « Si, à la naissance, il n'existait qu'une réceptivité passive d'impressions, pourquoi un cheval ne pourrait-il recevoir la même éducation qu'un homme ? » Spen-

---

(1) Spencer voit dans l'état actuel du monde le résultat d'une lente évolution. Un jour, on ne sait ni quand ni comment, dans la matière jusque-là inorganisée, l'organisation et la vie ont apparu ; puis, de la vie est sortie la sensation ; enfin, par une infinité de degrés, de la sensation est sortie la pensée.

cer affirme donc que les principes ne sont pas le fruit des associations personnelles, ils viennent de l'expérience de toute la race, ils ont été formés par l'accumulation des expériences des générations. Aujourd'hui, ils sont définitivement imprimés dans notre organisation cérébrale. L'enfant les hérite de ses ancêtres avec la structure de son cerveau. Il naît, non pas avec les principes tout formés, mais avec une prédisposition à les concevoir.

Réfutation. — L'explication évolutionniste est hypothétique. Nous n'avons aucun renseignement sur l'époque lointaine à laquelle elle place l'origine de l'intelligence et l'acquisition des principes. D'autre part, les lois de l'hérédité, surtout de l'hérédité intellectuelle et morale, sont loin d'être parfaitement connues. Dans le domaine physiologique, l'hérédité est un fait admis par la science. Une génération peut transmettre à une autre certaines qualités, certains défauts ou maladies. A cause de l'influence du physique sur le moral, on ne peut non plus contester dans les facultés inférieures l'influence de l'hérédité, et même dans les facultés supérieures, puisqu'elles dépendent en partie des facultés inférieures. Mais plus on s'éloigne de la physiologie, plus la loi d'hérédité devient obscure. Cette influence de l'hérédité est d'ailleurs mêlée à d'autres influences, comme l'éducation, l'action du libre arbitre etc...

Remarquons tout d'abord qu'en ce qui regarde l'état présent de l'esprit humain, Spencer donne gain de cause au rationalisme sur l'empirisme ; l'esprit n'est pas une *table rase*, mais il possède la faculté d'interpréter l'expérience. Il admet donc quelque chose d'inné dans l'esprit. Il admet une sorte de *réminiscence :* les principes sont comme les réminiscences d'une vie ancestrale.

1º C'est une étrange hardiesse de supposer que les principes sont sortis d'une organisation où ils n'étaient nullement en germe. On parle d'évolution, mais évolution signifie développement, et l'évolution ne peut développer le néant. La raison ne peut sortir du néant de la raison.

La pensée proprement dite, c'est-à-dire la perception de l'universel et des rapports des choses, diffère de la sensation, non pas en degré, mais dans son essence même, et pas plus dans une longue série de siècles que dans un court espace de temps, la sensation ne peut se transformer en pensée.

2° Spencer déclare que dans un esprit *table rase* la faculté d'interpréter les expériences ne peut apparaître. Mais ce qui est impossible pour l'individu ne l'était-il pas également pour l'espèce, qui était à l'origine *table rase*? Enfin, il y a un grand nombre d'espèces animales aussi anciennes que l'espèce humaine. Pourquoi ces espèces animales n'ont-elles pas acquis les principes ?

3° Suivant Spencer, il y a eu un moment dans la vie de la race où l'habitude mentale n'était pas encore formée. A ce moment, si on eût demandé à un homme : cet événement a-t-il une cause? il eût pu répondre : non. Or, nous ne pouvons concevoir un tel état d'esprit.

4° L'évolution expliquerait aussi les principes moraux. Or, comment, en constatant les horreurs ordinaires dans les tribus primitives, l'esprit humain serait-il arrivé à dégager la notion pure du devoir, qui est le contraire de ces faits ? Ici encore, il faut nécessairement admettre dans l'âme humaine un germe de moralité. Vous jetez un gland en terre et vous avez un arbre. Otez le gland, semez à la place une pierre, aurez-vous un chêne ? Dans le système évolutionniste, il en doit être ainsi; il faut de toute nécessité qu'il y ait un germe que le temps développera. Le grand défaut de l'évolutionnisme est d'admettre un mouvement sans point de départ.

Appréciation de l'empirisme. — Quelle que soit la forme qu'il revête, qu'il se fonde sur la *sensation* avec Condillac, sur la *sensation* et *la réflexion* avec Locke, sur *l'association* avec Stuart Mill ou qu'il invoque avec Spencer l'*expérience héréditaire*, aucun empirisme ne peut expliquer les principes : car toute expérience est *particulière* et *contingente*, tandis que les principes sont *universels* et *nécessaires*.

L'expérience ne peut expliquer les principes, parcequ'il n'y a pas d'expérience sans la raison. L'expérence par elle-même n'est qu'un entassement de faits sans ordre et sans lien. Elle n'a un sens et une valeur scientifique que par la pensée qui l'organise et l'interprète « L'expérience, dit Claude Bernard, est le privilège de la raison. » C'est pour cela que les animaux, qui ont des sens comme nous, ne peuvent construire la science : ils n'ont pas la raison pour organiser et interpréter les expériences. Vouloir expliquer la raison par la sensation est en somme une pétition de principe.

II. Doctrine idéaliste. — Il faut distinguer l'*idéalisme absolu* et l'*idéalisme relatif*.

L'*idéalisme absolu* méconnaît le rôle de l'expérience dans l'origine des idées et prétend que les notions et vérités premières sont innées en nous au sens propre du mot.

1. — L'IDÉALISME ABSOLU a pris trois formes principales :

a) La réminiscence de Platon. L'âme a vécu dans le monde des idées où elle a contemplé les réalités éternelles. Unie à un corps, elle a oublié cette sublime vision. Au spectacle du monde actuel, qui est l'image et le reflet du monde des idées, elle se ressouvient de ce qu'elle a contemplé autrefois. Notre âme est comparable à une tablette sur laquelle ont été gravés des caractères actuellement recouverts d'une couche de cire. Le soleil de l'expérience fait peu à peu fondre cette cire, et les caractères reparaissent. Ainsi, à la vue des choses, nous nous souvenons d'avoir autrefois contemplé leurs idées.

2° *La vision en Dieu et l'ontologisme.* Malebranche suppose que notre intelligence a une vue immédiate et directe de Dieu sans l'entremise d'aucune créature. « Il suffit de penser à Dieu pour savoir qu'Il est. » « L'idée de Dieu enveloppe l'existence de Dieu ; car il est impossible que l'idée d'un être infiniment parfait soit quelque chose de créé. Or Dieu a en lui-même les idées de toutes les choses qu'il a créées. Elles sont en lui éternellement subsistantes et éternellement entendues. » C'est en Dieu que nous voyons toutes choses.

Gioberti et Romini ont soutenu que c'est en contemplant l'être parfait, toujours présent à notre esprit, que nous voyons en lui les vérités premières, c'est l'*ontologisme*.

3° *L'apriorisme de Kant*. Kant estime qu'il y a en nous des formes à *priori*, c'est-à-dire des dispositions innées à saisir les choses d'une manière déterminée. Ces formes sont les idées d'*espace* et de *temps*, les *catégories* de l'*entendement* et les *idées* du *monde*, du *moi* et de *Dieu*. Les idées premières sont donc en nous antérieurement à toute expérience ; elles sont non seulement les lois, mais la structure de notre esprit ; sans elles nous ne pouvons rien concevoir.

Réfutation. — Nous ne pouvons admettre que les notions et les vérités premières existent dans l'intelligence humaine avant toute expérience ; car notre intelligence ne peut évidemment posséder la connaissance d'un monde dont elle n'aurait rien appris. Aristote avait donc raison d'écrire contre Platon : « notre âme est semblable à une tablette sur laquelle rien n'a encore été écrit. »

La réminiscence de Platon est une hypothèse gratuite, une brillante et poétique chimère.

L'ontologisme est faux. Notre connaissance de Dieu, dans la vie présente, n'est pas intuitive, mais discursive. C'est la connaissance du monde et de nous-même qui nous conduit à la connaissance de Dieu. Il est donc faux de prétendre que Dieu est l'objet direct et unique de notre connaissance ; car de même que ce n'est pas *dans* le soleil mais *par* le soleil que nous percevons les objets visibles, ainsi n'est-ce pas en Dieu, mais par son illumination que nous percevons la vérité des choses.

La doctrine de Kant, qui n'admet aucune action de l'expérience dans la formation des idées premières, conduit nécessairement au scepticisme : puisque nos idées sont une pure création de notre esprit, elles sont donc subjectives et nous ne pouvons savoir si elles correspondent à des objets réels. Kant confond l'antériorité logique et métaphysique des notions premières avec l'antériorité chronologique.

Disons contre tout idéalisme qu'il est manifestement faux que l'esprit commence par l'universel. L'expérience ne suffit pas sans doute à expliquer les principes, mais son concours n'en est pas moins indispensable; car il est évidemment impossible que les principes existent, à un degré quelconque, dans une intelligence qui n'a aucune connaissance, aucune expérience des choses dont il est question dans ces principes. Le rationalisme pur doit être rejeté comme l'empirisme pur.

II. — L'IDÉALISME MITIGÉ a pour principaux représentants Descartes et Leibniz.

Descartes distingue les idées *adventices*, *factices* et *innées*. Les idées *adventices* nous viennent de l'expérience. Les idées *factices* sont le produit de notre esprit et de l'imagination agissant sur l'expérience : l'idée d'homme, de cheval ailé. Enfin les *idées innées* semblent *nées avec nous*. C'est Dieu qui les a mises en nous comme la marque de l'ouvrier sur son ouvrage. Sur ce dernier point, la doctrine de Descartes est équivoque. Les idées innées sont-elles dans l'âme à l'état de concepts déterminés et distincts, antérieurement à toute expérience? Les contemporains de Descartes durent croire que telle était sa pensée. C'est cette doctrine que Locke a réfutée d'une manière victorieuse dans l'*Essai sur l'entendement humain*. Mais le philosophe ne tarda pas à s'expliquer en ces termes: « Quand je dis que quelque idée est innée, j'entends seulement que nous avons la faculté de la produire. Je les ai nommées naturelles, mais au sens où nous disons que la générosité ou quelque maladie est naturelle dans certaines familles ». C'est reconnaître que la raison seule est innée, mais sans en préciser le mode d'exercice. Leibniz a complété la théorie cartésienne.

En résumé, la première manière de Descartes est fausse, et serait de l'idéalisme pur ; la seconde manière est obscure ou équivoque.

Leibniz prend nettement position entre l'innéisme et l'empirisme, dans le but de les concilier ; mais il incline vers l'innéisme. Il enseigne que les principes n'existent point tout d'abord à l'état de perceptions claires et distinctes. « A l'origine les idées ne sont pas gravées et écrites dans l'âme, comme l'édit du Préteur sur son album », ainsi que Descartes a paru d'abord le supposer ; elles sont pourtant en nous dès le moment de la naissance, mais comme en germe, comme des virtualités, des dispositions latentes.

Il soutient que Locke a eu tort de prétendre que l'expérience seule peut expliquer les principes, puisqu'elle est toujours limitée et contingente. Il établit que notre intelligence n'est pas une *table rase*, une pure réceptivité. Toute notre connaissance ne vient pas du dehors, et notre esprit y met du sien. Son activité propre dégage des données de l'expérience les principes dont elles ne sont que des cas particuliers : Aussi se déclarait-il prêt à admettre l'axiome sensualiste : *Nihil est in intellectu quod non prius fuerit in sensu*, mais avec cette exception célèbre : *nisi ipse intellectus*. — D'après Leibniz, l'esprit est prédisposé à penser le nécessaire et l'universel ; il contient des *préformations* que l'on pourrait comparer à des veines naturelles qui dessineraient une statue dans un bloc de marbre. C'est dans ce sens seulement que les principes sont innés. Par conséquent il n'y a rien autre chose, d'inné en nous que la raison qui peut formuler, spontanément et par une virtualité propre, les rapports nécessaires à la suite des données de l'expérience. Il admet deux principes premiers : les principes d'*identité* et de *raison suffisante*.

Cette théorie a une grande valeur. Leibniz a certainement raison dans sa célèbre exception et, sur ce point, sa critique de l'empirisme est décisive. Mais sa théorie est bien obscure quand il essaie d'expliquer comment les principes existent dans l'esprit avant que l'expérience leur ait fourni une *matière* à laquelle ils puissent s'appliquer. La comparaison de la statue tracée dans le bloc de marbre donne trop à l'innéité et se rapproche de la comparaison des tablettes enduites de cire que nous ne pouvons accepter.

III. Rationalisme empirique. — Nous devons donc rejeter l'empirisme et l'idéalisme absolu et chercher la vraie solution entre ces deux excès contraires. C'était déjà la pensée de Leibniz ; mais il a subi l'influence de Descartes et il a trop incliné vers l'innéité. Sans avoir la prétention de résoudre ce problème, nous proposons la solution suivante. Puisqu'il existe en nous des principes irréductibles à l'expérience et que, d'autre part, nous ne pouvons pas les concevoir comme tout formés indépendamment de l'expérience, il faut donc admettre que les principes s'expliquent par le concours de la *raison* et de *l'expérience*.

Il est bien vrai que l'esprit est primitivement une *table rase*, en ce sens qu'aucun caractère n'y est inscrit avant l'expérience ; ce n'est pas une *table rase* en cet autre sens qu'il soit une capacité passive recevant tout du dehors, sans y mettre rien du sien. Nous acquérons nous-mêmes nos idées par un travail de l'esprit sur les données de l'expérience. Notre esprit a la puissance de dégager du sensible l'intelligible et il peut concevoir l'universel, le nécessaire et l'absolu. Mais notre intelligence associée aux sens ne peut atteindre immédiatement l'universel :

l'expérience est la condition *sine quâ non* de l'exercice de l'esprit. Les principes ne sont donc pas tirés de l'expérience ; mais ils sont produits avec le concours indispensable de l'expérience. Maine de Biran a bien exprimé la nécessité de l'expérience pour que l'esprit conçoive les vérités premières : « La raison, dit-il, est bien une faculté innée à l'âme humaine, mais elle n'opère pas primitivement et à vide; l'expérience est son antécédent nécessaire. » Ici l'expérience n'est pas une occasion seulement, mais une condition indispensable, elle fournit comme la *matière* des principes.

Cette théorie évite les exagérations des sensualistes et des idéalistes. L'expérience est la condition *sine quâ non*, mais non la cause des principes. Elle fournit seulement la *matière* des principes, c'est-à-dire les termes entre lesquels la raison saisit intuitivement le rapport nécessaire et universel. C'est la raison qui fournit *la forme* et est la cause efficiente et productrice des principes. Cette opération mystérieuse nous révèle la grandeur de l'esprit humain et fait de la raison un reflet, une participation de la lumière divine « *refulgentia divinæ claritatis in nobis*, dit saint Thomas. »

La théorie rationaliste empirique la plus profonde et la plus vraie est celle de l'*intellect actif* (Aristote et les scolastiques).

L'homme étant un seul principe qui sent et qui pense, son intelligence est associée aux sens et, par conséquent, la première connaissance est la connaissance sensible. Il faut donc admettre l'adage *nihil est in intellectu quod non prius fuerit in sensu*. Mais la sensation ne fournit que la *matière* de la connaissance. Elle produit une *image*, qui est concrète et particulière. L'intellect actif débarrasse cette image de ce qu'elle a de trop matériel, convertit le *concret* en *abstrait*, dégage du sensible l'intelligible ou l'universel et forme ainsi l'idée véritable, qui est reçue dans l'*intellect passif*, où se fait l'intellection. Cette opération, par laquelle l'intellect ayant abstrait des images conservées par la mémoire et reproduites par l'imagination, les espèces intelligibles, est appelée par les scolastiques *illumination*. Alors l'intellect *passif* reçoit cette forme intelligible qui le détermine à connaître les rapports nécessaires des choses. L'esprit, par sa vertu propre, dégage des circonstances particulières les conditions générales de toute intelligibilité, les principes d'identité et de raison suffisante. Aucune expression ne caractérise mieux ce rôle de la raison que l'expression aristotélique d'*intellect actif*, dont la fonction propre est précisément de dégager l'universel du particulier.

Pour être complet, il est indispensable de donner la *théorie néo-scolastique* de la connaissance. Elle ne diffère du reste pas beaucoup de la théorie aristotélicienne. Elle distingue la connaissance *sensible* et la connaissance *intellectuelle*. La connaissance sensible a pour objet ce qui est concret, particulier ; la connaissance intellectuelle atteint le général, l'universel. La connaissance sensible n'exige pas la réflexion ; toute connaissance intellectuelle est *réflexive*.

La connaissance *sensible* se fait par les sens et elle est conservée dans l'imagination. Les images se groupent d'après les lois purement empiriques de l'association. La connaissance *intellectuelle* se fait par l'abstraction et par la généralisation. L'intelligence pense sans organe, bien que la pensée soit soumise à des conditions organiques ; au contraire, nulle sensation ne peut avoir lieu sans le concours d'un organe. La connaissance humaine débute par l'expérience. Les sens observent les corps, et l'imagination conserve les images. Par l'abstraction, l'intelligence sépare, dans l'image, l'universel du particulier. Enfin, par la comparaison, l'intelligence aperçoit que l'idée générale représente tous les individus d'une même espèce. Les hommes ont tous les mêmes idées universelles, parceque Dieu, intelligence suprême, éclaire tout homme venant en ce monde.

En résumé, toute connaissance humaine a sa première origine dans l'exercice des sens. Il n'y a aucune idée innée. L'homme acquiert lui-même ses idées par voie d'abstraction en se servant de l'image comme matière première.

Ils expliquent les notions universelles et nécessaires par une double abstraction. Par exemple, la notion d'infini s'obtient ainsi : En voyant les êtres qui nous entourent inégaux en perfection, nous nous élevons à la notion abstraite de fini, de limité. Du concept de fini, nous nous élevons à la notion d'infini en niant les limites.

CHAPITRE III

LA VOLONTÉ

L'activité est la puissance d'agir.

L'âme humaine est essentiellement active. Dans l'intelligence, l'activité se déploie par les opérations de la pensée et par les efforts de l'attention. Dans la volonté, l'âme agit librement. Dans la sensibilité elle-même, il n'y a pas inertie. Pour éprouver des sensations et des sentiments, il faut que l'âme réagisse.

La définition de l'âme *vis sui conscia, sui compos, sui motrix*, est donc plus vraie que celle de Descartes *res cogitans*, une substance pensante.

On distingue dans l'activité humaine l'activité *organique* ou *physiologique* et *l'activité psychologique*.

L'activité organique ou *physiologique* comprend tous les mouvements qui s'accomplissent dans le corps.

L'activité psychologique comprend tous les mouvements de l'âme, toutes ses opérations et tous les faits de sensibilité, d'intelligence et de volonté.

L'activité psychologique prend trois formes : 1° Tantôt elle est *spontanée, irréfléchie, inconsciente* du but à atteindre et des moyens à employer : c'est *l'activité instinctive*. 2° Tantôt elle est *réfléchie et délibérée*, prévoit le but à atteindre et dispose les moyens à employer, elle sait ce qu'elle fait, comment elle le fait et pourquoi elle le fait, c'est la *volonté*. 3° Enfin, après avoir été réfléchie et délibérée, elle tend à s'exercer *sans délibération, sans effort ni attention*, c'est *l'habitude*.

La volonté est la forme la plus remarquable de l'activité, celle que l'on pourrait appeler l'activité vraiment humaine. Les animaux ont l'instinct, ils peuvent acquérir des habitudes, mais ils n'ont pas la volonté.

Art. 1er. — L'INSTINCT

L'instinct est une impulsion naturelle qui pousse l'être et le détermine à accomplir, sans réflexion et sans connaissance du but, certains actes nécessaires à la conservation de l'individu et à celle de l'espèce.

Dans l'animal, l'instinct est une tendance à faire certains actes déterminés et invariables. Ce n'est pas seulement une inclination à rechercher certaines fins, mais à employer certains moyens particuliers qui conduisent infailliblement à ces fins. C'est par instinct que l'oiseau construit son nid, l'abeille sa ruche, que l'araignée tisse sa toile.

On s'est demandé s'il y avait chez l'homme quelque chose de semblable et l'on a quelquefois répondu par la négative. Cependant l'affirmative nous semble incontestable. L'enfant qui vient de naître tête par instinct. Plus tard, la réflexion et la volonté se substituent presque entièrement à l'instinct. Toutefois, on peut encore rapporter à l'instinct certains mouvements que l'homme accomplit spontanément pour éviter une chute ou certains dangers qui le menacent.

On appelle souvent instinct toute tendance primitive et naturelle, comme l'amour de soi, la curiosité, la crédulité. Alors l'instinct n'est que l'inclination innée.

L'instinct, tel que nous l'étudions en ce moment et qu'il se rencontre dans l'animal pur de tout mélange, est une impulsion qui porte vers certains actes déterminés et invariables. C'est à la fois un besoin naturel et un savoir-faire naturel.

On distingue : 1° *les instincts de conservation de l'indi-*

ridu ; 2° *les instincts de conservation de l'espèce* ; 3° *les instincts sociaux*, comme chez les abeilles.

Caractères de l'instinct. — 1° *L'ignorance du but*. L'animal, sous l'impulsion de l'instinct, ne se rend pas compte de la fin qu'il poursuit et des moyens qu'il emploie ; et la preuve, c'est que certains actes instinctifs devenant absolument inutiles, l'animal n'y renonce pas et continue à les accomplir. Si l'on perce le fond de la cellule, l'abeille continue à y déposer son miel ; elle pond son œuf dans le récipient vide et le ferme par le haut avec les précautions ordinaires.

2° *Perfection immédiate*. L'animal possède l'instinct dès l'origine. Il atteint son but sans tâtonnements, ni apprentissage et sans erreur ; il n'a besoin ni d'initiation, ni d'exemple.

3° *Uniformité* chez tous les individus de la même espèce. L'intelligence de l'homme varie ses effets selon les individus, tandis que l'instinct opère toujours de la même manière. Les araignées et les oiseaux d'une même espèce ont les mêmes toiles et les mêmes nids.

4° *Spécialité*. — La raison est un outil à tout faire ; l'instinct ne sert qu'à une seule chose. Merveilleusement habile en certains points, l'animal est inepte dans les choses les plus voisines. « L'abeille est admirable dans sa ruche ; hors de là, ce n'est qu'une mouche. »

5° *Absence de progrès*. — L'instinct reste à travers les siècles ce qu'il était tout d'abord. Ce caractère exclut toute altération profonde des caractères de l'instinct, mais non certaines modifications, par lesquelles, tout en restant identiques dans leur essence, les actes instinctifs s'adaptent à un autre milieu, à d'autres circonstances. Ainsi, les oiseaux qui suspendent leurs nids avec des brins d'herbe, emploient à l'occasion des brins de fil. Ces modifications ne constituent pas des progrès qui changent l'espèce.

Le problème de l'instinct. — 1° Descartes rapporte à l'instinct tous les actes des animaux et prétend qu'il est un pur mécanisme. « Les animaux sont des machines mouvantes qui n'ont pas plus de sensations qu'une horloge. » Tous leurs mouvements s'expliquent par la structure des organes et surtout du système nerveux. Les objets et les circonstances extérieures mettent en mouvement les ressorts et les rouages qui composent la machine. Il est incontestable que l'instinct est dans une relation étroite avec l'organisme, mais on ne peut en conclure qu'il se ramène à un pur mécanisme. L'animal éprouve certainement des sensations. Ce sont les sensations qui donnent le branle à son organisme. De plus, l'animal a une certaine conscience des actes qu'il exécute et cette conscience, aussi obscure qu'on le voudra, est irréductible au mécanisme.

2° Cuvier suppose que l'animal imagine par avance le plan de ses œuvres et que, en vertu d'une association innée, les images des actes qu'il doit accomplir se suggèrent les unes les autres. C'est une sorte de rêve ou de vision qui le pousse et, dans tout ce qui a rapport à leur instinct, on peut regarder les animaux comme des espèces de somnambules.

3° D'après Condillac, l'instinct est une habitude individuelle. L'acte instinctif n'est qu'un acte habituel, d'où la réflexion s'est retirée. Les faits démentent cette théorie. L'instinct est un et complet dès l'origine, les habitudes se forment peu à peu.

4° D'après Spencer, les instincts aujourd'hui innés dans l'individu, ont été acquis par les ancêtres, puis transmis et fixés par l'hérédité ; l'instinct est donc une habitude héréditaire.

Pour Darwin, l'instinct est un accident heureux qui rend certains animaux plus forts que les autres et qu'ils transmettent à leur postérité; L'instinct est une modification fortuite consolidée par l'hérédité.

Cette explication par le hasard ressemble beaucoup à une explication nulle. De plus, un accident heureux aurait-il beaucoup de chances de se transmettre? L'accident heureux qu'on appelle le *génie* se transmet-il?

La théorie de Spencer est plus profonde ; mais pourrait-elle tenir contre les objections suivantes?

1° Il n'y a pas actuellement de traces certaines d'un développement important de l'instinct. Les modifications constatées dans l'instinct ne portent pas sur ce qu'il y a de fondamental et ne permettent pas de conclure que des instincts vraiment nouveaux aient été acquis par les animaux.

2° Si les premiers représentants de l'espèce étaient dépourvus de tout instinct, comment ont-ils pu subsister? Les espèces primitives auraient toutes péri infailliblement.

3° Il y a des instincts très compliqués, celui de l'ammophile, par exemple, qui ont dû être parfaits dès l'origine, sans quoi l'espèce eût péri avec ses premiers représentants. Ces instincts n'ont donc pas pu se former graduellement, sous l'influence d'actes répétés et de l'hérédité.

Nous concluons que l'instinct est inexplicable par ces théories purement empiriques.

Essai d'explication. — L'instinct, sans être un pur mécanisme, diffère de l'intelligence. Ni l'habitude ni l'hérédité ne peuvent l'expliquer. Il s'explique en partie par l'organisme et par la sensibilité.

1° *Par l'organisme.* — La nature donne à l'animal des organes qui correspondent à son genre de vie. A la simple inspection des ongles et des dents de l'animal, on peut dire s'il est carnassier, herbivore, rongeur, et tout son organisme est construit en conséquence.

2° *Par la sensibilité.* — A cette machine d'une construction merveilleuse se trouve liée une force vivante, qui met en jeu tous les ressorts et qui est déterminée à le faire par le plaisir et la douleur. Il y a dans chaque animal un appareil sensible, un foyer de sensation d'une vivacité extrême. Ces sensations sont autant d'attraits et de répulsions qui agissent irrésistiblement sur l'activité de l'animal. Il faut ajouter l'influence de l'imagination. Dans les animaux supérieurs, il existe des représentations des actes qu'ils accomplissent ; les images se suggèrent les unes les autres et les animaux les réalisent, à peu près comme un sujet hypnotisé réalise une suggestion. Cette hypothèse peut seule expliquer les travaux de l'abeille, de l'araignée, travaux qui sont exécutés d'une manière si parfaite et sans apprentissage. Nous pouvons donc expliquer la plupart des phénomènes instinctifs par le concours de l'organisme et des sensations.

Il faut pourtant observer que les sens de l'animal ne lui donnent que les sensations qui lui sont utiles, soit pour la conservation de sa vie, soit pour la conservation de l'espèce. Il y a là une adaptation préalable qui suppose une cause intelligente dirigeant les animaux dans le sens de leur conservation. Il faut donc admirer la sagesse de celui qui les a construits avec tant d'art qu'ils semblent même agir avec art. « L'instinct des animaux, dit Bossuet, c'est la sagesse de Dieu en eux. »

Art. II. — L'HABITUDE

L'habitude est une disposition acquise par la répétition ou la continuation des actes et des impressions. — C'est une disposition à reproduire des actes antérieurement accomplis, à ramener des états antécédents.

L'habitude se forme : 1° *Par la répétition* : *fit fabricando faber.*

2° *Par la prolongation* : une longue bataille aguerrit plus que plusieurs escarmouches.

3° Par *l'énergie déployée* : tel qui a lu une fois une page avec attention la sait mieux que s'il l'avait lue plusieurs fois sans y être attentif. Il faut ajouter que l'aptitude à acquérir des habitudes varie selon les individus.

L'habitude a son origine dans le premier acte et commence avec le second. Si elle ne commençait pas avec le second acte, elle ne commencerait pas avec les suivants. La répétition ne l'engendre pas, mais la développe.

L'habitude et l'instinct. — L'habitude, lorsqu'elle est formée, a plusieurs des caractères de l'instinct. De part et d'autre, même facilité, même absence d'hésitation, même sûreté, on pourrait ajouter même inconscience. C'est pourquoi on appelle l'habitude un instinct acquis, une seconde nature. Mais il y a des différences essentielles.

1° L'instinct est l'œuvre de la nature ; l'habitude est acquise et souvent le fruit de l'activité libre.

2° L'instinct est à peu près sans progrès et indestructible ; l'habitude est variable et peut même disparaître.

3° L'instinct est commun à toute l'espèce ; l'habitude est particulière.

4° L'instinct est stationnaire ; l'habitude est progressive. On peut même dire qu'elle est l'instrument de tous les progrès. Elle nous permet d'accomplir facilement des actes d'abord difficiles et nous laisse ainsi des forces disponibles pour de nouvelles conquêtes.

L'habitude et la volonté. — 1° L'exercice de la volonté est accompagné de réflexion ; les actes d'habitude n'ont pas besoin d'attention.

2° L'acte de la volonté suppose un effort ; les actes d'habitude sont en quelque sorte déterminés.

3° Les actes de volonté sont conscients ; dans les actes d'habitude il y a un obscurcissement de la conscience. Cependant certains actes d'habitude sont volontaires, bien qu'accomplis sans effort : écrire, jouer du piano. D'autres actes d'habitude sont accomplis machinalement et d'une manière inconsciente. D'autre part, l'habitude provient souvent de la volonté libre et, par conséquent, elle partage avec les actes volontaires le privilège de la responsabilité.

L'habitude tient donc le milieu entre l'activité fatale de l'instinct et l'activité libre de la volonté.

Diverses espèces d'habitudes. — Il y a des habitudes *actives* et des habitudes *passives*.

L'habitude active est une disposition acquise à refaire ce qu'on a déjà fait.

L'habitude passive ou accoutumance est une disposition acquise à ressentir de moins en moins une modification déjà subie.

Les habitudes actives se forment surtout sous l'influence de la volonté et naissent d'actes librement répétés. Les habitudes passives n'ont pas besoin pour se former de l'action de la volonté.

Selon l'objet, les habitudes sont :

1° *Organiques.* Une plante, quand on la transporte dans un nouveau climat, s'accommode à ces nouvelles conditions d'existence. L'estomac peut devenir peu à peu réfractaire à l'action de certains poisons.

2° *Sensibles.* On s'habitue au froid et à la chaleur.

3° *Intellectuelles.* Les travaux de l'esprit deviennent plus faciles à mesure qu'on s'y adonne davantage. On s'habitue à généraliser, à déduire, à induire etc.

4° *Volontaires.* L'habitude du bien et du mal. Les actes produisent les habitudes ; les habitudes à leur tour produisent des actes.

Lois de l'habitude. — *1re Loi*. L'habitude affaiblit la sensibilité, ou tout ce qui est passif s'émousse en se répétant : Le malheureux s'habitue aux privation physiques.

2e Loi. L'habitude augmente l'activité, ou tout ce qui est actif se perfectionne en se répétant : un écolier attentif fait des progrès.

On peut être embarrassé pour expliquer l'effet de l'habitude sur certains faits : l'affection d'une mère pour son enfant ne va pas en diminuant, mais en augmentant. L'habitude augmente de même la sensibilité du dégustateur, du musicien. L'explication de ces faits en apparence exceptionnels est celle-ci : dans tous ces cas il y a un élément actif. La mère se dépense chaque jour pour son enfant ; le musicien et le dégustateur déploient une force constante d'attention.

Effets de l'habitude. — 1° L'habitude produit la tendance à reproduire l'acte habituel ; 2° la diminution de l'effort ; 3° une perfection plus grande.

L'habitude rend possibles, et même aisées, des actions qu'on aurait jugées impossibles. Elle donne donc en quelque sorte de nouvelles puissances. Cependant l'habitude a des limites. Il vient un moment où elle ne peut plus s'accroître. Au delà de certains exercices le gymnaste ne peut plus se surpasser.

Art. III. — LA VOLONTÉ.

L'activité de l'homme ne se déploie pas seulement avec la spontanéité fatale de l'instinct ou avec la facilité inconsciente de l'habitude, elle arrive à se connaître elle-même, à se posséder et à produire des actes en connaissance de cause et à son choix. Cette activité supérieure est la volonté.

La volonté est la faculté de se diriger vers un but avec réflexion et liberté. C'est le pouvoir que possède l'âme de se gouverner elle-même et de se déterminer à l'action.

Pour les modernes, la volonté et le libre arbitre sont une seule et même chose. Les scolastiques distinguent la volonté nécessaire : volonté d'être heureux, et la volonté libre : volonté d'aller à la promenade. Ils définissent la volonté : la faculté de nous déterminer avec réflexion à la poursuite de ce que nous regardons comme un bien :

Les caractères de la volonté s'opposent à ceux de l'instinct :

1° elle est clairvoyante ; 2° elle a besoin d'apprentissage, souvent elle hésite ; 3° elle est indéfiniment progressive ; 4° elle s'applique à une multitude d'objets ; 5° elle est libre.

Analyse de l'acte volontaire. — L'acte de volonté est un fait simple qui consiste dans une détermination. Mais cet acte est entouré d'autres faits que l'analyse doit discerner.

1° *La conception de l'acte à faire* : pendant mon étude, l'idée me vient ou l'on me propose de sortir.

2° *La conception des motifs pour ou contre l'accomplissement de l'acte.* L'homme ne saurait vouloir, sans y avoir été provoqué par un motif. On appelle motif toute raison de faire ou de ne pas faire une chose. On distingue les *motifs* proprement dits ou raisons d'agir et les *mobiles* ou impulsions de la sensibilité. L'idée du devoir est un motif, le goût de la promenade est un mobile.

3° *La délibération ou mise en balance des motifs et des mobiles.* En présence des motifs opposés, l'esprit les examine et les compare, il les apprécie, il juge que tel ou tel d'entre eux doit être préféré. Je reconnais, par exemple, que j'aurais plus de plaisir à sortir, mais qu'il est plus conforme à mon devoir de continuer le travail commencé.

La conception des motifs et la délibération se rapportent surtout à l'intelligence. La sensibilité y intervient par les mobiles. La volonté y a sa part, elle peut exiger que la délibération soit prolongée et empêche ainsi les mobiles d'emporter l'acte par surprise. Elle peut encore porter l'attention sur un motif de préférence à un autre.

4° *La détermination ou décision.* C'est l'acte propre de la volonté : Après avoir délibéré, je me détermine à sortir ou à rester.

5° *L'exécution.* Je me lève ou je reprends le livre ou la plume que j'avais quitté. Il n'est pas nécessaire, pour qu'il y ait acte volontaire, que la détermination se réalise au dehors. Des obstacles peuvent surgir et rendre l'exécution impossible. Toutefois, l'acte volontaire suppose toujours un effort ou un mouvement intérieur qui prépare ou commence l'exécution.

L'acte volontaire peut se produire en un temps très court. Un soldat assailli subitement par l'ennemi peut volontairement mourir en héros. D'un seul coup d'œil, il a embrassé la situation et a pris son héroïque résolution. Ces décisions soudaines s'expliquent par l'énergie de la volonté et l'habitude. Ce vaillant soldat a pensé plus d'une fois au devoir de se sacrifier en pareille circonstance et il en a pris à l'avance l'énergique résolution. Les circonstances révèlent les hommes et ils sont héroïques, parce qu'ils se sont fait à l'avance une âme de héros.

Distinction de la volonté et du jugement. — Il n'y a pas de volonté sans intelligence. Pour qu'un acte soit volontaire, il faut que celui qui l'accomplit connaisse ce qu'il fait, comment il le fait et pourquoi il le fait. Mais, si l'intelligence éclaire la volonté, elle ne la constitue pas. Dira-t-on que vouloir, c'est préférer une chose à une autre et juger par conséquent qu'elle vaut mieux pour nous ? Mais juger qu'une action est plus juste, plus utile ou plus agréable qu'une autre, ce n'est pas encore la vouloir. Vouloir, c'est choisir cette action et faire effort pour la réaliser. La volonté, qui suppose l'intelligence, se distingue d'elle nettement.

Distinction de la volonté et du désir. — Condillac a exagéré l'influence de la sensibilité sur la volonté. « La volonté, dit-il, est le désir dominant et l'on veut au moment où de plusieurs désirs, qui se combattaient dans l'âme, l'un triomphe des autres et emporte l'action. »

Le désir est une aspiration, un élan spontané de l'âme vers un bien *connu*. L'inclination peut être aveugle, inconsciente, le désir est conscient, *ignoti nulla cupido*.

Proposition. *Le désir est distinct de la volonté*.

1° La volonté est libre, le désir est fatal.

2° La volonté peut céder au désir ou lui résister. Si elle lui résiste, elle en est distincte. Si elle lui cède, entre le désir et l'acte qui le réalise, se place le consentement qui appartient à la volonté.

3° Le désir n'est pas une résolution, c'est un entraînement. Si le désir était le fondement de la volonté, plus le désir serait fort, plus nous serions libres. C'est le contraire qui est vrai.

4° Le désir s'étend plus loin que le vouloir. Je puis désirer même l'impossible, je ne puis le vouloir. Qui veut la fin veut les moyens : le désir peut avoir pour objet la fin sans les moyens : un paresseux désire le succès sans le travail.

5° Au moment où nous délibérons, deux volitions nous apparaissent comme possibles. Mais il ne nous semble pas que nous soyons simplement *témoins* du conflit intérieur, attendant qu'il se termine par le triomphe de l'un des désirs. Nous croyons, au contraire, sentir en nous un pouvoir capable de mettre fin à cette lutte et de la terminer comme il nous conviendra.

6° Observons une volition actuelle. Qui est-ce qui dit *fiat* ? Est-ce le désir qui obtient gain de cause ? Non, c'est la volonté qui se décide dans ce sens et qui pourrait se décider dans un autre. C'est pourquoi la volition s'appelle décision, choix. Dans la doctrine de Condillac, ces mots n'auraient pas de sens.

Ainsi donc la volition diffère du jugement et du désir. Le jugement qui précède l'acte de volonté ne le constitue pas : je puis juger qu'il faut rendre le dépôt qui m'a été confié et ne pas m'y décider. D'autre part, l'homme vertueux veut souvent contre ses désirs. Il est vrai que la volonté se laisse, en général, guider par les motifs et les mobiles, mais elle n'en est pas moins une activité maîtresse d'elle-même, dont nous avons l'initiative et qu'aucune puissance ne peut nous empêcher d'exercer du fond intime de nous-mêmes.

Rien n'est plus important qu'une volonté puissante et forte. Une volonté énergique et des convictions profondes forment l'homme de caractère. Malheureusement, dans beaucoup d'hommes, la volonté manque de décision, de fermeté et d'énergie. Elle peut même affecter des formes morbides : l'impuissance de résister à une impulsion et l'incapacité absolue de se déterminer.

LE LIBRE ARBITRE

La liberté morale ou le *libre arbitre* est le pouvoir de se déterminer soi-même dans un sens ou dans l'autre, de choisir entre deux partis, sans y être contraint ou déterminé par une force intérieure ou par une force extérieure.

La liberté est le privilège que possède la volonté humaine d'avoir l'initiative et le choix de ses déterminations. Quand nous agissons avec liberté, nous avons conscience de pouvoir agir ou ne pas agir ou agir autrement.

Le mot *liberté* a différents sens qu'il est important de connaître.

1° *La liberté psychologique* ou morale que nous venons de définir et à laquelle est opposée la nécessité. Elle est intérieure.

2° *La liberté physique* qui consiste dans le pouvoir extérieur d'agir : un prisonnier, un paralytique n'ont pas la liberté physique.

3° *La liberté naturelle* qui est l'ensemble des droits que l'homme tient de sa nature : droit à la vie, à la réputation, à la propriété, à la libre activité...

4° *La liberté civile* qui est l'ensemble des droits naturels, en tant qu'ils sont garantis par les lois civiles, droit de posséder, de vendre, de s'associer, etc.

5° *La liberté politique* qui est l'ensemble des droits ou des pouvoirs qui assurent aux citoyens une part dans le gouvernement du pays : droit de vote, d'éligibilité, liberté de la presse. La liberté politique devient pour les citoyens la garantie de leur liberté naturelle et civile.

6° *La liberté de conscience* ou liberté religieuse est le pouvoir de professer ouvertement ses croyances.

La liberté morale est le principe de toutes les libertés que l'homme peut légitimement revendiquer, car toutes impliquent un choix réfléchi.

Les sciences sociales et politiques s'occupent de ces différentes libertés. Nous ne traitons que de la liberté morale.

Quelques philosophes entendent par liberté morale la *liberté de perfection*, qui s'oppose à l'esclavage des passions. Elle consiste à être affranchi de la tyrannie des penchants inférieurs, à n'obéir qu'à la raison, qui est la partie vraiment humaine de notre âme. *Eo magis est libertas, quo magis agitur ex ratione*, disait Leibniz. C'est dans ce sens que les stoïciens parlent de la liberté. Cette liberté n'est pas égale dans tous les hommes. Elle est pour l'humanité un idéal. Elle n'est pleinement réalisée en aucun homme. Ceux même qui domptent leurs inclinations ont conscience d'une lutte à soutenir.

PROPOSITION. — *La volonté humaine, dans un grand nombre de ses actes, se détermine elle-même.*

1ʳᵉ PREUVE. — *La conscience.* — La conscience nous atteste que, dans un grand nombre de nos actes, nous sommes libres : « Que chacun de nous s'écoute et se consulte lui-même, il sentira qu'il est libre, comme il sentira qu'il est raisonnable. » (Bossuet).

Au moment où nous nous déterminons, nous avons le sentiment profond que nous pourrions nous déterminer autrement. Pendant l'action nous nous croyons libres, nous avons souvent des hésitations, nous avons conscience de pouvoir nous arrêter. Après l'action nous sentons que nous avons été libres, nous éprouvons un sentiment de remords ou de satisfaction de la conscience.

Objections a). On a conscience de ce qu'on veut, non de

ce qu'on pourrait vouloir ; la conscience est actuelle, non prophétique.

Réponse. — La conscience de la liberté n'est pas la conscience d'une chose future, mais d'un pouvoir actuel. Je n'ai pas conscience de la détermination opposée à celle que je prends, mais j'ai conscience de pouvoir la prendre.

b) Spinoza et quelques autres prétendent que la conscience de notre libre arbitre vient de l'ignorance des motifs qui nous font agir.

Réponse. — L'ignorance des motifs qui nous font agir ne nous dispose pas à croire à la liberté. Bien au contraire, c'est alors que nous nous jugeons moins libres, si bien que nous puisons dans cette ignorance des motifs une excuse : je ne sais pas pourquoi j'ai fait cela, dira-t-on pour s'excuser. Quand nous avons réfléchi et que nous savons pour quels motifs nous nous sommes décidés, nous avons pleine conscience de notre libre arbitre. Un acte prémédité est jugé plus libre.

c) Une girouette, que le vent tournerait vers le nord, au moment où elle désirerait cette direction, pourrait se figurer qu'elle a tourné librement (Bayle).

Réponse. — Bayle confond le désir avec la volonté, l'action extérieure avec la résolution interne. La girouette, dans son hypothèse, n'aurait jamais conscience d'un effort volontaire. L'homme a cette conscience.

On objecte encore que, dans certains cas morbides, les hommes ont l'illusion de la liberté. Le fou, l'homme ivre, l'hypnotisé peuvent se croire libres et ils ne le sont pas.

Nous répondons que ce n'est pas aux cas morbides qu'il faut demander la vérité sur l'âme humaine. D'ailleurs, ces hommes pourraient-ils se croire libres s'ils ne l'avaient jamais été ? Descartes voyait dans l'idée de liberté la preuve de son existence. Si nous n'étions pas vraiment libres, d'où nous viendrait cette idée si opposée à ce que nous constatons dans la nature physique

2ᵉ PREUVE. — *Responsabilité*. — Il n'y a point d'évidence

qui s'impose mieux que celle du devoir. L'homme se croit obligé à certaines actions que lui dicte sa conscience. Honorer ses parents, ne pas trahir sa patrie sont des devoirs que les plus sceptiques des hommes n'oseraient jamais mettre en doute. Or, l'idée de devoir implique celle de libre arbitre. Devoir implique pouvoir. « Tu dois, donc tu peux, dit Schiller » ; et Kant disait avec raison que le libre arbitre est le premier postulat de la loi morale : si je dois, je puis ; si je puis, je suis libre. Reconnaître qu'il existe une loi morale et de belles actions, c'est reconnaître la liberté.

Les adversaires du libre arbitre prétendent, il est vrai, sauvegarder la morale. Mais à quoi se réduit pour eux le devoir ? A un idéal d'ordre, d'honneur, de perfection auquel il est désirable que nos actions soient conformes. Mais le devoir est plus que cela. Il est un impératif catégorique, un commandement absolu. Le devoir ne peut se concevoir ainsi sans liberté.

3ᵉ Preuve. — *Conséquences qui résulteraient de la négation du libre arbitre.* — Si on nie la liberté, il faut admettre que les hommes ne diffèrent plus entre eux que par les qualités naturelles de l'esprit et du corps et qu'il n'y a plus de différence morale. Or, il est incontestable que les hommes diffèrent surtout entre eux par les qualités morales, par les habitudes de vertu et de moralité. La vertu vaut mieux que les talents, que la santé, que la fortune. Si l'on nie la liberté, il faut nier toute supériorité morale entre les hommes ; tout mérite, tout démérite disparaissent, si, dans chaque circonstance, nos décisions résultent inévitablement des antécédents donnés.

A un autre point de vue, la négation de la liberté entraîne des conséquences désastreuses. Elle est le principe de toutes les faiblesses, de toutes les lâchetés, de tous les désordres. Celui qui est persuadé qu'il peut réformer son caractère, vaincre une habitude mauvaise, puise dans cette croyance à la liberté la force d'accomplir son devoir. L'idée contraire est souverainement dangereuse. Elle fournit aux âmes faibles une excuse et un prétexte pour se dispenser de tout effort. C'est donc notre devoir de croire à la liberté et de fortifier en nous cette idée pour devenir de plus en plus libres.

1ʳᵉ Preuve. — *Croyance universelle*. — Tous les peuples ont cru à la liberté. Les lois ont été faites partout en vue de la liberté. Il en est ainsi de toutes les institutions sociales. Les punitions légales, par exemple, perdraient toute leur valeur sans la croyance à la liberté. Le châtiment se concevrait encore comme utile à la société, comme moyen d'intimidation, mais on ne pourrait plus dire qu'une peine est juste ou injuste, méritée ou imméritée. Le caractère moral du jugement n'existerait plus. Les châtiments infligés à des agents irresponsables ne seraient plus que l'exercice du droit du plus fort.

LE FATALISME

Le *fatalisme* est la doctrine qui nie le libre arbitre.
On distingue deux sortes de fatalisme.
1° Le fatalisme proprement dit.
2° Le déterminisme.

I. Fatalisme

Le fatalisme proprement dit soumet la volonté à une nécessité extérieure. Il a pris deux formes :

a). — *Le fatalisme religieux*, qui fait le fond des religions anciennes et qui a été repris par les Mahométans, soumet l'homme au destin ou aux arrêts irrévocables d'Allah.

Ce fatalisme n'est pas nécessairement la négation du libre arbitre. Il admet une puissance qui agit sur l'action et non sur la volonté. C'est ainsi qu'Œdipe tue son père sans le savoir et sans le vouloir.

Le fatalisme mahométan est l'exagération du dogme de

la Providence, qui dirige toute chose sans entraver la liberté : l'homme s'agite et Dieu le mène.

b). — Le fatalisme fondé sur la prescience divine. Dieu a prévu toutes nos actions et il est infaillible, elles arriveront donc nécessairement comme il l'a prévu.

On pourrait opposer à cet argument une fin de non recevoir ; car la prescience divine est un profond mystère : nous ne comprendrons jamais une vision intemporelle (non successive) des choses temporelles. N'est-il pas puéril et antiscientifique de nier le libre arbitre, fait psychologique certain, parce qu'il peut difficilement se concilier avec une vérité certaine, mais que l'esprit humain ne peut comprendre ? Ici l'obscurité ne vient pas du fait psychologique, mais du mystère de la prescience divine.

Prévoir n'est pas déterminer ou contraindre. Lorsqu'un astronome prédit un phénomène céleste, ce n'est pas la prédiction qui produit le phénomène.

Au fond, il est inexact de parler de prescience divine En Dieu il n'y a ni passé, ni futur, il voit tout dans un éternel présent. Il connaît actuellement et dans une même intuition ce qui est nécessaire et ce qui est libre, de même que nous pouvons d'un même regard voir un homme qui se promène librement sur le bord d'un fleuve et l'eau de ce fleuve qui suit fatalement son cours.

II. DÉTERMINISME

Le *déterminisme* soumet la volonté humaine à une nécessité intérieure. Il soutient qu'elle est toujours déterminée à agir par l'influence des motifs et des mobiles. Nos actions s'expliquent par nos motifs ou nos raisons d'agir, par nos mobiles ou inclinations et passions, par nos instincts et nos habitudes. En cela, du reste, l'homme est soumis à la loi universelle : tout est déterminé dans la nature. Les représentants les plus illustres du déterminisme dans les temps modernes sont : Spinoza, Leibniz et Kant.

On distingue deux sortes de *déterminisme*, le *déterminisme psychologique* et le *déterminisme physiologique*.

Le déterminisme est une négation plus radicale du libre arbitre que le fatalisme proprement dit qui est l'affirmation d'une nécessité extérieure qui règle le cours des événements.

Déterminisme psychologique. — Le déterminisme psychologique soutient que nous sommes toujours déterminés à agir par l'influence du motif le plus fort. Le déterminisme psychologique a été ainsi formulé par Leibniz. Pas de volonté sans motifs. S'il n'y a qu'un motif, la volonté le suivra nécessairement. S'il y a plusieurs motifs opposés, la volonté suit nécessairement le plus fort, comme la balance fléchit sous le poids le plus lourd.

Il faut accorder qu'il n'y a pas d'acte volontaire sans motifs et rejeter la *liberté d'indifférence*, qui est le pouvoir de se déterminer sans motif. Ce pouvoir ne mérite aucunement le nom de liberté. L'exemple donné par Reid pour appuyer la liberté d'indifférence ne prouve rien. Le voici : Vous avez une dette à payer et des guinées dans votre bourse. Vous prenez une pièce quelconque sans aucun motif. Cette explication est inexacte. J'ai réellement voulu prendre une guinée et j'avais une raison de le vouloir, c'est que je devais payer ma dette. Je n'ai pas voulu payer avec une guinée de préférence à une autre, parce qu'elles ont la même valeur. Ceci est tellement vrai que, si on m'accusait d'avoir donné une pièce fausse, je m'excuserais en disant : j'ai pris au hasard. Il faut donc rejeter la liberté d'indifférence et affirmer qu'un acte accompli sans motif n'est pas un acte humain. Les motifs sont la condition essentielle de la liberté. Nous ne pouvons pas plus vouloir sans motifs que l'oiseau ne peut voler dans le vide. Sur ce point, nous acceptons la doctrine de Leibniz.

L'erreur du déterminisme consiste à exagérer l'influence des motifs. S'il n'y a qu'un motif, dit Leibniz, ou que les motifs entraînent du même côté, la volonté se déterminera nécessairement dans ce sens — Sans doute, d'ordinaire, elle se déterminera dans le sens du motif ; mais elle pourrait s'abstenir de toute détermination.

Voici la principale affirmation du déterminisme, celle qui caractérise cette célèbre doctrine : en présence de deux ou de plusieurs motifs inégaux, c'est le plus fort qui détermine toujours la volonté, comme la balance fléchit toujours sous le poids le plus lourd. *Réponse.* — Que signifie cette expression le *motif le plus fort* ? Y a-t-il un motif ou des motifs objectivement plus forts que les autres et y a-t-il un moyen de les connaître ? Non. On peut comparer entre elles des quantités de même nature et dire quelle est celle qui l'emporte. On peut donc comparer les poids d'une balance. Mais en est-il ainsi des différents motifs d'agir ? Évidemment non. On conçoit que l'on puisse, rigoureusement parlant, comparer des plaisirs de même nature. Mais, comment apprécier la force respective des motifs si différents de plaisir, d'intérêt, de devoir? L'idée de devoir est d'une autre nature que celle de plaisir. L'amour de l'argent n'a pas de commune mesure avec l'amour de l'honneur. Il est donc impossible d'admettre qu'un motif l'emporte sur un autre d'une manière absolue. Il s'ensuit que les motifs ne peuvent être comparés aux poids de la balance qu'avec réserve ; car les poids ont une valeur absolue, tandis que les motifs ont une valeur relative. De plus, la balance est inerte, la volonté active. Aussi l'expérience montre que les mêmes motifs provoquent des décisions diverses dans divers individus et dans le même individu à des moments différents, si bien que le motif ne peut être dit le plus fort qu'après la résolution prise. L'expression le motif le plus fort n'a donc pas de sens, puisqu'un motif ne devient prépondérant que par l'assentiment de la volonté. En fait, le motif qui triomphe n'est pas toujours celui que la raison juge le meilleur et Ovide a eu raison de dire : « *Video meliora pro-*

bosque, deteriora sequor. » Le motif le plus fort n'est pas non plus toujours le plus conforme à nos intérêts. L'homme de bien sacrifie l'intérêt au devoir. Enfin, la volonté n'obéit pas nécessairement au désir, et le triomphe de la volonté sur le désir est bien souvent la condition essentielle de la vertu.

Quelle est donc l'action des motifs sur la volonté ? Les motifs ont une action réelle sur la volonté, ils l'inclinent, la disposent. C'est pourquoi, lorsque nous voulons changer les résolutions de nos semblables, nous nous appuyons sur des motifs et des mobiles et nous y parvenons souvent ; car la volonté se laisse souvent guider par les motifs que la raison lui présente et influencer par les motifs sensibles. Mais il n'est pas exact de dire que les motifs déterminent toujours et nécessairement la volonté. Ici, nous en appelons à la conscience : lorsque nous agissons d'après des motifs et des mobiles, nous avons conscience qu'en cédant à l'attrait ou à l'autorité de ces motifs, nous avons le pouvoir d'agir autrement. Et la preuve, c'est que nous sommes souvent obligés de faire un effort que la conscience nous révèle. De là ces expressions : agir à contre cœur, se vaincre soi-même. C'est pour cela que l'homme a la conviction d'être libre, malgré l'influence des motifs.

Nous dirons, pour conclure, que les motifs sont la condition préalable et nécessaire de la détermination, mais ils n'en sont pas la raison suffisante. Les motifs rendent la détermination vraiment humaine, mais ils ne la produisent pas à eux seuls. Le motif agit sur notre âme, parce qu'elle est raisonnable ; le mobile agit sur elle, parce qu'elle est sensible ; mais le motif et le mobile ne la déterminent pas nécessairement. Il faut chercher la *raison dernière* de l'acte libre dans l'énergie propre de la volonté qui fournit un appoint à tel ou tel désir ou motif, et le fait triompher.

Déterminisme physiologique. — Le déterminisme physiologique soutient que la volonté humaine est nécessairement soumise à l'influence des mobiles. Un grand nombre de psychologues contemporains cherchent dans le tempérament, le climat, la race, l'éducation, les habitudes, les passions, le caractère, l'explication de nos résolutions et de nos actes.

Toutes ces influences sont manifestes. Elles peuvent limiter la liberté et la combattre. Mais, pour être combattue et imparfaite, la liberté n'en existe pas moins. Les mobiles agissent sur la volonté, ils ne la déterminent pas nécessairement. Tous ces entraînements sensibles rendent l'action plus généreuse, lorsque la volonté leur résiste, ils n'anéantissent pas la liberté.

Le tempérament et le climat ont une influence réelle sur la volonté. Un homme d'un tempérament sanguin n'agira pas avec le même calme qu'un tempérament lymphatique ; mais l'un et l'autre peuvent donner à leur activité une direction. On peut comparer l'activité humaine à un navire ; qu'il soit à vapeur ou à voiles, le pilote peut le diriger.

Personne ne songe à contester l'influence des passions. Mais les passions peuvent être domptées. On voit des hommes résister aux inclinations les plus fortes et se créer des habitudes contraires (Saint François de Sales, Socrate). Il est vrai que les passions peuvent devenir tyranniques, mais ce n'est qu'au terme de leur évolution, quand elles ont pu grandir et se fortifier par la complicité de la volonté. Si le pouvoir de résister diminue à mesure que l'on use mal de son libre arbitre, on est volontairement esclave. Il faut ajouter qu'il n'y a pas d'homme incorrigible, pas plus qu'il n'y a d'homme impeccable.

Le caractère a une grande influence sur l'activité humaine. Pour s'en rendre compte, il est nécessaire de le définir. Le caractère est l'ensemble de nos habitudes physiques, intellectuelles et morales. Mais le caractère n'est pas seulement l'œuvre de la nature, il est aussi l'œuvre de la liberté. On peut transformer son caractère, l'expérience le prouve. On sait avec quelle habileté Fénelon transforma le caractère du duc de Bourgogne. On agit ordinairement conformément à son caractère, mais on peut aussi agir sur son caractère et contrairement à son caractère. Les caractères les plus solides sont ceux qui se sont faits eux-mêmes à coups de volonté. Un homme violent peut pratiquer un acte de douceur. — On peut, dit-on, prévoir la conduite d'un homme quand on connaît bien son caractère et les circonstances dans lesquelles il doit agir : un homme d'honneur ne trichera pas au jeu. — Nous répondons que l'honorabilité et la noblesse du caractère est souvent le résultat des efforts de la volonté. De plus, ces prévisions peuvent être démenties par des résolutions imprévues et l'homme agit quelquefois contrairement à son caractère.

L'éducation, les exemples, le milieu, les habitudes prises etc, ont aussi une influence immense et peuvent devenir des circonstances atténuantes pour bien des fautes. On ne peut pourtant pas dire que cette influence explique tel ou tel acte déterminé. Ce qui prouve le contraire, c'est que des hommes soumis aux mêmes influences n'ont pas une conduite identique. Toutes ces causes déterminent des dispositions ou tendances générales, mais ne nécessitent pas tel ou tel acte.

On fait encore quelques objections tirées de la statistique. Le nombre des meurtres, des suicides, des vols est sensiblement le même dans un même pays. — Quand même cela serait, il n'en résulterait pas que tel ou tel individu soit contraint à commettre un crime. Cette moyenne n'a d'ailleurs rien d'absolu.

Une autre objection est tirée de la loi de la conservation de la force. Or, l'acte libre suppose le brusque développement d'une force nouvelle dans l'être humain. — L'homme n'est pas une machine. Par conséquent, rien ne prouve que les lois de la mécanique lui soient applicables. Le libre arbitre est un principe spirituel, non une force physique. Il n'augmente en rien les forces de l'organisme, il leur imprime seulement une direction. On ne doit pas appliquer au monde de la pensée et aux forces mentales une loi qui régit les forces matérielles.

Un acte libre, dit Kant, serait une violation du principe de causalité : En effet, un acte libre est un acte qui ne résulte pas, suivant la loi nécessaire de causalité, des phénomènes antérieurs. Donc tout acte libre constituerait une solution de continuité, un vrai miracle dans la nature. — L'acte libre n'est pas une violation du principe de causalité. Ce principe exige qu'un changement ne se produise pas sans cause. Or, le libre arbitre est une cause d'un ordre à part. De plus le libre arbitre agit toujours pour un motif, pour une cause, le principe de causalité peut donc se concilier avec le libre arbitre.

Les objections déterministes nous servent à mieux connaître la nature de l'acte volontaire en renversant la doctrine de la liberté d'indifférence absolue et même la liberté d'indifférence mitigée. Cette dernière doctrine, qui est celle de Scot et de Descartes, admet que la volonté ne peut rien faire sans un motif rationnel et que tout acte de la volonté est précédé d'un jugement, mais ils nient que la volonté soit déterminée par ce jugement, quelque pratique qu'on le suppose, comme serait celui-ci : cet homme est dans un danger extrême, je vais le secourir.

Saint Thomas soutient, au contraire, que la volonté ne se détermine jamais que d'après un jugement de la raison. En ce sens le jugement est vraiment cause de l'acte libre. On peut ainsi résumer sa doctrine : 1° la volonté n'agit jamais que d'après un jugement de la raison ; 2° la volonté est toujours déterminée par le dernier jugement pratique. — Ces deux principes répondent bien aux exigences du déterminisme et pourtant n'excluent pas la liberté, parce que la volonté n'est pas étrangère à ce jugement ; car c'est la volonté qui termine la délibération et elle est libre de recommencer une délibération nouvelle qui pourrait amener un jugement différent.

CHAPITRE IV

PSYCHOLOGIE APPLIQUÉE

Art. Ier. — DES SIGNES ET DU LANGAGE

L'étude du langage a une importance extrême pour la psychologie, car il est l'image parfaite de l'homme : en lui, comme dans l'homme, on trouve un élément matériel, qui est le *mot*, et un élément spirituel, qui est la *pensée*. Étudions sa nature, son origine et ses rapports avec la pensée.

Qu'est-ce que le langage ?

Le langage est un ensemble de signes par lesquels l'homme manifeste ses états de conscience.

Un signe est un fait sensible propre à révéler un autre fait qui ne tombe pas sous les sens : la fumée est le signe du feu, un cri plaintif est le signe de la douleur. Tout fait extérieur peut devenir un signe d'un état de conscience.

On distingue quatre espèces de signes :

1° Les gestes et les mouvements de la physionomie ;
2° Les cris ou sons inarticulés ;
3° Les sons articulés ;
4° Les signes ou symboles qui s'adressent à la vue.

On distingue le langage naturel et le langage artificiel.

1° **Le langage naturel.** — Le langage naturel se compose de signes qui ont avec la chose signifiée une liaison déterminée par la nature. Les signes naturels ont leur cause dans l'union du corps et de l'âme. C'est en vertu des rapports du physique et du moral que le phénomène de la rougeur accompagne le phénomène de la honte. L'expression des idées, des volitions et surtout des émotions, par les jeux de la physionomie, les gestes, les mouvements et les cris ou sons inarticulés constitue le langage naturel.

Caractères du langage naturel. — Il est *universel*. — L'expérience nécessaire à l'intelligence des signes qui le composent s'acquiert dès les premiers jours de la vie. Le langage naturel s'apprend très rapidement.

Il est *synthétique*. — Un geste, un cri, une attitude exprime toute une situation psychologique parfois fort complexe. D'un seul geste, un chef d'armée peut indiquer le mouvement qu'il commande et la volonté ferme de se faire obéir.

Il est *expressif* et *émotionnel*. — Il exprime à merveille les émotions et les passions. C'est pourquoi l'orateur et l'artiste font constamment appel aux ressources du langage naturel, quand ils veulent émouvoir. Par contre, le langage naturel est impuissant pour exprimer les faits intellectuels.

2° **Le langage artificiel.** — Le langage artificiel s'appelle ainsi, parce que les signes dont il se sert ne sont, en général, unis aux objets qu'ils représentent que par un rapport de convention.

Caractères du langage artificiel. — Le langage artificiel *varie* avec les pays et les peuples. Il subit dans chaque peuple des transformations analogues à celles de la vie intellectuelle de ce peuple.

Il est *analytique*. — Il décompose le fait de conscience. Il exprime bien la pensée et ses différentes opérations. Il n'est pas *expressif* et *pathétique* comme le langage naturel.

La parole et l'écriture. — Le langage artificiel peut être parlé ou écrit.

Le langage parlé ou la *parole* est un ensemble de mots ou sons articulés qui expriment les idées. La parole est le propre de l'homme.

L'écriture est un ensemble de signes permanents destinés à représenter les pensées aux yeux. Elle assure la conservation et la diffusion de la pensée.

On distingue l'écriture idéographique et l'écriture phonétique.

L'écriture idéographique figure l'idée ou l'objet. L'écriture chinoise est idéographique.

L'écriture idéographique prend trois formes : elle représente l'idée, soit par un dessin de l'objet, soit par un emblème : un glaive représentera la guerre, une balance la justice, soit par des signes conventionnels, qui sont souvent un dessin abrégé.

L'écriture phonétique représente par des figures ou caractères, non les choses mêmes, mais les émissions de voix qui servent à les désigner.

On distingue l'écriture syllabique, comme les systèmes sténographiques, et l'écriture alphabétique qui exprime, par des caractères, les sons élémentaires et les différentes articulations. De toutes les écritures elle est la plus simple et elle est usitée chez tous les peuples de l'Europe.

Rapports du langage et de la pensée. — Le langage et la pensée ont les rapports les plus intimes. Sans la pensée, les mots ne seraient plus que des sons vides et sans valeur. D'autre part, nous ne pensons jamais aucune idée sans l'exprimer au moins par une parole intérieure. On a souvent comparé l'union de la pensée et de la parole à l'union de l'âme et du corps. Voici les principaux rapports du langage et de la pensée.

Le langage ne sert pas seulement à exprimer la pensée, il contribue puissamment au développement de la pensée.

1° Le langage sert à *former* et à *préciser la pensée* ; sans l'expression, la pensée est vague et indistincte. Le mot lui donne de la précision, des contours bien arrêtés.

2° Le langage *rend la pensée claire*, en la décomposant en ses éléments.

3° Le langage sert à *conserver la pensée*. Les idées générales surtout ne sauraient être conservées sans les mots qui les expriment. Par la parole l'idée prend un corps qui l'empêche de s'évanouir aussitôt qu'elle est conçue.

4° La parole sert à *communiquer la pensée*; nos principales connaissances viennent de l'enseignement et des livres.

L'influence de la parole sur la pensée est donc bien grande. Il ne faudrait pourtant pas dire avec de Bonald que l'homme pense parce qu'il parle. Sans le secours des mots, l'homme penserait mal ou malaisément, mais il penserait. Il ne faut pas dire non plus avec Condillac que *la science est une langue bien faite*. Sans la pensée, les mots n'auraient ni sens ni valeur. Les mots ne créent donc pas la pensée et par conséquent la langue ne peut créer la science. Nous ne voyons pas une langue se constituer avant la science. La langue chimique est postérieure à Lavoisier; c'est le progrès de la science qui a créé cette langue. On peut dire qu'à mesure qu'elle se forme, une science crée et perfectionne sa langue. Il y a, il est vrai, action et réaction entre la langue et la science, entre le langage et la pensée; mais la première impulsion vient de la pensée et il faut dire qu'une langue bien faite vient d'une science bien faite.

Origine du langage. — Nous n'avons pas à exposer son origine historique. La psychologie traite seulement une question de possibilité : l'homme pouvait-il inventer le langage? Faut-il, au contraire, pour l'expliquer, faire intervenir quelque pouvoir nouveau ou quelque cause supérieure?

On a donné à ce problème des solutions bien diverses.

1° D'après une première théorie attribuée à Démocrite, le langage parlé a une origine conventionnelle. Inventé par un homme habile, il a été adopté par suite d'un accord ; cette théorie n'a plus de partisans.

2° Bonald soutient que l'homme était incapable de former une langue. Dieu lui a donné une langue toute faite. Il prouve ainsi sa thèse :

a) L'homme ne peut penser sans la parole. « Il faut penser sa parole avant de parler sa pensée. »

b) Les langues anciennes sont les plus parfaites.

c) Toutes les langues viennent d'une langue primitive. Ces preuves sont sans valeur.

3° Reid et Jouffroy ont attribué la parole à un instinct spécial.

4° D'après Max Müller, l'humanité avait reçu à l'origine, la faculté de former des mots racines, faculté qui s'est atrophiée plus tard.

De nouvelles découvertes philologiques semblent contraires aux conclusions de Müller. Les 500 racines ne seraient que les résidus de mots antérieurs (Bréal). D'ailleurs, cette explication par une faculté innée est loin d'être précise.

5° D'après Renan, l'homme est essentiellement parlant comme il est essentiellement pensant : « les langues sont sorties toutes faites du moule même de l'esprit, comme Minerve du cerveau de Jupiter. »

6° La plupart des psychologues contemporains voient dans la parole une élaboration lente et progressive et donnent au langage une origine naturelle. Cette doctrine semble confirmée par les progrès de la philologie. Les langues primitives étaient, dit-on, très imparfaites. Elles se sont perfectionnées peu à peu par le développement naturel des facultés de l'homme.

On peut soutenir que l'homme tenant de la nature un organe très flexible, une oreille très fine et un esprit doué de la faculté d'abstraire et de généraliser, aurait pu créer le langage. Il aurait débuté par le langage naturel, puis il aurait employé des onomatopées, des interjections, puis enfin, en vertu de son pouvoir d'abstraire et de généraliser, des signes arbitraires. L'exemple des sourds-muets est favorable à cette théorie. Il est raisonnable de croire que la nature, qui leur inspire un langage conventionnel de gestes, inspirerait de même à celui qui a la faculté de la parole, de se servir de l'articulation pour exprimer sa pensée (1).

Nous n'avons voulu traiter que la question de possibilité pour l'homme d'inventer et de se former un langage. Si nous avions à traiter la question de fait, voici un argument d'une grande valeur. Le langage tient de trop près à la pensée et à la moralité pour que les premiers hommes en aient été dépourvus. Les premiers hommes ont dû avoir des connaissances morales et religieuses et par conséquent ils ne furent pas dépourvus d'un langage digne de leurs sentiments et de leurs pensées.

Nous n'avons pas mentionné la théorie transformiste soutenant que le langage est une évolution naturelle des facultés animales. Il est impossible que le langage *instinctif* et purement *émotionnel* d'un animal se transforme en ce langage *réfléchi*, *conscient* et *conceptuel* qui caractérise la parole humaine ; car l'homme possède seul la faculté d'abstraire et de généraliser qui fait totalement défaut à l'animal.

---

(1) Le premier langage de l'enfant. Le jeune enfant a bien vite conscience des résultats des cris que la douleur, par exemple, lui arrache et dès lors il criera pour être porté, bercé. C'est le commencement du langage.

L'enfant éprouve de bonne heure le besoin d'exprimer ce qu'il éprouve. Il a d'abord à sa disposition le langage naturel, les gestes et les sons. Pour désigner les objets présents, il les montre ; s'il veut désigner les objets absents, il imite le son qu'ils produisent : c'est l'onomatopée. Il reproduit ensuite avec intention les interjections par lesquelles il a exprimé ses émotions d'une manière naturelle et ainsi peu à peu la parole dérive du son inarticulé.

Enfin, l'enfant saisit entre les objets des rapports quelconques de contiguïté, de ressemblance ou d'analogie et applique les mots déjà formés à des objets nouveaux. Ajoutons à cela l'enseignement, et le langage est complètement formé.

Les langues. — Elles sont très différentes et très nombreuses. Y a-t-il une langue primitive unique ? la linguistique ne peut pas trancher cette question. Elle ne prouve ni l'origine commune des langues, ni leur diversité primitive.

Au point de vue de leur affinité, les langues, dont le nombre dépasse un millier, peuvent se diviser en 3 familles.

1° Les *langues indo-européennes* : l'indien, le slave, le grec, le latin, le celtique, le sanscrit, le persan.

2° Les *langues sémitiques* : l'hébreu, le chaldéen, le syriaque, l'arabe etc.

3° Les *langues touraniennes* ou *tartares*, comme le chinois, le thibétain, les langues de la Sibérie, dont la principale ressemblance est de différer des langues aryennes et sémitiques.

Au point de vue de la structure, on divise les langues en trois classes : 1° les langues isolantes ou monosyllabiques, 2° les langues agglutinantes, 3° les langues à flexion.

Beaucoup de philologues pensent que les langues agglutinantes sont dérivées des langues monosyllabiques et que les langues à flexion sont dérivées des langues agglutinantes.

LANGUES ANALYTIQUES ET LANGUES SYNTHÉTIQUES. — Les *langues analytiques* aiment à exprimer les diverses idées par des mots séparés et à ranger ces mots dans l'ordre logique.

Les *langues synthétiques* expriment souvent en un même mot plusieurs idées et aiment les inversions.

Les langues modernes, formées sous l'influence de l'esprit scientifique, sont analytiques.

Caractères d'une langue bien faite. — Une langue bien faite doit avoir 1° la *précision* qui consiste en ce que chaque mot ait un sens bien déterminé.

2° La *richesse* qui demande qu'il y ait autant de mots que d'idées et de nuances importantes d'idées.

3° L'*analogie* qui est la propriété que possède une langue

de reproduire, dans la composition des mots, les véritables rapports des choses et des idées : voir, prévoir sont conformes à l'analogie ; bien, meilleur, penser, dépenser sont en dehors de l'analogie.

Imperfections et dangers du langage. — Quels que soient ses immenses avantages, le langage a ses inconvénients.

1° En exprimant par des substantifs de purs concepts de l'esprit, il favorise notre penchant naturel à réaliser des abstractions.

2° En fixant la pensée, il en conserve les défauts aussi bien que les qualités. Il peut donc nous induire en erreur. Nous sommes facilement dupes des métaphores, des termes équivoques, des expressions mal définies.

3° Nous recevons avec le langage des opinions toutes faites, sans les contrôler ; de là une foule d'erreurs. Nous nous payons de mots et nous prenons souvent pour bonne monnaie un papier sans valeur.

Pour faire bon usage du langage, il faut s'habituer à peser les termes, à y mettre et à y retrouver des idées précises, justes et vraies.

Art. II. — ESTHÉTIQUE. — LE BEAU ET L'ART

L'Esthétique est la science du beau ou la philosophie des beaux-arts.

L'Esthétique comprend deux parties : l'une théorique, qui a pour objet *le beau* ; l'autre pratique, qui a pour objet *l'art*.

I. — LE BEAU

On a défini le beau l'unité dans la variété, la grandeur dans l'ordre (Aristote), la splendeur du vrai et du bien.

Le beau, dit Kant, est ce qui satisfait le libre jeu de l'imagination, sans être en désaccord avec les lois de l'entendement. Le beau, dit Hegel, est l'expression de l'idée par la forme, de l'invisible par le visible.

Saint Thomas définit le beau : *resplendentia formæ super vires naturæ proportionatas*.

Aucune de ces définitions n'est parfaite et ne convient à tous les objets qui peuvent provoquer le jugement et le sentiment du beau.

Saint Thomas exige pour le beau trois caractères : l'intégrité, la proportion, l'éclat.

Le beau est distinct de l'agréable. Tout ce qui est beau plaît, mais tout ce qui plaît n'est pas beau. Deux de nos sens, la vue et l'ouïe, nous servent à apprécier la beauté, tandis que tous peuvent nous faire éprouver des impressions agréables.

Le beau est distinct de l'utile. Mille choses sont utiles et ne sont pas belles. Quoi de plus utile qu'une marmite, disait Platon ? Un objet peut être beau et utile, mais à des titres divers.

Le beau est distinct du vrai. Rien de plus vrai qu'un théorème mathématique, nous ne disons pas qu'il est beau. Nous disons que le vrai est beau quand il nous plaît vivement, toute vue intéressée mise à part.

Le beau est distinct du bien. Il ressemble au bien et les grecs unissaient dans le même mot le beau et le bien (καλοκάγαθον). Mais le beau n'est pas obligatoire. Il peut nous inspirer le désir de le réaliser, il ne peut produire l'impératif catégorique. De plus, le beau n'est pas, comme le bien, distinct de la sensibilité, qui a, au contraire, une grande part dans le beau. Enfin il y a de nombreuses actions bonnes qui ne sont pas belles. Le bien nous paraît beau, lorsqu'il nous cause un plaisir très vif et dégagé de tout intérêt.

Le beau se rapporte-t-il à l'intelligence ou à la sensibilité ? Le beau suscite en nous un sentiment de plaisir d'une nature toute particulière et un jugement par lequel nous déclarons beau l'objet qui nous charme. La sensibilité a une grande part dans la perception du beau. Plusieurs même soutiennent qu'il suffit, pour qu'un objet nous paraisse beau, qu'il nous fasse éprouver l'émotion esthétique. Il ne faut pourtant pas oublier qu'avant d'être ému par le beau il faut le percevoir et que, par conséquent, un acte intellectuel doit précéder la jouissance. Aussi, dit-on voir, contempler le beau : *Pulchra dicuntur quæ visa placent*, dit saint Thomas. Il ne faudrait pas non plus exagérer ce rôle de l'intelligence. Il est certain que le sentiment esthétique, comme tout autre sentiment, ne va pas sans une certaine connaissance ; mais cette connaissance peut être vague et confuse et différer beaucoup d'un jugement réfléchi. En résumé, si le beau ne s'adresse pas uniquement à la sensibilité, il ne se comprend pas sans l'émotion esthétique. Le vrai moyen de connaître le beau est de le sentir. Nous pourrions même dire que c'est le sentiment qui provoque le jugement ; lorsque nous avons senti la beauté, c'est à ce sentiment même que nous la reconnaissons.

Caractères du plaisir esthétique. — 1° C'est un *sentiment* et non une sensation, bien que la sensation s'y mêle.

2° Il est *désintéressé*. Le beau nous charme et nous l'aimons sans aucune arrière-pensée personnelle, sans préoccupation de l'utile. C'est pour cela que le plaisir esthétique est, en général, plein de sérénité.

3° Il est *communicatif*. Quand nous l'éprouvons, nous désirons qu'il soit partagé par les autres.

4° Au plaisir que nous cause la vue du beau se mêlent l'admiration et l'amour.

Caractères du beau. — Dans la critique du jugement, Kant attribue au beau quatre caractères. — 1° Il est à lui-même sa fin ; il n'est pas subordonné à une fin étrangère « *C'est une finalité sans fin.* »

2° *Il est l'objet d'une satisfaction dégagée de tout intérêt.* Un objet peut être à la fois beau et utile ; mais autre est le sentiment de l'utile, qui excite le désir, autre le sentiment du beau, qui excite l'admiration.

3° Il *plaît universellement,* c'est-à-dire sans avoir besoin d'être défini ou connu scientifiquement.

4° Il *est l'objet d'une satisfaction nécessaire.* Il n'en est pas de l'émotion esthétique comme de certains autres sentiments qui sont exclusifs de leur nature. Quand nous l'éprouvons, nous désirons qu'elle soit partagée par les autres. Quand nous affirmons qu'une chose est belle, nous désirons que tout homme soit satisfait de cette chose. Nous admettons plus facilement qu'on nous contredise quand nous disons que telle saveur est agréable, que lorsque nous disons : tel objet est beau.

Les différentes espèces de beauté. — On distingue :

1° *Le beau naturel,* qui resplendit dans la nature ou dans l'âme humaine, dans l'ordre physique, intellectuel et moral.

2° *Le beau idéal,* qui est conçu par le génie de l'homme, par sa raison et par son imagination.

3° *Le beau artistique,* qui est l'œuvre où se trouve réalisé et comme vivant le beau idéal conçu par le génie de l'homme.

4° *Le beau absolu.* Au-dessus de tout idéal conçu par le génie humain, nous concevons une beauté parfaite dont cet idéal est le reflet.

Le beau et le sublime. — On distingue deux formes du beau : le *beau* et le *sublime.*

Le *sublime* n'est pas le degré le plus élevé de la beauté. Une chose peut être très belle sans être sublime. De même, il y a des choses sublimes qui, à cause de leur défaut d'harmonie et d'ordre, ne pourraient pas s'appeler belles, par exemple, une tempête.

Le *beau* suppose toujours une certaine mesure ou proportion. Le *sublime* dépasse toutes les proportions. Son caractère est l'illimité, l'absence de mesure. C'est pourquoi l'objet sublime, quoique fini, nous semble infini, à cause de l'impuissance où nous sommes de l'embrasser, de le mesurer, comme le ciel, la mer, les montagnes gigantesques. Le sublime est donc l'expression sensible de l'infini. C'est le beau ou le grand élevé à un tel degré qu'il semble hors de proportion avec notre nature.

Le *beau* et le *sublime* produisent naturellement des sentiments différents.

Le beau ravit l'âme, l'élève et produit une jouissance sereine, une admiration pleine de respect.

Le sublime imprime une violente secousse à notre âme et produit un sentiment de respect mêlé de crainte. Il porte ordinairement à la mélancolie, détache de la terre et, généralement du moins, fait naître le sentiment religieux. Si le sublime dépasse nos facultés inférieures par l'infinité dont il est l'expression sensible, s'il a quelque chose de déchirant, d'autre part, il ravit la raison et détermine dans l'âme une sorte d'enthousiasme.

Le joli est une espèce inférieure du genre beauté, ou un diminutif du beau. C'est le beau moins la grandeur. On dira d'une fleur, d'un papillon qu'ils sont jolis.

La laideur est le contraire de la beauté. Elle provient du manque d'ordre, d'harmonie et de proportion. Le risible et le ridicule sont des formes de la laideur. La seconde expression implique un blâme. Tandis que la laideur repousse et attriste, le risible et le ridicule attirent, réjouissent et provoquent le rire.

II. — L'ART

L'homme ne se borne pas à jouir de la beauté, il cherche à la reproduire et à la réaliser.

L'art, en général, est un ensemble de moyens destinés à réaliser une fin.

On distingue les arts mécaniques, comme la serrurerie, et les arts libéraux.

Les arts libéraux se divisent en arts utiles : grammaire, rhétorique, médecine, et en beaux-arts qui ont pour but la création du beau.

Les beaux-arts se divisent en arts plastiques et en arts phonétiques.

Les arts plastiques ou de la vue sont : l'*architecture*, la *sculpture*, la *peinture*, la *danse*.

Les *arts phonétiques* ou de l'ouïe sont : la *musique* et la *poésie*.

Les arts plastiques emploient les formes et les couleurs. La beauté de leurs œuvres réside plutôt dans la forme que dans l'expression, et lorsqu'elles sont expressives, cette expression est toujours limitée.

La beauté des arts phonétiques et de leurs œuvres réside plutôt dans l'expression que dans la forme. Ils peuvent exprimer tous nos sentiments. La musique surtout exprime les nuances infinies de la sensibilité.

La poésie peut être rapprochée des arts plastiques par les images dont elle fait un continuel usage. C'est le premier des beaux-arts. Par le rythme elle est une musique. Grâce à l'imagination qui voit les choses sous les mots, elle tient de la peinture, *sicut pictura poësis*.

L'art consiste-t-il dans l'imitation de la nature ? — L'école réaliste répond que le but de l'art est de reproduire la réalité.

Il est vrai que l'imitation est une source du plaisir esthétique. Il est vrai aussi que l'artiste doit s'inspirer de la nature sous peine de tomber dans le faux et l'invraisemblable. C'est à la nature qu'il emprunte ses moyens d'expression : le son, la couleur... De là ce conseil que Boileau donne aux poètes : « *que la nature donc soit votre unique étude* ». Mais il est faux que le plaisir produit par l'imitation soit l'unique source de l'émotion esthétique. Il faut dire que les productions de l'art doivent être de libres imitations de la nature. Nous pouvons dire avec Aristote : « l'art imite la nature; mais il fait des choses que la nature ne saurait faire. » Le véritable artiste, tout en empruntant ses matériaux et ses modèles à la nature, ne se borne pas à copier la nature. Cette reproduction exacte serait d'ailleurs impossible. En outre, elle serait inutile et la réalité serait toujours plus belle que la copie. Elle aurait toujours sur la copie cet avantage que seule elle est vivante. Enfin, il est évident que le plaisir esthétique ne pourrait pas exister, si l'objet imité était insignifiant, affreux ou immoral.

L'art ne doit donc pas se borner à imiter la nature : *Il purifie* et *idéalise*.

Il purifie, c'est-à-dire fait un choix.

Il idéalise, c'est-à-dire qu'il conçoit une beauté plus haute et plus parfaite et s'efforce de la reproduire. L'artiste ne mérite ce nom que lorsqu' « il idéalise le réel qu'il voit et réalise l'idéal qu'il a conçu ». Le modèle de l'œuvre d'art doit donc être à la fois dans la nature et dans l'esprit qui l'a conçu et l'on peut dire avec Bacon : *Ars est homo additus naturæ*. L'homme de génie crée des beautés supérieures à toutes celles de la nature et l'on conçoit la parole de Léonard de Vinci à qui on demandait où il avait pris la figure de son Christ et qui répondit : « dans le ciel ! »

On obtiendrait une notion assez complète de l'art en unissant ces deux formules : *l'art est l'interprétation de la nature et l'expression de l'âme humaine.*

L'art et le jeu. — D'après Kant et Schiller, l'art est un jeu, le plus noble de tous. On peut distinguer deux modes d'action de nos facultés : l'activité sérieuse, qui poursuit une fin, et l'activité de jeu, qui se prend elle-même pour fin. On y goûte le plaisir que procure l'exercice libre des facultés. L'art est un jeu, dans le sens le plus élevé de ce mot. Il a pour but de provoquer d'une manière puissante et ordonnée le jeu désintéressé de nos facultés.

En résumé, l'art interprète la nature, exprime l'âme humaine et nous procure le plaisir qui résulte du jeu de nos facultés.

La fiction et l'idéal. — Dans ses créations, l'artiste peut s'adresser surtout à l'imagination et il crée *des fictions*. Il peut aussi, rivalisant avec la nature, chercher à produire une œuvre plus achevée et tendre à réaliser un type de beauté que son génie a conçu, un idéal.

L'*idéal* est la beauté physique ou morale dégagée des imperfections qui l'altèrent.

L'idéal s'oppose au réel, mais non au vrai, car l'idéal est conforme à la nature. C'est la nature dégagée des obstacles qui l'arrêtent et telle qu'elle serait, si elle atteignait son plein développement.

L'idéal n'est pas nécessairement le beau. La laideur a aussi son idéal. L'artiste peut exprimer, avec plus de clarté, de relief et d'intensité que dans la réalité, une laideur : le Satan de Milton, le Tartufe de Molière. Un type de laideur physique ou morale, s'il est bien exprimé, peut provoquer le jeu harmonieux de nos facultés et par suite produire le plaisir esthétique. Nous sommes charmés par une œuvre où nous trouvons l'expression parfaite d'un état d'âme que nous connaissons, comme dans Harpagon ou Tartufe.

L'art et la moralité. — L'art a pour fin de réaliser le beau, non de prêcher le bien. Les beaux-arts cherchent avant tout à faire naître en nous des idées et des sentiments esthétiques et ce n'est que d'une manière secondaire, qu'ils servent à d'autres fins. Il est évident, d'autre part que l'art ne doit point blesser les lois de la raison et de la conscience. « Le vrai et le bien, dit Rabier, sont pour l'artiste ce que les axiomes sont pour le géomètre, ils sont des limites qu'ils ne sauraient dépasser sans choquer la raison et scandaliser la conscience et par conséquent sans manquer le beau. Il faut donc que l'art cherche le beau, mais dans les limites du vrai et du bien. Voilà tout ensemble et sa fin et sa loi. » On peut donc accepter la théorie de l'art pour l'art, à la condition qu'il respecte les droits du vrai et du bien. La moralité est une loi universelle qui s'impose à l'art comme à toute l'activité humaine. De plus, l'art qui tombe dans l'immoral provoque immédiatement une protestation de la conscience ou bien évoque les passions, et, dans les deux cas, anéantit le plaisir esthétique, qui est désintéressé, tandis que la passion est égoïste.

Si l'art respecte les lois de la moralité, il peut exercer sur la vie humaine une influence bienfaisante et moralisatrice. 1° Il détache l'âme des préoccupations égoïstes et mesquines ; 2° Il nous élève en nous offrant de beaux exemples et nous fait partager les sentiments élevés et généreux qu'il exprime. L'art purifie l'âme. Quand je suis devant un chef-d'œuvre j'éprouve le besoin de mettre mon âme à l'unisson.

L'art a aussi ses dangers. Les jouissances idéales qu'il nous procure peuvent nous faire oublier la vie pratique et ses devoirs.

Art. III. — RAPPORTS DU PHYSIQUE ET DU MORAL

C'est une question de psychologie expérimentale. Il se passe en nous deux sortes de faits : les phénomènes psychologiques : sentiments, pensées, volitions ; et les phénomènes physiologiques : circulation du sang, mouvements nerveux. Les faits psychologiques constituent le moral ; les faits physiologiques constituent le physique. Or, en nous, tout fait psychologique a son retentissement dans la vie physiologique et, réciproquement, tout fait physiologique a son retentissement dans la vie psychologique.

On pourrait donner à cette question un autre sens : comment s'expliquent les rapports du physique et du moral ? Alors c'est une question métaphysique qui revient à celle-ci : quelle est la nature de l'union de l'âme et du corps et quels sont leurs rapports ?

I. **Influence du physique sur le moral.** — Les opérations inférieures ou sensitives dépendent du système nerveux et particulièrement du cerveau. Les sensations, les appétits, la perception externe ont pour antécédent un fait physiologique, une excitation nerveuse. Les inclinations ou passions, la mémoire et l'imagination dépendent de l'état cérébral.

Bien plus, les opérations inférieures de l'âme intervenant dans les opérations supérieures, il s'ensuit que l'organisme et le système nerveux agissent médiatement et indirectement sur les opérations les plus élevées de l'âme : sentiments, raisonnements. Cette influence est prouvée par la fatigue cérébrale qui suit l'exercice prolongé de la pensée. La liaison entre la pensée proprement dite et le cerveau résulte de ce fait que les antécédents et les conditions de nos pensées (sensations et images) ne se produisent pas sans le concours du cerveau.

Certaines facultés ont plus particulièrement leurs conditions dans certaines parties du cerveau. Les sensations et les appétits semblent dépendre des parties inférieures du cerveau et les opérations intellectuelles des parties supérieures. Broca a localisé la faculté du langage dans la troisième circonvolution de l'hémisphère gauche. Il a constaté qu'une lésion de cette partie du cerveau détermine une surdité verbale. La mémoire visuelle des lettres, la cécité verbale et l'agraphie auraient leur siège dans la deuxième circonvolution temporale gauche. Vulpian ajoute un correctif à cette théorie : les diverses parties du cerveau peuvent se suppléer. En tout cas, nous pouvons admettre, dans sa généralité, la théorie des *localisations cérébrales.*

Toutes les circonstances qui modifient l'organisme modifient par contre-coup la vie morale. Rien n'est plus facile à constater que l'influence de l'âge, du sexe, du tempérament, de l'hérédité, du climat sur la vie psychologique. Dans l'enfance et dans la jeunesse, les sensations sont plus vives, la mémoire plus facile, les passions plus ardentes. L'âge mûr donne plus de circonspection et de jugement. Il y a une grande différence psychologique entre l'homme et la femme. L'esprit de l'homme a de la force, celui de la femme de la finesse, de la délicatesse, tout ce qui dérive d'une sensibilité plus impressionnable. L'influence des climats a été établie par Montesquieu et ne peut pas être contestée. Les maladies du corps agissent sur l'esprit. La fièvre fait perdre à l'esprit une partie de sa force et de sa lucidité. L'anémie prédispose à la mollesse, la dyspepsie à la susceptibilité et à la tristesse. Les alcools, les narcotiques, qui agissent si profondément sur le cerveau, agissent de même sur l'intelligence et sur la volonté.

II. Influence du moral sur le physique. — Tout état de notre âme, pensée, sentiment, volition, est représenté dans le corps par une modification organique.

Toute émotion modifie l'organisme et le système nerveux. Les sensations et les sentiments accélèrent ou suspendent les mouvements respiratoires et la circulation du sang. Les émotions provoquent des phénomènes expressifs ; elles se traduisent par des cris, des sanglots, des jeux de physionomie, le rire, les larmes etc. La joie dilate le cœur, la tristesse le resserre, la colère en accélère les battements. Une injure fait bouillonner le sang. Des maladies de l'estomac, du foie, de la rate sont provoquées par l'envie, le chagrin, la tristesse. Au contraire, la tranquillité d'esprit, le calme, le contentement intérieur sont très favorables à la santé.

L'imagination a sur l'organisme une influence profonde. Il suffit d'imaginer fortement une sensation pour l'éprouver. L'idée du bâillement suffit à le provoquer. La pensée d'un objet effrayant donne le frisson. Le vertige est la production d'un mouvement que l'on imagine fortement et que l'on redoute. L'image d'un mets savoureux ou repoussant fait venir l'eau à la bouche ou provoque des nausées. Lorsque l'imagination est vivement frappée, les actions qui ont produit cette impression vive, peuvent être reproduites par une sorte d'entraînement. De là des crimes, des suicides, des meurtres. Enfin, l'imagination peut faire naître ou, au contraire, peut guérir des maladies. Les maladies imaginaires finissent par devenir réelles et beaucoup de maladies sont guéries par des remèdes anodins.

Les facultés supérieures peuvent agir sur le physique. Une attention prolongée est suivie d'une fatigue de tête, parce qu'elle est accompagnée d'une hyperémie, et d'une forte concentration des nerfs cérébraux. Trop d'application et de travail altèrent la santé : la lame use le fourreau. D'autre part, un exercice soutenu de l'intelligence accroît le volume du cerveau. Enfin, la volonté exerce sur le corps un véritable empire. Bossuet a beaucoup insisté sur ce point. L'énergie de la volonté peut, dans une large mesure, suppléer au défaut des forces physiques et soutenir un corps défaillant. L'énergie morale en face du danger et de la souffrance accomplit de véritables prodiges.

Les matérialistes ont tort de méconnaître ou de nier l'influence du moral sur le physique. Ils tirent ainsi de l'influence du physique sur le moral des conséquences exagérées.

Art. IV. — PSYCHOLOGIE COMPARÉE

La psychologie comparée de l'homme et de l'animal est l'étude des rapports de similitude et de différence entre l'homme et l'animal au point de vue psychologique. Nous ne saisissons les faits psychologiques d'une manière directe qu'en nous-mêmes ; mais nous pouvons interpréter les signes par lesquels nos semblables et les animaux manifestent les faits de leur vie psychologique. Nous devons admettre dans les animaux les faits que les signes nous révèlent.

La question des rapports de l'homme et de l'animal a donné lieu à plusieurs théories.

Deux de ces théories, à des points de vue différents, donnent à l'animal une intelligence identique à l'intelligence humaine. L'une intellectualise les animaux, l'autre animalise l'homme.

Plutarque et Montaigne prétendent que l'animal est aussi intelligent que l'homme. Ils allèguent l'industrie merveilleuse des animaux. Ils oublient que les animaux, si habiles dans l'accomplissement des actes qui relèvent de leur instinct, sont ineptes dans tout le reste, ce qui prouve que ce n'est pas l'œuvre de la raison, qui leur ferait faire des progrès, des inventions et s'étendrait aux objets les plus divers.

Lamark, Spencer, Darwin soutiennent que l'espèce humaine n'est qu'une transformation progressive des espèces animales.

Une autre opinion extrême, c'est celle de Descartes faisant des animaux des machines mouvantes.

Il donne trois arguments. 1° Si les actions des animaux étaient faites par intelligence, il faudrait leur attribuer une intelligence égale ou supérieure à celle de l'homme. Or, cela est impossible ; car, en dehors des actes instinctifs, ils ne montrent qu'ineptie et stupidité. Cet argument réfute la théorie de Montaigne, mais ne prouve pas la théorie de Descartes. Il est certain que les animaux ont des sensations et qu'ils associent leurs sensations jusqu'à imiter le raisonnement.

2° Les animaux sont incapables de parler. Or, c'est la parole qui prouve l'existence de la pensée. Ils ont les organes de la parole, il ne leur manque que la raison. Cet argument prouve bien que les animaux n'ont pas la pensée proprement dite, puisqu'ils n'ont pas le langage artificiel. Il ne prouve pas qu'ils n'ont aucune vie psychologique, aucune sensation, comme le prétend Descartes. Ils ont d'ailleurs un langage naturel.

3°. En donnant une âme à l'animal, il craint de rabaisser l'homme au niveau de la bête ou d'accorder à l'animal l'immortalité. Cette raison est sans valeur. On peut distinguer une âme sensitive d'une âme spirituelle et l'immortalité se fonde sur les aspirations supérieures de notre nature et sur la nécessité d'une sanction morale. Or, les animaux manquent de ces aspirations supérieures et de liberté.

Ce qui empêchera toujours d'assimiler les animaux à des machines, c'est que leurs mouvements se modifient selon les circonstances et présentent des variations qui contrastent d'une manière frappante avec les mouvements toujours identiques des machines. Mme de Sévigné proteste contre des machines qui aiment, qui sont jalouses, qui craignent : « allez, vous vous moquez de nous. Jamais Descartes n'a voulu nous le faire croire. »

Et la Fontaine, qui montre tant d'admiration pour Descartes « ce mortel, dont on eût fait un Dieu chez les païens », disait :

« J'attribuerais à l'animal,
Non point une raison selon notre matière,
Mais beaucoup plus aussi qu'un aveugle ressort. »

II. EXISTE ENTRE L'HOMME ET L'ANIMAL DES RESSEMBLANCES, MAIS AUSSI DES DIFFÉRENCES PROFONDES.

I. Ressemblances. — Les animaux sont pourvus d'un appareil sensitif semblable au nôtre. Un raisonnement d'analogie nous permet d'induire que ces organes jouent le même rôle chez les animaux que chez nous. Nous pouvons donc affirmer que les animaux éprouvent des sensations analogues aux nôtres. Ils jouissent et souffrent ; à la suite du plaisir et de la douleur, s'éveillent en eux des appétits et des passions. Leurs attitudes, leurs mouvements, leurs cris le démontrent. « Un chien qui se brûle la patte, dit Rabier, et l'enfant qui se brûle la main, poussent le même cri expressif. » Les mêmes effets nous permettent de supposer les mêmes causes.

Les animaux ont des affections et des passions. Ils aiment, haïssent, se vengent, craignent, sont jaloux. Le chien a de l'affection pour son maître, il est fidèle, reconnaissant.

Les animaux ont plusieurs de nos facultés de connaître. Ils perçoivent les objets extérieurs, ils voient, ils entendent. Il y a même des espèces animales chez lesquelles certains sens sont plus puissants que chez l'homme. L'animal possède une certaine conscience sans laquelle il n'y a pas de sensation possible. Quand il souffre, il sent qu'il souffre. Il est doué de mémoire et d'imagination passive. Il conserve les images des sensations et ces images peuvent s'associer de mille manières. Le chien, le cheval gardent le souvenir des lieux qu'ils ont vus, de leur nom, de leur maître. Le chien rêve et aboie pendant son sommeil. Les associations peuvent même se produire dans l'esprit de l'animal jusqu'à imiter le raisonnement : le chien s'enfuyant devant le bâton.

Les animaux possèdent l'activité spontanée et la faculté d'acquérir des habitudes. Leurs propensions instinctives ne sont pas complètement aveugles. Ils ont des ruses pour prendre leur proie. Le chat qui joue avec la souris a une véritable spontanéité. Enfin l'animal sait discerner ce qui lui est utile de ce qui lui est nuisible.

Langage. — Les animaux n'ont qu'un langage émotionnel. Ils manifestent leurs émotions actuelles et comprennent les manifestations de ces mêmes émotions. Ils communiquent ainsi avec leurs semblables. Certains animaux s'avertissent les uns les autres des dangers qu'ils courent.

II. Différences. — Bien que semblable en plusieurs points à celui des animaux supérieurs, l'organisme humain atteint dans son ensemble un degré de perfection qu'on ne rencontre chez aucun animal. Les systèmes musculaire et nerveux ont chez lui une grande finesse de texture. Son cerveau est plus volumineux et plus pesant. Les plis sont plus profonds, les circonvolutions plus nombreuses, leur surface plus étendue. Au point de vue pyschologique l'animal diffère encore plus de l'homme.

L'animal diffère de l'homme dans la sensibilité. Il n'a pas le sentiment, parce qu'il n'a pas d'idée et que tout sentiment proprement dit implique une idée. Il n'a que le plaisir et la douleur avec les désirs et les aversions qu'ils engendrent. Ce qui ressemble le plus au sentiment chez lui, ce sont les affections. Mais la preuve que ces affections sont toutes physiques et purement instinctives, c'est que ces affections ne durent qu'un temps, souvent très court, lequel passé, il n'y a plus de famille pour eux. La poule ne connaît plus ses petits.

L'animal diffère de l'homme dans l'intelligence. Il n'a pas le pouvoir d'abstraire et de généraliser. C'est pour cela qu'il n'a pas l'idée proprement dite. C'est aussi pour cela qu'il n'a pas la parole. L'animal n'a pas d'idée générale, mais simplement des images que l'on a pu assimiler aux portraits composites. L'animal n'a pas la raison. S'il était capable de raisonner, il ferait des progrès, s'élèverait comme l'homme à la science et à la moralité.

L'animal diffère de l'homme dans la volonté. Il n'a ni la liberté ni la responsabilité, parce qu'il est dépourvu de réflexion et de raison. Quelquefois l'animal avant d'agir hésite, mais cette hésitation n'est pas une délibération proprement dite. Elle s'explique par des associations, par des combinaisons d'images. L'animal, en qui luttent des désirs opposés, n'a pas un pouvoir personnel supérieur aux désirs et capable de les dominer. L'homme seul possède ce pouvoir. Seul il est responsable de ses actes. L'homme tue et veille, l'animal tue et dort.

La conclusion est qu'il faut refuser aux animaux l'intelligence proprement dite et les opérations supérieures de l'esprit, mais qu'il faut leur attribuer les opérations sensitives. L'homme seul possède les opérations intellectuelles, le sentiment, la raison, la liberté. Il y a donc un abîme entre l'animal le plus habile et l'homme le plus imparfait ; il n'y a pas seulement une différence de degré, mais de nature.

Nous pouvons résumer ce travail en ces mots : La pensée des animaux est sans réflexion, leurs passions sont sans dévoûment et leur volonté sans liberté. — Si les animaux ont une âme, elle est purement sensitive, dépourvue de raison et de liberté, incapable des opérations intellectuelles et ne paraissant pas pouvoir subsister en dehors du corps. Avec une telle âme, les animaux ne sont pas des personnes, mais des choses.

DEUXIÈME PARTIE

LOGIQUE

Bossuet définit la logique : la science de bien raisonner.
Port Royal : l'art de penser.
Aristote : la science de la démonstration.
Stuart Mill : la science de la preuve.
Janet : la science des lois formelles de la pensée et l'art d'appliquer ces lois à la recherche et à la démonstration de la vérité.

Division. — La logique se divise en logique *formelle* ou *générale* et en logique *appliquée* ou *spéciale*.

La **logique formelle** traite des lois de la pensée considérée en elle-même, abstraction faite des objets auxquels elle s'applique ; elle est la science de l'accord de la pensée avec elle-même.

La **logique appliquée** traite des règles particulières que suit l'intelligence dans les différents ordres de vérité ; elle est la science de l'accord de l'esprit avec les choses. Elle comprend l'étude des méthodes ou méthodologie.

Il y a une troisième question qui appartient à la fois à la logique et à la métaphysique, *la certitude*. Elle appartient à la logique, parce qu'en étudiant les lois de la pensée dans ses rapports avec la vérité, la logique suppose connus ou étudiés les divers états de notre esprit par rapport à la vérité : la certitude, l'opinion, le doute. A quoi serviraient d'ailleurs les règles pour arriver à la vérité, si la vérité n'existe pas pour nous ?

La logique est à la fois une science et un art.

Elle est une science, puisqu'elle est un ensemble de connaissances certaines et générales sur les opérations de l'esprit. Elle est un art, parce qu'elle indique un ensemble de procédés que les sciences doivent employer pour arriver à découvrir ou à démontrer la vérité.

La logique est intimement liée à la psychologie, mais elle s'en distingue.

1° Son champ est moins vaste. Le domaine de la psychologie s'étend à tous les faits de conscience, tandis que la logique ne s'occupe que de l'intelligence.

2° La logique étudie l'intelligence à un point de vue différent. La psychologie étudie l'intelligence et les opérations intellectuelles en elles-mêmes pour déterminer leur nature, de manière à pouvoir, à la fin de cette étude, les définir. La logique se place au point de vue pratique ; son but n'est pas de connaître les facultés intellectuelles en elles-mêmes, mais de tracer des règles qui en garantissent l'usage légitime. La logique nous apprend à former de bons jugements, de bons raisonnements, afin d'arriver à la vérité. La psychologie est donc une science spéculative ; la logique est une science pratique. On peut la définir la science pratique de l'intelligence dirigeant ses opérations vers le vrai.

Utilité de la logique. — Elle introduit dans nos pensées la clarté, l'ordre, la précision. Elle nous permet d'apprécier la valeur de nos raisonnements et de ceux des autres. Par les règles de la méthode, elle est un guide dans le chemin de la vérité.

CHAPITRE PREMIER

LOGIQUE FORMELLE

L'esprit humain peut s'appliquer à l'étude d'objets divers, mais pour changer d'objets, l'esprit ne change pas de nature et, en s'appliquant à des matières différentes, ses opérations ont toujours quelque chose de commun. Elles obéissent à des lois indépendantes de l'objet auquel elles s'appliquent. Établir les lois de la pensée considérée en elle-même, abstraction faite des objets auxquels elle s'applique, tel est l'objet de la logique formelle.

Division de la logique formelle — Elle traite des trois opérations de l'esprit : concevoir, juger, raisonner. La logique, ne séparant pas dans son étude la pensée de son expression verbale, traite de l'idée et du terme, du jugement et de la proposition, du raisonnement et du syllogisme.

Art. 1ᵉʳ — DE L'IDÉE ET DU TERME

Concevoir ou entendre une chose, c'est en avoir l'idée, c'est ce qu'on appelle conception. C'est la première opération de l'esprit.

L'idée ou le concept est la représentation d'une chose dans l'esprit. Le terme est l'expression de l'idée.

Le logicien ne sépare pas dans son analyse l'idée de son expression. D'autre part, les termes n'ont de sens que par les idées qu'ils expriment et par conséquent les idées et les termes sont inséparablement unis. On peut donc dire des termes ce qu'on dit des idées et réciproquement.

On distingue les *idées concrètes* et *abstraites*. Les *idées concrètes* représentent un objet réel avec tous ses caractères. Les *idées abstraites* ne représentent qu'une partie de l'objet et même une partie de l'objet qui ne peut exister à part : la blancheur de ce papier.

On distingue les *idées singulières, particulières, universelles*. L'idée *singulière* ou *individuelle* s'applique à un seul individu : Charlemagne. L'idée *particulière* désigne un certain nombre d'individus d'une même espèce : quelques hommes. L'idée *universelle* comprend tous les individus de la même espèce : tous les hommes.

On distingue de même les *termes concrets* et *abstraits* ; les *termes singuliers, particuliers, universels*.

Il y a deux divisions qui s'appliquent aux termes seuls :

1° Les termes sont *simples* ou *complexes*, suivant qu'ils consistent en un seul mot ou en plusieurs mots.

2° Les termes peuvent être *univoques, analogues* ou *équivoques*. Un terme est *univoque* quand, en l'appliquant à divers objets, on lui donne le même sens : nous disons d'un sapin, d'un chêne, c'est un arbre.

Un terme est *analogue* quand, en l'appliquant à divers objets, on lui donne des sens différents ayant entre eux quelque rapport : on appelle mouvements les déplacements d'un corps et les passions de l'âme.

Un terme est *équivoque*, quand aucun rapport entre les différents sens qu'il exprime ne justifie son application à des objets divers : louer un homme vertueux et louer une maison à un certain prix. L'analogie est la source des métaphores ; l'équivoque est celle des jeux de mots.

On distingue *l'extension* et la *compréhension* des idées et des termes. *L'extension* désigne le nombre des êtres auxquels convient l'idée exprimée par le terme. *La compréhension* désigne l'ensemble des propriétés contenues dans l'idée exprimée par le terme. L'extension et la compréhension sont en raison inverse.

Les cinq universaux ou idées universelles : le genre, l'espèce, la différence, le propre et l'accident (termes de Porphyre)

Le genre est une idée générale renfermant dans son extension d'autres idées générales appelées espèces : animal est un genre par rapport à l'homme, à l'aigle, au lion.

L'espèce est une idée générale renfermée avec plusieurs autres dans une autre idée appelée genre : l'homme est une espèce du genre animal.

La différence est une idée générale exprimant une propriété qui distingue une espèce d'une autre : la raison distingue l'homme de l'animal. La différence est appelée spécifique, parce qu'elle distingue l'espèce.

Le propre est une idée générale exprimant une propriété qui découle de la nature d'un être : la parole est le propre de l'homme.

L'accident est une idée générale exprimant une propriété qui n'est pas essentielle, qui ne découle même pas de la nature de l'être : la science, la couleur.

En dehors de l'histoire naturelle, où les mots genre et espèce ont une acception fixe et ne s'appliquent qu'à des groupes déterminés, les dénominations de genre et d'espèce n'ont rien d'absolu. Une même idée peut être appelée genre ou espèce suivant le terme de comparaison. L'idée d'homme est espèce par rapport à l'animal et genre par rapport aux diverses races humaines.

Aristote et les scolastiques ont créé une classification des idées : *les dix catégories ou prédicaments*, c'est-à-dire les dix attributs généraux auxquels ils réduisent tout ce que nous pouvons affirmer des êtres. Les dix catégories sont : la *substance*, la *quantité*, la *relation*, la *qualité*, l'*action*, la *passion*, le *lieu*, le *temps*, la *situation*, la *possession*

Conditions de la vérité formelle des idées. — La logique formelle a pour objet l'accord de la pensée avec elle-même. A ce point de vue, toute pensée qui n'est pas contradictoire peut être vraie ; mais un concept qui se contredit n'est pas un concept, par exemple, l'idée de cercle carré, de nombre infini. Cependant, certains esprits admettent l'idée contradictoire et par conséquent absurde. Cela s'explique par la confusion des idées. Grâce à cette confusion, la contradiction peut s'introduire dans notre esprit, sans que nous nous en apercevions. Pour éviter cette confusion dangereuse, il faut nous efforcer de discerner les différents éléments que contiennent nos idées, c'est-à-dire d'avoir des idées distinctes. L'opération par laquelle les idées peuvent être rendues distinctes est la définition. On y joint souvent la division.

La définition est la détermination du sens d'un mot ou de la nature d'une chose.

La définition de mot est l'explication de ce qu'un mot signifie, ou bien dans la pensée de celui qui s'en sert, ou bien dans l'usage de la langue qu'on parle. La définition de chose est descriptive ou logique.

La définition *descriptive* consiste à choisir, parmi les caractères les plus saillants d'un être, ceux qui permettent de le distinguer des autres êtres. Elle est d'un grand usage dans les sciences naturelles.

La définition logique consiste à analyser la compréhension d'une idée, à en déterminer le contenu. Pour pouvoir définir une chose, il faut donc en connaître tous les caractères essentiels.

Qualités de la définition logique. — Une bonne définition logique doit être : 1° *réciproque* : on doit pouvoir remplacer le sujet par l'attribut et l'attribut par le sujet : l'homme est un animal raisonnable, l'animal raisonnable est un homme ; 2° *claire*, puisqu'elle est faite pour éclairer et expliquer ; 3° *courte*, ne contenir aucun mot inutile ;

4° *universelle*, elle doit convenir à tout le défini ; 5° *propre*, elle doit convenir au seul défini ; 6° par le *genre prochain* et la *différence spécifique*. Le genre prochain place la chose à définir dans la classe d'êtres la plus voisine et exprime par là même un grand nombre de propriétés de la chose à définir : l'homme est un animal. La différence le distingue de toutes les autres espèces du même genre : l'homme est un animal raisonnable.

La définition ne met pas toujours suffisamment en lumière les éléments de l'objet à connaître. On y joint alors la division.

La division est la distribution bien ordonnée d'un tout en ses parties. La division est distincte de l'analyse. La division exige de l'ordre, tandis que l'analyse peut n'être qu'une décomposition confuse d'un tout.

La division doit être : 1° *entière* ; ses membres pris ensemble doivent égaler le tout ; 2° *irréductible*, ses membres ne doivent pas rentrer l'un dans l'autre ; 3° *immédiate*, c'est-à-dire que ses membres représentent bien les parties d'un tout et non les parties de ses parties ; 4° *adéquate* autant que possible, c'est-à-dire que les parties qu'elle distingue, envisagées dans leur ensemble, représentent bien le tout.

On pourrait ajouter qu'il ne faut ni diviser trop, ni diviser pas assez : l'un et l'autre nuisent à la perfection de la connaissance.

Art. II. — DU JUGEMENT ET DE LA PROPOSITION

Le jugement est l'opération par laquelle l'esprit aperçoit et affirme les rapports.

La proposition est l'expression du jugement.

La proposition se compose de deux termes, le sujet et l'attribut, et du verbe qui exprime le rapport entre ces deux termes. Par suite, l'élément caractéristique de la proposition est le verbe. Le sujet et l'attribut sont la *matière* du jugement, le verbe en est la *forme*. La fonction propre du verbe est d'exprimer le rapport de l'attribut au sujet. Il signifie et affirme que le sujet rentre dans l'extension de l'attribut.

Conditions de la vérité formelle des jugements. Au point de vue de la logique formelle, on peut exprimer ainsi les conditions de la vérité des jugements :

Tout jugement dans lequel l'attribut est identique au sujet est *vrai*.

Tout jugement dans lequel l'attribut est contradictoire au sujet est *faux*.

Tout jugement dans lequel l'attribut, sans être identique au sujet, ne lui est pas contradictoire, peut être vrai et doit être prouvé.

Division des propositions. — On distingue les propositions simples et composées, suivant qu'elles ont un seul sujet et un seul attribut ou plusieurs sujets et plusieurs attributs.

Une phrase peut renfermer plusieurs propositions. On appelle proposition principale celle qui a le plus d'importance ; les autres sont appelées incidentes. On distingue les incidentes déterminatives et explicatives.

On distingue les propositions catégoriques, hypothétiques et disjonctives.

La division la plus importante pour la logique formelle est celle qui distingue les propositions suivant la quantité et suivant la qualité.

Suivant la *quantité*, on distingue les *propositions particulières* et *universelles*. La proposition singulière se comporte comme l'universelle, parce que le sujet y est pris dans toute son extension.

Suivant la *qualité*, on distingue les propositions *affirmatives* et les *propositions négatives*. On a ainsi :

Universelle affirmative A.
Universelle négative E.
Particulière affirmative I
Particulière négative O.

Les inférences immédiates.

Le raisonnement déductif a pour but d'établir un rapport entre deux idées par la comparaison de ces deux idées avec une idée intermédiaire. La conclusion du raisonnement s'appelle inférence. Les inférences obtenues ainsi sont médiates.

Les logiciens ont appelé inférences immédiates les conclusions tirées d'un jugement donné sans recourir à un troisième terme ou à une idée intermédiaire. Les inférences immédiates s'obtiennent par la conversion et l'opposition des propositions.

L'OPPOSITION DES PROPOSITIONS. — L'opposition des propositions est le rapport qu'elles ont entre elles, au point de vue de la vérité ou de la fausseté, suivant qu'elles diffèrent en quantité et en qualité, tout en ayant les mêmes termes. L'opposition permet de conclure de la vérité ou de la fausseté d'une proposition à la vérité ou à la fausseté d'une proposition opposée.

Deux propositions sont dites opposées, lorsqu'ayant les mêmes termes, elles diffèrent par la quantité ou par la qualité, ou par les deux à la fois.

Deux propositions peuvent ainsi être opposées de quatre manières.

1° Les propositions opposées à la fois en quantité et en qualité sont dites *contradictoires* : Tout homme est juste, quelque homme n'est pas juste. Nul homme n'est juste, quelque homme est juste.

2° Les propositions opposées en qualité sont dites *contraires*, si elles sont universelles : tout homme est juste, nul homme n'est juste ;

3° Elles sont *subcontraires*, si elles sont particulières : quelque homme est juste, quelque homme n'est pas juste.

4° Deux propositions différant en quantité sont dites *subalternes* : tout homme est juste, quelque homme est juste. Nul homme n'est juste, quelque homme n'est pas juste.

Voici le tableau des propositions opposées.

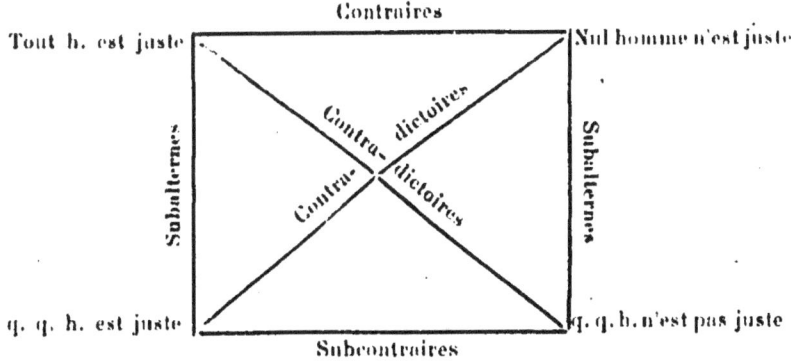

Voici les règles qui les concernent :

1° Pour les *subalternes*, si l'universelle est vraie, la particulière est vraie : si la particulière est fausse, l'universelle l'est aussi.

2° Pour les *contraires*, si l'une est vraie, l'autre est fausse ; mais elles peuvent être toutes les deux fausses : tout homme est juste, nul homme n'est juste.

3° Pour les *subcontraires*, si l'une est fausse, l'autre est vraie ; mais elles peuvent être toutes les deux vraies : quelque homme est juste, quelque homme n'est pas juste.

De deux *contradictoires*, si l'une est vraie, l'autre est fausse ; si l'une est fausse, l'autre est vraie. Cette règle est une application du principe du tiers exclu : une chose est ou n'est pas, point de milieu.

Cette propriété des contradictoires a seule de l'importance. Il en résulte que l'on peut obtenir une vérité en prenant la contradictoire d'une proposition reconnue comme fausse. En mathématiques, on prouve quelquefois une proposition d'une manière indirecte, en faisant voir l'absurdité qui découlerait de la proposition contradictoire. C'est la démonstration par l'absurde.

La conversion des propositions. — La conversion des propositions consiste à renverser une proposition, de manière que le sujet devienne attribut, sans changer le sens de la proposition.

Convertir une proposition, c'est tirer de celle-ci une proposition nouvelle en transposant les termes, de telle sorte que la proposition ainsi obtenue n'affirme rien qui ne découle de la proposition primitive.

Règle générale de la conversion. — Dans la conversion, on ne doit pas donner à un terme, dans la nouvelle proposition, plus d'extension qu'il n'en avait dans la proposition primitive. Il est donc nécessaire de bien connaître l'extension des termes.

L'extension du sujet est toujours expressément indiquée. L'extension de l'attribut est déterminée par les règles suivantes :

1° L'attribut d'une proposition universelle affirmative n'est pris que dans une partie de son extension. L'or est brillant ; tout ce qui brille n'est pas or.

2° L'attribut de la proposition négative est toujours pris dans toute son extension : aucune vertu n'est mauvaise.

De là les règles de la conversion.

1° L'universelle affirmative se convertit en limitant l'extension de l'attribut devenu sujet. C'est la conversion dite par accident : La proposition tous les hommes sont mortels se convertit ainsi : quelques mortels sont hommes. L'attribut mortel étant particulier dans la première proposition, puisqu'il est pris seulement dans une partie de son extension, doit rester particulier dans la seconde.

L'universelle négative se convertit simplement.

La particulière affirmative se convertit aussi simplement.

La particulière négative ne se convertit que d'une manière très indirecte et inusitée. Cette proposition : quelques hommes ne sont pas heureux est transformée d'abord en celle-ci : quelques hommes sont non heureux, que l'on convertit ainsi : quelques non heureux sont hommes. Cette conversion est dite par contraposition. Les règles de la conversion sont contenues dans ces vers :

E. I. simpliciter convertitur. A vero per accid. (ens).
O vero per contrap. — Sic fit conversio tota.

Au point de vue pratique, la règle de la conversion de la proposition universelle affirmative est seule intéressante. C'est un sophisme très fréquent de convertir simplement l'universelle affirmative. Ce qui est beau est agréable ; on convertit facilement : ce qui est agréable est beau. Les grands esprits ont de larges cerveaux ; on convertirait à tort : tous les larges cerveaux ont de grands esprits.

Art. III. — DU RAISONNEMENT ET DES ARGUMENTS

Il y a deux sortes de raisonnement : le raisonnement déductif et le raisonnement inductif. Le raisonnement déductif va du général au particulier. Le raisonnement inductif s'applique surtout à un ordre particulier de connaissance ; c'est pourquoi on en traite dans la logique appliquée.

La forme parfaite du raisonnement déductif est le syllogisme.

Le syllogisme est un raisonnement composé de trois propositions ainsi enchaînées que la troisième découle nécessairement des deux premières.

LOGIQUE FORMELLE

Théorie du syllogisme. — Dans le syllogisme, on compare deux idées à une même troisième, pour pouvoir ensuite les nier ou les affirmer l'une de l'autre, suivant qu'elles conviennent toutes les deux à cette troisième ou que, l'une convenant à cette troisième, l'autre ne lui convient pas.

Pour comprendre le mécanisme du syllogisme, prenons une proposition dont la vérité est mise en doute : la philosophie est utile. Cette proposition n'est pas évidente, parce que je ne saisis pas directement le rapport qui peut exister entre l'idée de philosophie et celle d'utilité. J'ai donc recours à une idée intermédiaire, dont je puis apercevoir immédiatement le rapport, d'une part, avec le sujet, d'autre part, avec l'attribut. Cette idée intermédiaire est celle-ci : ce qui développe l'intelligence, et je puis dire :

Ce qui développe l'intelligence est utile ;
Or, la philosophie développe l'intelligence ;
Donc la philosophie est utile.

Quand la conclusion est affirmative, la base du raisonnement est le principe d'identité : deux choses convenant à une troisième se conviennent entre elles. Quand la conclusion est négative, la base du raisonnement est le principe de contradiction : deux choses, dont l'une convient et l'autre ne convient pas à une même troisième, ne se conviennent pas entre elles. Exemple : Les étoiles brillent par elles-mêmes ; or, les planètes ne brillent pas par elles-mêmes ; donc les planètes ne sont pas des étoiles.

ANALYSE OU ÉLÉMENTS DU SYLLOGISME. — Dans le syllogisme, il y a trois termes et trois propositions, chacun des termes étant pris deux fois. Les trois termes sont : le grand terme, le petit terme, le moyen terme. Le grand terme est l'attribut de la conclusion. Le petit terme est le sujet de la conclusion. Le moyen terme est contenu dans les deux prémisses, soit comme sujet, soit comme attribut, et il est absent de la conclusion.

On appelle prémisses les deux premières propositions. La troisième s'appelle conclusion.

Des deux prémisses l'une s'appelle majeure, l'autre mineure. La majeure est celle qui contient le grand terme. La mineure est celle qui contient le petit terme. On énonce d'ordinaire le syllogisme en commençant par la majeure ; mais cet ordre n'est nullement nécessaire et par conséquent la première proposition n'est pas pour cela seul la majeure.

Rôle du moyen terme dans le syllogisme. — Il suit de la théorie du syllogisme que le moyen terme, qui exprime l'idée intermédiaire, joue le rôle principal. C'est lui qui permet de faire la comparaison des deux autres termes. De plus c'est en lui que se trouve la raison de la conclusion. Pourquoi la philosophie est-elle utile ? parce qu'elle développe l'intelligence. Pourquoi les planètes ne sont-elles pas des étoiles ? parce qu'elles ne brillent pas par elles-mêmes. La difficulté du syllogisme réside donc principalement dans l'invention du moyen terme. De plus, les faux syllogismes proviennent le plus souvent du moyen terme mal entendu et par conséquent la règle qui le concerne doit être observée avec la plus grande vigilance : le moyen terme, dit cette règle, doit être pris, au moins une fois, universellement. S'il était pris deux fois particulièrement, il pourrait avoir deux sens et être pris dans deux parties différentes de son extension.

Règles du syllogisme.

Terminus esto triplex, medius, majorque minorque.
Latius hunc quam præmissæ conclusio non vult.
Aut semel aut iterum medius generaliter esto.
Nequaquam medium capiat conclusio fas est.
Utraque si præmissa neget, nil inde sequetur.
Ambæ affirmantes nequeunt generare negantem.
Nil sequitur geminis e particularibus unquam.
Pèjorem sequitur semper conclusio partem.

1re Règle. — Le syllogisme doit avoir trois termes. Cela résulte de la nature du syllogisme qui consiste à comparer deux idées à une même troisième. Il peut y avoir faute contre cette règle par suite de l'ambiguïté d'un terme, qui exprime ainsi deux idées.

2e Règle. — Il ne faut pas conclure plus qu'on n'a prouvé. L'or est métal ; or le fer n'est pas or ; donc le fer n'est pas métal. Le mot métal est particulier dans la majeure, universel dans la conclusion.

3e Règle. — Si le moyen terme est pris deux fois particulièrement, il peut n'être pas pris dans la même partie de son extension et dès lors il y a quatre termes.

4e Règle. — Le but du syllogisme est de savoir si le grand et le petit terme se conviennent ou non. La conclusion doit simplement exprimer cette convenance ou cette disconvenance et par conséquent ne doit renfermer que le grand terme et le petit terme.

5e Règle. — Si la majeure est négative, le grand terme ne convient pas au moyen terme. Si la mineure est négative, le petit terme ne convient pas au moyen terme. Mais de ce que deux termes ne conviennent ni l'un ni l'autre à un même troisième, on ne peut rien conclure.

6e Règle. — Si la majeure est affirmative, le grand terme convient au moyen terme. Si la mineure est affirmative, le petit terme convient au moyen terme. Mais si deux choses conviennent à une même troisième, on ne peut conclure qu'elles ne se conviennent pas entre elles.

7e Règle. — Si les deux prémisses étaient particulières, il y aurait à craindre que l'un des termes étant pris deux fois particulièrement, ne fût pas pris dans la même partie de son extension.

8ᵉ Règle. — On appelle partie pire la négative par rapport à l'affirmative, la particulière par rapport à l'universelle ; par conséquent, si l'une des prémisses est négative, la conclusion doit être négative ; si l'une des prémisses est particulière, la conclusion doit être particulière.

En général, quand un syllogisme est faux, c'est qu'un terme, en changeant d'extension, a pris deux sens différents. De là ces deux règles des modernes :

1° Que le terme moyen soit pris au moins une fois universellement. — 2° Que la conclusion ne contienne aucun terme plus général que les prémisses. Ces deux règles sont les plus importantes. Les six autres ont aussi leur utilité pour révéler la fausseté de certains syllogismes.

Forme et matière du syllogisme. — La matière du syllogisme consiste dans les trois propositions considérées en elles-mêmes. La forme est la connexion qui existe entre les deux prémisses et la conclusion. Si les deux prémisses sont vraies et que la connexion soit rigoureuse, la conclusion ne peut être fausse.

Figures du syllogisme. — Les figures du syllogisme dépendent de la position du terme moyen dans les prémisses comme sujet ou comme attribut. Il y a quatre combinaisons possibles ; il y a donc quatre figures. Les quatre figures sont exprimées dans le vers :

| 1ʳᵉ Fig. | 2ᵉ Fig. | 3ᵉ Fig. | 4ᵉ Fig. |

Sub præ, tum præ præ, tum sub sub, Denique præ-sub.

Les modes du syllogisme. — On appelle modes du syllogisme les différentes manières dont sont combinées les propositions dans le syllogisme, d'après la quantité et la qualité. Or, les quatres lettres A. E. I. O., prises trois à trois, peuvent se combiner de 64 manières. Il y a donc 64 combinaisons possibles dans chaque figure. En tout 256 modes

LOGIQUE FORMELLE

Les dix-neuf modes réguliers utiles sont exprimés par ces vers, qui sont comme les formules algébriques des modes du syllogisme :

      1re Fig.   4e Fig.

Barbara, Celarent, Darii, Ferio — Bamalipton.
Camentes, Dimatis, Fapesmo, Frisesonorum —

      2e Fig.   3e Fig.

Cesare, Camestres, Festino, Baroco — Darapti
Felapton, Disamis, Datisi, Bocardo, Ferison.

Tous les modes peuvent se ramener au mode de la 1re figure commençant par la même lettre. Les lettres S. M. P. C. indiquent les opérations à effectuer pour cela. S. indique une conversion simple. P. indique une conversion par accident. M. indique une transposition des propositions. C. indique une réduction indirecte.

    S. vult simpliciter verti, P. vero per accid.
    M. vult transponi, C. per impossibile duci.

DIFFÉRENTES ESPÈCES D'ARGUMENTS. — *L'enthymème* est un syllogisme abrégé dont on sous-entend l'une des prémisses : l'homme a des devoirs, donc il a des droits.

L'épichérème est un syllogisme dont chacune des prémisses est accompagnée de sa preuve. La Milonienne est un long épichérème. Celui qui est attaqué injustement peut tuer son adversaire ; or, Clodius a injustement attaqué Milon ; donc Milon est innocent.

Le *prosyllogisme* est un argument formé de deux syllogismes, dans lesquels la conclusion du premier sert de majeure au second :

    Ce qui est simple ne peut se dissoudre ;
    Or l'âme est simple ;
    Donc elle ne peut se dissoudre.
    Ce qui ne peut se dissoudre est immortel ;
    Donc l'âme est immortelle.

Le *sorite* est un prosyllogisme abrégé par la suppression des conclusions intermédiaires. Il se compose d'une série de propositions dans lesquelles l'attribut de la première devient le sujet de la seconde, l'attribut de la seconde le sujet de la troisième, jusqu'à ce que, dans la dernière, le sujet de la première soit uni à l'attribut de la dernière.

> Cette rivière fait du bruit ;
> Ce qui fait du bruit remue ;
> Ce qui remue n'est pas gelé ;
> Ce qui n'est pas gelé ne peut pas porter ;
> Donc cette rivière ne peut me porter.

Le *dilemme* est un argument dans lequel la majeure est une alternative dont les deux points de vue opposés concluent contre l'adversaire.

Le dilemme peut être réfuté de deux manières :
1° en imaginant une troisième hypothèse ;
2° en rétorquant l'argument.

L'*induction des anciens* est la preuve d'un tout par la preuve de toutes ses parties. Ce n'est pas une induction, mais une déduction.

L'*exemple* est un argument dans lequel une proposition se déduit d'une autre *a pari, a contrario, a fortiori* — *a pari* : les joueurs se ruinent ; donc tu te ruineras, toi qui joues — *a contrario* : La débauche ruine la santé ; donc la tempérance lui est favorable — *a fortiori* : Des païens ont pratiqué le pardon des injures ; donc cette pratique doit se rencontrer chez les chrétiens.

L'*argument personnel* est un argument dans lequel on emploie contre son adversaire des raisons, fausses peut-être, mais qui ont une valeur contre lui : Napoléon disait à Cambacérès : « Vous êtes devenu bien avare du sang des Bourbons ! » quand ce dernier lui représentait qu'il avait tort de faire périr le duc d'Enghien.

Utilité de la logique formelle. — 1° L'étude de l'extension et de la compréhension des idées et des termes nous apprend à connaître la valeur des mots que nous employons.

2° L'étude de la proposition nous montre les rapports exacts des idées entre elles. La théorie des inférences immédiates nous prémunit contre un danger d'erreur et nous révèle l'importante propriété des contradictoires.

3° En général, l'usage du syllogisme donne à la pensée de la netteté, de l'exactitude et de la rigueur, en sorte que, suivant le mot de Pascal, « entre esprits égaux et toutes choses pareilles, celui qui a de la géométrie l'emporte et acquiert une vigueur toute nouvelle ». Le syllogisme sert beaucoup à mettre la vérité en évidence. Résumant une démonstration en quelques propositions claires et bien liées, ce raisonnement, le plus simple et le plus rigoureux, contient une sorte d'infaillibilité, dit Leibniz. Le syllogisme est le meilleur moyen de refuter l'erreur.

On peut cependant abuser du syllogisme. S'il est un instrument merveilleusement propre à mettre l'erreur en évidence, il peut aussi la déguiser. Beaucoup de sophismes sont des syllogismes plus ou moins habiles. Ces réserves faites, nous pouvons conclure en disant que le syllogisme n'est pas simplement, comme Descartes le croyait, un moyen fort propre à enseigner aux autres ce que l'on sait, et qu'il n'est pas inutile pour découvrir la vérité, comme le prétendait Bacon. Les progrès des sciences de raisonnement montrent l'utilité du syllogisme. Même dans les sciences physiques, il est un excellent moyen de vérification. Bacon et Descartes ont donc été injustes ou excessifs dans leur critique et les modernes ont eu tort de mépriser et de négliger l'argumentation syllogistique, qui était une escrime puissante, bien propre à donner de la souplesse à l'esprit.

CHAPITRE II

LOGIQUE APPLIQUÉE

La logique appliquée ou méthodologie est l'étude ou la théorie des méthodes scientifiques.

La *méthode* (μετά ὁδός chemin vers) est l'ensemble des procédés employés par l'esprit humain pour arriver à la vérité.

Importance de la méthode. — La nature de la méthode indique assez son importance : on pourrait la définir l'art de découvrir la vérité. Pour arriver à la vérité, il est sage de ne pas errer à l'aventure ; il faut suivre un chemin tracé d'avance. Un voyageur arrive d'autant plus vite qu'il fait moins de chemin en pure perte. Il importe donc de ne pas marcher au hasard et sans guide. De même, nous ne pouvons parvenir à la vérité que par une marche progressive et méthodique. Ce n'est point assez de procéder avec méthode dans une étude, il faut encore appliquer à chaque ordre de vérités le procédé qui lui est propre : ici l'expérience, là le raisonnement ; ailleurs, l'un et l'autre réunis. Lorsque l'esprit humain s'affranchit de ces règles et qu'il se met à marcher sans connaître ni son point de départ, ni le terme qu'il doit atteindre, ni le chemin qu'il doit suivre, il ne peut que gaspiller ses forces en tâtonnements infructueux : il est condamné à errer à l'aventure, sans pouvoir espérer d'atteindre la vérité. Autant vaudrait s'embarquer sans boussole pour traverser l'Océan.

L'histoire nous apprend que c'est à la méthode presque autant qu'au génie que la philosophie et les sciences ont dû leurs progrès. Le véritable fondateur de la philosophie fut Socrate qui, le premier, appliqua la méthode de l'observation de la nature intellectuelle et morale de l'homme à l'étude de l'âme et de Dieu. Si, dans les temps modernes, les sciences de la nature ont fait d'immenses progrès, c'est qu'elles ont suivi les règles de la méthode expérimentale et inductive formulées par Bacon, Claude Bernard et Pasteur.

Procédés généraux de la méthode. ANALYSE ET SYNTHÈSE.

L'esprit doit varier ses procédés suivant la nature des objets qu'il étudie. Il y a donc autant de méthodes particulières que de sciences diverses. Toutefois, l'intelligence humaine, quelle que soit la nature de ses recherches, ne saurait modifier les lois fondamentales qui la dirigent. Il y a des règles dont l'application est universelle.

C'est pourquoi au-dessus des méthodes propres à chaque science, il existe une méthode générale dont la connaissance est une préparation à toute recherche scientifique.

Les deux procédés de la méthode sont l'analyse et la synthèse.

L'analyse est la décomposition d'un tout en ses divers éléments.

La synthèse consiste à réunir les parties d'un tout. L'analyse et la synthèse peuvent être expérimentales ou rationnelles. Dans le premier cas, elles portent sur des réalités concrètes. En chimie par exemple, l'analyse établit que l'eau est composée d'oxygène et d'hydrogène, et la synthèse reforme l'eau à l'aide des deux composants. Dans le second cas, l'analyse et la synthèse portent sur des idées.

Par l'analyse, l'esprit décompose les objets les plus indécomposables de leur nature. Il ne peut, par exemple, découvrir des éléments en Dieu, mais il y découvre des attributs, qui ont entre eux des différences, non pas réelles, mais rationnelles. Ce sont des points de vue divers sous lesquels nous envisageons l'essence divine.

L'analyse et la synthèse sont nécessaires pour constituer toute science, car il faut en toute science connaître les parties et le tout : « je tiens impossible, dit Pascal, de connaître toutes les parties, sans connaître le tout, et de connaître le tout, sans connaître les parties. »

Pour connaître les éléments d'une question, il faut analyser ; sans l'analyse, nous n'aurions que des connaissances vagues et superficielles.

Il ne suffit pas de connaître les éléments d'une question. Ces éléments isolés, sans aucun lien, ne seraient pas une connaissance scientifique.

L'analyse et la synthèse sont donc également nécessaires. Synthèse sans analyse, science fausse ou du moins hasardée. Analyse sans la synthèse, science incomplète inachevée. C'est pour n'avoir pas tenu compte de cette loi que les savants et les philosophes se sont souvent égarés dans de stériles analyses et d'étranges synthèses.

La synthèse n'est pas toujours possible. On peut bien analyser un fruit en ses éléments, on ne peut le reconstituer. Le plus souvent nos analyses elles-mêmes sont incomplètes.

Les règles de l'analyse et de la synthèse peuvent se formuler ainsi : *ne rien supposer, ne rien omettre*.

Méthode analytique et méthode synthétique. — Lorsque, dans une science, on commence par une analyse, comme dans les sciences de la nature, la méthode est dite analytique. Lorsque la science repose sur une définition, qui est une synthèse, comme dans les sciences mathématiques, la méthode s'appelle synthétique.

La méthode analytique s'appelle encore expérimentale, a posteriori, ascendante et inductive.

La méthode synthétique s'appelle encore rationnelle, a priori, descendante, déductive.

Règles générales de la méthode. — On appelle règles de la méthode générale, les quatre règles données par Descartes dans la 2ᵉ partie du *Discours de la Méthode*.

1° Ne recevoir aucune chose pour vraie qu'on ne la reconnaisse évidemment être telle, c'est-à-dire éviter la précipitation et la prévention, et ne comprendre en ses jugements que ce qui se présente si clairement et si distinctement à l'esprit, que l'on n'ait aucune occasion de le mettre en doute.

2° Diviser les difficultés en autant de parcelles qu'il se peut et qu'il est requis pour les mieux résoudre.

3° Conduire par ordre ses pensées en allant du simple au composé, supposant même de l'ordre là où il n'y en a pas.

4° Faire des dénombrements entiers et ne rien omettre.

La 1ʳᵉ règle indique le critérium de la certitude, l'évidence personnelle, en opposition avec la méthode du moyen âge. On ne doit pas juger sur la parole du maître. Elle recommande d'éviter les préjugés et les opinions préconçues. Elle semble demander un critérium infaillible et, d'autre part, fait tout reposer sur une évidence purement subjective.

La 2ᵉ règle prescrit l'analyse. Puisqu'on ne doit admettre que ce qui est parfaitement clair, il faut chercher les éléments constitutifs des êtres et des choses; car plus une chose est simple, plus elle est claire.

La 3ᵉ règle recommande de faire suivre l'analyse de la synthèse et indique le moyen de la bien faire : aller de ce qui est clair à ce qui est obscur, du simple au composé. Cette règle recommande les hypothèses et les classifications artificielles.

La 4ᵉ règle indique les caractères d'une bonne synthèse : elle doit être exacte et complète.

Ces règles sont justes et sages ; mais elles doivent être complétées par des règles spéciales, qui varient selon les diverses sciences. Descartes n'admettait qu'une seule méthode, la méthode mathématique, qu'il voulait appliquer à toutes les sciences et en particulier à la philosophie, parce que les mathématiques sont par excellence des sciences claires et certaines.

Dans la réalité, il y a des méthodes bien distinctes. Chaque science a son objet déterminé et par là même sa méthode propre. La logique contemporaine traite de l'induction, méthode des sciences physiques, de l'analogie, méthode des sciences naturelles, de la méthode des sciences morales et du témoignage, méthode propre à l'histoire.

Art 1ᵉʳ. — MÉTHODE INDUCTIVE

La *méthode inductive* est l'ensemble des procédés employés par l'esprit humain pour arriver à la vérité en s'élevant des faits aux lois. C'est la méthode des sciences de la nature.

Les sciences physiques et naturelles ont pour objet la détermination des lois qui régissent les phénomènes ou les êtres du monde sensible. Une loi de la nature est le rapport constant selon lequel les faits se produisent. La loi n'est pas un objet d'observation ; car elle dépasse l'expérience, en affirmant non pas seulement ce qui est, mais ce qui a été et ce qui sera. L'observation ne constate que des faits concrets et particuliers ; la loi est une vérité générale qui ne s'obtient que par le raisonnement inductif. Pour découvrir les lois des phénomènes ou des êtres du monde sensible, il faut d'abord connaître ces phénomènes et ces êtres. La méthode des sciences de la nature débute donc par l'observation. Ce n'est pas en supposant les faits, mais en les étudiant, que l'on peut créer la science. Une physique constituée *à priori,* selon la méthode de Descartes, serait hypothétique et incertaine. « L'art de l'investigation scientifique est, dit Claude Bernard, la pierre angulaire des sciences expérimentales. » Or, les faits se constatent par *l'observation* et *l'expérimentation.* Des faits bien constatés l'esprit s'élève, par *l'induction,* aux lois qui les régissent. L'expérimentation suppose presque toujours *l'hypothèse*, qui a souvent son origne dans *l'analogie.* Enfin, les *classifications* ordonnent et résument les résultats obtenus. La classification est surtout importante dans les sciences naturelles. Voici donc les six procédés de la méthode inductive ou des sciences de la nature : l'observation, l'expérimentation, l'induction, l'hypothèse, l'analogie, la classification.

La méthode expérimentale veut connaître les lois qui régissent les faits. Pour y parvenir, il faut 1° connaître les faits, 2° passer de la connaisssance des faits à celle des lois.

I. — Recherche et connaissance des faits

On connaît les faits par l'observation et par l'expérimentation.

L'observation. — L'observation est l'étude attentive des faits au moment où ils se produisent. L'observation des phénomènes extérieurs, les seuls dont nous nous occupions ici, se fait au moyen des sens. Elle implique donc comme condition l'intégrité et la subtilité des sens. Quand les sens sont insuffisants, on supplée à leur insuffisance par des instruments qui en augmentent la portée (télescope) ou qui en augmentent la précision (baromètre, hygromètre), ou qui les remplacent dans leur exercice (appareils enregistreurs). Mais le véritable observateur, c'est l'esprit qui met en œuvre les divers instruments.

Qualités de l'observateur. — Les principales qualités qui font l'observateur sont : 1° la curiosité scientifique qui fait remarquer des faits qui paraissent insignifiants : la lampe de Galilée, la pomme de Newton ; 2° la patience, c'est-à-dire l'attention prolongée ; 3° l'impartialité ou l'absence de parti pris : « Il faut étudier la nature avec cette candeur de l'enfant sans laquelle on n'entre pas dans le royaume de la vérité, dit Bacon ». L'observateur doit être dégagé de toute idée préconçue ; « il écoute la nature et écrit sous sa dictée, dit Claude Bernard ».

Règles de l'observation. — Elle doit être 1° *exacte et complète*, ne rien ajouter, ne rien omettre. Les faits doivent être perçus tels qu'ils se produisent et relatés tels qu'ils sont perçus. 2° *Précise*. Autant que possible, il faut exprimer en chiffres tout ce qui est susceptible de mesure : « la précision numérique est l'âme de la science. « 4° *Méthodique*. On doit aller du simple au composé et du composé au simple.

L'expérimentation. — L'expérimentation est un procédé qui consiste à provoquer la production d'un fait pour le mieux observer. C'est donc une observation provoquée. L'expérimentation est une observation plus active qui rend les faits plus accessibles en les produisant dans des conditions plus favorables. Elle les reproduit souvent d'une manière isolée, les rend plus rapides ou plus lents.

L'expérimentation suppose ordinairement une hypothèse préalable qu'elle a pour but de contrôler. Avant l'expérience du Puy-de-Dôme, Pascal avait imaginé l'hypothèse de la pesanteur de l'air et il avait supposé que, plus on s'élève, plus doit baisser la colonne barométrique.

L'expérimentateur doit avoir les qualités de l'observateur. De plus, pour concevoir certaines expériences, il faut de l'imagination, enfin une grande adresse dans l'exécution.

Formes de l'expérimentation. — 1° *Il faut varier l'expérience*. Pascal employa divers liquides et monta à diverses altitudes.

2° *Étendre l'expérience*. On la réalise dans de plus grandes proportions, par exemple, pour la dilatation des corps, on élève de plus en plus la température.

3° *Transférer l'expérience*. On répète, par exemple, l'expérience sur une substance analogue (soude et potasse).

4° *Renverser l'expérience* ou faire la contre-épreuve.

5° Bacon conseille encore les *hasards de l'expérience*, *sortes experimenti*. C'est ce que Cl. Bernard appelle des expériences de tâtonnements ou pour voir, par exemple, on essaie un poison sur un animal.

Les faits privilégiés. — Les résultats de l'observation et de l'expérimentation n'ont pas tous une égale valeur. Bacon appelle *privilégiés* les faits les plus importants et les plus significatifs. Signalons seulement : les *faits éclatants* (la raison chez l'homme) ; les *faits fugitifs* ; les faits *aberrants* ou *tératologiques* ; les *faits limitrophes* (qui manifestent la loi de continuité) ; les faits *cruciaux* qui, comme les croix dans les carrefours, indiquent la voie et permettent de choisir entre deux hypothèses. C'est ainsi que l'expérience des interférences a montré la supériorité de la théorie de l'ondulation sur la théorie de l'émission.

L'observation et l'expérimentation. — L'observation constate les faits comme ils se présentent. L'expérimentation suscite les faits, les modifie, en varie les circonstances, en change les conditions pour arriver à découvrir ce que la simple observation ne peut faire connaître. « L'observation, dit Bacon, ressemble à un homme qui lit et l'expérimentateur à un homme qui interroge. » — L'expérimentation est donc une recherche plus active des faits. Mais ce qui caractérise vraiment l'expérimentation c'est qu'elle se propose de vérifier une théorie. L'observation a suggéré une explication des faits, on veut savoir si cette explication est bonne. L'expérimentation est donc la vérification d'une cause soupçonnée. « C'est, dit Claude Bernard, le contrôle d'une hypothèse par une expérience. » L'expérimentation suppose donc une hypothèse.

Sciences d'observation et d'expérimentation. — Il y a des sciences dans lesquelles l'expérimentation a une très petite part : l'astronomie, la météorologie, l'anatomie. C'est un des plus grands progrès de la science contemporaine, dû surtout à Cl. Bernard et à Pasteur, d'avoir introduit l'expérimentation dans les sciences physiologiques.

II. — PASSAGE DES FAITS AUX LOIS — INDUCTION

Après avoir constaté les faits, il faut en découvrir les lois. Or, comment passer des faits aux lois ?

1° Il faut découvrir, parmi les phénomènes qui se produisent simultanément, le phénomène qui est la cause déterminante d'un autre phénomène. C'est l'interprétation de l'expérience ou la détermination de la cause.

2° Il faut généraliser ou universaliser cette cause déterminante par l'induction proprement dite

a). **Interprétation de l'expérience ou détermination de la cause.** On entend ici par cause d'un phénomène un autre phénomène qui le détermine : la pression atmosphérique est la cause de l'ascension du liquide dans le corps de pompe.

Pour découvrir une loi, il faut avant tout découvrir parmi les phénomènes celui qui en détermine toujours un autre. Voici, d'après Bacon, comment on peut procéder pour interpréter l'expérience. On constate le plus grand nombre de faits au moyen de l'observation et de l'expérimentation. On dresse trois tables : de présence, d'absence, de degrés.

1° Sur la table de présence, on inscrit les circonstances qui accompagnent la production du fait.

2° Sur la table d'absence, les circonstances dans lesquelles le phénomène ne se produit pas.

3° Sur la table de degrés, les circonstances qui accompagnent les divers degrés du phénomène.

Puis, le savant dépouille les trois tables et voit s'il n'y a pas quelque antécédent qui soit présent ou absent, quand le fait est présent ou absent, et qui croisse ou décroisse en même temps que lui. Il élimine successivement tous les antécédents qui ne remplissent pas ces conditions. C'est ce que Bacon appelle procéder *per exclusiones et rejectiones debitas*. « Ainsi, les lois fausses et les causes chimériques s'étant dissipées en fumée, la vraie cause restera au fond du creuset. » Elle est la vraie cause, parce qu'elle ne se laisse pas exclure.

Voici, en résumé, d'après Bacon, la règle de l'interprétation de l'expérience : Quand un fait, par sa présence, en produit un autre, par son absence le supprime, et qu'en variant il le fait varier dans les proportions correspondantes, on peut affirmer qu'il est la cause de ce fait. Ces deux faits, qui ne peuvent exister l'un sans l'autre, sont unis par un lien de causalité.

Stuart Mill a perfectionné cette méthode. Il a formulé quatre règles, qui s'unissent quelquefois, mais dont chacune, prise à part, peut déterminer une loi.

1° Méthode de concordance. — Lorsque les différents cas dans lesquels un phénomène se produit ont une circonstance commune, cette circonstance est la cause du phénomène ; Dans tous les cas de cristallisation, il y a passage de l'état liquide à l'état solide.

2° Méthode de différence. — Si, par suite de la suppression de la circonstance que l'on présume être la cause, le phénomène cesse de se produire, il a pour cause cette circonstance : Le vide étant fait, on n'entend plus la clochette placée sous le récipient de la machine pneumatique. L'air est donc le véhicule du son.

3° MÉTHODE DES VARIATIONS CONCOMITANTES. — On fait varier le phénomène considéré comme cause et l'on examine si le phénomène considéré comme effet varie dans la même proportion. On cherche si la colonne barométrique varie proportionnellement à la raréfaction de l'air.

4° MÉTHODE DES RÉSIDUS. — Elle consiste à retrancher d'un phénomène donné tout ce qui peut être attribué à des causes connues et à voir, dans ce qui reste, l'effet d'antécédents inconnus. Arago ayant suspendu une aiguille aimantée par un fil de soie et l'ayant mise en mouvement, crut qu'elle arrivait plus vite au repos, quand elle oscillait au-dessus d'un plateau de cuivre. Il chercha quelle pouvait être la quantité de cette influence retardatrice distincte des causes connues et il l'attribua au plateau de cuivre. Ce fait a été l'origine de l'électricité magnétique. De même, plusieurs découvertes astronomiques ont été le résultat de la recherche des restes.

b) **Généralisation de l'expérience**. — Quand nous avons établi un rapport de causalité entre deux phénomènes, nous ne nous arrêtons pas là ; nous universalisons ce rapport. Nous affirmons que partout et toujours il en a été ainsi. Ce passage d'un rapport constaté dans quelques points de l'espace et du temps à un rapport valable pour tous les temps et tous les lieux, c'est l'induction proprement dite. Cette opération n'est pas une difficulté pour le savant : c'est le philosophe seul qui y voit un problème difficile à résoudre.

Problème de l'induction. — Comment le rapport des phénomènes découverts par l'expérience peut-il être universalisé ? Nous avons constaté ce rapport dans quelques point du temps et de l'espace et nous concluons qu'il en est ainsi dans tous les points du temps et de l'espace. Comment pouvons-nous ainsi conclure de quelques faits à tous les faits ? De quel droit concluons-nous ainsi de faits particuliers à une loi générale ? Tel est le problème que soulève l'induction. Cette inférence ressemble bien au sophisme du dénombrement imparfait qui de quelques faits conclut à tous. Hamilton pense que l'induction ne donne que la probabilité, qui va croissant avec le nombre de cas observés. Cette doctrine est inadmissible : il y a des lois formulées par l'induction qui sont certaines : toutes les sciences par leurs innombrables applications le prouvent. Mais sur quoi nous appuyons-nous pour déclarer que le rapport constaté est universel et peut être érigé en loi ? On ne peut l'expliquer sans un principe rationnel qui seul peut légitimer ce passage de quelques expériences à toutes les expériences possibles.

L'école écossaise fonde l'induction sur ce principe : la nature est régie par des lois constantes et générales.

D'autres fondent l'induction sur le principe de causalité « qui est le nerf caché de toute induction, dit Ravaisson ». D'une part, quand deux faits sont inséparablement unis dans l'expérience, la raison nous dit que l'un est la cause de l'autre. D'autre part, la raison nous affirme que la cause est générale et que les mêmes causes, dans les mêmes circonstances, produisent les mêmes effets. Par conséquent, lorsque j'aurai trouvé un rapport de causalité, je pourrai l'universaliser. L'induction n'est donc pas entièrement réductible à l'expérience, comme le prétend l'empirisme, elle a un fondement métaphysique ; elle repose sur le principe de causalité. C'est grâce à ce principe que l'induction est un résonnement et que ses conclusions sont certaines.

L'interprétation de l'expérience, qui prépare l'induction, est d'une importance extrême. L'erreur peut s'y glisser.

Il faut n'omettre aucun des antécédents parmi lesquels la cause doit être cherchée. Si cette condition n'est pas remplie, la véritable cause sera peut-être un antécédent qu'on n'aura pas remarqué.

Bacon recommande 1° de faire précéder l'induction d'observations bien faites et de ne pas se hâter de conclure. « Il faut attacher à son esprit plutôt du plomb que des ailes. » 2° Il faut chercher la loi dans la liaison constante d'un fait avec un autre, dans ce qu'il appelle la « coïncidence solitaire ». 3° Ne faire entrer dans la loi que ce qui a été observé. 4° Il faut n'étendre la loi qu'à ce qui est vraiment de même nature.

Ajoutons qu'il ne faut pas appliquer l'induction avec la même rigueur dans l'ordre moral, par exemple, en histoire. Le libre arbitre, la variété des esprits et des caractères et plusieurs autres causes peuvent déterminer des résultats différents.

L'Hypothèse.

Dans la découverte des lois de la nature, l'hypothèse joue un rôle important. Le plus souvent, le savant imagine une explication des faits qu'il a constatés, et c'est en vue de contrôler cette explication provisoire, qu'il institue des expériences. D'après Cl. Bernard, les opérations se succèdent ainsi : 1° on constate un fait ; 2° à propos de ce fait, une idée naît dans l'esprit, une explication provisoire ; 3° en vue de cette hypothèse, on observe et on expérimente ; 4° On interprète les faits nouveaux de manière à convertir l'explication provisoire ou explication définitive. Cette explication définitive ou loi n'est autre chose qu'une hypothèse vérifiée par l'expérimentation. On peut voir par là quel rôle important l'hypothèse joue dans la science : elle n'est pas la science, mais elle ouvre la voie à la science, et sans elle, le plus souvent, la science ne se ferait pas. L'hypothèse est l'*idée directrice* de la science expérimentale.

L'hypothèse est la supposition d'une cause ou d'une loi pour expliquer les faits. C'est la conception d'une loi provisoire, d'une loi qui n'est pas encore établie.

Rôle de l'hypothèse. — Elle joue un double rôle dans les sciences.

1° *Elle coordonne les connaissances déjà acquises.* Des phénomènes ont été constatés, mais ils ne sont rattachés à aucune cause connue. En l'absence d'une explication certaine, l'esprit aime à donner une explication plausible. L'imagination du savant intervient donc et se représente les choses telles qu'elles ont pu se produire. C'est ainsi que Fresnel et Arago attribuèrent les phénomènes lumineux aux ondulations de l'éther ; Laplace supposa que la formation du système solaire est due à la condensation d'une nébuleuse. En donnant ainsi une explication provisoire, l'hypothèse répond à un besoin de l'esprit humain.

On distingue les *hypothèses représentatives* qui indiquent simplement entre les faits un ordre artificiel, pour en faciliter l'étude, par exemple, l'hypothèse des deux fluides en électricité ; et les *hypothèses explicatives* qui rendent compte de la nature des phénomènes, par exemple, l'hypothèse des ondulations en optique.

2° La plus grande utilité de l'hypothèse, *c'est de diriger les recherches et de préparer les découvertes.* Elle sert au savant *d'idée directrice.* Cette hypothèse, le savant entreprend d'en faire la preuve et, dans ce but, il observe ou expérimente pour vérifier, modifier ou réformer son hypothèse. Ces recherches peuvent confirmer l'hypothèse et alors elle change de nom et devient une loi, une nouvelle vérité scientifique. Si l'hypothèse est démontrée fausse, elle disparaît, mais souvent après avoir rendu des services : l'hypothèse des tourbillons de Descartes a mis

Newton sur la voie de la loi de la gravitation. Il y a enfin des hypothèses qui ne peuvent être ni vérifiées ni contredites et qui subsistent dans la science comme une explication plausible des faits, comme une force impulsive puissante : l'hypothèse de l'unité des forces physiques, celle de Darwin sur l'origine des espèces, et celle Spencer sur l'évolution, ont dirigé les travaux scientifiques du siècle dernier.

Règles de l'hypothèse. Pour avoir quelque valeur, une hypothèse doit 1° être fondée sur des faits, sinon elle est une supposition gratuite et sans valeur ; 2° elle doit expliquer les faits connus ou du moins les représenter d'une manière commode à l'esprit et utile à la science ; 3° elle doit être simple ; car la nature produit ses effets par les moyens les plus simples, « Cela est sans doute ainsi, parce que cela serait mieux ainsi, disait Copernic ». 4° Elle doit être féconde, capable de susciter des recherches.

Vérification des hypothèses. — Pour devenir une loi, l'hypothèse doit être vérifiée. S'il s'agit de faits hypothétiques, l'expérience peut les vérifier, par exemple, l'anneau de Saturne. S'il s'agit d'une loi, on part de l'hypothèse comme d'une majeure et on tire par déduction les conséquences Si l'observation constate que ces conséquences sont exactes, la loi est vérifiée. La probabilité d'une hypothèse augmente avec le nombre des conséquences vérifiées.

Au contraire, lorsqu'une hypothèse est contredite par l'expérience, elle est rejetée de la science : générations spontanées, émission.

Enfin, lorsque les expériences ne sont pas décisives, ni pour la vérifier, ni pour l'exclure, elle subsiste provisoirement dans la science.

L'Analogie.

Le mot analogie a un double sens. Dans les choses, l'analogie est une similitude de rapports entre des objets de nature différente. C'est ainsi qu'il y a des analogies entre les nageoires du poisson et les ailes de l'oiseau. L'analogie est la source des comparaisons et des métaphores : la navigation aérienne, les artères d'une grande ville. Comme procédé de l'esprit, l'analogie est un raisonnement qui, de ressemblances plus ou moins frappantes, conclut à des ressemblances non observées. Le son a pour cause les ondulations de l'air ; la lumière pourrait bien avoir pour cause les ondulations de l'éther. Les phénomènes de la foudre et ceux de l'électricité présentent des caractères semblables ; le physicien en conclut qu'ils sont les effets d'une même cause.

L'analogie et l'induction. — Ces deux formes de raisonnement diffèrent profondément l'une de l'autre.

1° L'induction repose sur des ressemblances essentielles ; l'analogie se fonde souvent sur des ressemblances accidentelles.

2° L'induction donne des conclusions certaines ; l'analogie, des conclusions probables.

3° L'induction conclut du particulier au général ; l'analogie, du particulier au particulier.

4° L'induction conclut du même au même ; l'analogie, du semblable au semblable.

Règles de l'analogie. — Les conclusions fondées sur l'analogie sont d'autant plus probables que les ressemblances constatées sont plus nombreuses et plus importantes. Si les ressemblances sont vagues, superficielles, elles ne peuvent fonder une analogie sérieuse.

Les conclusions de l'analogie sont d'autant moins probables que les différences constatées sont moins nombreuses et moins importantes.

Si le raisonnement par analogie ne se fonde que sur des ressemblances accidentelles et ne tient pas compte de différences profondes, il devient une source d'erreurs et de préjugés, et encombre la science d'hypothèses stériles. L'aptitude à apercevoir des analogies profondes sous les différences, est une des marques de l'esprit scientifique.

Fondement et role de l'analogie. — L'analogie repose sur l'unité de plan de la nature et l'harmonie de ses lois : *la nature est régie par un petit nombre de lois simples*, tel est le principe de l'analogie. Mais cette unité de plan comporte une très grande variété : c'est la difficulté de l'analogie et c'est pourquoi, le plus souvent, elle ne fournit que des conjectures plus ou moins probables.

Role de l'analogie. — L'analogie est d'un usage fréquent dans la vie ordinaire. La plupart des jugements que nous portons sur la conduite des autres se fondent sur l'analogie. Dans les sciences, c'est l'analogie qui suggère aux savants les hypothèses qui guident leurs recherches. Franklin suppose l'identité de la foudre et de l'électricité, à cause de l'analogie de leurs effets. La loi des connexions organiques, qui domine l'anatomie comparée, a été suggérée par l'analogie. Dans les sciences morales, l'analogie est d'un continuel emploi.

Dangers de l'analogie. — L'analogie peut être un instrument dangereux entre des mains malhabiles. Beaucoup de préjugés ont leur origine dans l'analogie. On transforme de simples conjectures en connaissances certaines. C'est pour avoir exagéré les analogies de l'âme humaine et de la société que Platon est tombé dans ses utopies socialistes. Le sentiment juste de l'analogie distingue le vrai savant de celui qui ne l'est pas.

La Classification.

La classification est une opération qui consiste à grouper les divers objets de la pensée dans un ordre méthodique, suivant leurs ressemblances et leurs différences.

Toute science suppose des classifications. Mais, c'est surtout dans les sciences naturelles que la classification devient un procédé scientifique. Les sciences naturelles diffèrent des sciences physiques. Les sciences physiques étudient les lois de *succession* ; les sciences naturelles étudient les lois de *co-existence*, qui relient les différents êtres entre eux.

La classification peut être *usuelle* ou *scientifique*. La *classification usuelle* ou pratique groupe les objets de manière à les reconnaître : en agriculture, animaux domestiques, utiles, nuisibles. La *classification scientifique*, la seule dont nous ayons à traiter ici, se divise en classification artificielle et en classification naturelle.

Les *classifications artificielles* sont fondées sur un nombre limité de caractères extérieurs, choisis le plus souvent d'une manière arbitraire. On peut, par exemple, classer les végétaux d'après la présence ou l'absence de la corolle et le nombre de pétales (Tournefort).

Les *classifications artificielles* ont leur utilité : 1° elles mettent de l'ordre dans nos connaissances, soulagent la mémoire, facilitent les recherches ; 2° elles préparent les classifications naturelles. En fait, elles les ont toujours précédées.

Les *classifications naturelles* sont fondées sur l'ensemble des caractères constitutifs des êtres. Jussieu divise les plantes, selon les caractères de la graine, en acotylédones, monocotylédones et dicotylédones. Cuvier répartit les animaux en quatre embranchements, selon la disposition du système nerveux : les vertébrés, les mollusques, les articulés et les rayonnés.

Pour établir la *classification naturelle*, on tient compte de tous les caractères essentiels aux objets dont on s'occupe, en discutant l'importance de chacun d'eux. Il y a donc une hiérarchie à établir entre eux. Le savant distingue les caractères génériques et spécifiques, afin de distribuer les êtres en groupes subordonnés. Dans ce travail il est dirigé par deux principes : l'*affinité générale et la subordination des caractères*.

1° Affinité générale. — Les êtres que l'on groupe dans une même classe doivent se ressembler plus qu'ils ne diffèrent entre eux et plus qu'ils ne ressemblent aux êtres qui font partie d'autres groupes. Il faut donc instituer une comparaison générale et, le plus souvent, ne pas se contenter d'un seul signe distinctif.

2° Subordination des caractères. — Il faut apprécier l'importance des caractères, en discerner la valeur. Il y a des caractères plus importants les uns que les autres. Les uns sont principaux ou dominateurs, les autres secondaires ou subordonnés. Le caractère qui distingue une espèce est toujours un caractère subordonné, tandis que le caractère propre à un genre est dominateur. Les caractères les plus importants donnent les groupes supérieurs, et les caractères moins importants, les groupes inférieurs. On voit la difficulté de ce problème scientifique : déterminer les caractères selon le principe de la *série naturelle* ou de complexité croissante et disposer les êtres en groupes correspondants, en familles, ordres, classes. Les vertébrés, par exemple, se coordonnent ainsi : poissons, batraciens, reptiles, oiseaux et mammifères. Pour cela on suit la progression croissante des moins parfaits aux plus parfaits, les derniers possédant un organisme plus complet et apte à plus de fonctions.

Importance de la classification naturelle. La classification naturelle a une grande valeur scientifique. Elle établit entre les êtres une subordination telle que connaître d'un individu la classe à laquelle il appartient, c'est connaître tout l'ensemble de son organisation. Si la classification était parfaite, elle nous donnerait le plan providentiel de la nature. Les classifications d'aujourd'hui approchent de cet idéal et nous permettent d'admirer l'unité et la variété de l'œuvre divine.

Art. II. — MÉTHODE DÉDUCTIVE.

C'est la méthode des sciences exactes. Les mathématiques sont appelées sciences exactes à cause de l'évidence de leurs principes, de la sûreté de leur méthode, de l'infaillibilité du raisonnement syllogistique qu'elles emploient et de la rigueur de leurs résultats.

La méthode des mathématiques a pour base les définitions ; les axiomes éclairent la marche de l'esprit ; leur procédé principal est la déduction, et leur but, la démonstration.

Les *définitions* sont la base des sciences mathématiques. En géométrie, par exemple, on se fonde sur les définitions qui sont nécessaires et universelles. De là découlent toutes les propriétés de la figure et elles s'en déduisent rigoureusement par le raisonnement déductif. Les premières conséquences ou théorèmes peuvent servir à en démontrer d'autres.

Les *axiomes* sont des propositions évidentes par elles-mêmes et nécessaires. Une proposition est évidente, lorsqu'il suffit d'entendre ses termes pour en saisir la vérité. Le soleil luit est une proposition évidente, mais n'est pas un axiome, parce qu'elle n'est pas une proposition nécessaire.

Les axiomes mathématiques sont des applications des principes d'identité et de contradiction.

1° Le tout est plus grand que sa partie.

2° Deux quantités égales à une troisième sont égales entre elles.

3° Si à des quantités égales on ajoute des quantités égales, les sommes sont égales.

Les axiomes proprement dits ne sont pas la base des sciences mathématiques, ils éclairent seulement la marche de l'esprit, lui permettent d'avancer. « Les définitions, dit Janet, sont les propositions fécondes qui renferment les propriétés exprimées par les théorèmes. » La définition est donc le principe de la démonstration mathématique.

On appelle *postulats* des vérités incontestables, mais d'une évidence moins immédiate que les axiomes. En géométrie, il y a le *postulatum d'Euclide* : par un point pris sur le même plan, on ne peut mener qu'une parallèle à une droite donnée. Les géomètres demandent qu'on le leur accorde, parce que, s'ils essaient de le démontrer, la démonstration exigera un autre postulat.

Déduction et démonstration. — Les sciences mathématiques déduisent d'un petit nombre de définitions ou de principes plusieurs vérités. Elles procèdent par syllogisme.

La *déduction* consiste à tirer par voie de syllogisme des conséquences d'un principe.

La *démonstration* est une opération qui consiste à tirer une conclusion certaine de principes certains.

La démonstration mathématique porte par excellence le nom de démonstration. On peut la définir un raisonnement ou une série de raisonnements qui, partant de définitions et s'appuyant sur des axiomes, arrive à rendre évidentes des propositions incertaines ou non évidentes par elles-mêmes.

Bien que la démonstration mathématique soit la démonstration par excellence, il y a dans toutes les sciences des démonstrations ou des preuves.

On distingue la démonstration *inductive* et la démonstration *déductive*.

On distingue encore la démonstration *directe* et la démonstration *indirecte*.

La démonstration *indirecte* ou par *l'absurde* consiste à supposer vraie la contradictoire de la proposition que l'on veut établir et à montrer que cette supposition conduit à l'absurde. Cette preuve convainc l'esprit, sans l'éclairer. On ne l'emploie que lorsqu'elle est seule possible.

On distingue enfin la démonstration *a priori*, qui prouve les effets par la cause, et la démonstration *a posteriori*, qui prouve la cause par les effets ; par exemple, je démontre l'existence de Dieu par l'ordre et l'harmonie du monde.

Part de la déduction dans les sciences expérimentales et part de l'induction dans les sciences exactes.

1° La déduction a un rôle important dans les sciences expérimentales.

a) Elle sert à vérifier les hypothèses. En tirant les conséquences d'une hypothèse, elle prépare la vérification expérimentale qui doit confirmer ou détruire l'hypothèse.

b) Elle sert à appliquer les lois connues. L'introduction de la déduction et du calcul dans les sciences physiques a donné naissance à la physique mathématique qui a produit de si grands résultats. On peut ainsi résoudre de nombreux problèmes par l'application, d'une manière toute algébrique, d'une formule.

2° De même, les procédés de la méthode inductive sont employés dans les sciences exactes.

a) Dans la solution des problèmes, partant des données de la question, on remonte jusqu'à une vérité déjà démontrée qui en donne l'explication. Il y a là une marche ascendante de l'esprit et une sorte d'intuition analogue à celle qui fait concevoir les hypothèses physiques.

b) On emploie encore le procédé inductif, lorsqu'on suppose la question résolue, comme dans l'inscription de l'hexagone régulier dans un cercle. On traite alors l'inconnu comme connu et le connu comme inconnu.

DÉFINITIONS EMPIRIQUES ET RATIONNELLES. — Dans les sciences de la nature, les définitions reposent sur l'expérience et sont dites empiriques. Au contraire, les définitions mathématiques sont rationnelles et a priori.

Dans les sciences de la nature, les définitions se font par *description*. Elles ont pour but de présenter un résumé des connaissances progressivement acquises sur les objets naturels. Les définitions mathématiques se font par *génération*, en retraçant l'opération par laquelle l'esprit a construit l'objet défini. Par exemple, la ligne droite est engendrée par un point qui se meut vers un autre point fixe ; la circonférence est engendrée par un autre point qui se meut en restant toujours à la même distance d'un point fixe intérieur. Les définitions mathématiques et les définitions empiriques n'ont pas la même valeur et le même rôle.

La définition mathématique nous est connue immédiatement et sans erreur possible et, par suite, elle est définitive et immuable. Au contraire, les définitions empiriques ont, le plus souvent, un caractère provisoire et approximatif ; car une expérience ultérieure peut nous faire découvrir, dans les êtres de la nature, des caractères essentiels qui nous avaient échappé. Il existe pourtant des définitions ayant un caractère scientifique qu'aucune découverte ultérieure ne saurait contredire.

Leur rôle est différent. Les définitions mathématiques ont leur place marquée au commencement de la science, elles en sont le commencement et la source. Au contraire, les définitions empiriques terminent les sciences et en sont les conclusions ; elles ont leur place naturelle non au début, mais à la fin de la science.

Art. III. — MÉTHODE DES SCIENCES MORALES

A côté et au-dessus du monde physique se trouve le monde moral qui fait l'objet des sciences morales.

Les sciences morales en général offrent des difficultés spéciales. 1° Leur objet est moins bien déterminé que celui des sciences cosmologiques ; 2° leurs limites sont peu précises. Elles se pénètrent mutuellement ; 3° leurs résultats ne peuvent être soumis à une mesure précise et leurs lois ne sont pas susceptibles d'expression numérique. Cependant ces sciences tendent de plus en plus à s'organiser et à se développer.

On peut les classer en 3 groupes : 1° sciences philosophiques : psychologie, logique, morale et métaphysique ; 2° sciences historiques ; 3° sciences sociales : jurisprudence, économie politique, sociologie. Au point de vue de la méthode, on peut les diviser en deux groupes, selon qu'elles ont pour objet l'homme tel qu'il est ou l'homme tel qu'il doit être. Appartiennent au 1er groupe : la psychologie, la philologie, l'histoire. Appartiennent au 2e groupe : la logique, la morale, la métaphysique.

D'une manière générale, la méthode des sciences morales est mixte et fait appel dans des mesures différentes à la méthode déductive et à la méthode inductive.

La méthode des sciences du 1er groupe est surtout inductive. Le psychologue, l'historien, le philologue, comme le physicien et le naturaliste, observent pour connaître les faits et s'élèvent des faits aux lois par induction.

La méthode des sciences morales, qui étudient l'homme tel qu'il doit être, est surtout déductive. Le logicien, le moraliste, le politique déduisent des lois idéales que leur a révélées la connaissance des hommes, les conséquences qui en résultent.

L'induction et la déduction dans les sciences morales. — Dans les sciences morales, les deux méthodes subissent des modifications profondes à cause de la nature des objets auxquels elles s'appliquent. La déduction, au lieu de prendre pour point de départ des propositions *a priori*, suppose des prémisses empruntées à l'expérience ou aux sciences morales fondées sur l'expérience. En outre, dans les conséquences qu'elles tirent, elles doivent tenir compte des circonstances, des faits contingents. Suivre dans les sciences morales la méthode géométrique pure et simple, en imitant ses définitions et ses axiomes, ses théorèmes et ses corollaires, c'est faire fausse route. Telle a été l'erreur de Spinosa.

D'autre part, l'induction, dans les sciences morales, présente des caractères spéciaux. D'abord, les faits sur lesquels elle se fonde ne sont pas constatés de la même manière que les faits physiques. De plus, les lois qu'elle formule, vraies dans leur généralité, ne peuvent pas être appliquées avec une certitude entière à chaque cas particulier ; car on ne peut savoir d'une manière absolue quelles causes, à un moment donné, agiront sur une conscience humaine. Enfin certaines sciences morales, comme la philosophie de l'histoire, ont à compter plus que d'autres avec les surprises possibles de la liberté. Cela prouve, non pas que ces sciences ne peuvent atteindre la certitude, mais qu'elles sont plus difficiles que les autres sciences.

Méthode de la psychologie. — La psychologie expérimentale étant une science de faits et ayant pour but principal de déterminer les lois des faits de conscience, sa méthode est, dans ses grandes lignes, la méthode inductive.

Comme le physicien, le psychologue débute par l'observation. Il observe les faits dont il a conscience. Les résultats de l'introspection sont complétés par l'observation objective, qui nous fait connaître les manifestations de la vie consciente des autres hommes. L'expérimentation est applicable aux faits de conscience dans une certaine mesure. Comme le physicien et le naturaliste, le psychologue classe les faits sensibles, cognitifs, volontaires. Par l'induction, le psychologue découvre les lois de nos différentes facultés ou opérations.

Si la psychologie expérimentale est avant tout inductive, la psychologie rationnelle est déductive. Partant des résultats de la psychologie expérimentale, elle établit par déduction la nature et la destinée *du moi* qui en nous sent, pense et veut.

Méthode de la morale. — La morale repose en dernière analyse sur quelques vérités rationnelles qui servent de base à ses démonstrations et d'où elle tire des règles pratiques de morale spéciale. Elle est donc avant tout une science déductive. L'expérience seule ne peut fonder une morale ; car, si l'expérience nous dit comment les hommes agissent, elle ne nous dit pas comment ils doivent agir. Le pur empirisme en morale serait donc absolument stérile, et jamais la simple inspection des actes humains ne permettrait de déterminer par induction ce que l'homme doit faire.

Est-ce à dire que l'expérience ne joue aucun rôle en morale ? Nullement. D'abord, l'observation de la conscience fournit à la morale son point de départ et l'analyse de la conscience nous semble la préface obligée de toute morale. De plus, avant de savoir ce que l'homme doit être, il faut savoir ce qu'il est, puisque la loi d'un être est toujours conforme à sa nature. C'est pour cela qu'un moraliste qui ignore la nature humaine construira nécessairement une morale chimérique et fausse. L'idéal stoïcien est admirable, la moralité pure de tout intérêt est très noble ; qu'importe, si cette morale est impossible ? Un moraliste doit avant tout connaître la nature humaine. S'il ne connaît pas le cœur humain avec ses inclinations élevées et ses instincts grossiers, comment pourrait-il développer les uns et réprimer les autres ? Socrate avait donc raison de prendre pour point de départ le γνῶθι σεαυτόν

Art. IV. — MÉTHODE HISTORIQUE. — LE TÉMOIGNAGE.

L'histoire est la science du passé des sociétés humaines. Elle repose sur le témoignage.

Le témoignage est l'attestation d'un fait. Il est d'une importance extrême dans la vie humaine. Il y a une infinité de choses que nous ne pouvons connaître par nous mêmes, nous en sommes instruits par le témoignage d'autrui. Il est superflu d'insister sur l'importance du témoignage dans l'éducation, dans l'organisation sociale, où il est la condition essentielle de l'exercice de la justice, dans les sciences enfin, où il nous dispense de refaire les expériences et de recommencer les recherches.

Il y a un ordre de sciences qui reposent entièrement sur le témoignage : les sciences historiques.

Fondement de la foi au témoignage. Reid fait reposer la foi au témoignage sur l'instinct de véracité et sur l'instinct de crédulité. Cette base ne serait pas solide. Les faits historiques nous sont connus par le témoignage ; mais il faut en faire la critique. L'erreur et le mensonge peuvent s'y glisser, il faut donc soumettre à un sérieux examen les témoignages des hommes. Les règles de cet examen, de cette critique du témoignage, remplacent les règles de l'observation et de l'induction dans les sciences physiques.

Les sources de l'histoire. — L'histoire en général est le récit des événements passés. Elle renferme : 1° l'histoire proprement dite ; 2° la critique historique, qui recueille et discute les témoignages et discerne ceux qui sont dignes de foi ; 3° la philosophie de l'histoire, qui étudie les lois des événements.

On distingue trois espèces de témoignages ou sources d'information pour l'histoire.

1° *La tradition* ou transmission orale d'un fait de génération en génération.

2° *Les monuments* ou objets matériels qui conservent l'empreinte des événements passés : temples, palais, tombeaux, colonnes, arcs de triomphe, médailles, monnaies.

3° *Les relations écrites*, qui sont la source principale de l'histoire : les procès-verbaux, les rapports et bulletins officiels, les journaux privés ou publics, les lettres, les mémoires etc.

La critique historique. — La critique historique a pour objet l'appréciation des sources de l'histoire.

1° CRITIQUE DU TÉMOIGNAGE ORAL ET TRADITIONNEL. — Le témoignage oral peut attester des faits contemporains ou des faits passés et, dans ce dernier cas, c'est la tradition.

S'il s'agit de faits contemporains, la critique doit contrôler les faits et les témoins.

a) *Les faits sont-ils publics, importants, faciles à constater, possibles ?* A mesure qu'un fait est plus invraisemblable, nous devons exiger plus de garanties de sincérité et de compétence dans les témoins.

b) *Les témoins ne doivent être ni trompés ni trompeurs.*

La capacité des témoins est garantie par leur gravité, leur impartialité, leur pluralité. Dans ce dernier cas, s'ils s'accordent, nous pouvons nous fier à leur témoignage, surtout s'il s'agit d'événements publics et importants.

La sincérité est garantie par la probité des témoins, la simplicité de la déposition. Même s'il a bonne réputation, il est prudent de rechercher si le témoin n'a pas quelque intérêt à altérer la vérité. Les témoins sont-ils nombreux, unanimes, c'est une garantie de sincérité. En cas de désaccord, il faut peser les témoignages, non les compter. Un petit nombre de témoignages de grande autorité méritent plus de confiance qu'un nombre très supérieur d'assertions suspectes.

Quand le témoignage oral se rapporte à des faits anciens, c'est la tradition. La tradition perd en autorité à mesure que les faits s'éloignent.

2° CRITIQUE DES MONUMENTS. — Les monuments sont-ils authentiques, intègres ? S'ils portent des inscriptions, il faut examiner si elles sont véridiques ou si elles sont l'œuvre de la flatterie et du mensonge.

3° CRITIQUE DES ÉCRITS. — Il faut s'assurer de l'authenticité, de l'intégrité et de la véracité des écrits.

a) Authenticité. L'écrit est-il de l'auteur ou de l'époque auxquels on l'attribue ?

Caractères intrinsèques : conformité du style et des idées avec le caractère ou l'esprit de l'auteur ; accord avec les usages, les mœurs, les croyances de l'époque.

Caractères extrinsèques : témoignages et citations des auteurs contemporains.

b) Intégrité. Absence de suppressions et d'interpolations. — Marques intrinsèques : unité de style, absence d'anachronismes. Marques extrinsèques : grande publicité de l'écrit, comparaison avec les anciens manuscrits.

c) Véracité ou accord du récit avec les faits. L'écrivain est-il éclairé ? Voici des garanties de compétence : Intelligence pénétrante (Tacite, Salluste, Commines) ; soin qu'a pris l'auteur de suivre les événements ou de remonter aux sources ; exemption de préjugés et de passion (Saint-Simon n'a pas ce caractère).

L'écrivain est-il sincère ? — Voici des garanties de sincérité : L'auteur est-il probe et honnête ? (Tacite et non Salluste) ; absence de tout intérêt privé, moral ou littéraire ; clarté et simplicité du récit (Joinville). La sincérité de l'écrivain se reconnaît encore à son caractère moral et à son désintéressement. Il faut toujours se défier de l'écrivain passionné ou homme de parti.

Les lois historiques. — L'historien ne se borne pas à raconter les faits, il les juge et cherche à les expliquer. Il recherche les lois qui régissent la vie sociale. Il pose ainsi les principes de la science sociale, laissant à la politique le soin de les appliquer. Auguste Comte a distingué les les lois de *coexistence* qui constituent la statique sociale : une condition indispensable de stabilité sociale est un système d'éducation s'opposant à la tendance de l'homme à l'indépendance ; et les lois de *succession* qui constituent la dynamique sociale : l'excès de la démocratie engendre la tyrannie (Platon). La découverte des lois est difficile à cause de la complexité des faits et des causes accidentelles qui peuvent survenir. Un grand crime peut perdre une nation, un grand dévouement la sauver. L'influence des hommes de génie et d'héroïque vertu est indéniable. L'histoire n'en est pas moins le dépôt de l'expérience universelle, où les hommes sont invités à prendre des leçons. Elle montre comment les peuples grandissent ou déclinent, comment ils subissent le châtiment de leurs fautes et on pourrait appeler l'histoire le livre des expiations et des récompenses des nations.

Critique du témoignage. — La confiance au témoignage est naturelle. Mais l'expérience nous apprend que le témoignage nous expose à l'erreur pour deux causes : l'erreur et le mensonge. La critique a pour but d'écarter ces deux causes d'erreur et de conduire ainsi à la vérité.

Trois causes peuvent être assignées à un témoignage : la réalité des faits, l'erreur et le mensonge. Dans la mesure où les deux dernières causes sont jugées improbables, la probabilité de la première grandit. Or, on peut juger par certains caractères qu'un témoignage n'est ni mensonger ni erroné et, par conséquent, on peut conclure à la réalité du fait. Comme dans l'induction baconienne, la réalité du fait, cause véritable, apparaît par l'exclusion des autres causes : l'erreur et le mensonge.

Deux cas peuvent être distingués : 1° Le témoin est unique. 2° Il y a plusieurs témoins. — Dans le 1er cas, il faut étudier sa compétence et sa bonne foi. Ici nous n'avons pas les données nécessaires pour nous prononcer sans aucune chance d'erreur. Cependant le témoignage d'un seul homme, lorsque sa probité et son intelligence sont bien connues, suffit à entraîner notre adhésion. Il y a des témoins dont l'autorité s'impose. S'il y a plusieurs témoins, on étudie leur compétence et leur bonne foi. Mais ici, il n'y a pas seulement le nombre des témoins, il y a un autre élément, à savoir l'accord des témoins. Cet accord est un fait qu'il faut expliquer. Or, si aucune entente, aucun intérêt commun, aucune passion commune n'ont existé qui puissent en rendre compte, la raison suffisante de l'accord des témoins ne peut être que la réalité du fait attesté. Voilà le principe évident d'où sort la certitude du témoignage. Un nombre considérable de témoins ne peuvent se réunir dans une même erreur et dans un même mensonge, lorsqu'ils attestent un fait qu'ils ont pu connaître et où chacun d'eux n'est en quoi que ce soit intéressé. La certitude du fait repose donc sur le principe de raison suffisante. La seule raison suffisante de l'accord des témoins est, dans certaines circonstances, la vérité du fait attesté.

Il y a en histoire des faits incontestables, des faits vraisemblables, des faits douteux. C'est à la critique historique à fixer ces degrés de certitude.

Art. V. — LES ERREURS ET LES SOPHISMES

La logique ayant pour but de préserver l'homme de l'erreur et de le conduire à la vérité, la conclusion naturelle d'un cours de logique est une étude sur l'erreur, sa nature, ses causes et ses remèdes.

L'erreur est l'adhésion de l'esprit à un jugement faux, c'est-à-dire non conforme à la vérité.

L'erreur se trouve dans le jugement et non dans l'idée.

Ce n'est pas une erreur de concevoir un centaure, l'erreur ne commence qu'à l'instant où l'on affirme qu'il existe.

Toute erreur est fondée sur quelque ignorance, mais elle s'en distingue. L'ignorant ne sait pas, il ne juge pas ; celui qui se trompe affirme sans savoir ou du moins sans savoir assez.

Cause générale de l'erreur. — C'est un fait que l'esprit humain est sujet à l'erreur. Les sceptiques soutiennent que l'intelligence humaine est incapable de juger correctement et, pour le prouver, ils dressent la longue liste des erreurs humaines. Ils oublient que l'erreur suppose la vérité. Comment pourrions-nous dire que nous sommes ou que nous avons été dans l'erreur, si nous n'avions pas une certaine connaissance de la vérité ? D'ailleurs, l'erreur a des causes que l'on peut découvrir et souvent éviter et il y a des remèdes à l'erreur.

Descartes explique l'erreur par l'imperfection de l'intelligence et la précipitation de la volonté. « Comme l'intelligence est courte et que la volonté est plus ample, celle-ci devance et dépasse le jugement, nous jugeons sans connaître et nous nous trompons. » Cette théorie, qui suppose que tout jugement erroné est un acte de la volonté, est inexacte. L'erreur est un jugement faux et par conséquent un acte intellectuel. Toutefois, ce serait un autre excès de nier la part de la volonté dans l'erreur. Cette part est même grande et Bossuet a raison de dire que mal juger vient souvent d'un vice de la volonté.

Au point de vue du rôle que la volonté joue dans nos erreurs, on peut distinguer :

1° *Les erreurs involontaires*. On juge sans avoir l'idée qu'on puisse se tromper. L'homme est un être faillible, un esprit limité et par conséquent sujet à l'erreur : *errare humanum est*.

2° *Les erreurs demi-volontaires*. On a l'idée qu'on pourrait se tromper ; mais, soit paresse, soit tout autre cause, on passe outre et l'on se trompe.

3° *Les erreurs volontaires.* On soupçonne que le jugement porté est probablement faux, mais on se refuse à tout autre examen, parce qu'il serait trop pénible de reconnaître l'erreur. Ceci a particulièrement lieu dans l'ordre moral. Même dans ce cas, la volonté n'est qu'une cause indirecte de l'erreur.

La cause première de l'erreur est dans l'imperfection de notre esprit : *errare humanum est.* L'esprit humain est sujet à l'erreur, parce qu'il est limité ; L'imperfection de notre esprit est non la cause efficiente, mais la cause déficiente de l'erreur. L'erreur est une vue insuffisante de la vérité. A nous d'augmenter dans notre esprit la part de la vérité par nos efforts pour connaitre et de diminuer celle de l'erreur, en ne jugeant que lorsque nous voyons clair.

Causes particulières de l'erreur. — On distingue les causes morales et les causes logiques.

CAUSES MORALES. — Elles sont internes ou externes. 1° Les *causes internes* viennent de nous-mêmes, de la volonté ou des passions. Le plus grand nombre de nos erreurs viennent d'un défaut d'attention et de réflexion. Or, la volonté est maîtresse de l'attention. Les passions troublent la raison, elles enlèvent le calme et l'impartialité nécessaires pour bien juger. La passion aveugle, dit le proverbe. L'orgueil croit tout savoir. L'amour approuve tout dans son objet. La haine trouve tout mauvais. La paresse rend inattentif.

On peut encore signaler les causes suivantes : l'intérêt personnel, l'esprit de parti, l'amour-propre, la jalousie, l'esprit de dispute, la complaisance, l'entêtement.

Les *causes externes* sont les préjugés d'éducation, les fausses autorités.

Causes logiques. — Beaucoup d'erreurs proviennent de l'imperfection et surtout du mauvais emploi de nos facultés intellectuelles. Signalons les erreurs *des sens* lorsque l'esprit interprète mal leurs données ; les erreurs de *l'association* qui établit de faux rapports entre les choses ; les erreurs de *l'imagination*, les erreurs du *langage*.

Que la cause en soit morale ou logique, l'erreur est ordinairement un faux raisonnement ou sophisme. Lorsque le faux raisonnement est fait de bonne foi, on l'appelle paralogisme.

Des sophismes. — On distingue les sophismes de déduction et les sophismes d'induction.

Sophismes de déduction. — Ils peuvent être matériels ou formels.

a) On appelle *sophisme formel de déduction* un raisonnement qui pèche contre les règles du syllogisme. On donne aussi ce nom au jugement qui viole les règles de l'opposition ou de la conversion des propositions.

b) Les *principaux sophismes matériels de déduction* sont :

1° *L'ignorance du sujet*. On prouve autre chose que ce qui est en question. Un homme est accusé d'un crime, les preuves sont écrasantes. Que fera l'avocat ? Il dira : cet homme a été un bon fils ou un bon soldat, un père dévoué et il essaie ainsi de faire disparaître le crime derrière les vertus.

2° La *pétition de principe* consiste à prouver une chose par elle-même, *idem per idem :* votre fille est muette, parce qu'elle a perdu la parole. On prend pour accordé ce qui est en question.

3° Le *cercle vicieux* consiste à prouver une proposition par une autre et à prouver cette deuxième proposition par la première. Platon prouve l'immortalité de l'âme par sa simplicité, et, dans un autre dialogue, il prouve la simplicité par l'immortalité.

On peut rapprocher des sophismes de déduction les sophismes de mots, qui tiennent à l'ambiguïté des mots, et le sophisme de composition, dans lequel on passe du sens divisé au sens composé, du sens conditionnel au sens absolu.

Sophismes d'induction. — 1° *Prendre pour cause ce qui n'est pas cause*. On y tombe de plusieurs manières.

a) On confond un rapport accidentel de succession avec un rapport de causalité : *post hoc, ergo propter hoc*. On verra dans une comète le signe du bon vin.

b) On confond ce qui est la condition d'un fait avec sa cause efficiente : de ce qu'il y a liaison entre le cerveau et la pensée, on conclut que c'est le cerveau qui pense.

c) On imagine des *causes chimériques* et purement verbales, comme l'*horreur du vide*, ou bien on croit rendre compte d'un phénomène en l'exprimant d'une autre manière : l'opium fait dormir, parce qu'il a une vertu dormitive.

2° *Dénombrement imparfait*. Il consiste à conclure du tout ce qui n'est vrai que de quelques parties : *ab uno disce omnes* : on juge d'une corporation par quelques individus.

3° *Sophisme de l'accident*. On tient pour essentiel ce qui n'est qu'accidentel. On juge un homme par un seul acte, qui a pu être, de sa part, exceptionnel : ce médecin a guéri son malade, donc il est bon médecin ; on veut proscrire les arts à cause de leurs abus. Le sophisme appelé *translatio de genere ad genus* est un sophisme de l'accident. Il consiste à conclure d'un genre à l'autre, malgré les différences essentielles.

4° Les *fausses analogies*, qui ont donné lieu à l'adage : comparaison n'est pas raison.

On réfute les sophismes au moyen des règles du raisonnement ou par le simple bon sens.

Il ne faut pas confondre le sophisme avec le paradoxe. Le paradoxe est un jugement ou un raisonnement qui contredit une opinion commune vraie ou fausse ; il peut donc être vrai ou faux, à la différence du sophisme qui blesse toujours la vérité.

Moyens d'éviter l'erreur. 1° Observer exactement les règles du raisonnement et de la méthode. 2° Se tenir en garde contre l'influence de l'imagination, de la sensibilité et des passions, particulièrement de l'amour propre. 3° Prendre l'habitude de l'attention et de l'examen, éviter la précipitation et la prévention. 4° Aimer la vérité et pratiquer le bien, tendre vers la vérité de toute son âme, suivant la belle parole de Platon. Il y a une union intime entre l'esprit et le cœur, le vrai et le bien, la science et la vertu.

Les grandes hypothèses

On appelle hypothèses générales celles qui relient un grand nombre de faits, par opposition aux hypothèses qui ne donnent qu'une explication particulière.

1° Hypothèse de la nébuleuse. (Laplace). — Le système solaire a été primitivement une immense nébuleuse. Par suite du refroidissement, cette sphère vaporeuse aurait, en se condensant, donné naissance aux planètes et à leurs satellites.

L'expérience établit qu'une masse fluide, à laquelle on imprime un mouvement de rotation, se renfle à l'équateur et s'aplatit aux pôles. Puis, du renflement de l'équateur, se détache une espèce d'anneau, qui, enfin, se brise, pour donner naissance à des globules tournant autour de la masse centrale. C'est ainsi que de la nébuleuse primitive se sont détachées les planètes.

2° Unité des forces physiques. — Les phénomènes divers qui produisent nos différentes sensations se réduiraient tous à des modes divers d'un phénomène unique, le mouvement. Descartes disait : « qu'on me donne du mouvement et de l'étendue et je vais faire le monde. » Cette hypothèse paraît confirmée par ce fait que le mouvement qui disparaît se transforme en chaleur, et la chaleur qui disparaît se change en mouvement.

Cette théorie se fonde sur la similitude des lois de la chaleur, de la lumière et de l'électricité. Il résulte de tout ceci que la quantité de force vive est constante dans l'univers.

Quelques savants vont jusqu'à affirmer l'unité de substance. Cette affirmation est très contestable.

3º LE FEU CENTRAL. D'après l'hypothèse de Laplace, la terre a été d'abord fluide, un corps incandescent de matières en fusion. Continuant à se refroidir, elle se serait couverte d'une couche solide, l'écorce terrestre ; mais le centre serait toujours en fusion. Les recherches géologiques prouvent qu'il en est ainsi. Creusez le sol, vous verrez que la température croît d'un degré par 30 mètres de profondeur. Ainsi s'expliquent les éruptions volcaniques, les sources thermales, les tremblements de terre et cet ensemble de faits nous conduit à cette conclusion que la terre est un vaste brasier recouvert d'une croûte solide d'inégale épaisseur.

4º CONSERVATION DE LA MATIÈRE ET DE LA FORCE. La quantité de matière reste la même à travers tous les changements des corps. Il en est de même de l'énergie ou de la force. Dans le cas où une certaine somme d'énergie semble disparaître, elle se change en une autre, par exemple, le mouvement se change en chaleur.

5º ORIGINE DE LA VIE. La vie apparut sur la terre lorsque le refroidissement graduel de la croûte terrestre rendit possible l'existence des êtres vivants. Mais condition n'est cause. L'hypothèse matérialiste qui fait sortir la vie de la matière a été détruite par les expériences de Pasteur en même temps que celle des générations spontanées.

6° HYPOTHÈSE BIOLOGIQUE DU TRANSFORMISME. Le transformisme est l'hypothèse qui prétend expliquer la diversité des espèces animales et végétales actuellement existantes par une série de modifications, de transformations successives d'un petit nombre de types primitifs.

D'après Lamarck, les espèces peuvent subir des transformations sous l'influence du milieu, du besoin et de l'habitude.

D'après Darwin, ces variations et leur transmission s'expliquent par la sélection naturelle, qui accumule et transmet, par l'hérédité, les différences, de manière à produire des types nouveaux. Le grand agent de cette sélection est la concurrence vitale ou la lutte pour la vie. Dans cette lutte, les plus faibles succombent et les mieux armés survivent. L'anatomie comparée et la paléontologie sont invoquées en faveur de cette hypothèse qui soulève de graves objections. Elle a, d'autre part, imprimé une impulsion féconde aux travaux des naturalistes. Si l'on admet que tous les êtres du monde ont une cause première supérieure au monde, le transformisme est soutenable. Il ne contredit aucune vérité certaine. La formation graduelle des types spécifiques n'est pas moins digne de la sagesse divine que la distinction primitive des types.

6° PERFECTIBILITÉ HUMAINE OU PROGRÈS CONTINU. — Au XVIIIᵉ siècle, Turgot et Condorcet soutinrent que l'humanité est soumise à la loi d'un progrès continu. L'humanité se perfectionne sans cesse, malgré quelques retours apparents vers la barbarie et ce qu'on appelle les siècles de décadence. La foi optimiste au progrès vaut mieux que la thèse contraire. Mais cette loi ne se réalise pas fatalement, en vertu de lois nécessaires. Le progrès véritable est le fruit des efforts persévérants des meilleurs et l'œuvre méritoire de ceux qui s'y dévouent.

7ᵉ L'ÉVOLUTION. — Les hypothèses de Laplace, de Darwin.

de Condorcet sont des applications particulières de l'idée d'évolution. D'après Spencer, l'évolution est la loi de toute chose, de la formation des mondes, du développement des êtres : matière, vie et pensée, tout évolue. C'est l'hypothèse la plus générale et la plus célèbre du siècle dernier.

L'évolution est le passage de l'homogène à l'hétérogène, du simple au complexe. L'univers entier passe d'une homogénéité confuse à une hétérogénéité coordonnée.

1re Loi. — *Tous les êtres passent d'un état initial simple à un état de plus en plus complexe.*

2e Loi. — *En même temps que la diversité des êtres va croissant, la dépendance des parties et l'unité du tout augmentent aussi.*

De même que notre système solaire primitivement simple est composé aujourd'hui d'astres distincts, mais liés entre eux, ainsi la terre, en se refroidissant, a acquis la variété des terrains et des minéraux qui la constituent. Puis, une action chimique plus complexe a produit la vie, qui consiste dans une grande diversité des parties de l'organisme de plus en plus étroitement unies.

L'automatisme des mouvements réflexes est devenu peu à peu l'instinct. L'instinct amena la mémoire. La mémoire amena la réflexion, la comparaison et toutes les facultés intellectuelles. L'humanité s'est enfin complétée par le sentiment et la volonté.

Voici la genèse des idées morales. De l'égoïsme naît le désintéressement. L'évolution des sentiments altruistes se poursuit sans cesse et assure le triomphe futur et total du désintéressement sur l'égoïsme et par conséquent la réalisation de l'idée morale.

Cette théorie de l'évolution n'explique ni l'apparition de l'être, ni l'apparition de la vie, ni celle de la sensation, ni celle de la pensée. L'évolution ne peut que développer un germe qui préexiste, elle ne peut rien créer. Elle n'explique donc pas la matière première. Elle n'explique pas non plus la vie qui n'est pas contenue en germe dans la matière. Aucune opération chimique ne peut produire la vie et aucun savant ne peut plus accepter, depuis les expériences si concluantes de Pasteur, les générations spontanées. De même, la sensation n'est pas contenue en germe dans le mouvement, ni la pensée dans la sensation. Si on n'admet pas un principe suprême qui produit et guide l'évolution, cette hypothèse est une explication du supérieur par l'inférieur, de l'ordre par le désordre. C'est une explication antiscientifique, un mouvement sans point de départ. En résumé, c'est une hypothèse grandiose, mais invérifiable et inadmissible sans la croyance à un Dieu Créateur et Providence.

Cette doctrine méconnaît en particulier la nature de la loi morale. Lors même que l'égoïsme se serait entièrement transformé en altruisme, l'homme agissant sous l'empire des sentiments altruistes n'obéirait pas à une loi morale qui oblige, mais sans contraindre. Dans la morale de Spencer, le devoir n'existe pas.

TROISIÈME PARTIE

LA MORALE

La morale est la science des lois qui règlent la volonté humaine. Les anciens l'appelaient Éthique, parce qu'elle règle les mœurs.

La morale a pour but de diriger la volonté dans la pratique du bien, comme la logique, de diriger l'intelligence dans la science du vrai. Elle règle les actions, comme la logique règle les pensées. Celle-ci apprend à bien raisonner ; celle-là, à bien vivre.

La morale se définit la science du bien.

Le bien étant conçu comme obligatoire, on peut encore la définir la science du devoir.

On la définit enfin : la science pratique qui dirige les actes libres de l'homme vers le bien considéré comme honnête.

Elle se divise en *morale générale*, qui traite des vérités fondamentales sur lesquelles repose la morale et des lois générales ou des principes généraux de la moralité. Kant l'appelle la métaphysique des mœurs : c'est la *science du devoir*.

Et en *morale spéciale*, qui traite des règles que doit suivre l'activité humaine dans les diverses situations où elle se trouve, pour rester conforme à la moralité : c'est la *science des devoirs*.

Rapports de la morale avec la psychologie et la Théodicée. — Kant résume ainsi la philosophie : Qui suis-je ? Que dois-je faire ? Que dois-je espérer ? La morale répond à la seconde question, mais elle est inséparable des deux autres.

La morale et la psychologie. Pour déterminer ce que l'homme doit *être* et doit *faire*, il faut, avant tout, savoir ce qu'il *est* et ce qu'il *peut*. La morale suppose donc la psychologie. Comment, en effet, pourrait-on déterminer les devoirs de l'homme si on ne connaît pas sa nature ? La morale est la science du bien. Mais le bien, pour l'homme, est ce qui est conforme à sa nature. Il faut donc connaître la nature de l'homme pour savoir en quoi consiste son bien. Le bien ne peut évidemment nous obliger qu'à la condition d'être en conformité avec la nature humaine. Par conséquent, il est impossible de montrer à l'homme ce qu'il doit être et ce qu'il doit faire, si l'on ne sait pas ce qu'il est.

La question fondamentale de la morale est celle-ci : l'homme est-il soumis à la loi morale ? est-il obligé de l'accomplir ? Mais l'homme ne peut être soumis à la loi morale qui oblige sans contraindre, que s'il est doué de conscience et de liberté. Toute la morale dépend donc de la question du libre arbitre, sans lequel il n'y a pas de responsabilité, pas d'obligation morale. Or, la question du libre arbitre est une question psychologique.

La morale spéciale suppose également la psychologie : car tous les devoirs qu'elle prescrit doivent être appropriés aux différentes situations de l'homme, mais aussi à sa nature qu'il conserve toujours. C'est pourquoi les devoirs individuels, par exemple, se divisent en devoirs envers le corps et envers l'âme. Ceux-ci se divisent en devoirs envers les facultés de l'âme : sensibilité, intelligence et volonté. Pour savoir quel usage nous devons faire de nos facultés, il faut connaître exactement ces facultés. Pour savoir comment nous devons gouverner nos inclinations, il faut avoir fait l'analyse de la sensibilité, connaître le cœur humain.

Il y a donc entre la psychologie et la morale des rapports très intimes, si bien que l'on a pu dire : « autant vaut la psychologie d'une école autant vaut sa morale. »

Rapports de la morale et de la Théodicée. On peut constituer une morale en faisant abstraction des problèmes métaphysiques impliqués dans les principes qui lui servent de base. Mais cette abstraction est nécessairement provisoire ; car elle ne produirait qu'une morale sans obligation et sans sanction. Nous trouvons, il est vrai, dans la conscience bien consultée l'obligation morale. Mais ce n'est pas assez de l'existence de cette obligation, il faut en connaître l'origine et le fondement. L'obligation morale est-elle une loi que la raison s'impose à elle-même ou vient-elle de plus haut ? Si je me soumets à cette obligation, quelle est la valeur de l'œuvre que j'accomplis ? est-elle périssable ou immortelle ? La première question : quelle est la nature de l'obligation morale est très importante ; car le devoir parle à notre âme avec une puissance très inégalement persuasive, selon que nous voyons en lui un pur concept de notre esprit ou un arrêt impératif émané de l'infinie sagesse de notre divin créateur. D'autre part, la loi morale demande des sacrifices. Si tout finit à la mort, aurons-nous bien la force de faire ces sacrifices ? Même dans ce cas, il serait très noble et très beau de pratiquer la vertu, et, à tout prendre, nous y trouverions plus de vrai bonheur. Mais cette pratique de la vertu n'en deviendrait pas moins une impossibilité pour des hommes violemment enclins au mal. Au contraire, quoi de plus puissant pour nous faire accomplir le bien, même au prix de tous les sacrifices, que la pensée d'une Providence, dont l'œil est toujours ouvert sur nos actions et dont la main toute puissante nous atteindra sûrement dans cette vie ou dans l'autre, pour nous récompenser ou pour nous punir ?

La théodicée est donc le fondement et le couronnement nécessaire de la morale et nous pouvons dire avec Janet que « la morale repose sur Dieu, auteur et vengeur de la loi morale ou elle n'est pas. Si Dieu est, dit encore Janet, il est législateur ; s'il est législateur, il est juge. »

Plan de la morale. — Après avoir distingué le bien du mal et après avoir constaté le caractère obligatoire du bien, nous nous demanderons quelle est la nature de cette obligation et quelle est la loi ou la règle des actions humaines. — Cette règle est double : l'une est extérieure, la loi morale ; l'autre est intérieure, la conscience. Nous les étudierons l'une et l'autre. — Enfin, nous nous demanderons quelles sont les conséquences de l'observation ou de la violation de la règle ou de la loi de la volonté humaine.

Nous traiterons enfin de la morale spéciale qui se résume en cette question : quels sont les actes ordonnés par la loi morale et par la conscience dans les principales circonstances de la vie privée, sociale, et religieuse ?

Nous devons commencer par la morale générale car les devoirs particuliers de l'homme doivent être déduits des principes généraux de la moralité.

CHAPITRE Ier.

MORALE GÉNÉRALE

Art. Ier. — DISTINCTION DU BIEN ET DU MAL. LE BIEN OBLIGATOIRE.

I. Distinction du bien et du mal. — Toute la morale repose sur cette distinction. Elle joue le même rôle dans la morale que les premiers principes dans les connaissances humaines. L'idée de bien, dit Cousin, c'est toute la morale.

Il existe une distinction réelle et objective entre le bien et le mal.

1° Par sa raison chacun juge avec certitude que le bien diffère du mal. De même qu'il n'est pas possible de regarder comme une vérité que la partie égale le tout et comme une erreur que le tout est plus grand que la partie, il n'est pas possible non plus de douter qu'il est bien d'être généreux et qu'il est mal d'être calomniateur, assassin ou traître. La différence entre le bien et le mal est aussi nécessaire pour notre raison que celle du vrai et du faux.

2° La raison générale affirme la même distinction. Il n'existe pas un peuple dont les lois n'ordonnent ou n'encouragent certains actes, parce qu'ils sont bons, et surtout ne défendent et punissent d'autres actes, parce qu'ils sont mauvais.

3° *L'observation psychologique constate cette distinction.* Si nous interrogeons un enfant, un homme sans instruction, ils nous diront qu'il est bien de nourrir ceux qui ont faim, qu'il est mal de commettre un assassinat. Ils distinguent donc le bien du mal, le juste de l'injuste. C'est pourquoi, lorsque l'homme a fait son devoir ou qu'il a accompli une bonne action, les autres hommes éprouvent pour lui de l'estime. Au contraire, pour celui qui a volé, assassiné ou trahi ils éprouvent de l'aversion et du mépris. S'il s'agit de nous-mêmes, nous sommes heureux, nous éprouvons la satisfaction de la conscience, si nous avons fait une bonne action ; si nous avons mal agi, nous éprouvons un déplaisir intérieur. Les jugements, qui font naître ces sentiments, supposent la distinction du bien et du mal.

Il y a donc une distinction naturelle, absolue entre le bien et le mal et nous disons que le bien est distinct du mal, comme nous disons que tout ce qui commence a une cause, et de même qu'on ne peut pas dire $2+2=3$, on ne peut non plus penser qu'il est permis d'outrager ses parents, au lieu de les honorer, de garder un dépôt, au lieu de le rendre, de trahir sa patrie, au lieu de la servir.

On objecte le désaccord dans l'appréciation de certaines actions.

Les principes de la moralité ne varient pas et l'on peut affirmer que la conscience humaine, en ce qui touche les principes fondamentaux de la morale et leurs conséquences les plus immédiates, est invariable et uniforme. Les applications seules de ces principes peuvent varier. Les principes de moralité et de justice, qui sont dans tous les hommes, peuvent être obscurcis dans certaines âmes par les passions et sont ainsi susceptibles d'interprétations diverses. De même, il peut exister des différences dans l'interprétation des actes. Les consciences ne sont pas également délicates. Cette différence tient à la fois à l'influence des passions et des habitudes vicieuses et à l'inégalité des intelligences. L'ignorance, la violation publique et fréquente de certaines règles de morale peuvent diminuer la délicatesse des consciences et l'horreur qu'inspirent certaines fautes et par conséquent produire des désaccords dans les interprétations des actes humains. Ces désaccords n'existent plus, s'il s'agit d'un principe fondamental de la morale. Tuez un homme, et vous ne trouverez personne à dire que c'est bien. Nous pouvons donc affirmer que les principes moraux sont les mêmes dans tous les hommes ; mais, à mesure que les hommes s'éclairent davantage, ils sont mieux compris. Le christianisme, la civilisation, l'éducation et plusieurs autres causes peuvent en faire varier les applications et les interprétations.

On prétend que les sauvages n'ont pas de moralité, qu'ils sont totalement étrangers aux notions morales.

Les sauvages ne sont pas étrangers aux notions morales. Il y a chez eux des actes qui sont condamnés et sévèrement punis. Il ne faut pas confondre les mœurs et la doctrine et par conséquent il ne faudrait pas juger les peuplades sauvages uniquement d'après leurs actes et surtout d'après les actes des plus violents et des plus vicieux. Parce qu'une règle est violée, il ne faut pas en conclure qu'elle est ignorée. Chez les peuples civilisés, le duel, condamné par tous les moralistes et par le simple bon sens, est encore pratiqué. Il ne faut pas non plus confondre progrès avec désaccord. Nous pouvons, enfin, affirmer que, à mesure que les peuples s'élèvent à un même degré de civilisation, ils se forment une morale de plus en plus semblable.

On a voulu expliquer les notions morales par l'éducation et l'évolution.

L'éducation et l'évolution peuvent développer les notions morales, mais ne peuvent les créer. Comme on ne peut donner à un aveugle l'idée de couleur, ainsi l'éducation n'apprendrait pas à distinguer le bien du mal à l'homme qui ne possèderait pas en lui le principe de cette distinction. « On n'apprend pas aux hommes à être honnêtes, dit Pascal. ».

Les notions morales ne s'expliquent pas non plus par l'évolution. A force d'accomplir certains actes agréables et utiles, dit Spencer, on serait arrivé à les accomplir sans considérer ni leur agrément, ni leur utilité et à les déclarer bons. Une telle transformation serait une création véritable ; or, l'habitude et l'évolution ne peuvent rien créer. Les notions de bien et d'utile ont d'ailleurs des caractères trop opposés pour que l'une de ces notions puisse se transformer en l'autre par une simple habitude de l'esprit.

Le bien pour la nature humaine. — Le bien est ce qui est conforme à la nature d'un être. Le bien pour l'homme est donc ce qui est conforme à la nature humaine. Or, l'homme a une double nature : la nature physique et la nature morale. Il y a donc pour l'homme un bien physique, qui le perfectionne dans sa nature physique : la santé, la force, la beauté ; un bien moral qui le perfectionne dans sa nature intellectuelle et morale : la science, la vertu.

Le bien moral proprement dit, lorsqu'il se rapporte à nous, s'appelle l'honnête ; lorsqu'il se rapporte aux autres, c'est le juste.

Mais en quoi consiste le *bien moral* pour l'homme ? Cette question si discutée en philosophie et que les discussions ont tant obscurcie nous paraît des plus simples. Le bien étant conforme à la nature d'un être, puisque la raison est la faculté distinctive de l'homme, ce qui constitue et spécifie la nature humaine, le bien moral pour l'homme doit donc être conforme à la raison. C'est là le bien que la loi morale nous commande de poursuivre ; car encore une fois, il est évident que la loi de l'être humain est d'agir conformément à sa nature. Pour convenir à l'homme, les autres biens inférieurs et sensibles doivent être subordonnés au bien rationnel et moral. Les plus illustres représentants de la philosophie ancienne et moderne s'accordent d'ailleurs à dire que la vie morale consiste à vivre conformément à la raison.

On distingue le bien moral, que nous pouvons réaliser et qui est plus ou moins conforme au bien absolu, et le bien en soi, qui est la perfection vers laquelle nous tendons, c'est l'idéal moral. La plus grande partie des philosophes modernes, pour n'avoir pas fait cette distinction, prétendent donner pour règle à la conduite humaine le bien en soi et arrivent ainsi à faire de la vertu héroïque et parfaite une rigoureuse obligation ou à faire disparaître le devoir. « Il serait absurde, dit Janet, de soutenir qu'un certain degré de perfection étant possible pour moi, j'ai le droit de me contenter d'un moindre. » Le seul moyen d'éviter ces conséquences est de distinguer le bien moral rigoureusement obligatoire et le bien en soi qui dépasse l'obligation et vers lequel il est beau et noble de tendre avec une perfection toujours grandissante.

II. Le bien obligatoire ou le devoir. — Quand l'âme aperçoit le bien, elle le conçoit comme obligatoire et elle proclame que nous avons le devoir de l'accomplir. Il faut faire le bien, éviter le mal : tel est le témoignage de la conscience de tous les hommes. En vain les passions se révoltent ; en vain les intérêts réclament-ils, il faut les mépriser quand le devoir commande. Chacun du reste sent très bien que, dans telle circonstance, en repoussant le plaisir, en dédaignant l'intérêt, en résistant au sentiment, il a rempli son devoir ; et que, dans une autre circonstance, pour s'être laissé guider par l'intérêt ou le plaisir, il a méconnu ou violé le devoir. De même, en présence d'un acte accompli par un de nos semblables, nous ne nous bornons pas à déclarer que cet acte est utile ou nuisible, mais nous regardons à son caractère moral, et, selon que la raison le prescrit ou le défend, nous disons : cet acte est juste ou honnête ; il est injuste ou malhonnête. Dans le premier cas, nous estimons l'auteur de l'acte ; dans le second, nous le méprisons.

Le devoir ou l'obligation morale n'est ni une contrainte ni un simple conseil. Ce n'est pas une contrainte, on ne doit pas violer le devoir, mais on peut le violer.

Ce n'est pas un conseil, c'est un ordre. On a toujours le droit de ne pas suivre un conseil, on peut le discuter, on doit même, dans certains cas, le repousser. Il n'en est pas ainsi du devoir. Il ne conseille pas, il ordonne. Kant l'appelle l'impératif catégorique, parce que le devoir est absolu, commande sans condition. Il dit simplement : fais cela, tu dois le faire. Devant l'idée de bien et l'obligation qu'elle entraîne, tous les motifs d'intérêt et de sensibilité doivent disparaître, c'est une loi inflexible. Kant oppose à l'impératif catégorique l'impératif hypothétique ou conditionnel. Lorsque je dis : Ne fais pas de promesses trompeuses, c'est l'impératif catégorique. Si je dis : ne fraude pas pour ne pas nuire à ton crédit, c'est l'impératif hypothétique ; c'est une règle de prudence.

LE BIEN ET LE DEVOIR. — Tous les moralistes avant Kant ont admis que le bien est antérieur au devoir et que le devoir est le bien obligatoire. Kant dit le contraire ; une action n'est pas obligatoire parce qu'elle est bonne, mais elle est bonne parce qu'elle est commandée. Le devoir n'est pas la nécessité morale ou l'obligation d'accomplir un certain bien, mais la nécessité d'obéir à la loi par respect pour la loi. Le bien moral, c'est de faire son devoir. Il y a dans cette doctrine une exagération et une fausseté manifeste. Le bien prescrit par la loi naturelle n'est pas le bien parce qu'il est obligatoire, mais il est obligatoire parce qu'il est le bien. A parler avec précision, le bien est l'objet du devoir, et le devoir n'est autre chose que le caractère obligatoire du bien. Ce qui montre bien la faus-

…seté de la doctrine de Kant c'est qu'il y a un bien qui n'est pas le devoir. Il y a des choses bonnes qu'il serait excellent d'accomplir et qui ne sont pas obligatoires.

Caractères du devoir. — Kant a exprimé en termes magnifiques le caractère noble et divin du devoir : « Devoir, mot grand et sublime ! toi qui commandes la soumission en affirmant simplement une loi qui s'introduit dans l'âme et la force au respect, sinon toujours à l'obéissance, et devant laquelle se taisent tous les penchants, bien qu'ils travaillent sourdement contre elle, quelle origine est digne de toi ? où trouver la racine de ta noble tige ? » Il dit ailleurs : « Deux choses remplissent mon âme d'une admiration et d'un respect toujours renaissants : le ciel étoilé sur nos têtes et la loi morale dans nos cœurs. »

1° *Le devoir est absolu.* Il s'impose à la volonté avec une autorité souveraine. Il ordonne et défend sans tenir compte des désirs, des intérêts et des passions : Fais ce que dois, advienne que pourra.

2° *Il est universel.* Il s'impose à la conscience de tous les hommes, dans tous les temps, dans tous les lieux. Il commande à tous les hommes de la même manière. C'est pourquoi nous pouvons accepter cette règle de Kant : agis toujours de manière que ton action puisse devenir une loi universelle.

3° *Il est désintéressé.* Le devoir est distinct de l'intérêt et supérieur à l'intérêt. Lorsqu'il y a conflit entre le devoir et l'intérêt, la conscience nous ordonne de sacrifier notre intérêt au devoir. Lors même que le devoir n'est pas opposé à l'intérêt, il en est très distinct. Une action peut être utile et honnête à la fois ; mais il est fort différent de faire une action honnête uniquement par intérêt ou de la faire par un motif moral.

Art. II. — DE LA CONSCIENCE MORALE.

Comment savons-nous qu'il y a une obligation morale? Nous le savons par la conscience.

La conscience morale est la faculté que nous possédons de distinguer le bien du mal, de juger de la bonté ou de la malice de nos actions.

La conscience porte ses jugements avant ou après l'action. 1° Au moment où la résolution d'agir va être prise, la conscience nous avertit de ce que le devoir ordonne. Elle nous dit si cette action est bonne ou mauvaise, si nous devons la faire ou nous en abstenir. La conscience nous dicte notre devoir, notre conduite, commande ou défend, comme ferait un maître.. 2° Après l'action, la conscience la juge de nouveau et la déclare bonne ou mauvaise, faite selon le devoir ou au mépris du devoir. Ici la conscience fait l'office de juge, elle absout ou condamne. C'est le premier jugement qui fait la moralité de l'acte.

La conscience porte ses jugements sur les actes des autres, dont nous sommes les témoins. Nous apprécions la conduite de nos semblables, comme nous apprécions la nôtre et nous la déclarons bonne ou mauvaise.

Sentiment moral. — La conscience portant des jugements sur la moralité de nos actes appartient à la raison. Il faut pourtant observer que les jugements de la conscience sont accompagnés d'un élément sensible que le moraliste ne doit pas négliger dans ses analyses. Les sentiments moraux sont les diverses émotions de plaisir et de douleur causées par la présence du bien et du mal ; ils sont comme le retentissement dans la sensibilité des jugements de la conscience. On peut les diviser en deux classes, suivant qu'ils se rapportent à notre propre conduite ou aux actions d'autrui.

Avant de nous décider à faire une action bonne ou mauvaise, nous éprouvons pour le bien un attrait et un sentiment de respect ; le mal nous inspire un sentiment de répugnance et de répulsion naturelle. Ces sentiments peuvent être en conflit avec des sentiments opposés, surtout dans les hommes qui s'habituent à mal faire. L'action une fois accomplie, nous ressentons, si nous avons bien agi, la joie pure de la satisfaction de la conscience ; et, si nous avons fait le mal, nous éprouvons du remords. Le premier sentiment, auquel se joint une légitime fierté, est très différent de la joie excitée par quelque bénéfice ou avantage. Le second est un chagrin d'une toute autre espèce qu'une douleur occasionnée par une perte ou un insuccès. La crainte du châtiment s'y mêle, mais ne le constitue pas. Il est aussi distinct du repentir qui s'y joint souvent. Il est toujours accompagné de quelque honte ; il est le sentiment d'une déchéance, d'un avilissement volontaire. Cette cruelle souffrance est le premier châtiment de la faute.

A la vue des actes d'autrui, nous éprouvons l'estime et le mépris. Si l'action est bonne, il s'y mêle toujours le respect, « tribut que nous ne pouvons pas refuser au mérite, dit Kant ».

Nature de la conscience morale. — L'importance de l'élément sensible dans la conscience est si grande que plusieurs écoles, et, en particulier, l'école écossaise, ont voulu attribuer la conscience à la sensibilité et ils en font *un sens moral*. Cette doctrine est inexacte. La conscience est la faculté perceptive du bien et du mal, c'est la faculté de juger de la bonté ou de la malice de nos actions ; elle appartient donc à l'intelligence. Tout ce qui est sensible, attraits, répugnances, joie ou remords, ne vient qu'après le jugement porté par l'intelligence. Le sentiment est si peu notre critérium du bien et du mal que si nous voulons apprécier avec plus de sûreté la moralité de nos actes, il faut faire taire les sentiments qu'ils nous inspirent et les examiner froidement. La conscience humaine comprend donc tout à la fois la raison qui nous fait connaître et juger le bien et le sentiment qui nous fait l'aimer. Mais l'élément rationnel est l'élément essentiel de la conscience. Le rôle du sentiment, malgré la grande place qu'il occupe dans notre âme doit être secondaire et subordonné. Le sentiment peut être et est souvent l'auxiliaire de la conscience. Il est une première récompense ou un premier châtiment et par lui commence dès cette vie l'harmonie de la vertu et du bonheur. Le sentiment ne peut servir de fondement à la loi morale ni nous en faire connaître les applications. Mais il ne faut pas le traiter en ennemi du devoir, comme ont fait les Stoïciens et Kant. Bien loin de là, il est un auxiliaire dont la volonté a besoin. Les inclinations sociales et désintéressées, par exemple, nous rendent plus faciles nos devoirs envers nos semblables et nous les font pratiquer avec plus d'ardeur. Condamner le sentiment, ce serait proscrire l'amour du devoir, qui est un des éléments de la vertu. La perfection de notre nature renferme la noblesse et la générosité du cœur, aussi bien que la rectitude de l'esprit et l'énergie de la volonté.

Spencer voit dans la conscience une habitude qui s'est formée chez nos ancêtres par l'expérience des actions utiles et nuisibles et qui se transmet par l'hérédité.

Outre le reproche d'abuser de l'hypothèse, cette théorie mérite celui de dénaturer les notions morales dont elle prétend expliquer l'origine.

L'explication de Stuart Mill, qui fait dériver la conscience morale de l'expérience individuelle et de l'association des idées, est encore plus incomplète. L'idée d'obligation vient simplement de ce fait que certains actes sont ordonnés et récompensés par l'autorité, tandis que d'autres sont défendus et punis. Ces actions ne tardent pas à nous paraître ordonnées ou défendues. Il explique de même l'idée de responsabilité par le châtiment. « Responsabilité signifie châtiment, dit Stuart Mill ». Il y a cependant une grande différence entre l'aversion que nous inspirent les conséquences pénibles d'un acte et la conscience d'avoir perdu de notre valeur morale en l'accomplissant ; la crainte d'un désagrément à éprouver n'est pas la conscience d'avoir mérité un châtiment.

De cette discussion nous pouvons conclure que la conscience morale n'est autre chose que la raison elle-même connaissant les principes de la moralité et réglant l'exercice de notre activité libre ; elle est la raison pratique. Il ne faut pourtant pas oublier la grande place occupée par les sentiments moraux dans les jugements de la conscience. Ils nous obligent à dire que la conscience morale, tout en étant, au fond, identique à la raison, est une faculté mixte analogue au goût qui juge le beau.

Divers états de la conscience morale. — La conscience n'est pas plus infaillible qu'une autre faculté et Rousseau, qui la confond avec le sentiment, l'appelle à tort « juge infaillible du bien et du mal ». Si la conscience était infaillible, la science morale serait superflue.

On peut distinguer les jugements primitifs se rapportant aux principes essentiels et aux préceptes les plus rigoureux de la loi morale, et les jugements réfléchis, qui portent sur les applications plus ou moins éloignées et qui supposent la connaissance des prescriptions de la loi naturelle et des lois positives. Les jugements primitifs sont évidents, surtout dans ceux qui ont l'esprit juste et le cœur droit. Les jugements réfléchis ne sont pas évidents et ici l'erreur est possible.

La conscience peut être *vraie ou fausse*, suivant qu'elle juge sainement ou non.

La conscience est *ignorante*, quand les prescriptions de la loi morale, dans tel cas particulier, lui échappent. Cette ignorance est coupable chez ceux qui auraient pu et dû s'éclairer.

La conscience est *certaine*, quand elle prononce sans

hésitation ; *douteuse*, quand elle hésite ou se prononce sans des motifs absolus ; *probable*, quand elle se prononce pour un motif grave, sans avoir la certitude de bien juger.

La conscience est *perplexe*, quand on craint qu'il y ait faute soit à accomplir un acte, soit à l'omettre.

La conscience est *délicate*, si elle discerne clairement les moindres infractions à la loi morale ; *scrupuleuse*, si, pour des motifs futiles, elle est portée à juger mauvaise une action innocente ; *large*, si elle est portée, au contraire, à juger, trop facilement, honnête et permise une action qui ne l'est pas.

Autorité de la conscience. — Bien que la conscience ne soit pas infaillible, son autorité est souveraine. Le principe qui régit la vie humaine est celui-ci : agis toujours suivant ta conscience, ou, comme dit Fichte, « agis toujours conformément à la conviction de ton devoir ». Cette règle de Fichte en comprend deux autres.

1º Cherche à te convaincre de ce qui est ton devoir dans chaque circonstance. La règle : agis selon ta conscience, ne signifie pas qu'on peut agir à l'aveugle ; car il est obligatoire pour chacun de faire tous ses efforts pour connaître son devoir. « Chacun de nous, dit Janet, doit se former une conscience droite et, en évitant le scrupule, la rendre de plus en plus délicate et exigeante. »

2º Une fois en possession de ce que tu crois ton devoir, fais-le. Dans aucun cas, il ne nous est permis d'aller contre notre conscience ; ce serait aller contre le devoir.

Nous devons toujours agir d'après une conscience pratiquement certaine. Même dans le cas où la conscience est incertaine et ne peut nous donner que des doutes ou des probabilités, s'il faut absolument agir, on aura le droit de choisir un parti ou l'autre, en s'appuyant sur le principe qu'une loi douteuse n'oblige pas.

Art. III. — LA LOI MORALE.

Comme la conscience est la règle intérieure de nos actes, la loi morale en est la règle extérieure. Notre conscience nous commande, mais en nous manifestant les ordres d'une autorité supérieure. Dans mes actes, je me sens à la fois libre et dépendant ; c'est pourquoi le sentiment de mon obligation ne se termine pas à moi, mais remonte à plus haut que moi, à une autorité souveraine. Au-dessus de la conscience nous devons donc admettre une règle plus élevée, dont la conscience n'est que l'expression et l'interprétation, la loi morale.

La loi morale est la règle à laquelle l'être intelligent et libre doit conformer sa conduite.

On distingue la loi morale naturelle ou la loi morale proprement dite et les lois faites par les législateurs humains ou lois positives.

La loi naturelle est une loi fondée sur la nature de l'homme et sur l'ordre essentiel des choses et qui prescrit à l'homme ce qui lui est nécessaire pour arriver à sa fin.

Considérée dans son origine, la loi naturelle n'est pas autre chose que la volonté éternelle et parfaite de Dieu voulant nécessairement que l'ordre établi par sa sagesse infinie soit inviolablement gardé. Descartes et Scot font dépendre à tort la loi naturelle de la volonté libre de Dieu, elle est l'œuvre de sa volonté parfaite.

Existence de la loi morale naturelle. — Il est impossible de contester cette existence.

PREMIÈRE PREUVE. — Dieu n'a pu créer l'homme sans lui assigner une fin conforme à sa nature et sans lui donner une loi qui l'y conduise. Puisque tous les êtres de la nature ont leurs lois, l'être intelligent et libre peut-il rester en dehors de toute loi, de toute règle, c'est-à-dire de tout ordre ? La plus noble des activités ne peut être une activité désordonnée.

DEUXIÈME PREUVE. — La loi morale est affirmée par le témoignage de la conscience individuelle. Si la loi morale n'existait pas, les jugements et les sentiments moraux seraient inexplicables. Sans la loi morale, l'obligation, les joies de la conscience et le remords n'ont pas leur raison d'être. Les jugements moraux n'ont de sens, les sentiments moraux ne s'expliquent que par la croyance à la loi morale. Ou bien ces jugements sont erronés et nous sommes dupes d'une continuelle illusion, ou la loi morale existe.

TROISIÈME PREUVE. — La conscience universelle affirme l'existence de la loi morale. Les hommes ont toujours cru à l'existence d'une loi non écrite d'après laquelle ils doivent régler leur conduite. Socrate, Sophocle et Cicéron en parlent comme saint Paul. Socrate affirme dans Platon que la loi non écrite est supérieure aux lois écrites. Sophocle approuve les honneurs funèbres rendus au nom de la loi naturelle, malgré la défense légale. « Il y a, dit Cicéron, une loi non écrite, une loi que nous n'avons ni apprise de nos maîtres, ni reçue de nos pères, ni étudiée dans les livres. Nous la tenons de la nature même. Elle est commune à tous les hommes. Elle n'est pas autre à Athènes, autre à Rome. Elle existait avant qu'il y eût des cités. Ni le peuple, ni les magistrats n'ont le pouvoir de délier des obligations qu'elle impose. Dieu seul en est l'auteur, l'arbitre et le vengeur. »

Fondement de la loi morale. — Cicéron a raison de dire que Dieu est l'auteur, l'arbitre et le vengeur de la loi morale. Tout en ayant sa source immédiate dans la raison, la loi morale repose en définitive sur Dieu. C'est la conscience qui nous impose le bien comme obligatoire. Mais ce commandement de la raison tire son autorité d'un principe supérieur. Une loi que la raison individuelle s'imposerait à elle-même serait subjective et changeante ; si je m'impose cette loi, je puis évidemment m'en dispenser. C'est donc à tort que Kant fait de la volonté la source de l'obligation morale. « La volonté est autonome, dit-il ; elle pose la loi, en conférant à l'idée du bien sa force obligatoire et se l'impose ensuite : elle est ainsi législateur et sujet de la loi ; elle est obligée, mais c'est elle qui s'oblige. » Qui ne voit que si la législation morale a l'homme pour auteur, le devoir cesse par là même d'être nécessaire et universel ? De plus, ce commandement perd son autorité et son efficacité pratique.

Les caractères de la loi morale. — 1° *La loi morale est universelle*. Elle est la même pour tous les hommes, dans tous les temps et dans tous les pays. Elle commande sans faire acception des personnes. Elle s'étend à toutes les volontés libres. Cette universalité repose sur l'identité de la nature humaine.

2° *Elle est immuable*. C'est parce qu'elle est fondée sur la nature et sur l'ordre essentiel des choses établi par Dieu, que la loi morale ne peut changer. Elle peut être plus ou moins connue, mais en elle-même elle est immuable.

3° *Elle est absolue*. Elle commande sans condition. Elle n'est subordonnée ni à l'intérêt ni à aucune autre fin. Le devoir prescrit par la morale doit être accompli, quoi qu'il nous en coûte : fais ce que dois, advienne que pourra.

4° *Elle est obligatoire*, c'est-à-dire, qu'elle s'impose à la volonté sans la contraindre. Elle laisse subsister le pouvoir de désobéir ; mais, d'autre part, elle n'est abolie ou entamée par aucun refus d'obéissance.

La loi morale et les lois physiques. — Il existe de grandes différences entre la loi morale et les lois physiques qui régissent les êtres sans liberté.

1° Les lois physiques sont *nécessitantes* ; la loi morale est *obligatoire*. Dès lors, les lois physiques sont toujours observées, l'auteur de la nature peut seul y déroger : la loi morale est souvent violée.

2° Les lois physiques sont *contingentes* : nous concevons comme possible un monde où les lois physiques seraient différentes ; la loi morale est *immuable* et *nécessaire*.

3° Les lois physiques sont *indicatives* : elles expriment la manière constante dont les phénomènes se passent ; la loi morale est *impérative*, elle commande ce qui doit être fait.

La loi morale et les lois positives. — La loi naturelle, se bornant aux préceptes généraux qui sont la base de la morale, serait insuffisante à régler seule l'homme et la société. Il faut donc que le pouvoir civil édicte des lois.

La loi civile est un précepte rationnel, stable, pour le bien commun, établi par le chef de la communauté et promulgué.

Les lois civiles sont variables avec les temps, les lieux, les circonstances et n'ont pas l'universalité des lois physiques et de la loi naturelle. Elles sont faites pour des hommes de tel ou tel pays.

Les lois civiles ne doivent pas être arbitraires ; elles doivent être justes et utiles. Elles sont d'autant meilleures qu'elles ménagent mieux les intérêts des citoyens et respectent mieux leurs droits.

Les lois civiles ont des rapports intimes avec la loi morale naturelle : 1° elles lui empruntent leur autorité, qui repose sur le précepte général de l'obéissance au pouvoir contenu dans la loi naturelle. Les lois civiles, d'autre part, ont à déterminer certains points particuliers de la loi naturelle et à en faire l'application aux divers besoins sociaux. 2° Les lois civiles servent à rendre, par la crainte des châtiments, plus rare la violation de la loi naturelle.

La loi morale emprunte-t-elle son autorité aux lois civiles ?

Certains philosophes modernes, reprenant la thèse des sophistes, soutiennent que la loi morale n'est qu'un produit des législations sociales. C'est une erreur grossière.

La loi naturelle est supérieure aux lois civiles. C'est en son nom que nous jugeons les lois écrites, que nous les approuvons ou les blâmons.

Les lois civiles empruntent leur autorité à la loi morale et lui doivent en grande partie leur observation. Si l'on n'admet pas ce principe : il est juste d'obéir aux lois, il y aura dans la société une tendance à les violer et par conséquent à les détruire : « sans les mœurs, les lois sont impuissantes. »

Remarquons enfin que la loi morale est beaucoup plus étendue que la loi civile. Toutes nos actions libres relèvent de la loi morale. Au contraire, la loi civile ne s'occupe pas du for intérieur et elle doit s'occuper le moins possible de la vie privée.

On ne peut donc confondre la légalité avec la justice. « Si la volonté des peuples, dit Cicéron, si les décrets des chefs d'État fondaient le droit, le vol, l'homicide et tous les crimes seraient légitimes, dès qu'on aurait l'appui des votes de la multitude. Ni les peuples, ni les rois ne peuvent faire que ce qui est juste soit injuste. Ils sont soumis à la loi morale comme les particuliers. »

Les formules de la loi morale. — Kant adopte deux formules : 1° Agis toujours de manière que tu puisses ériger ton action en loi universelle. Cette maxime exprime bien l'universalité de la loi morale. Puisqu'elle oblige tous les hommes sans acception de personnes, elle doit être la même pour tous et toute action vraiment morale doit être telle qu'elle soit en quelque sorte un modèle qu'on puisse proposer au genre humain tout entier. C'est pour cela qu'on produira toujours une certaine impression sur un délinquant auquel on peut dire : mais, si tout le monde en faisait autant ?

2° Agis toujours de manière à traiter l'humanité en toi-même et en autrui comme une fin et non comme un moyen. Cela signifie que l'homme est une personne et ne doit pas être traité comme une chose. L'homme, possédant la raison et la liberté, est une personne qui doit réaliser elle-même sa destinée et tendre librement vers sa fin. Cela lui donne une dignité qui mérite le respect des autres et son propre respect. Cette formule signifie donc que nous devons respecter en nous et en autrui la dignité de la personne humaine.

D'autres ont dit que la loi morale consiste à être réellement homme et à développer toutes nos facultés. Cette formule ne distingue pas le précepte du conseil.

Le meilleur résumé de la loi morale est le Décalogue.

Art. IV. — CONSÉQUENCES DE L'ACTE MORAL

Les conséquences de l'acte moral sont : la responsabilité, le mérite et le démérite, les récompenses et les châtiments ou la sanction, la vertu et le vice.

I. — Responsabilité

La responsabilité est l'obligation de répondre de ses actes. L'homme qui agit en connaissance de cause et avec liberté est responsable de ses actes, ses actes lui sont imputables ; ils sont à son honneur ou à sa honte, méritoires ou déméritoires.

Plusieurs philosophes ont voulu expliquer l'idée de responsabilité morale par la crainte du châtiment. C'est une erreur ; car le sentiment de la responsabilité est très vif pour des fautes qui ne risquent pas d'attirer la peine sur la tête du coupable. Nous pouvons ajouter que l'idée de châtiment est une conséquence de la responsabilité. Nous nous sentons punissables, parce que nous sommes responsables.

Le fondement de la responsabilité est la liberté. Étant libres, nous sommes la cause de nos actes. Cette chose n'aurait jamais été, si nous ne l'avions faite ; elle est notre œuvre, nous devons en répondre. En répondre, c'est l'avouer sienne et en accepter les conséquences bonnes ou mauvaises. C'est pour cela que Kant disait de la liberté, qu'elle est un postulat de la loi morale. Si l'homme n'est pas libre, s'il est entraîné par une nécessité irrésistible, il ne peut être moralement responsable de ses actes. Sans la liberté, il n'y a plus ni bien ni mal moral. Toute la morale change complètement d'aspect ; elle n'est plus une science qui règle l'action en enseignant ce qui doit se faire et en le commandant d'une manière précise et rigoureuse ; c'est une morale sans obligation et sans sanction.

On distingue la responsabilité morale et la responsabilité légale.

Au point de vue social, on est responsable, devant les tribunaux, des infractions aux lois positives. La responsabilité légale est limitée aux actions extérieures et elle s'étend quelquefois à des actions accomplies involontairement ou par accident. Au point de vue moral, nous sommes responsables, devant notre conscience et devant Dieu, de toutes nos actions, accomplies avec advertance et liberté.

Conditions de la responsabilité. — Assurément, la loi morale ne cesse jamais de s'appliquer à nos actions ; mais nous ne sommes pas toujours également capables de discerner ce qu'elle nous ordonne ou nous défend et nous ne sommes pas toujours également libres de lui obéir. La responsabilité morale est proportionnée à la connaissance que nous avons du bien et du mal et à la liberté.

1° La responsabilité morale suppose la connaissance de

la bonté ou de la malice de l'action, de sa conformité ou de son opposition à la loi morale. Plus le discernement du bien et du mal devient clair, plus la responsabilité s'accroît. Au point de vue moral, nul n'est coupable à son insu. Par conséquent, l'ignorance, si elle est invincible et involontaire, rend irresponsable.

Au point de vue légal, il n'en est pas ainsi. La loi civile n'admet pas l'excuse trop facile à invoquer de l'ignorance de la loi.

2° La responsabilité morale suppose le libre arbitre. Otez la liberté, nos actes ne sont plus personnels, ils ne relèvent plus de notre détermination. Ils n'ont donc, en ce qui nous concerne, ni bonté, ni malice, aucune moralité. La responsabilité n'est donc complète que lorsque la liberté est pleine et entière.

Il s'ensuit que la responsabilité augmente ou diminue proportionnellement aux lumières de l'intelligence et à la puissance de la liberté. L'ignorance, la passion, l'habitude, la crainte etc., peuvent donc diminuer la responsabilité.

Degrés de la moralité. — La moralité d'un acte est son rapport avec la loi morale.

Tous les actes bons ou mauvais ne le sont pas également, comme l'ont prétendu les stoïciens. Le sens commun, d'accord avec la conscience, distingue les actions honnêtes, belles, héroïques et les actions coupables, honteuses et criminelles.

La moralité d'un acte dépend de l'objet, de l'intention et de l'énergie déployée.

1° *De l'objet*. La moralité dépend de l'importance du devoir. Sacrifier sa vie est un acte plus grand que de faire une aumône.

2° *De l'intention*. En général, l'action vaut ce que vaut l'intention. Qui fait mal, croyant faire le bien, ne pèche pas. Qui fait bien, croyant faire le mal, pèche.

3° *De l'énergie déployée.* Plus une détermination bonne est énergique, plus elle est vertueuse. On a pu dire que la responsabilité est en raison composée de la difficulté et de l'importance du devoir. Il faut pourtant observer qu'un homme vertueux peut faire avec facilité un acte honnête, qu'un homme vicieux accomplira avec une grande énergie. L'homme vertueux n'en a pas moins un plus grand mérite, à cause de l'énergie constante qu'il a déployée dans toute sa vie et qui dépasse de beaucoup l'énergie actuelle, que l'homme vicieux est obligé de déployer pour accomplir cet acte.

II. — Mérite et démérite. — Peines et récompenses. Sanction.

Le mérite est un accroissement volontaire de la valeur morale, qui donne droit à une récompense.

Le démérite est une diminution volontaire de la valeur morale, qui rend possible d'un châtiment.

La personne humaine a une valeur qui fait sa dignité et son excellence. Elle tient cette valeur en partie de sa nature d'être raisonnable et libre et, à ce point de vue, toute personne humaine est digne de respect. Elle la tient aussi en partie de sa volonté et de ses actions et par conséquent les personnes sont inégales et plus ou moins dignes de respect, dans la mesure où elles réalisent l'idée du bien. Ce surplus de dignité et d'excellence, qui varie avec la conduite des personnes, constitue le mérite.

Le démérite est une déchéance morale résultant de nos actions. De même que, en faisant le bien, l'homme s'élève à ses propres yeux et aux yeux de ses semblables, de même, en faisant le mal, il s'abaisse, se dégrade et s'avilit.

Le mérite n'est pas seulement une excellence morale, il donne droit à une récompense. Le démérite n'est pas seulement une déchéance morale, il est possible d'un châtiment.

Principe du mérite. — La raison proclame que tout acte conforme à la loi morale mérite une récompense proportionnée à son degré de moralité et de vertu et que tout acte contraire à la loi morale mérite une peine proportionnée à son degré de perversité.

Ces deux jugements nous paraissent aussi nécessaires, aussi absolus et aussi universels que le principe de la distinction du bien et du mal et de l'obligation morale. Puisque l'homme est libre, il est vraiment la cause de ses actions. Il est donc juste que les effets d'une bonne action lui soient attribués et lui reviennent sous forme de bonheur et de récompense, et que les effets d'une mauvaise action lui reviennent sous forme de malheur ou de châtiment. « La vertu sans bonheur et le crime sans malheur sont un désordre aux yeux de la conscience, dit Cousin. »

L'idée de mérite n'a pas son origine dans l'expérience qui nous montre souvent le juste malheureux et le méchant dans la prospérité, la vertu méprisée et le vice triomphant. Nous ne renonçons pas pour cela au principe du mérite ; mais, devant ce spectacle des félicités coupables et des épreuves du bien, nous en appelons, avec une confiance inébranlable, à une autre vie où ce désordre sera réparé. La conscience se refuse à croire que ce désordre et cette sorte de scandale puissent durer toujours.

La sanction. — On appelle sanction l'ensemble des peines et des récompenses attachées à l'observation ou à la violation d'une loi, pour en favoriser l'observation et en empêcher la violation.

Les lois civiles ont leurs sanctions. Partout et toujours les législateurs se sont attribué le droit d'appuyer leurs prescriptions de récompenses et de peines attachées à l'observation et surtout à la violation de leurs lois. La loi morale doit aussi avoir une sanction. Les sanctions des lois positives diffèrent cependant des sanctions de la loi morale. Les sanctions des lois positives sont inventées pour assurer l'exécution de la loi qui, sans elles, serait lettre morte, et par conséquent les législateurs ne séparent pas la sanction de la loi elle-même. C'est pourquoi ceux qui sont soumis à la loi positive peuvent observer la loi en prenant pour fin la sanction qui l'accompagne : je puis observer la loi pour éviter le châtiment. Il n'en est pas ainsi des sanctions de la loi morale. Le précepte qui nous est intimé par la conscience veut être accompli pour lui-même. La sanction est bien la conséquence naturelle de l'action, mais ne doit pas être considérée comme la fin de l'action. On peut donc se proposer la sanction comme un moyen qui rend plus facile l'observation de la loi morale, mais non s'y reposer comme dans une fin. En un mot, on ne doit pas obéir à la loi morale uniquement en considération de la sanction.

Rôle de la sanction dans la vie morale. — Son rôle principal est de servir de contrepoids aux motifs passionnés qui nous entraînent vers le mal. Notre âme est ainsi en quelque sorte remise en équilibre et devient pleinement maîtresse d'elle-même. Dans l'âme rassérénée, le devoir commande avec toute son autorité, et le bien peut être accompli dans toute la force d'une liberté délivrée du joug des passions. La sanction nous aide dans l'observation de la loi morale, comme moyen d'encouragement et d'intimidation et aussi comme moyen de réparation et d'expiation. Malgré cette influence de la sanction, le motif des actions morales est l'honnête. Mais la notion de moralité n'exclut pas les avantages qui résultent des bonnes actions et particulièrement la récompense ou le châtiment de l'autre vie. Il est beau de pratiquer la vertu pour la vertu ; mais il est raisonnable d'aspirer à la juste rémunération des actions vertueuses.

Qualités de la sanction de la loi morale. — La raison exige que cette sanction soit universelle et proportionnée

Elle doit s'étendre à tous les actes bons ou mauvais et elle doit être mesurée sur le degré de bonté et de malice de ces actes. La justice infinie de Dieu l'exige.

Sanctions de la vie présente. — La loi morale trouve dès ce monde quatre sanctions principales: la sanction morale, la sanction légale, la sanction de l'opinion publique, la sanction naturelle.

1° *La sanction morale* ou la sanction de la satisfaction de la conscience est la plus universelle, mais elle n'est pas proportionnée. Sans doute, l'honnête homme trouve dans la pratique du devoir de douces jouissances et, au contraire, le remords poursuit l'homme vicieux. Mais le degré de ces deux émotions est-il proportionnel au degré du mérite et du démérite ? évidemment non. Les joies qui accompagnent la vertu sont souvent atténuées par les inquiétudes d'une conscience de plus en plus délicate. Un homme vertueux, attentif aux moindres fautes, souffrira plus d'une faute légère que l'homme vicieux, d'une faute grave. Les grands criminels étouffent leurs remords à force de crimes et beaucoup d'âmes délicates et scrupuleuses se reprochent amèrement des fautes qui en méritent à peine le nom.

2° *La sanction légale* est plus pénale que rémunératrice. Elle ne s'étend qu'aux fautes extérieures et publiques. On peut lui échapper et on lui échappe souvent. Enfin, la justice humaine n'est pas incorruptible.

3° *La sanction de l'opinion publique* est bien imparfaite. En général, l'homme de bien est estimé. Mais le vice peut lui aussi obtenir cette estime, parce qu'il se dérobe sous les dehors de l'honnêteté. De plus, l'opinion est partiale dans ses jugements. Indulgente pour les fautes qui revêtent un certain caractère d'audace ou d'élégance, elle méprise souvent les gens de bien qui pratiquent certaines vertus qui l'offusquent.

4° *La sanction naturelle.* Il est vrai, en général, que

les conséquences de la vertu sont, dès ici-bas, avantageuses et celles du vice nuisibles. Mais, au point de vue individuel, les exceptions sont nombreuses. La santé, la fortune sont loin d'être attachées invariablement à une vie tempérante, laborieuse et honnête. Il suffit, pour se soustraire à cette sanction, d'éviter les abus et les grands excès.

Bien qu'elles soient imparfaites, ces sanctions de la vie présente sont réelles et rendent la vie vertueuse supportable, si bien que, à tout prendre, il vaut mieux être honnête que de ne l'être pas. Cependant ces sanctions ne peuvent réaliser l'accord parfait de la vertu et du bonheur. Or, il faut que cette harmonie soit réalisée ; sans cela il serait impossible de comprendre la loi du devoir. Il ne suffit pas que le bien ne soit pas toujours vaincu, il faut qu'il triomphe : ou la loi morale n'est qu'un vain mot, ou la victoire doit lui rester. Comme il est évident que cette victoire n'est pas obtenue en ce monde, il faut une vie future dans laquelle la loi morale triomphera. L'homme survivant avec ses mérites ou ses démérites, en recevra la juste récompense ou le juste châtiment. Dieu se doit à lui-même, comme législateur sage et tout puissant, d'accomplir toute justice, de compléter la sanction de la loi morale en récompensant et en punissant chacun selon ses œuvres. La sanction de la vie future, complément nécessaire des sanctions de la vie présente, est la sanction véritable de la loi morale.

III. — LA VERTU ET LE VICE

La théorie de la vertu est le complément naturel de la théorie du mérite. Qu'est-ce, en effet, que la vertu, sinon un mérite durable ?

La vertu est une disposition acquise par la répétition des actes bons et qui rend bon celui qui la possède. C'est l'habitude du devoir accompli.

Le vice est une dégradation morale et un affaiblissement

de la volonté provenant de la désobéissance habituelle à la loi morale. C'est l'habitude du devoir violé.

Les anciens philosophes ont donné plusieurs définitions qui nous semblent incomplètes ou défectueuses.

Platon, après Socrate, définit la vertu « la science du bien, le vice en est l'ignorance », par suite, « nul n'est méchant volontairement ».

Il y a, dans cette doctrine, une part de vérité. La connaissance du bien et du mal est une des conditions de la moralité et de la vertu. Pour qu'un acte soit vertueux, il faut que nous connaissions la valeur morale de notre acte, et c'est pour cela que la responsabilité morale est porportionnée à la connaissance que nous avons du bien et du mal. On peut dire aussi que le vice vient souvent de l'ignorance. C'est dans les bas-fonds de la société, où l'instruction est, pour ainsi dire, nulle, que l'on trouve les hommes les plus vicieux, les mœurs les plus dépravées. C'est pourquoi on peut dire que l'instruction est un des éléments du développement de la moralité. — Mais Socrate et Platon ne disent pas seulement que la science est une condition nécessaire de la vertu, ils soutiennent qu'elle en est la condition suffisante ; ils identifient la science du bien et la vertu. Cette doctrine est inexacte. Pour accomplir le bien, il ne suffit pas de le connaître il faut des efforts généreux et constants pour l'accomplir. Or, l'énergie manque souvent à notre volonté, lorsque la lumière ne manque pas à notre intelligence, suivant ce mot d'Ovide *video meliora proboque, deteriora sequor*. Platon est plus heureux quand il définit la vertu une *harmonie*. La vertu a pour objet le bien et le bien suppose l'ordre. Il la définit encore *l'imitation de Dieu*. De même que Dieu a mis en harmonie tous les éléments de ce monde, de même le sage, par la vertu, fait régner l'ordre entre toutes les puissances de son âme.

Aristote a mieux compris le rôle de la volonté dans la vertu. « De même qu'en jouant de la cithare, on devient joueur de cithare, ainsi, en accomplissant des actes de vertu, on devient vertueux. Un acte vertueux ne fait pas plus la vertu qu'une hirondelle ne fait le printemps. » Il faut que ces actes se répètent pour produire en nous comme une seconde nature : la vertu est l'habitude de faire le bien.

Aristote ajoute que la vertu est un milieu entre deux extrêmes. Cette notion n'est pas d'une exactitude parfaite. Il est vrai, que dans la vertu, il ne faut ni excès ni défaut et que, dans la satisfaction de nos inclinations, nous devons toujours observer l'ordre et la mesure prescrits par la raison. Il en résulte que beaucoup de vertus sont placées entre deux vices : le courage, entre la lâcheté et la témérité ; la libéralité, entre la prodigalité et l'avarice. Cette théorie n'en est pas moins vague ; car il n'est pas facile de déterminer le juste milieu. De plus, il y a des vertus qui ne sont pas susceptibles d'excès et auxquelles s'applique mal cette théorie : quel excès pourrait transformer en vice la probité, la fidélité à tenir ses promesses ? Quand il s'agit de défendre la vérité et la justice, est-ce un excès de se dévouer jusqu'à sacrifier sa vie ? Aristote n'a pas voulu condamner tout dévouement, tout héroïsme et il a corrigé lui-même sa théorie, en disant : « La vertu est une sorte de moyenne, bien qu'en elle-même, étant ce qui est le plus excellent, elle soit un extrême. »

Il résulte de cette discussion que la vertu est avant tout l'œuvre d'une volonté ferme et généreuse. Mais cette volonté doit être éclairée par la connaissance de la loi. Il faut enfin que la volonté soit excitée par l'amour du bien, suivant ce mot d'Aristote : « l'homme vertueux est celui qui prend plaisir à faire des actes de vertu. » Nous pourrions donc définir la vertu : l'habitude de faire le bien avec intelligence, amour et fermeté.

Art. V. — LES DIVERS SYSTÈMES DE MORALE

La division la plus simple des systèmes de morale est celle qui s'appuie sur nos divers motifs d'action. Le motif d'action est l'idée d'une fin que nous voulons atteindre et en vue de laquelle nous nous déterminons à agir. Nos raisons d'agir sont les suivantes :

1° Le *plaisir* : on se propose de goûter encore une jouissance déjà ressentie.

2° L'*intérêt*, qui consiste en une jouissance plus vraie et plus durable. C'est le plaisir à terme. Celui qui agit en vue de son intérêt dédaigne le plaisir fugitif ou dangereux et cherche le plaisir avec habileté et prévoyance.

3° L'*inclination*. Primitivement, l'inclination est un mobile, mais elle peut devenir un motif d'action, quand la réflexion s'y ajoute. Alors une inclination particulière peut devenir le principe de notre activité. C'est ainsi qu'on rend service par amitié, qu'on s'expose à la mort par patriotisme. L'homme qui agit par inclination s'oublie lui-même, pour ne songer qu'à l'objet de son affection.

4° Le *bien et l'honnête* est un motif bien supérieur et fort distinct des motifs du plaisir, de l'intérêt, du sentiment : c'est un motif rationnel.

Les divers systèmes de morale assignent comme loi à l'activité humaine de poursuivre l'une de ces fins. Il y a donc les morales du plaisir, de l'intérêt, du sentiment, et la morale du bien et du devoir. Les morales fondées sur le plaisir, l'intérêt et le sentiment se nomment morales empiriques. La morale fondée sur le bien et l'honnête se nomme morale rationnelle.

I. — Morales empiriques.

Toutes les morales empiriques cherchent la règle de nos actions dans la sensibilité. Elles peuvent se diviser en doctrines utilitaires et en doctrines sentimentales.

Morales utilitaires. — Elles cherchent la règle de nos actions dans le plaisir ou dans l'intérêt, qui est le plaisir à terme. La morale utilitaire a pris des formes multiples :

1° École cyrénaïque. Les sophistes Gorgias et Calliclès et surtout Aristippe de Cyrène, disciple infidèle de Socrate, ont soutenu qu'une sagesse prévoyante profite du plaisir du moment.

2° École épicurienne. Le grand maître de la morale du plaisir, c'est Épicure. Il transforme la morale du plaisir en morale de l'intérêt. Il faut suivre la loi de la nature. Or, la nature nous crie : le bien, c'est le plaisir. Le plaisir est donc le bien suprême. Cela se sent et ne se prouve pas, comme on sent que le feu est chaud, que la neige est blanche, que le miel est doux. Mais tous les plaisirs n'ont pas une égale valeur. Aussi faut-il faire un choix entre les plaisirs, d'où la nécessité d'une morale ou art de vivre.

Il y deux sortes de plaisirs : le plaisir en mouvement, vif et violent qui laisse l'âme troublée, et le plaisir calme, modéré, stable. Le premier est fugitif, très vite épuisé et il se change en douleur. En faire le but de sa vie c'est se condamner au supplice de Tantale. Le second est durable exempt de douleur et laisse l'âme en paix. Épicure veut que l'on préfère le plaisir en repos qui est une sorte de plaisir tout négatif. Pour être heureux, au dire d'Épicure, il faut avoir le corps exempt de douleur, l'esprit libre d'inquiétude et le cœur affranchi de toute passion. Tous les préceptes de la morale doivent tendre à réaliser cet idéal. **Pour** arriver à l'ataraxie, il faut éviter les excès, se retirer de la vie publique, chasser de son esprit le vain fantôme de la vie future et du jugement divin.

3° Utilitarisme de Bentham. — Toute l'école anglaise professe la morale utilitaire. La sagesse consiste à ordonner sa vie de façon à s'assurer un maximum de plaisir au prix d'un minimum de peine : *maximisation du plaisir, minimisation de la douleur*. Bentham s'est surtout appliqué à perfectionner les règles qui président au calcul du plaisir. Sa morale peut être appelée l'arithmétique du plaisir. Pour ce calcul, il distingue : l'intensité, la durée, la proximité, la pureté, l'étendue, la fécondité du plaisir. Quand on a ainsi apprécié un plaisir au point de vue de ses propriétés et lorsqu'on a fait la colonne des profits et la colonne des pertes, on sait s'il faut le rechercher ou le fuir. L'ivrognerie, par exemple, offre des avantages au point de vue de l'intensité, de la proximité. Mais sa durée n'est pas grande ; sa pureté, son étendue, sa fécondité sont absolument nulles. Il faut donc se garder de l'ivrognerie comme d'une mauvaise affaire.

Mais il ne fallait pas seulement que la doctrine d'Epicure s'élargît de manière à procurer un contentement plus véritable ; il fallait, de plus, rendre la vie commune et la vie publique possibles et supportables. Pour combattre l'égoïsme absolu de la morale d'Epicure et son esprit d'isolement mortel au corps social, Bentham admet ce principe : le plus grand bonheur pour le plus grand nombre. Il prétend que le bonheur individuel est inséparable du bonheur général. « L'abeille, en travaillant pour la ruche, travaille pour elle-même. »

4° Utilitarisme rectifié. — Stuart-Mill a voulu perfectionner le système de Bentham, en recourant à l'association et en insistant sur l'accord de l'intérêt particulier et de l'intérêt général. L'homme qui a souvent expérimenté que son bien particulier correspond à l'intérêt général, ne les sépare plus. Stuart-Mill a, de plus, essayé une hiérarchie des plaisirs et a voulu les distinguer par la qualité ; car certains plaisirs ont une valeur intrinsèque qui doit les faire préférer. Quelque intense que soit le plaisir de l'ivrognerie, au point de vue de la dignité, il est inférieur au plaisir de la tempérance. « Il vaut mieux être un homme mécontent qu'un porc satisfait. »

Réfutation des morales utilitaires. — *a)* La doctrine cyrénaïque est avilissante et justifie toutes les turpitudes. C'est une école de débauche. Le plaisir réduit à lui seul est incapable de servir de base à une morale quelconque. Il doit au moins céder la place au principe de l'utilité, qui contient un élément intellectuel pour en régler l'usage.

b) La morale d'Epicure réduit la nature de l'homme à la sensibilité. Or, l'homme n'est pas seulement un être sensible, il est un être raisonnable. Son bonheur ne peut donc pas consister uniquement dans les satisfactions sensibles.

De plus, cette doctrine d'Epicure ne donnait même pas ce qu'elle promettait. Elle aboutissait à un plaisir négatif, à une diminution de la vie humaine, à une existence inactive, réduite, qui est comme un commencement de suicide. Le plaisir est dans l'activité et un plaisir purement négatif (*indolentia*) ne peut satisfaire l'âme humaine.

Enfin Epicure oublie que l'homme est un animal sociable. Cette morale est donc fondée sur une psychologie complètement fausse. La morale d'Epicure est, de plus, pleine d'inconséquences et de contradictions. Il déclare que le plaisir est le principe du bonheur, puis il distingue entre les plaisirs et ne veut plus que le plaisir calme, dont la condition est la vertu. Pourquoi préférer le calme à la vivacité des jouissances ? Si le plaisir est le bien, chacun est libre de prendre son plaisir où il le trouve. Epicure préfère le plaisir calme, un autre préférera les plaisirs violents. C'est pourquoi cette doctrine austère ne tarda pas à retourner au cyrénaïsme. Le plus grand nombre des Epicuriens méprisèrent les fruits exquis qu'Epicure voulait cultiver sur l'arbre de la volupté et s'en tinrent aux appétits grossiers que cette doctrine ne pouvait par interdire.

Enfin, Epicure prêche la vertu, toutes les vertus, mais il en fait des moyens d'être heureux : « il a fait de la vertu, dit Cicéron, la servante de la volupté. »

c) Les utilitaires modernes ont perfectionné la doctrine de l'intérêt personnel. Bentham ne se contente pas, comme Epicure, d'un plaisir négatif ; il veut procurer à l'homme la plus grande somme de plaisir. C'est dans ce but qu'il perfectionne le calcul des utilités, afin d'arriver à un compte qui se solde par un grand excédent de plaisir.

Malgré ce perfectionnement, la morale de l'intérêt est fausse dans son principe, elle n'a pas les caractères de la loi morale et elle est réfutée par ses conséquences.

1º L'intérêt ne peut pas être l'unique mobile de la vie humaine. La conscience a toujours distingué deux motifs d'agir, l'intérêt et l'honnête. Elle a toujours reconnu une différence entre manquer un gain, ce qui est contre l'utile, et faire un marché frauduleux, ce qui est contre l'honnête. Ne nous arrive-t-il pas souvent de nous condamner nous-mêmes pour avoir sacrifié notre devoir à notre intérêt ? Est-ce l'homme intéressé que nous admirons, que nous estimons ? Ne suffit-il pas, au contraire, pour que la plus belle action perde son mérite, que nous apprenions qu'elle a été inspirée par l'intérêt ? Jamais le sens commun n'a confondu le devoir avec l'intérêt.

2º L'intérêt n'a pas les caractères de la loi morale. L'intérêt ne peut être érigé en règle universelle. Comme le plaisir, il varie avec les individus. Ce qui est utile à l'un est nuisible à l'autre. Il varie suivant les situations et les circonstances. « L'intérêt n'a pas de maxime fixe, dit Bossuet, il ne peut être érigé en règle absolue et immuable. »

Il n'est pas obligatoire. Il peut engager, conseiller, il n'ordonne pas. Je ne suis pas tenu d'être un homme habile, je suis tenu d'être honnête homme. Négliger mon intérêt est une maladresse, mais non pas une faute ; je puis en avoir du regret, non du remords. La morale de l'intérêt ne peut donner que des conseils de prudence, non des ordres. Et encore, ses conseils seraient souvent peu clairs. Bien entendre ses intérêts n'est pas facile ; il est plus simple d'être honnête homme.

3° La morale de l'intérêt anéantirait toute moralité. Si l'utile est la règle de nos actions, toutes les actions sont indifférentes en elles-mêmes. Leurs conséquences seules les qualifient. Est bonne une action dont le résultat a été heureux ; est mauvaise une action dont le résultat a été nuisible. Un voleur échappe à la justice, son action est bonne ; il se laisse prendre, son action est mauvaise. Dans cette doctrine, on devrait dire d'un homme vertueux : voilà un habile calculateur ; et d'un criminel mené à l'échafaud : il a mal calculé.

Bentham, pour soustraire la morale de l'intérêt à l'égoïsme épicurien, prescrit la recherche du bonheur des autres : le plus grand bonheur pour le plus grand nombre. Or, l'intérêt général ne possède pas plus que l'intérêt particulier les caractères de la loi morale.

1° Il n'est pas obligatoire. Dans la doctrine de l'intérêt, on ne peut faire de l'intérêt général une fin qui commande, en cas de conflit, le sacrifice de l'intérêt personnel. Sur quoi serait fondée cette obligation ? Il n'est pas vrai, d'ailleurs, que l'intérêt général s'accorde toujours avec les intérêts individuels. Faire le bonheur d'autrui est la meilleure manière de faire le mien, dit Bentham. L'abeille, en travaillant pour la ruche, travaille pour elle-même. Cette doctrine, qui suppose que le bonheur particulier et le bonheur général coïncident toujours, est inexacte. Ils se trouvent souvent en opposition et en conflit. Il est de l'intérêt de la patrie que le soldat se dévoue pour elle. Est-il de l'intérêt du soldat de se dévouer pour la patrie ? Il est de l'intérêt de l'humanité de connaître la vérité. Est-il de l'intérêt du missionnaire d'aller la répandre au péril de sa vie ? Dans les cas nombreux où les intérêts sont en lutte, la morale utilitaire me commandera-t-elle de sacrifier le bonheur universel à mon propre bonheur ? C'est retomber dans l'égoïsme. Me commandera-t-elle de sacrifier mon bonheur au bonheur général ? Mais comment, au nom du bonheur, me dira-t-elle de renoncer à mon bonheur ? Seule la raison peut nous faire préférer le bonheur général à notre bonheur propre, en nous montrant que cela est meilleur.

2° L'intérêt général est encore moins clair que l'intérêt personnel. Il est déjà difficile de distinguer clairement l'intérêt personnel. Combien l'est plus encore la connaissance de l'intérêt général ?

3° La loi morale nous commande-t-elle d'agir toujours en vue de l'intérêt général et de l'utilité sociale ? Non seulement elle ne le commande pas, mais elle prescrit souvent le contraire. On a souvent voulu justifier par l'intérêt général les plus grands crimes. La conscience humaine ne cessera jamais de protester contre cette doctrine et l'histoire condamne l'application qui en a été faite.

d) La qualité du plaisir. Stuart-Mill a eu raison de vouloir introduire dans la morale la qualité du plaisir. Mais, dans la doctrine de l'intérêt, c'est une tentative irréalisable. C'est sortir du système de l'intérêt. Si le plaisir est le bien, un plaisir ne peut être préféré à un autre que parce qu'il contient plus de plaisir. Dans le principe de l'utile, les plaisirs ne peuvent différer que par la quantité. Lorsque Stuart-Mill affirme que les plaisirs les meilleurs sont dus à l'exercice de nos facultés les plus élevées, il contredit le principe même de l'utilitarisme ; car il suppose qu'il existe en nous une faculté qui, en soi et avant qu'elle nous procure du plaisir, est plus noble et plus excellente que les autres. Le plaisir n'est donc pas la mesure du bien. Enfin Stuart-Mill n'a pu trouver dans son système un critérium de la qualité du plaisir. Il a proposé le témoignage de ceux qui auraient goûté les deux plaisirs. Newton et saint Vincent de Paul, lui a-t-on répondu, ne seraient donc pas compétents dans cette question. Stuart-Mill a eu l'excellente intention de perfectionner la morale utilitaire en y introduisant « des éléments stoïciens et même chrétiens », y compris cette règle : « aimez votre prochain comme vous-même ». Il a lui-même reconnu l'inutilité de sa tentative et a fini par écrire : « Pour être heureux, il n'y a qu'un moyen : prendre pour fin de la vie, non le bonheur, mais quelque fin étrangère au bonheur. »

c) **La morale évolutionniste.** — Cette morale est une doctrine utilitaire. Elle accepte que tout procède de la sensation et que tout doit tendre au plaisir et à l'utile. Spencer explique les intuitions morales actuelles comme le résultat d'expériences accumulées d'utilité, dans les innombrables générations. Ces expériences ont produit des modifications nerveuses correspondantes qui ont donné naissance aux facultés d'intuition morale. A l'origine, certains actes furent reconnus comme utiles et devinrent l'objet d'approbation. Ceux dont l'expérience constata les effets nuisibles, devinrent l'objet de blâme. Ainsi s'explique la distinction du bien et du mal et les émotions qui lui répondent.

Cette première création de l'évolution a été suivie d'une seconde, la transformation de l'égoïsme en altruisme. L'homme vivant en société ajoute au souci de ses intérêts le souci des intérêts d'autrui. Peu à peu il arrive à poursuivre le bonheur des autres sans retour égoïste et à pratiquer l'altruisme. Ces nobles sentiments vont toujours en augmentant dans l'humanité. Un jour viendra où les sentiments altruistes règneront dans l'âme humaine, et alors, le bien moral ou le dévouement sera si agréable qu'on le pratiquera sans aucun effort. La conduite morale sera la conduite naturelle de l'homme arrivé au terme de l'évolution morale.

Cette accumulation héréditaire et organiquement transmise des expériences d'utilité et produisant la notion de bien, est absolument insoutenable, parce que l'utile et l'honnête ont des oppositions trop manifestes. D'après Spencer, l'honnête et l'utile auraient été identiques dans le principe. Comment expliquer qu'aujourd'hui ils nous paraissent si profondément distincts que l'honnêteté se manifeste ordinairement à nous par son opposition avec l'utile ? Si l'utile est la source de l'honnête, comment nous sentons-nous obligés à faire certains actes opposés à l'intérêt ?

De plus, l'utilité, même générale, ne peut jamais revêtir aux yeux de la conscience un caractère obligatoire et, de plus, elle est souvent variable et ne peut jamais fournir cette loi absolue, immuable, la seule à laquelle soit tenue d'obéir la volonté.

Spencer a le tort grave de confondre les sentiments altruistes avec la moralité. Or, tout amour de soi n'est pas coupable et tout sentiment altruiste n'est pas vertueux. L'altruisme peut avoir ses excès comme l'égoïsme.

Il avoue que les sentiments altruistes ne sont pas encore assez développés pour que sa morale devienne applicable à l'humanité. C'est donc une morale construite pour une humanité qui n'existe pas encore et qui peut-être n'existera jamais.

Il est bien évident que, dans la morale de Spencer, on agirait à peu près comme l'exige aujourd'hui la morale du devoir ; mais personne n'agirait par devoir et par conséquent la véritable moralité n'existerait pas.

Morales sentimentales. — Certains philosophes ont vu dans le sentiment le principe de la moralité. Le sentiment est pour eux le grand moteur de l'activité humaine. D'autre part, s'il y a dans l'homme des sentiments égoïstes, il y a aussi en lui des affections sympathiques et sociales et des aspirations vers le vrai, le beau et le bien que nous pouvons prendre pour guides dans la direction de notre vie. Tous ces philosophes sont loin d'être d'accord quand il s'agit de déterminer à quel sentiment l'honnête homme doit obéir. De là une grande variété dans les morales sentimentales.

1° Morale de la bienveillance. Hutcheson enseignait que la meilleure règle de conduite est de se laisser guider par la *bienveillance* ; car cette inclination, qui nous porte à faire du bien à nos semblables, à nous intéresser même aux êtres inférieurs doués de vie et de sensibilité, est ce qu'il y a de plus délicat dans la nature humaine. D'après Hutcheson, les actions vertueuses sont celles que la bienveillance inspire. Etouffer en nous les désirs égoïstes, proscrire tous les plaisirs nuisibles ou inutiles à la société, voilà l'idéal moral.

Réfutation. Les sentiments égoïstes ne sont pas toujours mauvais. Plusieurs vertus ont pour principe un amour bien entendu de soi : charité bien ordonnée commence par soi-même. Cette doctrine n'est donc pas exacte au point de vue moral. Au point de vue économique et social, elle est non moins condamnable. Si la société a besoin d'hommes dévoués, l'intérêt privé n'en est pas moins l'un des moteurs de la machine sociale. Enfin, la doctrine de la bienveillance ne fonde en réalité aucun devoir. On ne peut obliger les hommes à éprouver des sentiments bienveillants.

2° Morale de la sympathie. Adam Smith, dans sa théorie des sentiments moraux, prend pour règle des mœurs la sympathie. La sympathie est la tendance générale de l'homme à partager les joies et les peines, les affections, les désirs et les craintes d'autrui. Nous sympathisons non seulement avec les autres hommes, mais avec les animaux, avec des êtres inanimés. Adam Smith fonde sur la sympathie toute la morale. Une action qui excite notre sympathie est bonne, une action qui excite notre antipathie est mauvaise. La sympathie que nous éprouvons pour nos semblables et qu'ils éprouvent pour nous, telle est la règle de la moralité.

Pour juger de la valeur de nos propres actions, il imagine la règle suivante : agis de manière à mériter la sympathie d'un spectateur impartial et désintéressé. S'il sympathise avec ton action, l'action est bonne.

Réfutation. Il y a dans cette théorie des vérités de détail, elle renferme des analyses psychologiques délicates. Elle nous décrit avec exactitude la manière d'agir d'un grand nombre d'hommes. Mais, comme théorie générale de la moralité, elle est inacceptable. La sympathie donnerait à nos actions une règle mobile, qui changerait avec les dispositions de nos semblables. Au milieu de gens malhonnêtes, les actions les plus sévèrement flétries par la conscience excitent la sympathie. Dans une société d'hommes violents, un acte cruel peut être sympathique. Adam Smith croit fixer cette règle mobile en substituant à la multitude un spectateur impartial. Mais, qu'est-ce qu'un spectateur impartial, sinon un spectateur sans sympathie ? Par suite, comment ériger en règle de conduite la sympathie, quand on est forcé d'ajouter : il faut s'en défier et consulter un juge qui ne la possède pas ?

La sympathie, comme la bienveillance, peut d'ailleurs nous égarer. Elle n'est pas la mesure du bien. Il y a des vertus austères qui ne sont pas naturellement sympathiques et des vices aimables qui n'ont que trop d'attraits.

Adam Smith se méprend sur les rapports qui existent entre la sympathie et les jugements de la conscience morale : il prend la cause pour l'effet. Ce n'est pas parce qu'une action excite notre sympathie que nous la jugeons bonne ; c'est parce que nous la jugeons bonne, qu'elle excite notre sympathie. Enfin, la sympathie est si peu la règle de nos devoirs qu'il nous arrive souvent de heurter sciemment l'opinion, de faire le sacrifice de la sympathie de nos semblables, pour obéir à notre conscience. Jules Simon a dit avec raison que ce système est ingénieux dans ses détails, mais puéril dans l'ensemble.

3º MORALE DE LA SATISFACTION DE LA CONSCIENCE ET DU REMORDS. C'est la doctrine de Rousseau : agis toujours de manière à ne pas ressentir de remords et à jouir de la satisfaction de la conscience.

Réfutation. Rousseau prend pour principe ce qui n'est qu'une conséquence. Ce n'est pas parce que nous éprouvons la satisfaction morale ou le remords, que nous jugeons avoir bien ou mal agi ; c'est, au contraire, le jugement que nous portons sur la moralité de notre acte qui produit le sentiment. Sans ce jugement, le remords et la satisfaction de la conscience n'ont pas leur raison d'être.

4º MORALE DE L'HONNEUR. Plusieurs philosophes ont voulu fonder la morale sur le sentiment de l'honneur : agis de manière à mériter l'estime des autres hommes et à éviter tout ce qui pourrait te causer des sentiments de honte.

Réfutation. Le sentiment de l'honneur a une grande valeur. Il est souvent la sauvegarde de la dignité personnelle. On ne veut pas s'avilir aux yeux de ses semblables et à ses propres yeux. Ce noble sentiment ne peut cependant servir de base à la morale. Il varie selon les hommes et dépend de la société dans laquelle on vit. Ajoutons que, même dans la société la plus saine, il peut y avoir des préjugés, des coutumes, au-dessus desquelles on doit savoir s'élever. Par exemple, il s'attache encore au duel je ne sais quel prestige qui fait qu'un homme insulté croirait déchoir, s'il s'y dérobait, et pourtant la conscience condamne cette coutume. Dans d'autres circonstances, l'honneur est plus exigeant que la conscience : pourquoi une dette de jeu serait-elle plus sacrée qu'une autre ?

Enfin, prendre l'opinion publique comme règle, ce serait ériger en loi le respect humain, c'est-à-dire la soumission aux caprices de ceux qui nous entourent, à l'opinion régnante, mobile ordinaire des vaniteux et des ambitieux. « La vertu, dit Jules Simon, ne dépend de personne, l'honneur dépend de tout le monde. » Enfin, cette morale ne serait une règle que pour les actes extérieurs et publics.

Il ne faut pas compter non plus sur l'efficacité de la morale fondée sur *la dignité personnelle* : Traite la personne humaine en toi-même et en autrui comme une fin et non comme un moyen. Sans doute, la personne humaine est une fin par rapport aux êtres extérieurs, qui ne sont que des moyens dont elle peut user pour réaliser sa destinée ; mais la personne humaine n'est pas une « fin en soi ». Seul l'Être parfait peut se prendre lui-même pour la fin de ses œuvres. Il ne suffit pas de dire à l'homme : conserve ta dignité, respecte les droits d'autrui comme les tiens ; s'il n'est pas soumis à l'autorité suprême de Dieu, il n'est pas suffisamment armé contre ses passions.

5° MORALE DE LA PITIÉ. Schopenhauer et ses disciples soutiennent que la moralité consiste à renoncer à vivre pour soi. La vie étant essentiellement mauvaise, tous nos devoirs envers nos semblables se résument dans la *pitié*. La justice et la bienfaisance sont les effets de la pitié et elle nous conduit au but suprême de la vie, qui est l'abolition du vouloir.

Réfutation. Dans la doctrine panthéiste de Schopenhauer, nos semblables ne sont pas des individus conscients et souffrants ; pourquoi en aurais-je pitié ? Cette doctrine est, de plus, contradictoire. Si le but suprême de la vie est le renoncement à la vie, pourquoi essaierions-nous de prolonger cette existence essentiellement mauvaise par la pitié et par ses bienfaits ? Il serait plus logique d'infliger à autrui le plus de souffrances possibles pour les encourager au renoncement à la vie, qui est le but suprême.

6° MORALE D'AUGUSTE COMTE. D'après Comte, l'humanité est faite pour vivre en société ; or la société est impossible sans le dévouement et le sacrifice. L'altruisme est donc une conséquence obligatoire de cette tendance à vivre en société. La formule de la loi morale sera donc : vis pour les autres.

Réfutation. Nous avons réfuté dans Hutcheson et dans Spencer les principales affirmations de ce système ingénieux. Nous nous contenterons d'ajouter qu'Auguste Comte ne prouve pas la supériorité des inclinations altruistes et qu'il n'établit pas que le désintéressement et le dévouement s'imposent à moi et lient ma volonté.

CONCLUSION. — La morale sentimentale l'emporte sur la morale utilitaire de toute la supériorité du sentiment sur la sensation ; elle est désintéressée, tandis que la morale utilitaire est égoïste. Cependant il faut rejeter tous les systèmes sentimentalistes.

1° Ils prennent pour principe ce qui n'est qu'une conséquence ; le sentiment a toujours pour condition une idée qui l'inspire. La bienveillance, la sympathie, la satisfaction de la conscience ne se comprennent pas sans certains jugements moraux dont elles sont les manifestations sensibles. Telle action excite ma sympathie, ou fait naître la satisfaction de la conscience, parce que je juge qu'elle est bonne. La réciproque est une pétition de principe : comment faire dériver la connaissance de la bonté ou de la malice d'une action d'un sentiment qui ne peut exister sans cette connaissance ?

2° La morale sentimentale n'a pas les caractères que doit avoir la vraie morale. Le sentiment ne peut fonder une loi universelle, absolue et obligatoire. Il n'est pas le même chez tous les hommes, il est relatif aux individus et aux circonstances. Il agit par attrait, non par ordre ; il incline, il excite la volonté, il ne commande pas. Non seulement nous ne sommes pas toujours obligés de le suivre, mais nous sommes souvent obligés de le combattre. Le sentiment est soumis à toutes les fluctuations de la sensibilité ; il est mobile, changeant, sujet aux défaillances, à l'exaltation et il est impossible de fonder une morale claire, solide et pratique sur ce terrain mouvant. Si nos sentiments étaient la mesure de nos appréciations sur le bien et sur le mal, il y aurait autant de de morales que d'individus.

II. — Morales rationnelles.

Morale du devoir ou de l'obligation. — Ni le plaisir ni l'intérêt, ni le sentiment ne peuvent servir de principe à la moralité et donner à la vie une règle absolue, universelle et obligatoire, et tous les systèmes, qui en font la fin de l'activité humaine, se condamnent par leurs conséquences.

Il y a une autre doctrine morale qui repose sur la notion de liberté et de devoir et se fonde sur le grand fait de l'obligation morale. Les empiriques ne peuvent nier ce fait : nous nous sentons obligés vis-à-vis d'une loi que nous appelons le bien et qui nous commande sans nous contraindre. Nous sentons immédiatement que nous devons et que nous pouvons accomplir cette loi, que nous sommes liés vis-à-vis d'elle et capables de l'enfreindre. Il n'y a pas de fait plus positif et plus vérifiable. Le remords et l'indignation en sont des manifestations spontanées et universelles. « Les mauvaises actions, dit Sénèque, sont fustigées par la conscience. Rien n'égale les tourments qu'elles nous causent ; car ils la travaillent et la tourmentent sans cesse. » Est-il rien de plus évident que le sentiment d'indignation que l'homme de bien éprouve pour les triomphes de la force heureuse et criminelle ?

La vie sociale tout entière repose sur l'idée d'obligation. Il ne s'élève pas un tribunal pour juger un accusé, que la question d'obligation et de responsabilité morale ne soit soulevée. La peine s'augmente dans la mesure où le coupable a été capable de discernement et de volonté. Le sentiment de l'obligation, qui a pour corollaire celui de la responsabilité, constitue le fait moral le plus important, tel qu'il se dégage de l'âme humaine et des faits sociaux les plus caractéristiques. Les morales empiriques, qui sont toutes d'accord pour nier ce fait, sont donc en contradiction avec la réalité.

Le motif du bien peut seul être le principe de cette obligation et fonder une morale digne de ce nom et sérieusement efficace. L'idée du bien est seule absolue et universelle, seule elle peut créer l'obligation.

L'idée du bien est absolue. Nous ne pouvons concevoir le bien, l'idéal de notre nature, sans être attirés vers lui. Mais, en même temps qu'il produit cet attrait, il nous domine par sa grandeur. Il s'impose à la raison sans condition. C'est au nom du bien, indépendamment de l'intérêt ou du sentiment, que la conscience ordonne ou défend, approuve ou condamne.

L'idée du bien est universelle. C'est un fait que tout homme a l'idée du bien et qu'il distingue le bien du mal.

L'idée du bien est obligatoire. C'est par ce caractère qu'elle se distingue des autres idées de la raison, de l'idée du vrai, de l'idée du beau. C'est à cause de ce caractère d'obligation que le bien s'appelle le devoir. Tout devoir suppose un bien. « Si je demande à un honnête homme, dit Cousin, pourquoi il a respecté le dépôt qui lui était confié, il me répondra : c'était mon devoir. Si je lui demande pourquoi c'était son devoir, il me répondra : parce que c'était bien. » C'est la raison qui nous fait connaître le bien et nous ordonne de l'accomplir. La règle de la vie morale est donc de suivre notre raison, nous montrant le bien comme obligatoire : fais ce que dois. Lorsque le devoir a parlé, tout plaisir, tout intérêt, tout sentiment doit être méprisé, il faut accomplir le devoir.

Mais d'où vient le caractère d'obligation qui fait du bien un devoir et qui l'impose à notre volonté comme devant être réalisé? Cette obligation ne peut s'expliquer que par un commandement divin. Cette obligation n'a pourtant pas pour fondement la volonté arbitraire de Dieu, comme l'ont soutenu Scot et Descartes, mais bien la volonté très sage de Dieu qui a établi l'ordre essentiel des choses et qui ordonne de conserver cet ordre et défend de le troubler. C'est dans ce sens qu'il faut entendre la définition que saint Thomas donne de la loi morale : *voluntas Dei ordinem naturalem conservare jubens, perturbari vetans.* Le devoir repose donc à la fois sur la nature de l'homme et sur la volonté de Dieu. La conscience nous dicte le devoir conforme à la nature humaine, la volonté divine, dont la conscience est l'expression, lui donne la forme obligatoire et en fait un devoir rigoureux.

2° **Morale du devoir pur.** — De ce que l'intérêt et le sentiment ne peuvent servir de principe à la morale, il ne s'ensuit pas qu'ils doivent en être exclus et qu'ils n'y jouent aucun rôle.

Le sentiment, en particulier, bien loin d'être l'adversaire du devoir, en est un auxiliaire important et même indispensable ; car le cœur restera toujours un puissant moteur de la volonté. C'est ce que n'ont pas compris les Stoïciens et les Kantistes.

a) MORALE STOÏCIENNE. Les Stoïciens mettent la vertu dans la conformité à la raison et condamnent tout sentiment comme empêchant le calme de l'âme.

b) MORALE KANTISTE. Frappé de l'autorité du devoir et de la valeur qu'il donne à nos actions, Kant ne reconnaît le caractère de la moralité que dans l'obéissance au devoir pur. Le devoir est l'obéissance à la loi par respect pour la loi. L'homme doit accomplir le devoir, abstraction faite de tout mobile intéressé ; même les bons sentiments seraient un obstacle à la vraie moralité.

Plusieurs interprètes de cette doctrine l'ont poussée plus loin encore. A leurs yeux, celui-là seul est un être moral, au sens rigoureux du mot, qui est capable d'imposer silence à ses inclinations et de se soumettre à la loi, uniquement par respect pour la loi. Tout souci de notre intérêt propre, toute recherche d'un plaisir, quel qu'il soit, enlève à notre conduite son caractère moral : nous ne sommes plus que des égoïstes. Ainsi, égoïste est l'enfant qui travaille, non par pur respect du devoir, mais pour mériter l'affection des siens, pour réussir dans ses études ; égoïste et sans mérite, l'ouvrier, dont l'ardeur est soutenue par la promesse d'un salaire et l'espoir d'un avancement ; égoïste, enfin, l'homme qui se dévoue à sa famille, à son pays, avec l'arrière-pensée que son sacrifice lui sera compté un jour, sinon dans cette vie, du moins dans une vie meilleure. Tous ne sont que « des spéculateurs de vertu » et leurs bonnes actions, « des placements intéressés ! »

Appréciation. La doctrine stoïcienne a, par rapport à la doctrine de Kant, une double infériorité : elle ne connaît pas l'impératif catégorique et n'admet pas la vie future. Bornons-nous à dire qu'elle méconnaît la nature humaine, en supprimant la sensibilité. L'homme n'est pas seulement un être raisonnable, il est un être sensible. Si la sensibilité doit être subordonnée à la raison, elle ne doit pas, elle ne peut pas être anéantie. Le sage stoïcien qui aurait anéanti toutes les affections généreuses du cœur, la pitié, par exemple, que le stoïcisme repousse comme une faiblesse, ne serait pas l'homme parfait et idéal ; car il ne serait plus un homme.

La morale kantiste ne se propose pas d'anéantir la

sensibilité; mais elle jette de la défaveur sur les bons sentiments, qui rendraient la lutte pour le devoir moins pénible et par conséquent moins méritoire. C'est une exagération évidente. Si le sentiment a ses dangers, quand il est laissé à lui-même, et s'il ne peut servir de base à la morale, il est utile, quand il se met au service du devoir : il nous fait aimer le bien, soutient notre volonté, lui rend plus facile l'accomplissement du devoir. Si vous supprimez le charme qui accompagne le dévouement à nos semblables, l'obéissance à la loi, les sacrifices faits à la vérité et à la justice, tous ces actes deviennent inexplicables ; ils ne seraient pas accomplis, s'ils ne nous étaient en quelque façon agréables : « L'homme vertueux, dit Aristote, trouve du plaisir à faire des actes de vertu. » Est-ce que ce sentiment peut diminuer sa valeur morale ? Cela nous rappelle l'ironie de Schiller : « Je rends volontiers service à mes amis, cela m'inquiète ; j'ai souvent un remords de n'être pas vertueux. » Que l'homme vertueux trouve du plaisir à faire le bien, quoi de plus juste ? N'est-il pas dans l'ordre que la plus noble des activités produise cette fleur exquise ? Le bien n'est pas seulement digne de respect, il est aussi digne d'amour et nous devons tendre vers lui avec toute notre âme. Tout sentiment moral distinct du respect n'est donc pas l'ennemi de la vertu ; il en est l'ornement et la fleur.

Du rôle de l'intérêt et du sentiment en morale. — Nous avons établi que la vraie loi de l'activité humaine, c'est la loi morale ou le devoir, c'est-à-dire le bien conçu comme obligatoire. Toutefois, s'il est impossible de substituer l'intérêt ou le sentiment au devoir, comme loi de notre activité, il ne s'ensuit pas que ces deux principes d'action soient en opposition avec le devoir ou sans influence sur son accomplissement.

a) En accomplissant son devoir, l'homme se perfectionne dans sa nature et devient de plus en plus homme. Le devoir est donc d'accord avec l'intérêt supérieur de l'homme.

Les avantages qu'apporte ordinairement la vertu avec elle, et surtout les récompenses de la vie future, sont un puissant encouragement à pratiquer le bien. La considération des avantages attachés à la pratique du devoir n'enlève pas tout mérite à l'action morale, comme on l'a prétendu, pourvu que l'agent moral n'agisse pas uniquement par l'attrait des avantages ou la crainte des inconvénients qu'entraînent l'accomplissement ou la violation du devoir, en excluant toute considération du respect que nous devons à la loi pour elle-même. Puisque l'homme est un être sensible en même temps que raisonnable, pourquoi lui interdirait-on de mêler la considération de son intérêt à celle de son devoir, toutes les fois que ces deux motifs d'action ne sont pas en conflit, surtout quand la pensée du premier peut l'exciter à mieux respecter le second ?

b) Le sentiment n'est pas pour le devoir un auxiliaire moins utile que l'intérêt. Plus on aime le devoir, plus on l'accomplit avec promptitude. Il y a là une influence très utile à opposer aux tendances mauvaises de notre nature qui luttent contre le devoir. Nous avons besoin, dans la lutte pour le devoir, de faire appel à toutes les puissances de notre nature. Il faut donc savoir nourrir et développer en soi l'amour du devoir et s'habituer à trouver dans l'obéissance à la loi des joies pures et parfaites qui nous attacheront de plus en plus à la vertu.

CHAPITRE II

MORALE SPÉCIALE

La morale spéciale a pour objet les devoirs de l'homme ou les actes ordonnés par la loi morale et par la conscience dans la vie privée, sociale et religieuse. Elle traite de nos devoirs individuels, de nos devoirs envers nos semblables et de nos devoirs envers Dieu.

Art. 1er. — DEVOIRS INDIVIDUELS

On a soutenu que l'homme n'avait pas de devoirs envers lui-même. Cette théorie est inadmissible. D'abord, il est impossible de remplir ses obligations envers les autres, si on ne remplit pas ses obligations envers soi-même. Comment, par exemple, respectera-t-on le bien des autres, si on est cupide et trop intéressé ? Comment respectera-t-on la charité, si on se laisse égarer par les emportements de la passion ? Ensuite, l'homme est l'objet des devoirs individuels, il n'en est pas le principe. La source des devoirs qui obligent l'homme envers lui-même, c'est la volonté de Dieu infiniment sage, qui, en nous assignant une fin conforme à notre nature, nous impose l'obligation de respecter en nous-mêmes l'ordre établi par sa sagesse. « De ce que l'homme est libre, dit Cousin, il ne faut pas conclure qu'il a sur lui-même tout pouvoir ; au contraire, de cela seul qu'il est doué de liberté, je conclus qu'il ne peut sans faillir dégrader sa liberté. La liberté est non seulement sacrée aux autres, elle l'est à elle-même ».

Tous nos devoirs personnels se résument dans l'obligation de respecter en nous la nature humaine. L'homme ne doit jamais préférer le bien sensible au bien de la raison. Sacrifier sa dignité d'homme et lui préférer quelque satisfaction sensible, c'est trahir sa nature et, par conséquent, désobéir à la loi morale. Kant a bien exprimé ce respect dû à la personne humaine dans la célèbre formule qui pourrait résumer toute la morale : « agis toujours de telle sorte que tu traites l'humanité, soit en toi-même, soit en autrui, comme une fin, jamais comme un moyen ». Par conséquent la personne humaine est inviolable et sacrée pour elle-même et pour autrui. Cette formule, malgré sa grande beauté, ne peut être acceptée qu'à la condition de ne pas oublier que l'homme n'est pas à lui-même sa fin suprême, qu'il est subordonné à Dieu.

L'obligation de respecter en nous notre nature raisonnable renferme non seulement le devoir de la conserver, mais encore de la perfectionner. Ce n'est pas que la perfection oblige dans chaque cas particulier, mais, d'une manière générale, nous devons y tendre ; car on ne saurait se rendre le témoignage qu'on aime sincèrement le bien, si, au moins d'une manière générale, on ne s'efforce pas d'atteindre au mieux. Il est d'ailleurs évident que si on ne vise qu'à remplir ses obligations strictes, on s'expose à violer même le devoir. Donc conserver et perfectionner tout son être, toutes ses facultés, voilà le devoir.

Les devoirs individuels peuvent se diviser en devoirs relatifs à l'âme, en devoirs relatifs au corps, et en devoirs relatifs à l'union de l'âme et du corps.

Devoirs envers l'âme.— Ils se divisent en devoirs envers l'intelligence, envers la volonté et envers la sensibilité.

a) Devoirs envers l'intelligence (sagesse). Le premier devoir envers l'intelligence est de s'instruire. L'instruction est nécessaire : on ne remplit bien ses devoirs que lorsqu'on les connaît. La science est désirable en elle-même, comme développement de la faculté qui caractérise la nature humaine. La science détache l'âme des plaisirs grossiers et l'élève au-dessus des préoccupations égoïstes.

Un autre devoir envers l'intelligence est de nous prémunir contre l'erreur et d'être sincère envers les autres, ce qui exclut le mensonge, et envers nous-même, ce qui nous commande la modestie et l'humilité.

La sagesse suppose la prévoyance.

b) Devoirs envers la volonté (courage). Le perfectionnement de la volonté est la condition de toutes les vertus individuelles. L'homme de bien doit habituer sa volonté à braver tous les obstacles qui s'opposent à l'accomplissement du devoir. Il faut apprendre à se vaincre soi-même. « Imperare sibi maximum imperium est », disait Sénèque. Il y a différentes formes du courage : le courage civil, le courage militaire, le courage moral ou l'indépendance du caractère, qui demande la solidité des principes et une volonté ferme pour agir d'une manière conforme à ses convictions. Dans l'adversité, la volonté doit s'armer de résignation et de patience : la patience est le signe d'une grande force. Franklin disait : « Ne vous laissez pas troubler par des bagatelles ni par des accidents ordinaires et inévitables. » Une volonté parfaite doit avoir enfin l'esprit d'initiative et la constance.

Le travail est un des moyens les plus efficaces pour fortifier graduellement notre volonté.

c) Devoirs envers la sensibilité (tempérance). La sensibilité étant le moteur de notre activité, est bonne, mais elle est dangereuse. Il faut donc la soumettre au joug de la raison, développer les bonnes inclinations et combattre énergiquement les mauvaises ; car la passion aveugle ou obscurcit l'intelligence, en même temps qu'elle enchaîne notre liberté. La tempérance a trois formes principales : la sobriété, la frugalité, la pureté.

Devoirs envers le corps. — La vie physique est la condition de la vie morale. Un corps maladif est un empêchement pour l'âme dans l'accomplissement de ses fins. Le sujet de la vie morale doit donc être, d'après la devise des anciens : *mens sana in corpore sano*.

Nous devons éviter les imprudences inutiles, les excès de travail, les macérations excessives, observer les règles de l'hygiène, rendre le corps sain et robuste. Les exercices d'entraînement physique : gymnastique, escrime, qui augmentent la vigueur des organes, intéressent la morale. Voici quelques préceptes d'hygiène : 1° L'alcool est un poison. « On s'est effrayé du choléra ; l'eau-de-vie est bien un autre fléau », a dit Balzac. 2° L'usage immodéré du tabac présente aussi des inconvénients sérieux pour la santé ; 3° Il faut manger peu de viande.

Enfin, nous devons ne pas flatter le corps et nous rappeler qu'il est le temple de l'âme.

Devoirs envers l'union du corps et de l'âme. — Il ne nous est pas permis de la détruire par le suicide. Quoiqu'en aient pensé les Épicuriens et les Stoïciens, le suicide est un acte profondément immoral.

Le suicide est la violation des droits de Dieu. La vie nous est donnée comme un dépôt que nous devons faire valoir.

C'est une défaillance et une lâcheté, puisqu'on est incapable de supporter les douleurs et les amertumes de la vie.

De deux choses l'une : l'homme qui souffre est responsable des maux qui l'accablent ou non ; dans le premier cas, le devoir est de vivre pour essayer de réparer le mal qu'on a fait ; dans le second cas, la conscience de son innocence doit lui suffire et il aura un grand mérite à supporter ses maux. Tant qu'il nous reste un souffle de vie, nous pouvons faire quelque bien.

Enfin, le suicide est une profonde immoralité. Celui qui le commet dit : « je ne veux plus faire mon devoir », puisque la vie est la condition de son accomplissement. Se donner la mort, c'est renoncer d'un seul coup à tous ses devoirs. Kant avait donc raison de dire : « détruire dans sa personne le sujet de la moralité, c'est, autant qu'il est en soi, faire disparaître du monde la moralité elle-même : c'est disposer de soi pour une fin arbitraire, et avilir l'humanité dans sa personne. »

La mort courageusement affrontée ou subie pour une cause juste et sainte est belle et héroïque. Il faut mourir plutôt que de trahir la loi du devoir : « *potius mori quam fœdari.* » Le suicide est la mort pour fuir le devoir ; le dévouement et le sacrifice est la mort pour obéir au devoir. C'est une honte d'hésiter à sacrifier sa vie, quand le véritable honneur le demande.

Summum crede nefas animam præferre pudori,
Et propter vitam, vivendi perdere causas (Juvénal).

Devoirs relatifs aux animaux et aux objets matériels. — A parler en rigueur, nous n'avons pas de devoirs envers les animaux, puisque les animaux ne sont pas des personnes et n'ont pas de droits. Mais il est incontestable que notre manière de traiter les animaux peut être contraire à la loi morale. L'homme se doit à lui-même d'agir à l'égard des êtres inférieurs conformément à la raison. Le gaspillage des choses, leur détérioration et leur destruction sans motif légitime, sont des actes déraisonnables, et par là même immoraux. On peut dire la même chose des souffrances imposées aux animaux et, à plus forte raison, du meurtre des animaux, quand ils ne sont pas justifiés par la nécessité ou l'utilité. Si l'homme tue, maltraite, fait souffrir les animaux par caprice ou par colère, il cède à des penchants désordonnés, il agit mal. Il développe ainsi en lui-même des instincts de cruauté, qui peuvent devenir nuisibles à nos semblables. Aussi a-t-on sagement, dans certains pays, porté des lois pour la protection des animaux.

Moyens de perfectionnement moral. Les deux moyens principaux sont : le travail, la connaissance de soi-même et l'examen de conscience.

Art. II. — DEVOIRS ENVERS NOS SEMBLABLES.

La morale sociale est l'ensemble des devoirs qui règlent les relations de l'homme avec ses semblables.

L'homme est né pour la société. En dehors de la société, il ne peut vivre et se développer ni physiquement ni intellectuellement, ni moralement. En fait, l'homme vit et a toujours vécu en société.

La morale sociale se divise en trois parties : 1° La morale sociale proprement dite, qui comprend les devoirs de l'homme dans la société en général ; 2° la morale civique, qui comprend les devoirs de l'homme dans l'État ; 3° la morale domestique, qui comprend les devoirs de l'homme dans la famille.

I. — LA MORALE SOCIALE PROPREMENT DITE

Les devoirs généraux de l'homme envers ses semblables sont les devoirs de justice et les devoirs de charité.

Si nous devons respecter en nous la personne humaine, nous devons aussi la respecter dans nos semblables. « L'homme est une chose sacrée pour l'homme, a dit Sénèque. « Agis toujours, dit Kant, de manière que tu traites l'humanité, en toi-même et en autrui, comme une fin et non comme un moyen. » Ce principe de la dignité de la personne humaine résume à la fois tous les devoirs de le morale personnelle et de la morale sociale. De même que nous sommes obligés de conserver en nous l'intégrité de la personne humaine et de tendre à la perfectionner, de même nous sommes obligés de ne pas nuire à la personnalité d'autrui et de contribuer, autant qu'il est en nous, à son perfectionnement. Les devoirs que nous avons envers l'intégrité de la personne de nos semblables s'appellent devoirs de justice ; ceux que nous avons envers son perfectionnement s'appellent devoirs de charité. Les premiers se résument dans cette maxime : « ne fais pas à autrui ce que tu ne voudrais pas qu'on te fît à toi-même », les seconds, dans celle-ci : « fais à autrui ce que tu voudrais qu'on te fît à toi-même ».

JUSTICE ET CHARITÉ

Nature de la justice. Le droit. — La justice consiste, dit Cicéron, à ne nuire à personne et à rendre à chacun ce qui lui est dû. On la définit encore l'habitude de respecter les droits d'autrui. Le fondement de la justice étant dans le droit, il importe donc de définir le droit.

Le droit se définit : le pouvoir moral dont jouit tout être raisonnable, de posséder ce qui lui appartient en propre et d'exiger ce qui lui est dû.

On peut encore le définir : le pouvoir moral et inviolable qu'a la personne humaine de ne pas être empêchée dans le libre exercice de son activité.

Le droit, dit Leibniz, est un pouvoir moral, comme le devoir est une nécessité morale. C'est une prérogative, non de l'ordre physique, mais d'ordre idéal et rationnel. De même que le devoir est une nécessité morale, qui ne nécessite pas toujours, qui ne contraint pas, de même, le droit est un pouvoir, qui est souvent impuissant, puisqu'il peut être violé. Mais alors même qu'il est violé, il reste inviolable, la raison proteste contre le fait de la violation et affirme qu'il n'en doit pas être ainsi. La personne seule, l'être raisonnable et libre, a des droits, la chose n'en a pas.

Origine du droit. — Le droit ne vient pas de la force, comme l'ont prétendu Hobbes et Proudhon. La force est un pouvoir physique, le droit, un pouvoir moral. Souvent le droit existe en l'absence de toute force et la force peut se tourner contre lui. Chose étrange, même dans ce cas, le droit subsiste et il est plus noble que ce qui le viole, et plus souverain que ce qui le foule au pied.

Le droit ne vient pas du besoin ou du désir ; car si deux individus désirent une même chose, comment décider le droit de chacun d'eux ? Il y a d'ailleurs des désirs insatiables.

Le droit ne peut être fondé sur l'utilité sociale (Spinoza et Stuart-Mill) ; car il y a un droit naturel indépendant de l'utilité sociale. Il y a, au-dessus de l'intérêt général, les principes de justice que les sociétés sont tenues de respecter. L'intérêt de tous, le salut même de l'Etat, ne peuvent justifier aucune mesure injuste.

Le droit ne vient pas non plus de la liberté. Le droit suppose la liberté ; mais la liberté ne suffit pas à le fonder. On ne peut dire qu'avec réserve que le droit est la liberté de la liberté ; car toute action à laquelle peut se porter la liberté n'est pas pour cela légitime. On ne pourrait non plus l'appeler l'équilibre des libertés ; car les droits ne sont pas égaux dans tous les hommes.

C'est dans le devoir qu'il faut chercher le principe du droit ou plutôt le principe du droit est le même que celui du devoir. Tous les deux dérivent du bien et de la loi morale. L'homme a une fin, qu'il ne peut atteindre qu'en accomplissant le bien. Il a le devoir d'y tendre. Par là même, il a le droit de n'être pas détourné de cette fin. La loi morale, en imposant à la personne humaine le devoir, la rend inviolable. Quiconque met obstacle à l'accomplissement de mon devoir fait mal et viole mon droit ; j'ai le droit de faire mon devoir. C'est donc du devoir et de l'inviolabilité de la personne humaine que découlent nos droits et, en autrui, tous les devoirs de justice.

Relations du droit et du devoir. — Cette commune origine du droit et du devoir explique leurs relations intimes. Tout devoir correspond à un droit.

Dans une même personne, tout devoir crée un droit.

Dans deux personnes différentes, en règle générale, tout devoir suppose un droit et tout droit suppose un devoir. J'ai le devoir de respecter la vie d'autrui : c'est un droit pour mon semblable d'exiger que je respecte sa vie. Quelqu'un a une créance contre moi ; j'ai le devoir de payer ma dette.

Il y a une exception pour les devoirs de charité : c'est mon devoir de faire l'aumône au pauvre dans le besoin ; le pauvre n'a pas le droit de l'exiger.

Nature de la charité. — La société repose avant tout sur la justice, c'est-à-dire sur le respect mutuel des personnes, des biens et des droits de chacun. La charité complète l'œuvre de la justice. Si la justice est le fondement de l'édifice social, la charité en est le ciment. La charité veut que nous fassions du bien au prochain et que nous l'aidions dans l'accomplissement de sa destinée.

Ce devoir de charité se prouve ainsi : tous les hommes ont une même origine, une même nature, une destinée commune ; ils doivent s'entraider. La société est d'ailleurs organisée de telle sorte que nous avons besoin les uns des autres. Enfin, la charité correspond en nous à un sentiment naturel. L'homme y est porté par le besoin de dévouement et de sacrifice qui est dans son cœur. La vue de la misère nous émeut et nous éprouvons une grande joie à la soulager.

La charité ne s'impose pas par contrainte. Tandis que la justice respecte et restitue, la charité donne. Le devoir de charité est une obligation, mais c'est un devoir large, tandis que le devoir de justice est un devoir strict. Le devoir strict est déterminé et exigible. Le devoir large est indéterminé et non exigible.

Devoirs de justice. — La justice se divise en *justice commutative*, qui consiste à rendre à chacun ce qui lui est dû.

En *justice vindicative*, qui consiste à punir selon la gravité des crimes.

En *justice distributive*, qui consiste à donner à chacun selon ses mérites.

Les principaux devoirs de justice correspondent aux droits naturels. Nous devons respecter nos semblables dans leur vie, dans leur âme et dans leurs biens.

Devoirs relatifs à la vie d'autrui. — Nous ne devons pas attenter à la vie d'autrui par l'homicide. Le respect de la vie d'autrui est le plus impérieux des devoirs de justice. L'homicide est un crime. Le duel, qui est un combat dangereux entre deux hommes qui en viennent aux mains après une convention préalable sur le temps, le lieu, les armes, est contraire à la loi naturelle qui défend le suicide et l'homicide.

L'homicide n'est permis qu'à la guerre, dans le cas de légitime défense, ou comme punition légale d'un grand crime. Le droit de légitime défense doit être exercé *cum moderamine inculpatæ tutelæ*.

Devoirs relatifs à l'âme. — Nous devons respecter nos semblables dans leur sensibilité, éviter les mauvais traitements, les injures, les paroles blessantes. Nous devons, au contraire, pratiquer la politesse, qui consiste dans une attention délicate à ne pas choquer, dans nos relations, les personnes avec lesquelles nous vivons.

Nous devons respecter nos semblables dans leur intelligence. Nous ne devons pas enseigner l'erreur, tromper par le mensonge et la mauvaise foi. Nous devons enfin respecter la liberté de nos semblables, la liberté individuelle, la liberté du travail, la liberté de conscience. L'esclavage, le servage même sont opposés à la dignité humaine.

Devoirs relatifs aux biens d'autrui. — L'homme ayant le droit de posséder le fruit de son travail, le vol est un crime. Il entraîne l'obligation rigoureuse de restituer.

L'honneur ou la réputation est un bien supérieur aux biens matériels ; c'est donc une grave injustice de porter atteinte à l'honneur d'autrui par des paroles injurieuses et de le diffamer par la médisance et la calomnie.

Devoirs de charité. — Aimer autrui, c'est lui vouloir et lui faire du bien. Les principaux devoirs de charité sont : porter secours à ceux qui sont en danger, soigner ceux qui souffrent, venir en aide aux indigents ; instruire les ignorants, donner de bons conseils, consoler ceux qui sont dans la peine.

La charité peut aller jusqu'au sacrifice de la vie, jusqu'à rendre le bien pour le mal.

Il faut exercer la charité avec délicatesse et modestie : la main gauche doit ignorer ce que fait la main droite.

II. — LA MORALE CIVIQUE

La société n'existe qu'à la condition d'être organisée sous une autorité chargée de la conduire à ses fins : la sécurité et la prospérité de la vie. Une société indépendante ou État est une association d'hommes soumis à des lois communes et à une même autorité publique.

Sans un pouvoir public, la société ne peut subsister. Si le pouvoir est contesté ou affaibli, la société est ébranlée, la paix compromise ; s'il disparaît, l'anarchie amène le désordre. Dieu ayant voulu que la société existât, puisqu'il a créé l'homme sociable, veut aussi que l'autorité existe et soit obéie. Le pouvoir existe donc dans la société au même titre que la société elle-même, qui ne saurait subsister sans lui. C'est le sens de cette parole de saint Paul : *omnis potestas a Deo.*

L'autorité est établie pour le bien de tous, et non dans l'intérêt seulement d'une partie des citoyens. Un gouvernement trahit sa mission quand il gouverne au profit d'un parti.

Devoirs des citoyens. — Les devoirs des citoyens sont :

a) *L'obéissance aux lois.* — Il y a deux sortes de lois. Les unes déterminent la forme du gouvernement et les rapports des gouvernants et des gouvernés : ce sont les lois constitutionnelles. Les autres règlent les rapports des citoyens entre eux : ce sont les lois civiles.

Le citoyen doit le respect à l'autorité et l'obéissance aux lois. Il doit obéir à toute loi qui n'est pas manifestement injuste. Si la loi est certainement injuste, il faut s'abstenir et protester. Cette désobéissance passive est seule permise, jamais l'insurrection. La désobéissance passive, accompagnée de vigoureuses protestations, use toutes les tyrannies.

b) Le *vote* est un devoir du citoyen dans les pays où la loi constitutionnelle le reconnaît comme un droit. C'est un devoir dont la négligence peut entraîner les plus graves conséquences. Personne n'a le droit d'être indifférent au sort de son pays. Le vote doit être libre, consciencieux, éclairé.

c) L'*impôt*, qui est la part de son revenu que chaque citoyen doit payer pour les besoins communs.

d) Le *service militaire* est obligatoire pour tous les citoyens, exception faite toutefois de ceux qui remplissent dans la société des fonctions incompatibles avec les exigences qu'il comporte. Ceux-là peuvent et doivent être dispensés du service militaire, en tout ou en partie, qui rendent à la société d'autres services inconciliables avec le service militaire (équivalences). Il y a plusieurs manières de servir la société. On l'oublie trop et on sacrifie les intérêts intellectuels et moraux de la nation à sa sécurité matérielle.

e) *L'obligation d'aimer la patrie* résume tous les devoirs du citoyen, mais elle les dépasse. Le patriotisme, non seulement inspire au citoyen d'accomplir fidèlement ses devoirs, mais encore l'excite à se dévouer sans réserve à sa prospérité et à sa grandeur.

Le gouvernement. — C'est l'ensemble des pouvoirs publics qui maintiennent l'ordre social et représentent la société au dedans et au dehors.

Il y trois formes de gouvernement: la monarchie, l'aristocratie et la démocratie. Ces formes s'unissent souvent pour former un gouvernement mixte.

Le meilleur gouvernement pour un peuple est celui qui correspond le mieux à ses besoins, à ses tendances, à son caractère et à ses traditions.

Le gouvernement a trois fonctions principales : 1° il doit faire des lois ; 2° les appliquer aux cas particuliers; 3° les exécuter. De là les trois pouvoirs : législatif, judiciaire et exécutif.

L'intérêt de la nation demande que ces trois pouvoirs ne soient pas concentrés dans la même main. C'est le célèbre principe de la division des pouvoirs.

III. — LA MORALE DOMESTIQUE.

La famille est la société naturelle que forment le père, la mère et leurs enfants. Elle est nécessaire à la protection de la femme et à celle de l'enfant.

La famille est fondée sur le mariage. Le mariage est l'union indissoluble d'un homme et d'une femme dans le but de s'aider à vivre, d'avoir des enfants et de les élever convenablement.

Le mariage doit être un et indissoluble. L'unité du

mariage exclut la polygamie. La polygamie compromettrait gravement la dignité de la femme et serait contraire au but le plus élevé du mariage, qui est l'union de deux âmes qui mettent en commun leurs pensées, leurs sentiments et leurs volontés.

Le mariage doit être indissoluble, c'est-à-dire qu'il ne doit être brisé que par la mort de l'un des deux époux. Le divorce ou dissolution du lien conjugal nuit à l'union des époux et à l'éducation des enfants, qui sont dans une situation intolérable. Si la séparation peut se faire par le consentement mutuel, celui qui veut divorcer n'a qu'à rendre la vie intolérable à l'autre et il le forcera à lui rendre sa liberté. Si l'on exige des causes graves, on engage la partie qui veut rompre les liens qu'elle a contractés, à commettre les mauvais traitements et les mauvaises actions nécessaires pour obtenir la sentence judiciaire.

Les obligations auxquelles donne naissance la constitution de la famille concernent soit les rapports des époux entre eux, soit les rapports des enfants et des parents, soit enfin les rapports entre les enfants.

Devoirs des époux. Ils doivent se garder une mutuelle fidélité et s'assister l'un l'autre.

Devoirs des parents envers les enfants. Les parents doivent aux enfants : l'affection, l'éducation physique, intellectuelle, morale et religieuse, accompagnée de salutaires exemples. L'éducation des enfants impose aux époux la nécessité de travailler beaucoup, de se dévouer et de prêcher d'exemple.

Devoirs des enfants envers leurs parents. Les enfants doivent à leurs parents l'obéissance inspirée par l'amour, le respect et la reconnaissance, qui se transforme dans le devoir de l'assistance, quand les parents sont âgés ou infirmes.

DEVOIRS DES ENFANTS ENTRE EUX. Ils doivent s'aimer mutuellement, se traiter avec charité et déférence.

Il faut ajouter les devoirs qui concernent les rapports des maîtres et des domestiques. Les domestiques doivent à leurs maîtres l'obéissance, la fidélité, l'amour et le dévouement. Les maîtres doivent à leurs domestiques le juste salaire, la bienveillance, la confiance et la charité. Ainsi s'établit entre les maîtres et les domestiques une entente cordiale profitable aux uns et aux autres.

Art. III. — DEVOIRS ENVERS DIEU.

Tous nos devoirs consistant à observer la loi morale, c'est-à-dire à nous conformer à l'ordre de choses établi par Dieu, on peut dire, en un sens, qu'ils sont des devoirs envers Dieu. Mais, indépendamment de ces obligations indirectes, il y en a de directes, qui font l'objet de la morale religieuse.

Rien n'est plus certain que l'existence de Dieu. La philosophie démontre cette existence par des preuves nombreuses. Ce qui n'est pas moins certain que l'existence de Dieu, c'est qu'il a créé le monde et qu'il le gouverne. Dieu ayant créé est le souverain maître de toutes choses : *Res clamat domino*. Dieu a donc sur toutes choses un domaine absolu, imprescriptible et c'est le premier devoir de toute créature raisonnable de reconnaître cette autorité souveraine de Dieu. La religion est la justice envers Dieu et Racine avait raison d'écrire à son fils : « Je me flatte que, faisant votre possible pour devenir un parfait honnête homme, vous concevrez qu'on ne peut l'être sans rendre à Dieu ce qu'on lui doit. » La religion est donc le devoir essentiel de l'homme, c'est un devoir de rigoureuse justice.

Si la religion est un devoir rigoureux et essentiel, elle est aussi le premier besoin du cœur de l'homme. Le cœur de l'homme tend vers Dieu comme vers son centre.

Malgré moi l'infini me tourmente ;
Je n'y saurais songer sans crainte et sans espoir (Musset).

La religion a donc des racines profondes dans la raison et dans le cœur de l'homme. Aussi, l'histoire nous montre que l'humanité a toujours été religieuse. On ne trouve pas un seul peuple sans temple, sans autel, sans une religion.

On distingue la religion naturelle et la religion surnaturelle. La religion naturelle est celle que l'on connaît par les lumières de la raison.

La religion surnaturelle ou révélée est celle que l'on connaît par les lumières de la révélation.

Nous n'avons pas à traiter ici de la religion surnaturelle ; nous nous contenterons de constater ce fait que l'humanité a été partout et toujours religieuse sous la forme surnaturelle. Tous les cultes si divers qui remplissent la terre admettent ou supposent des relations surnaturelles avec Dieu. Il n'en est pas moins utile de connaître la religion naturelle ; car elle est un minimum de religion, que devrait observer tout homme à qui ne serait pas parvenue la lumière de la révélation. De plus, la religion révélée ne détruit pas la religion naturelle, mais la consacre en la perfectionnant. Le christianisme contient éminemment toutes les vérités et tous les devoirs de la religion naturelle.

La religion naturelle comprend trois éléments : le dogme, la morale, le culte.

Le dogme comprend l'existence de Dieu, la création, la providence, la spiritualité de l'âme, la liberté, la récompense du bien et le châtiment du mal dans la vie future.

La morale renferme les devoirs de l'homme envers Dieu, envers lui-même et envers ses semblables.

Principaux devoirs envers Dieu. — 1° *L'adoration.*

Adorer Dieu, c'est reconnaître son souverain domaine sur nous et sur toute la création.

2° *L'amour et la reconnaissance.* Nous devons aimer Dieu, parce qu'il est aimable en lui-même et parce qu'il ne cesse de nous faire du bien tous les jours. Nous lui devons amour et reconnaissance.

3° *La prière.* Nous lui devons non seulement la prière d'adoration, d'amour et d'action de grâces, mais encore la prière de demande. La prière honore Dieu ; car prier, c'est attester que nous avons foi en sa toute puissance et en sa bonté. Elle peut être pour nous une source de bien ; car Dieu, plein de bonté, peut accorder à nos supplications plus qu'il ne nous doit en vertu de notre nature. La prière prépare d'ailleurs notre âme à recevoir les dons divins, comme le travail du laboureur prépare la terre à recevoir la semence.

Les objections des Déistes à ce sujet sont de la plus grande faiblesse. La prière, disent-ils, ne peut être exaucée sans une dérogation à l'ordre de la nature. Mais si Dieu a tout réglé, il a tout prévu ; il a donc prévu la prière de l'homme et elle est entrée de toute éternité dans le plan divin. L'objection tirée de ce que Dieu n'a pas besoin de nos hommages est plus faible encore ; car cet hommage n'en est pas moins juste et ce devoir rempli dispose l'âme à recevoir le secours divin. La prière est d'ailleurs universelle. Ici, comme toujours, le bon sens a raison des sophistes. La prière est pour l'âme une consolation, une lumière, un appui et une force.

4° *L'expiation.* Nul homme ne peut se flatter d'avoir toujours été fidèle aux prescriptions de la loi morale, d'avoir toujours respecté les droits de Dieu et les droits d'autrui. Or, il est dans la nature des choses que toute faute soit expiée, que toute offense, toute injustice soit réparée. Il est impossible de démontrer que nous puissions, dès ce monde, « payer le tribut que réclame l'ordre éternel violé par nous (PLATON) ». Néanmoins, la raison, d'accord avec le sentiment unanime des peuples, nous incline à croire que l'ordre du monde, troublé par le péché, doit être réparé par la souffrance librement acceptée et offerte à Dieu. Le repentir et l'expiation doivent donc être comptés parmi nos devoirs envers Dieu.

Le culte est l'ensemble des actes libres par lesquels l'homme s'efforce d'exprimer les sentiments que lui inspirent ses convictions religieuses.

Le culte doit être avant tout intérieur. Il consiste à adorer Dieu en esprit et en vérité, à lui exprimer notre amour, à le remercier, à le prier et à lui demander pardon.

L'homme doit encore à Dieu un culte extérieur, qui traduise au dehors les sentiments qui animent notre âme à l'égard de Dieu. La nécessité de ce culte résulte de la double nature de l'homme. A cause de l'union étroite du corps et de l'âme, il est impossible que le sentiment religieux affecte l'âme, sans qu'il se traduise par le langage, l'expression de la physionomie, les attitudes du corps. Sans doute les signes extérieurs n'ont par eux-mêmes aucune valeur ; mais le culte de la pensée, auquel certains philosophes voudraient ramener nos devoirs envers Dieu, outre qu'il ne ferait pas hommage à Dieu d'une partie de son domaine, fatiguerait l'esprit, sans rien dire au cœur, et ferait bientôt disparaître jusqu'au sentiment religieux lui-même.

Le culte public. La raison proclame que la société doit honorer Dieu par un culte public, par des cérémonies faites en commun dans le temple. Les sociétés, comme les individus, relèvent de Dieu, elles lui doivent donc adoration, amour et reconnaissance. Rien, d'ailleurs, n'est plus propre à entretenir le sentiment religieux que ces hommages publics. Nous sentons mieux la majesté divine dans la magnificence des cérémonies auxquelles prennent part des populations entières. L'histoire nous montre toutes les sociétés humaines rendant à Dieu un culte public et implorant aux heures solennelles l'assistance de l'arbitre de leurs destinées. « O ma patrie, disait Sophocle aux applaudissements de tout le peuple d'Athènes, ne souffre point qu'on te ravisse la gloire d'honorer les Dieux. Celui qui n'en sent pas le prix touche aux bornes de la folie. »

Art. IV. — RAPPORTS DE LA MORALE ET DE L'ÉCONOMIE POLITIQUE

Cette question nous oblige à donner un résumé de l'économie politique.

I. — Économie politique.

L'économie politique est la science des lois qui président à la production, à la circulation, à la distribution et à la consommation de la richesse.

On entend par richesse l'ensemble des choses propres à satisfaire aux besoins de l'homme. On distingue les richesses communes : l'air, la lumière du jour ; ces richesses étant en quantité inépuisable, ont une utilité, mais pas de valeur ; et les richesses appropriées, qui sont seules l'objet de l'économie politique.

A) **Production de la richesse.** — Produire la richesse, c'est créer l'utilité. Le mineur qui tire des métaux de la terre, le laboureur qui rend le sol fertile, l'industriel qui transforme les matières premières, produisent de la richesse.

Les agents de la production sont : la matière, le travail, le capital.

1° *La matière.* Par ce mot on entend, non seulement la terre, avec les plantes, les animaux, mais les diverses forces de la nature, comme le vent, les cours d'eau, la vapeur, l'électricité. Les physiocrates considéraient la terre et les forces naturelles comme la source unique de la richesse. En réalité, elles doivent être transformées par le travail, qui est la source principale de la richesse. C'est ce qu'a établi Adam Smith dans l'ouvrage intitulé : *Recherches sur la nature et les causes de la richesse des nations*.

2° *Le travail*. Le travail est l'application de l'activité humaine à la production de quelque utilité.

Le travail peut être musculaire ou intellectuel. Les découvertes sont des sources de richesse.

Les conditions de la fécondité du travail sont : la liberté, la division, l'association, la sécurité.

a) La liberté. Le travail libre l'emporte sur le travail servile et même sur le travail trop règlementé. Sur ce point il y avait des excès dans les corporations anciennes.

b) La division est la séparation des tâches dans une même industrie. Par la division du travail, un ouvrier s'attache à une seule opération nécessaire pour la confection des objets. Cette division a de grands avantages : elle diminue l'apprentissage, réduit les pertes de temps et augmente énormément la production.

c) L'association accomplit des prodiges. Il y a des travaux qu'un homme ne pourrait faire en un an et que vingt hommes réunis accomplissent en quelques jours. Le capital immense de nos chemins de fer a été formé par des actions de 500 francs.

d) La sécurité du travail et la stabilité des familles et des ateliers sont des conditions essentielles de la prospérité économique.

3° *Le capital*. La troisième source des richesses est le capital, qui est un produit épargné en vue d'une production future. Il est le fruit de l'épargne. L'épargne est la conservation calculée de certaines choses utiles, dans la pensée qu'elles produiront plus tard une somme d'utilité plus grande. Tout capital est une richesse, mais toute richesse n'est pas un capital. Ainsi, les tableaux, les bijoux sont des richesses et ne sont pas des capitaux.

Le capital est légitime ; car chacun a le droit de conserver ce qu'il possède pour un usage futur. Il est utile, parce qu'il donne des moyens d'action plus étendus. Sans capital le travail est impossible. Le laboureur a besoin de charrettes, de bestiaux, d'arbres fruitiers, de maisons etc. L'ouvrier et l'industriel ont besoin d'instruments de travail, de matières premières.

Le capital n'est pas l'ennemi du travail, mais sa condition indispensable. La rareté du capital produit l'abaissement du salaire. Quand les capitaux viennent à manquer ou se cachent, il n'y a plus de travail. La ruine des capitalistes, qui vivent de profits, serait la ruine des ouvriers, qui vivent de salaire. Le travail ne peut rien sans le capital et le capital a besoin du travail. Bien loin d'être ennemis, le capital et le travail doivent donc être deux alliés. Leur accord est nécessaire au point de vue économique comme au point de vue social.

B.) **La circulation de la richesse.** Pour que la production se développe, il faut que les produits circulent et soient transportés là où le besoin s'en fait sentir. On a comparé la circulation des richesses à la circulation du sang, qui fait la vigueur du corps, en répandant la vie dans tous les membres. De même, c'est à l'échange et à la circulation des richesses que les hommes doivent le bien-être dont ils jouissent.

La circulation des produits se fait par l'échange. L'échange consiste à donner une chose pour en recevoir une autre, réputée équivalente. Ce qui règle l'échange, c'est la valeur des objets échangés. La valeur est le rapport de deux services échangés.

L'échange peut se faire en nature, par le troc simple. Ordinairement l'échange se fait par une marchandise intermédiaire, la monnaie. L'échange est facilité par les papiers de crédit qui représentent des valeurs ultérieurement réalisables. La monnaie doit avoir une valeur réelle. Elle doit être inaltérable, facile à constater. Il faut encore qu'elle soit divisible et facile à transporter.

Le crédit est l'acte de confiance par lequel les détenteurs de capitaux en font l'avance ou les prêtent, sous promesse et garantie de remboursement futur.

Le crédit favorise le travail et une plus grande production ; il favorise également la circulation des richesses.

D'après les différentes garanties données par l'emprunteur, on distingue le prêt sur gage, le prêt sur warrant (certificat de dépôt de marchandises), le prêt sur hypothèque. Ces prêts et ces échanges donnent naissance à un véritable commerce qui se fait dans les maisons de banque. Indiquons les lettres de change, les billets à ordre, les chèques, qui sont les formes les plus répandues du crédit. Les billets de banque sont remboursables immédiatement et sur simple présentation.

(C.) **Distribution de la richesse.** — C'est le mode de répartition suivant lequel ceux qui ont contribué à la production s'en partagent les résultats. Le principe qui préside à la distribution de la richesse est celui-ci : chacun doit se partager la richesse dans la mesure où il a contribué à la produire. Or, trois agents principaux concourent à la production : le propriétaire de la terre, celui du capital et le travailleur.

Le propriétaire du sol a la rente foncière ou le fermage. Le capitaliste a l'intérêt, s'il s'agit d'argent, le loyer, s'il s'agit de maison, le bénéfice ou profit, s'il s'agit d'industrie. Le travailleur a le salaire.

Le bénéfice de l'entrepreneur est aléatoire. Son travail n'est pas sûr d'être rémunéré ; mais aussi le profit peut être très grand.

La rente du capital est nécessaire. Si le capital n'était par rémunéré, personne ne voudrait le risquer dans des entreprises. Cette rente du capital peut être déterminée par la loi ou par la concurrence.

Le salaire est la rémunération qui est accordée au travailleur. Il est réglé par une convention entre le chef de l'entreprise et les travailleurs. Le prix s'établit suivant la loi de l'offre et de la demande. Quand deux ouvriers courent après un patron, le salaire baisse ; quand deux patrons courent après un ouvrier, le salaire monte. Il y a des deux côtés une limite qui ne peut être dépassée. Les exigences excessives de l'ouvrier ruineraient le patron et fermeraient l'atelier. D'autre part, il est de toute nécessité que l'homme vive de son salaire. Au point de vue économique, le salaire trop modique n'est pas productif. L'ouvrier mal rétribué est sans zèle ; il vaudrait mieux exiger vigueur et assiduité, mais payer bien. Dans cette question délicate, il ne faut pas oublier que le salaire a la fixité et l'assurance ; que l'entreprise réussisse ou échoue, l'ouvrier est payé. Ce mode de paiement rapide et non aléatoire est indispensable à l'ouvrier qui n'a pas d'avances.

D.) **Consommation de la richesse.** — C'est l'usage ou l'emploi des richesses acquises. On distingue les consommations productives et les consommations improductives :

La première détruit une valeur pour la remplacer par une autre : le blé qu'on sème. La seconde détruit la richesse sans remplacement. Parmi les consommations improductives, il faut distinguer les consommations utiles et les destructions stériles, enfin, les consommations somptueuses ou de luxe. Les consommations utiles sont évidemment très légitimes. C'est le but de la production des richesses de satisfaire aux besoins de l'homme.

Le luxe est l'usage abusif et irrationnel des choses de grand prix. Il est tout à fait relatif et dépend des lieux et des personnes. On ne doit pas considérer comme luxe les dépenses tendant au développement intellectuel et moral et à la spendeur du culte divin. L'économie politique condamne les destructions stériles. Esthétique à part, elle condamne aussi le luxe comme une destruction inutile de richesses. Un financier à qui on disait que le luxe soutient les États, en favorisant le commerce, répondit : « Oui, comme la corde soutient le pendu ! » Il ne faut pas considérer comme luxe le superflu. Le superflu, chose si nécessaire ! Il constitue ce qu'on appelle le confortable, et le progrès économique doit se proposer de le réaliser pour le plus grand nombre.

La propriété. — La formation et l'accroissement du capital ne sont possibles que grâce au droit de propriété et le travail lui-même n'est vraiment productif, que si le travailleur a la certitude de rester le maître exclusif des fruits de son travail. La question de la propriété est donc à la fois économique et morale.

La propriété est le fruit de l'épargne et du travail.

C'est le droit de jouir et de disposer des choses, pourvu qu'on n'en fasse pas un usage prohibé par les lois.

C'est le droit d'user et d'abuser (mettre hors d'usage), *jus utendi et abutendi*, dit le droit romain.

La propriété est un fait universel. Elle se rencontre, sous une forme ou sous une autre, chez tous les peuples. C'est un besoin et une nécessité de l'existence.

La loi civile n'est pas la source de la propriété, elle la protège et la garantit, mais ne la crée pas. Le droit de propriété découle de l'exercice de notre activité libre. L'homme doit avoir la possession des fruits de sa libre activité, qu'il les consomme ou qu'il les épargne. Par conséquent, la propriété étant le résultat du travail, est de droit naturel. D'un autre côté, comme l'homme ne crée rien, il a besoin, pour travailler, d'une matière préexistante dont il tire parti. Il a donc fallu, à l'origine surtout, qu'il pût s'emparer des objets que nul ne s'était encore appropriés. La propriété peut donc s'expliquer par le droit de premier occupant consacré par le travail. A l'origine, tous les biens étaient communs. La propriété particulière, au sens que nous lui donnons dans nos sociétés modernes, a été créée par l'occupation d'une partie du sol commun, enclos et surtout cultivé par celui qui l'occupa. « Voici, dit Jules Simon, une terre inoccupée. Je prends de cette terre ce que je puis féconder par le travail : cette terre améliorée est moi, j'ai droit non seulement aux fruits de cette terre, mais au sol que j'ai transformé en lui donnant la fécondité qu'il n'avait pas. » Une fois que l'homme a ajouté par son travail une valeur à un objet matériel inoccupé, il ne peut en être dépossédé, sans qu'on lui enlève quelque chose qui lui appartient, à savoir la valeur ajoutée. Qu'on ne dise pas que, par cette appropriation, il fait tort à l'humanité. Que tout le monde en fasse autant, et l'humanité deviendra plus riche.

Les communistes et les socialistes ont nié la propriété. Les communistes soutiennent que la propriété est née de la violence et de l'injustice et qu'elle est la source des inégalités et des haines qui séparent les hommes.

Les socialistes collectivistes attaquent la propriété individuelle. L'État est seul propriétaire et doit répartir les biens aux citoyens, suivant leurs capacités et leurs œuvres.

Ce sont des hérésies économiques qui seraient la ruine des nations. La propriété individuelle est nécessaire pour le maintien de la société et l'augmentation des richesses sociales. Sans le stimulant d'un gain propre, toute activité cesserait. Dans une société où personne ne travaillerait pour son compte, chacun travaillerait le moins possible, de là un abaissement rapide de la fortune publique.

II. — Rapports de l'économie politique et de la morale.

Il y a d'étroites relations entre les lois de la morale et la science de la richesse sociale.

1° La morale prescrit le travail comme un devoir rigoureux pour l'homme. L'économie politique le regarde comme la principale source de la richesse sociale. Au contraire, l'oisiveté est immorale et anti-économique, elle appauvrit et elle démoralise.

L'économie politique et la morale proscrivent également l'esclavage. La morale déclare l'esclavage opposé à la dignité humaine ; l'économie politique constate que le travail servile est peu productif : la comparaison des sociétés modernes et des sociétés antiques le prouve.

Après le travail, le capital est un agent indispensable de la production. Or, le capital est le fruit de l'épargne, et l'épargne, est, le plus souvent, le fruit de la tempérance et de la prévoyance. L'esprit d'épargne, la sobriété, la prévoyance, qui sont des vertus, ont une grande valeur économique et l'on peut affirmer que la valeur morale du travailleur est la cause principale de l'augmentation de la richesse.

La théorie de la production de la richesse ne diffère donc pas beaucoup d'un chapitre de la morale et un économiste anglais a pu dire : « Partout où vous trouverez un pays riche, soyez persuadé qu'il est habité par un peuple soumis à loi morale et obéissant au devoir. »

2º Dans la circulation des richesses, même accord. Sans honnêteté, sans probité, pas de commerce possible. L'impératif catégorique et l'impératif hypothétique sont ici manifestement d'accord. Les fraudes commerciales, les opérations véreuses de la banque et de la spéculation, que la morale condamne, ont pour effet de paralyser le commerce, de ruiner le crédit public et privé.

3º Dans la distribution de la richesse, nous trouvons le grave problème de l'accord du capital et du travail. Il est manifeste que la moralité du patron et de l'ouvrier est une condition essentielle de la bonne entente, qui est si nécessaire au point de vue économique et au point de vue politique. Cette grave question serait en grande partie résolue le jour où les patrons joindraient à l'exacte observation de leurs devoirs de justice la pratique de la charité, où les travailleurs seraient devenus plus laborieux et plus tempérants. En devenant plus vertueux, les patrons et les ouvriers deviendraient par surcroît plus riches et plus heureux.

4° Dans la consommation des richesses, la morale et l'économie politique proscrivent également le luxe et les consommations stériles. Le luxe produit l'excitation à la sensualité, à la sotte vanité et au vice. L'économie le condamne comme une consommation stérile, un gaspillage et une destruction de richesses, qui seraient mieux employées à fournir le nécessaire à ceux qui ne l'ont pas.

La morale condamne le socialisme parce qu'il est la négation du droit de propriété, et par là même une injustice ; l'économie politique le rejette, parce qu'il serait la ruine de la fortune publique.

Les inégalités de fortune sont inévitables. Cependant la morale et l'économie politique sont d'accord pour engager les sociétés modernes à amoindrir de plus en plus ces inégalités dans la répartition des richesses. La société, comme l'individu riche, doit, dans son propre intérêt comme par devoir, pratiquer la charité d'une manière intelligente et généreuse.

La morale ne prescrit donc rien qui ne soit d'accord avec les destinées terrestres de l'homme, si bien que le moyen de rendre les hommes plus riches et plus heureux serait de les rendre meilleurs. Tout ce qui leur est donné en probité, en lumière, en attachement au devoir revient à la société en richesse et en bien-être. On peut conclure de tout ceci qu'il y a un rapport étroit entre l'honnête et l'utile et que la morale bien observée est un principe de prospérité matérielle.

L'alcoolisme. — Les rapports de la morale et de l'économie politique apparaissent avec la plus grande évidence dans la question de l'alcoolisme. Ce que le moraliste réprouve au nom de la dignité humaine et du devoir est, aux yeux de l'économiste, une source de misère pour les particuliers et un péril immense pour nos sociétés modernes. Le mal a fait des progrès immenses depuis cinquante ans, et menace la prospérité, la grandeur et peut-être l'existence de notre pays. Il importe de connaître la gravité du mal et d'y apporter des remèdes.

L'alcoolisme est cet état pathologique du corps et de l'esprit occasionné par l'usage excessif et prolongé des boissons spiritueuses.

L'économie politique distingue les consommations *productives* et les consommations *improductives*. Il faut y ajouter la consommation *nuisible* qui ne se borne pas à gaspiller, à dépenser en pure perte la richesse produite, mais qui tarit les sources mêmes de la production, en rendant l'homme de plus en plus impropre au travail. De toutes les consommations nuisibles, la plus funeste est sans contredit la consommation des liqueurs fortes.

Effets de l'alcoolisme sur la santé. — C'est un fait constaté, que l'alcoolisme entraîne les désordres les plus graves dans le système nerveux, dans les fonctions de digestion et de circulation ; qu'il amène une dégénérescence progressive des organes essentiels à la vie. C'est une sorte de lent empoisonnement, amené par l'usage habituel, quotidien, d'une quantité relativement faible d'alcool, à laquelle viennent s'ajouter, à intervalles plus ou moins éloignés, des excès caractérisés.

C'est un fait indéniable que l'alcool laisse dans l'organisme des traces indélébiles et qu'il détruit les forces physiques de l'homme : estomac, cœur, poumons, foie, système nerveux, tout s'ébranle et dépérit ; le buveur perd toute résistance devant les influences qui menacent la vie.

Effets de l'alcoolisme sur l'intelligence et la volonté. — Les effet moraux de l'alcoolisme ne sont pas moins déplorables. Il n'affecte pas seulement la santé, il affaiblit l'intelligence et la volonté. L'alcool agit fortement sur le cerveau et, par conséquent, en vertu des rapports du physique et du moral, il affaiblit et trouble les facultés de l'âme. La mémoire s'affaiblit ou s'éteint, l'imagination s'exalte, la volonté ne peut plus résister aux impulsions qui l'entraînent. Le buveur dégradé perd tout sentiment de dignité personnelle et d'honneur. La misère des siens ne le touche pas. C'est une brute aujourd'hui, demain peut-être ce sera un fou ou un criminel. L'alcoolisme produit un accroissement effrayant dans les statistiques de la folie, du crime et du suicide. La conséquence qui se dégage de toutes les observations, c'est que le nombre des aliénés, des criminels et des suicides est en croissance parallèle avec la consommation de l'alcool. En 1835, il y avait en France 3, 4, aliénés par 10000 habitants ; en 1898, il y en avait 15 ou 16. Cet effrayant accroissement n'a pas de cause plus active que la consommation croissante de l'alcool.

L'influence sur la criminalité est plus grande encore. Les départements où l'on consomme le plus d'alcool, sont ceux où le nombre des criminels est le plus grand. Sur 2950 prisonniers renfermés à Sainte-Pélagie, à Paris, 2124 étaient signalés par la police comme s'adonnant à l'ivrognerie.

L'alcoolisme a cela de particulièrement désolant que ses effets ne se limitent pas à ceux qui s'y adonnent, mais qu'ils se perpétuent par l'hérédité. Un interne de la Salpêtrière étudia 83 enfants idiots et épileptiques de son service ; 60 d'entre eux était fils d'alcooliques.

Nous pouvons conclure avec le Dr Legrain « qu'un peuple qui s'alcoolise, et qui par suite fait souche de dégénérés, d'idiots, d'épileptiques, d'aliénés est un peuple qui s'étiole. Un peuple alcoolisé est un peuple en voie de disparaître. »

Ce que l'alcoolisme coûte à la France. — Au point de vue économique, rien de plus ruineux. On a évalué à plus d'un milliard les journées de travail perdues. Les accidents du travail, les catastrophes de toutes sortes produites par les abus de boissons, la répression des crimes, l'entretien des aliénés, le soin des malades dans les hôpitaux coûtent des centaines de millions, et par conséquent l'alcoolisme est une des causes principales de la misère. Il n'est pas rare de voir un ouvrier, d'ailleurs intelligent et actif, abandonner tout à coup tout travail et passer dans l'orgie des journées entières, gaspillant tout son gain de la semaine ou du mois, pendant que sa famille manque de pain.

Les remèdes à opposer à l'alcoolisme. — Un mal aussi grave appelle un prompt et énergique remède. On en a proposé de diverse nature : les uns légaux, comme la diminution progressive du nombre des débits de boissons, qui s'élève en France à plus de 450000, la répression de l'ivrognerie, la police sévère des cabarets, le dégrèvement des boissons hygiéniques, l'augmentation des droits sur l'alcool. Mais si le recours aux voies légales est nécessaire, il n'est pas suffisant. Il faut y joindre les moyens moraux. Les sociétés de tempérance ont produit d'excellents résultats aux Etats-Unis, en Angleterre. Malheureusement les conversions sont rares. Le véritable remède doit donc être préventif et tout doit être mis en œuvre pour préserver les jeunes générations de ce vice grossier. Pour cela il faut les instruire et leur faire connaître les conséquences funestes de l'alcoolisme, afin de leur en inspirer une horreur salutaire. Il faut de plus faire contracter à l'enfance et à la jeunesse des habitudes de tempérance, de modération et d'empire sur soi-même et réveiller dans ces jeunes âmes le sentiment de la responsabilité morale, le respect de soi-même, l'amour de la famille et la crainte de Dieu. Pour résister à ce terrible ennemi, faisons appel à la fois aux lois, à la science, à la philosophie et à la religion. Il est temps de s'unir contre cet ennemi qui a déjà causé tant de maux (1).

(1) Voir *Cours de Philosophie*, par l'abbé Durand.

QUATRIÈME PARTIE

LA MÉTAPHYSIQUE

La métaphysique (μετὰ τα φυσικά) est la science des premiers principes et des premières causes. Aristote l'appelait la philosophie première.

La métaphysique doit son nom à la place qu'elle occupait dans le recueil des œuvres d'Aristote, où elle était placée après les traités de physique.

Le mot métaphysique signifie la science des choses qui ne se révèlent pas à l'observation des sens et de la conscience, la science des choses intelligibles. La métaphysique commence là où finissent les autres sciences. Elle dépasse l'étude des phénomènes pour atteindre la nature intime des êtres.

Elle se divise en *métaphysique générale*, qui étudie l'être en général (Ontologie) et discute la question de l'origine et de la valeur de la connaissance ;

Et en *métaphysique spéciale*, qui traite des principales catégories d'êtres. Elle se divise :

1° En métaphysique des corps ou cosmologie rationnelle.

2° En métaphysique de l'esprit ou psychologie rationnelle.

3° En métaphysique de l'absolu ou de la cause première, ou théologie rationnelle.

La philosophie s'est toujours occupée de métaphysique. Parmi les métaphysiciens nous pouvons citer Pythagore, Parménide, Platon, Aristote, Plotin, saint Thomas, Descartes, Leibniz, Kant et Spencer.

La métaphysique a eu aussi ses adversaires à toutes les époques. Les sophistes, avant Socrate, et les sceptiques, après Platon et Aristote, la dédaignaient. Dans les temps modernes, les empiriques (Locke) et surtout les positivistes ont prétendu qu'elle est une science stérile dans laquelle on se paye de mots. La science, dit le positivisme, a pour unique objet les faits et les lois, il faut abandonner la recherche inutile des causes, des substances, de l'origine et de la fin des êtres. Tout cela est de l'inconnaissable. Le règne des dogmes et des systèmes doit finir, pour faire place à la raison positive. L'humanité a traversé les époques théologique et métaphysique, l'époque scientifique commence. La philosophie positive est la négation de la métaphysique.

Contre les positivistes nous affirmons la légitimité de la métaphysique.

1° La métaphysique a un objet. Elle étudie les premiers principes de l'être et du connaître, les idées d'être, de substance, de cause, de raison suffisante, de fin, les principes d'identité, de contradiction.

2° La métaphysique a sa raison d'être dans le besoin naturel qu'éprouve l'esprit humain de rechercher les causes des phénomènes.

> Felix qui potuit rerum cognoscere causas.

L'homme désire savoir quelle est la nature de ce monde qui l'environne, quelle en est l'origine. Il désire savoir sa propre origine, sa nature et sa destinée. Jamais l'humanité ne se désintéressera de ces questions.

3° La métaphysique est aussi ancienne que la philosophie. Il n'y a point d'école de philosophie qui n'ait sa métaphysique.

4° **La métaphysique s'impose même à ses adversaires.**
Le positivisme est un essai d'explication universelle dans la mesure où le permet l'état actuel des sciences. L'évolutionisme de Spencer est une métaphysique, puisqu'il est une explication générale des choses. Les positivistes, qui prétendaient écarter les questions métaphysiques, les ont traitées en réalité ; « ils ont la nostalgie des problèmes supprimés. » Les positivistes français ont un *credo* métaphysique des plus complets : la matière est éternelle et nécessaire ; la vie est un effet des forces de la matière ; l'âme est une fonction du système nerveux ; l'univers s'explique par des causes qu'il porte en lui-même. Kant appelle la métaphysique l'arène des disputes sans fin ; mais il ne la nie pas définitivement, il la subordonne à la morale. Auguste Comte se fait métaphysicien pour fonder la religion de l'humanité. Non seulement Spencer explique tout par l'évolution, mais il affirme l'existence de l'inconnaissable. Ceux-là donc qui raillent la métaphysique font eux-mêmes de la métaphysique. On pourrait dire que tout homme qui pense fait de la métaphysique sans le savoir et que l'homme est un animal métaphysicien, comme il est un animal raisonnable.

Dangers de la métaphysique. — Si la métaphysique est une science légitime et nécessaire, elle présente pourtant des dangers. L'histoire nous montre ses erreurs innombrables, depuis les systèmes cosmogoniques des premiers philosophes grecs jusqu'aux conceptions transcendantales des philosophes allemands. Ces erreurs sont nées de l'emploi de mauvaises méthodes. A quels résultats, par exemple, pouvaient conduire les méthodes aventureuses des premiers philosophes grecs ? Comment la métaphysique de Spinoza, partant de notions a priori et se fondant sur une fausse définition, ne conduirait-elle pas aux conséquences les plus absurdes ? Pour éviter ces excès, la métaphysique doit prendre son point de départ dans l'expérience et surtout dans l'expérience de la conscience. La métaphysique ne doit jamais perdre contact avec les réalités matérielles et les données de la conscience. Point de métaphysique solide sans l'appui des faits. Ce n'est qu'après l'observation et l'interprétation des faits que la métaphysique peut s'élever à la connaissance des premiers principes et des premières causes. Il est évident que la métaphysique ne doit avancer aucune proposition qui soit contraire aux données de la science positive ; mais elle peut aller plus loin. Il y a quelque chose en dehors du monde des phénomènes, un mystérieux au delà, et ce n'est pas l'expérience positive, même avec ses instruments de précision, qui peut y pénétrer : c'est la raison seule.

CHAPITRE Ier

LA MÉTAPHYSIQUE GÉNÉRALE

La métaphysique générale traite avant tout de l'être en général ou de « l'être en tant qu'être », selon l'expression d'Aristote. Elle traite en second lieu de la certitude. La pensée moderne a, depuis Kant, attaché une plus grande importance encore au problème de la valeur objective de la pensée, ou de ses rapports avec la nature des choses qu'elle prétend connaître : c'est la question de la critique de nos facultés intellectuelles.

Art. Ier. — NOTIONS SOMMAIRES D'ONTOLOGIE

L'ontologie a pour objet l'étude des caractères de l'être en général.

1. — **L'être** est ce qui est. L'idée d'être est la plus générale des idées, celle qui a le plus d'extension et le moins de compréhension ; mais il ne faut pas dire avec Hégel qu'elle est identique au néant. Chez un grand nombre de panthéistes, l'être en général comprend tous les êtres individuels, même l'être infini, et ils acceptent une substance commune à tous les êtres. C'est une erreur grossière. L'idée d'être n'a pas le même sens quand elle s'applique à Dieu, l'être infini, et aux choses créées. Appliquée aux

créatures, l'idée d'être est la plus pauvre des idées, puisqu'elle ne renferme aucune qualité déterminée. Quand elle s'applique à Dieu, l'idée d'être est la plus riche des idées et elle renferme toutes les perfections, c'est l'Etre par excellence, l'Etre suprême. Appliqué à Dieu et aux créatures, le mot être a donc un sens, non pas univoque, mais équivoque, ou mieux analogue.

On distingue l'être *actuel* et l'être *possible*. La possibilité est l'aptitude à l'existence. Le possible est ce qui n'implique pas contradiction. L'impossible est ce qui implique contradiction et ne peut être en aucune manière. L'être actuel ou réel est ce qui existe actuellement; c'est le possible réalisé. On peut conclure du réel au possible, mais non réciproquement : *ab actu ad posse valet consequentia*.

On distingue l'être *en acte* et l'être *en puissance*. L'être en puissance est celui qui tend à exister et qui existera, si rien ne l'empêche : le chêne est en puissance dans le gland.

On distingue l'être *nécessaire* et l'être *contingent*. L'être nécessaire ne peut pas ne pas être. L'être contingent est l'être qui est, mais pourrait ne pas être. L'être contingent n'est que jusqu'à un certain point, *secundum quid*. L'être nécessaire est simplement, c'est l'Etre.

On distingue l'*être fini* qui a des limites et l'*être infini* qui est sans limites. Fénelon a donné une analyse célèbre de l'idée d'infini. Nous avons, dit-il, une idée précise de l'infini. Cette idée d'infini est affirmative. Le mot borne ou limite implique une négation. Nier cette négation, c'est affirmer : Une double négation est une affirmation.

On distingue l'*être relatif* qui dépend de quelque autre chose et l'*être absolu* qui ne dépend d'aucune autre chose, c'est l'*inconditionnel de Kant*.

On distingue l'*être parfait* et l'*être imparfait*. Le parfait est la qualité sans aucune limite ou la valeur de l'être élevée à l'infini. L'imparfait est limité dans la qualité ou la perfection.

II. — **L'essence.** — L'essence est l'ensemble des propriétés sans lesquelles il est impossible de concevoir un être. Les autres qualités sont dites accidentelles. Elles ne constituent pas l'essence de l'être, elles s'y ajoutent. Dans l'âme humaine, l'unité, la simplicité, la spiritualité sont conçues comme attributs immuables, comme son essence, tandis que la sensibilité, l'intelligence et la volonté sont conçues comme des attributs relatifs à son activité et peuvent varier comme l'activité elle-même.

L'essence diffère de l'existence. L'essence est un ensemble de qualités déterminées, qui peuvent être réalisées dans toute une série d'êtres et représentent leur nature, tandis que l'existence est la réalisation de ces qualités essentielles avec certaines qualités accidentelles, qui viennent s'y adjoindre pour constituer tel ou tel individu. En Dieu seul, l'essence implique l'existence, parce qu'il est l'être nécessaire.

Connaissons-nous les essences des choses ?

Nous ne connaissons les essences des choses que d'une manière imparfaite et indirecte : « l'homme ne connaît le tout de rien. » Des faits ou phénomènes nous remontons aux propriétés qui en sont le principe, et nous distinguons parmi ces propriétés celles qui ne peuvent changer sans que la nature de l'être change et celles qui ne peuvent varier sans faire varier la nature de l'être. L'ensemble des premières qualités constitue l'essence des êtres. Ce qui prouve que nous connaissons en quelque chose les essences, c'est que nous pouvons donner des définitions qui expriment la nature des êtres. Notre connaissance est imparfaite, elle n'est pas nulle.

III. — **Le vrai, le beau et le bien.** — On rapporte quelquefois à l'être les idées de vrai, de beau et de bien qui peuvent aussi se rapporter à l'idée de perfection. Le parfait est ce qui a tout ce qu'il doit avoir d'après sa nature.

Le vrai est la conformité de la connaissance avec l'objet ;

adæquatio rei et intellectus. Nous ne connaissons le tout de rien ; mais il est certain que **nos idées** sont parfois suffisamment justes pour que nous soyons assurés **d'être** dans le vrai.

Le bien est ce qui convient à la nature de l'être. *Ens et bonum convertuntur*, disaient les scolastiques.

Le beau est la splendeur du vrai et du bien.

Ces trois idées de vrai, de beau et de bien sont de la même famille, dit Fénelon.

IV. — La substance et l'accident. — On distingue deux formes de l'être : la substance et l'accident.

La substance est l'être qui n'a pas besoin d'un autre être pour lui servir de support : *ens quod non indiget subjecto cui inhæreat (ens in se).*

L'accident est l'être qui a besoin d'un autre être pour lui servir de support : *ens quod indiget subjecto cui inhæreat (ens in alio).*

L'accident ou le mode est encore ce qui paraît τὸ φαινόμενον, ce qui tombe sous l'observation interne ou externe, le phénomène. La substance est ce qui est en soi (τὸ ὄν) : c'est le substratum, le support, qui persiste et demeure, pendant que les phénomènes varient et disparaissent.

Locke et les positivistes ont nié la notion de substance. Cependant Locke reconnaît que nous en faisons un continuel usage dans le discours. Nos livres et nos conversations sont, en effet, remplis de substantifs, de mots qui expriment la substance, et c'est un axiome de grammaire que tout adjectif se rapporte à un substantif exprimé ou sous-entendu. Par conséquent, sans cette notion de substance, il est impossible de rien exprimer.

Si je demande en montrant un objet : qu'est-ce que ceci ? Il ne suffit pas qu'on me réponde : c'est blanc, carré etc..., j'attends qu'on me réponde : c'est une pierre, une plante, un animal. Il y a donc dans les choses l'être substantiel et l'être accidentel. La substance et les accidents sont choses si distinctes qu'ils peuvent être séparés : une âme est triste ; elle peut cesser d'être triste et devenir joyeuse ; l'accident a changé, la substance demeure.

Locke dit que la substance est la collection des phénomènes. Mais qu'est-ce qui lie les phénomènes ? Est-ce un simple phénomène ? Si ce phénomène subsiste par lui-même et s'il sert de support aux autres phénomènes, c'est une substance. Ceux qui nient la substance font de l'accident quelque chose de substantiel, ou bien il n'y a plus que de vaines apparences et rien ne subsiste, tout disparaît et se renouvelle sans cesse : c'est le phénoménisme. Les positivistes anglais sont tombés dans cette erreur, qui ne peut être évitée, si l'on rejette la notion de substance.

ORIGINE DE L'IDÉE DE SUBSTANCE. — L'idée de substance a son origine dans la conscience, qui nous révèle la multiplicité fugitive des états psychologiques d'un même *moi* identique et permanent.

Spinoza, s'inspirant de la définition équivoque de la substance donnée par Descartes, définit la substance : *id quod est in se et per se concipitur*. Il entendait cette définition dans ce sens : un être qui possède l'existence par sa propre essence et qui n'a pas de cause. Cette définition ne peut convenir qu'à Dieu.

Une substance qui a une existence propre et distincte prend le nom d'individu. Une substance douée d'intelligence et de liberté s'appelle une *personne*.

V. — Les causes. — Une cause est une chose qui en produit une autre. On distingue la cause matérielle et la cause formelle, la cause efficiente et la cause finale.

La cause matérielle est ce dont une chose est faite : le marbre employé pour faire une statue.

La cause formelle est ce qui fait qu'une chose est appelée telle ou telle, par exemple, que cette statue est celle de Minerve et non de Jupiter.

La cause efficiente est ce par quoi une chose est faite : le sculpteur qui a fait la statue.

La cause finale est ce pourquoi une chose est faite : le gain, la gloire que le sculpteur se propose.

La cause efficiente est la cause proprement dite. Quand on parle simplement de la cause, comme dans cette expression : *notion de cause, principe de causalité*, il s'agit uniquement de la cause efficiente.

On distingue la cause première, qui a en elle-même la raison première de sa puissance productrice, et les causes secondes, qui tiennent leur puissance de la cause première, qui est Dieu.

Origine de l'idée de cause. — L'idée de cause efficiente a son origine dans la conscience qui nous affirme que nous sommes les auteurs de certains faits psychologiques. Dans l'acte libre, nous saisissons une cause sur le vif.

Erreurs sur la cause. — 1° Locke confond la cause avec la succession. Stuart-Mill explique la cause par l'association d'antécédents et de conséquents qui se succèdent invariablement. Il confond donc lui aussi la cause avec la succession.

Réfutation. — Une succession même constante n'est pas une cause. Elle peut servir à la révéler, comme nous l'avons vu en logique, mais il s'y ajoute une efficacité, une énergie productrice par laquelle la cause fait naître l'effet, le produit.

2° Kant nie l'objectivité de l'idée de cause. Cette idée de cause est purement subjective. C'est une forme *a priori* de l'esprit, elle existe dans notre intelligence antérieurement à toute expérience ; elle a pour but de mettre de l'ordre dans notre esprit, en ramenant les phénomènes à l'unité.

Réfutation. — La théorie des formes *a priori* indépendantes de l'expérience est fausse. Il est, d'autre part, bien évident que la cause ne met pas seulement de l'ordre dans les phénomènes, mais qu'elle les produit.

La véritable formule du principe de causalité est : tout ce qui commence a une cause. On ne doit pas dire : tout être a une cause ; car Dieu a en lui-même la raison de son existence. L'expression : tout effet a une cause, est une tautologie et devrait se traduire : tout ce qui a une cause a une cause.

La notion de cause et le principe de causalité ont une importance extrême en philosophie. La philosophie moderne s'est acharnée contre cette notion fondamentale. Cette lutte n'est pas à son honneur ; car elle est souvent en opposition avec le plus simple bon sens. Nous connaissons, il est vrai, peu de causes et nous pouvons nous tromper dans la recherche des causes. L'homme n'en est pas moins un animal inquiet qui recherche les causes.

La cause finale. — La cause finale est ce pourquoi une chose est faite. Le but que l'on se propose en accomplissant une chose est une cause, parce qu'il détermine le choix des moyens. La cause finale est comme la cause de la cause efficiente, puisqu'elle détermine celle-ci à agir : le diplôme est la cause finale du travail du candidat. Dans la causalité ordinaire, la cause existe avant l'effet. Dans la cause finale, l'effet préexiste idéalement à sa propre cause. C'est pourquoi la cause finale est la première dans l'intention et la dernière dans l'exécution.

Origine de l'idée de cause finale. — Cette idée a son origine dans la conscience qui nous atteste que, lorsque nous agissons avec réflexion, nous agissons en vue d'un but à atteindre.

Le principe des causes finales se formule ainsi : tout a une fin ; rien n'est en vain dans la nature.

Ce principe a été nié par plusieurs philosophes. Descartes le néglige. Bacon déclare que la recherche des causes finales est stérile. Les positivistes affirment que nous ne pouvons pas connaître les fins. D'autres prétendent tout expliquer par les causes efficientes. L'oiseau, disent-ils, n'a pas des ailes pour voler ; il vole parce qu'il a des ailes. Mais le mécanisme n'exclut pas la finalité. Sans doute l'oiseau vole parce qu'il a des ailes, comme l'horloge sonne parce qu'elle a un timbre. Mais pourquoi l'horloge a-t-elle un timbre, si ce n'est pour sonner l'heure ? De même, pourquoi l'oiseau a-t-il des ailes, si ce n'est pour voler ? Le vol de l'oiseau est sans doute un résultat, mais il peut aussi être un but voulu.

C'est surtout dans le monde des vivants que se manifeste la finalité ; car, dit Claude Bernard, il est évident que, dans les êtres vivants, toutes les actions partielles sont solidaires les unes des autres. Si la finalité se manifeste surtout dans les êtres vivants, la raison admet que, dans tout l'univers, toutes les parties sont ordonnées par rapport au tout.

Il faut reconnaître que la recherche des causes finales est difficile et que nous connaissons la fin de peu de choses. Le Créateur ne nous a pas révélé toutes ses intentions. Nous pouvons cependant affirmer que dans l'ensemble de la création il y a des fins, des intentions certaines et quelques-unes sont évidentes. Nous pouvons affirmer que la recherche prudente des causes finales peut être utile à la science. C'est, par exemple, en se fondant sur les corrélations organiques, que Cuvier, en possession d'une dent d'un animal, le reconstruisit tout entier.

Comment connaît-on la finalité ? Bossuet l'indique ainsi :

« Tout ce qui montre de l'ordre, des proportions bien prises et des moyens propres à faire de certains effets, montre aussi une fin expresse, par conséquent un dessein formé, une intelligence réglée. » Janet : « Des coïncidences nombreuses, répétées, déterminées, non seulement par leur rapport avec le passé, mais aussi avec quelque chose de futur, sont des signes qui nous contraignent d'affirmer une fin, un dessein poursuivi. » Cette formule exprime trois sortes de signes auxquels la finalité se reconnaît : 1° le nombre des coïncidences simultanées, 2° la répétition des coïncidences successives, 3° l'accommodation. Remarquons que les causes efficientes intelligentes peuvent seules avoir une fin.

VI. Les notions d'espace et de temps. — L'espace est la portion d'étendue occupée par les corps. D'après Leibniz, l'espace est une simple corrélation de coexistence entre les corps. Le temps est la durée des choses successives. Pour Leibniz, c'est l'ordre de succession des choses contingentes. Il est impossible d'admettre la pure subjectivité de l'espace et du temps. Il y a, en dehors de l'esprit, un espace et un temps réels. Le premier consiste dans l'étendue des corps existants ; le second est constitué par la durée des êtres changeants de ce monde. Il sont l'un et l'autre finis et contingents. Au-delà de l'espace et du temps réels, nous concevons d'autres êtres étendus et durables.

Art. II. — CRITIQUE DE NOS FACULTÉS INTELLECTUELLES

VALEUR DE LA CONNAISSANCE HUMAINE

Faire la critique de nos opérations intellectuelles, c'est examiner, en premier lieu, si elles sont capables d'atteindre la certitude, et, en second lieu, si la certitude de la pensée équivaut à la réalité des choses.

La première question est le problème de la certitude. On ne peut nier que l'esprit se croit certain ; mais cette certitude est-elle légitime ?

La deuxième question est le problème de la valeur de la connaissance humaine. L'esprit croit connaître les objets ; mais cette connaissance est-elle absolue ou relative ? Avons-nous la connaissance des objets, tels qu'ils sont en réalité ou tels qu'ils nous apparaissent ? Cette connaissance est-elle objective ou subjective ?

I. — LE PROBLÈME DE LA CERTITUDE
DOGMATISME ET SCEPTICISME

Le *Dogmatisme* affirme la possibilité d'une connaissance certaine objective. Le scepticisme nie la certitude de toute connaissance.

La certitude est l'adhésion ferme et inébranlable de l'esprit à la vérité. La certitude a pour objet la vérité, elle est déterminée par l'évidence.

L'évidence est la clarté de la vérité entraînant l'assentiment de l'esprit : *fulgor veritatis assensum mentis rapiens*. Ce que la lumière est aux choses matérielles qu'elle rend visibles, l'évidence l'est à la vérité qu'elle rend intelligible. Descartes définit l'évidence la perception claire et distincte de la vérité. Cette définition n'exprime pas le caractère objectif de l'évidence.

On distingue l'évidence sensible, l'évidence de la conscience, l'évidence de la raison, l'évidence du témoignage, qui donnent naissance à autant de certitudes.

La certitude exclut toute crainte de se tromper, elle n'admet pas de degrés. On distingue cependant la certitude mathématique, qui a pour objet les vérités de l'ordre mathématique, qui s'imposent à nous malgré nous, et la certitude morale, qui a pour objet les vérités de l'ordre moral ou métaphysique, qui dépendent jusqu'à un certain point des dispositions de notre volonté.

On appelle quelquefois certitude morale celle qui se fonde sur le témoignage. On désigne encore par ce mot une très haute probabilité voisine de la certitude.

La certitude diffère du *doute*, qui suspend le jugement dans la crainte de se tromper. Elle diffère de l'*opinion*, qui est l'assentiment donné pour des motifs raisonnables, mais avec crainte de se tromper. La valeur des motifs qui font accepter l'opinion s'appelle probabilité. L'opinion a plus ou moins de valeur selon que les raisons sur lesquelles elle s'appuie sont plus ou moins sérieuses. Il faut distinguer deux espèces de probabilité : la probabilité mathématique et la probabilité morale.

La probabilité mathématique est celle dont les raisons peuvent se calculer. Dans une urne, il y a 50 boules, 10 vertes, 25 rouges, 15 blanches ; il y a $\frac{10}{50}$ de probabilité de tirer vert. C'est la probabilité mathématique qui sert de base aux sociétés d'assurances. La probabilité morale est celle dont les raisons ne peuvent s'exprimer mathématiquement. Dans une affaire criminelle, il y a dix témoignages favorables et quinze contraires. On ne peut en conclure que l'accusé est probablement coupable et que cette probabilité est de $\frac{15}{25}$. Il faut ici, non pas compter, mais peser les témoignages.

La probabilité morale est d'un grand secours dans les sciences morales et, dans la vie pratique, il faut savoir s'en contenter, à défaut de probabilité mathématique ou de certitude absolue. L'opinion comporte bien des degrés, depuis la plus faible probabilité jusqu'à la plus haute.

Le dogmatisme affirme que la raison humaine est capable d'arriver à la certitude. Il semble bien difficile de refuser à l'esprit le pouvoir de connaître et d'énoncer des vérités certaines. De même que nous avons des yeux pour voir, nous avons un esprit pour connaître. Si notre intelligence ne pouvait connaître le vrai qu'avec incertitude, serait-elle encore une intelligence ?

Le scepticisme (σκέπτομαι, je considère) est le système qui refuse à l'esprit le pouvoir d'arriver à la connaissance certaine. Il y a, il est vrai, de graves raisons d'accepter la connaissance ; mais il y en a d'égales contre, il est impossible de prendre un parti, il faut douter. Le scepticisme n'affirme pas, ne nie pas, il reste en suspens.

Le scepticisme absolu est contre nature et plein de contradictions. Il se réfute en s'affirmant ; car il doit dire : il est certain que rien n'est certain. Spinoza avait donc raison de dire que le rôle des sceptiques est d'être muets.

Penser, c'est juger, c'est affirmer. Le scepticisme serait donc la mort intellectuelle. Comme l'a dit Reid, c'est une vaine spéculation en contradiction avec les actes.

Le scepticisme est né du désaccord des diverses écoles et des exagérations du dogmatisme.

Il a créé plusieurs arguments très spécieux.

ARGUMENTS DES SCEPTIQUES. — 1° *Les contradictions de la raison.* Les sceptiques relèvent les contradictions qui existent entre les croyances des différentes époques et des différents peuples : « Vérité en deçà des Pyrénées, erreur au-delà. » Ils relèvent aussi les contradictions des systèmes et les contradictions de nos facultés qui sont si souvent en désaccord.

Réfutation. — Les hommes ont varié sur bien des points ; mais la contradiction n'est pas universelle. S'il en était ainsi, les hommes ne pourraient vivre en société ; car la vie sociale suppose une certaine communauté d'idées et de sentiments. Aucun échange de pensées ne serait possible, si certains principes n'étaient admis par tous les hommes. En fait, tous les hommes croient aux données des sens. Y a-t-il un seul homme de bon sens qui n'admette la certitude des premiers principes de la raison ? Un seul savant qui conteste de sang-froid les lois de la géométrie et de la physique ? Un seul historien qui doute de l'assassinat de Henri IV ?

Remarquons aussi que la diversité des opinions est souvent un signe, non de contradiction, mais de progrès. Les anciens jugeaient d'après leur expérience ; les modernes jugent d'après la leur, qui est plus complète. Les contradictions ne prouvent pas la faiblesse radicale de la raison ; elles s'expliquent par la diversité des données, l'aspect différent sous lequel on envisage la question, les passions, les préjugés.

Le désaccord de nos facultés entre elles n'est qu'apparent, et, dans tous les cas, s'explique par le mauvais usage qu'on en peut faire. Si on ne demandait jamais aux facultés que ce qu'elles peuvent donner, elles n'apparaîtraient jamais en conflit les unes avec les autres.

Si on allègue les contradictions des systèmes, il faut se rappeler que plusieurs sont évidemment erronés, qu'ils sont le produit de l'imagination, de pures hypothèses. De plus, au-dessus des systèmes, il y a, dit Leibniz, *perennis quædam philosophia*. Il y a d'ailleurs plus d'accord entre les philosophes qu'on ne le croit communément. C'est ainsi que Platon et Aristote, dont les systèmes sont opposés, sont d'accord sur les grandes questions spéculatives et morales.

Il y a en philosophie beaucoup de propositions parfaitement démontrées. Si elles restent, malgré tout, contestées par plusieurs philosophes, il est possible, ici comme ailleurs, de discerner entre ceux qui raisonnent bien et ceux qui raisonnent mal. Ces contradictions s'expliquent par les causes ordinaires de l'erreur, par les causes morales surtout. La certitude de certaines vérités métaphysiques ou morales sera toujours une certitude militante et contestée, parce que les passions, intervenant dans ces questions, empêchent l'assentiment universel de se produire. Mais une telle certitude est suffisante pour les esprits droits et sans parti pris.

2° *Le diallèle.* Le diallèle ou l'impossibilité pour la raison de se démontrer elle-même, est une subtilité de mauvaise foi. On raisonne ainsi : la raison ne peut démontrer sa légitimité ; donc elle est incertaine. Cette conclusion suppose cette majeure : tout ce qui ne peut se démontrer est incertain, ce qui est manifestement faux. L'argument peut du reste être rétorqué : si la raison ne peut se défendre et se démontrer, comment peut-elle s'attaquer elle-même ? Les sceptiques font ici un cercle vicieux. C'est la véracité de la raison qui leur est suspecte et c'est à la raison qu'ils demandent de prouver sa véracité. Autant demander à un témoin soupçonné de mensonge d'attester lui-même qu'il ne ment pas. Il est très vrai que l'esprit n'arrivera jamais à prouver qu'il a raison de se fier à l'évidence. Mais l'autorité de l'évidence se montre et ne se démontre pas : *rerum index sui*, disaient les anciens. C'est ainsi que la lumière, qui fait voir toutes choses, se fait voir elle-même. L'esprit humain croit invinciblement que l'évidence est la marque du vrai, et il n'a pas besoin d'autre critérium.

3° Un autre argument se tire des *des erreurs que nous commettons*. L'homme se trompe parfois, et, même alors, croit être dans la vérité ; rien donc ne nous garantit qu'il ne se trompe pas toujours.

Réfutation. — De ce que nous nous trompons souvent, il ne s'ensuit pas que nous nous trompons toujours. Car comment saurions-nous que nous nous trompons ? Si nous disons qu'il y a des cas où nous nous trompons, c'est évidemment qu'il y a des cas où nous ne nous trompons pas. Il y a donc un signe qui nous permet de distinguer la vérité de l'erreur. Ce qui prouve d'ailleurs que l'erreur ne tient pas à la nature même de l'intelligence, c'est qu'on peut toujours découvrir, grâce à la réflexion, les causes accidentelles qui l'expliquent. Il est vrai que l'erreur est toujours possible. Cela ne vient pas de la nature de notre intelligence, mais s'explique par les conditions défectueuses dans lesquelles elle s'exerce. On peut donc éviter l'erreur en excluant les causes qui la produisent. Il serait aussi absurde de ne pas juger, sous prétexte que nous pouvons nous tromper, que de ne pas marcher, sous prétexte que nous pouvons tomber.

On allègue le rêve et la folie. Les perceptions de la veille sont plus claires et plus ordonnées que celles du rêve. De plus, le rêve suppose l'état de la veille, dont il est le reflet, la réminiscence. Dans la folie, c'est l'incohérence, le désordre. Dans la raison, au contraire, c'est l'accord et l'ordre des pensées.

Cependant le dogmatisme doit être modéré dans ses affirmations et il doit emprunter au scepticisme sa prudence et son esprit de critique.

Le scepticisme mitigé ou le probabilisme est ainsi nommé parce qu'il accorde à l'esprit le pouvoir d'arriver, à défaut de certitude, à la probabilité (Arcésilas et Carnéade). Ce système serait la vérité, s'il se contentait d'affirmer que, à défaut de la certitude, il faut savoir se contenter de la probabilité. Mais, en niant la certitude, il se contredit lui-même. En effet, s'il n'y a pas de certitude, il n'y a pas de probabilité. Qu'est-ce que la probabilité, sinon l'état de l'esprit s'approchant de plus en plus de la certitude ? Si rien n'est vrai ou certain, rien n'est probable.

Le critérium de la certitude. — La certitude a son signe ou son critérium dans l'évidence des motifs intellectuels qui la déterminent. Nous disons tous les jours : cela est vrai, cela est faux. Il doit donc exister un signe distinctif de la vérité et de l'erreur, sans quoi nous ne serions jamais sûrs de posséder la vérité.

Le critérium de la certitude est l'évidence. — Quand on a pu dire : c'est évident, c'est clair comme le jour, toute discussion cesse. Bien avant Descartes, les philosophes avaient reconnu dans l'évidence le fondement de la certitude, et saint Thomas l'affirme expressément, quand il dit qu'il faut chercher la cause de la certitude intellectuelle et scientifique dans l'évidence des vérités que nous appelons certaines : « *certitudo quæ est in scientiâ et in intellectu, est ex evidentiâ eorum quæ certa esse dicuntur.* » Mais c'est à Descartes qu'on doit d'avoir insisté sur un point si important. On sait que la première règle de sa méthode débute ainsi : « Ne recevoir jamais aucune chose pour vraie que je ne la connaisse évidemment être telle. » Bossuet a dit après lui : « La vraie règle de bien juger est de ne juger que quand on voit clair. » « La raison, dit Bonald, ne peut se rendre qu'à l'autorité de l'évidence ou à l'évidence de l'autorité. »

Le critérium de l'évidence ne nous rend pas infaillibles ; mais, si nous nous trompons, cela tient à la faiblesse de notre esprit et au mauvais usage que nous faisons de nos facultés et non au critérium de la vérité. Une intelligence bornée ne peut avoir un critérium absolu et infaillible, mais seulement un critérium certain.

Les faux critérium. — 1° Critérium de l'autorité des anciens. Cette théorie aboutirait à faire une règle à l'esprit de ne jamais penser par lui-même. L'autorité, à elle seule, n'a pas de valeur démonstrative. Sans en faire un critérium absolu, quelques scolastiques ont exagéré l'autorité des anciens. Il est incontestable que les anciens se sont trompés sur bien des points. Comme le dit Bacon, ils représentent la jeunesse du monde. Ils doivent être admirés dans les conséquences qu'ils ont tirées du peu d'expérience qu'ils avaient et ils doivent être excusés des erreurs qu'ils ont commises. Le critérium de l'autorité, lorsque nous l'acceptons, se ramène à celui de l'évidence, car toutes les fois que nous croyons à l'autorité, c'est parce que la nécessité d'y croire est pour nous évidente.

2° Critérium du sens commun. L'école écossaise fait résider le critérium de la certitude dans le sens commun, c'est-à-dire « dans une propension instinctive à croire un certain nombre de vérités fondamentales communes à tous les hommes. » Ce serait admettre que la certitude est dépourvue de fondement rationnel.

3° Critérium du principe de contradiction. Ce critérium n'est pas universel. L'accord de la pensée avec elle-même, la non contradiction, est le signe du possible, non du réel.

4° Huet et Pascal ont proposé comme critérium *la véracité divine*. Mais, comment savons-nous que Dieu ne peut ni se tromper ni nous tromper, sinon parce que son existence et son infinie perfection nous sont démontrées et par conséquent sont évidentes.

4° CRITÉRIUM DU CONSENTEMENT UNIVERSEL. Lamennais place le critérium de la certitude dans le consentement universel du genre humain. Mais 1° ce consentement ne porte que sur un bien petit nombre de vérités ; 2° Comment pourrait-on s'assurer du consentement universel sinon par la raison individuelle ? Or, la raison individuelle est déclarée incapable de connaître la vérité. Comment, dans ces conditions, pourra-t-elle s'assurer du fait si complexe du consentement universel ? Lamennais ressemble à celui qui voudrait montrer à un aveugle la lumière. Bien plus, il commence par nous crever les yeux, puis il nous dit : regardez et voyez. C'est une contradiction flagrante.

Quelle est la valeur du consentement universel ? — Le consentement universel peut être une garantie de certitude : 1° s'il est réellement universel d'une universalité morale, que n'empêchent pas quelques voix discordantes ; 2° s'il porte sur des faits et des vérités que les hommes peuvent attester, et non sur des théories scientifiques qui ne concernent pas nos devoirs et notre destinée. Le témoignage des physiciens, des naturalistes, des géographes concernant certaines expériences ou faits constatés, peut être évidemment une preuve de vérité. Mais l'accord de tous les hommes et de tous les savants sur une théorie scientifique, comme le mouvement de la terre autour du soleil ou l'horreur du vide, n'a pas empêché ces opinions d'être reconnues fausses.

Il n'en est pas ainsi de la croyance universelle à une doctrine morale importante, par exemple, l'existence de

Dieu, le libre arbitre et le devoir. Ici, le consentement du genre humain est une preuve de vérité ; car une défaillance sur ce point, dans tous les temps et dans tous les pays, serait la négation de toute vérité morale.

II. — LE PROBLÈME DE L'ACCORD DE LA CERTITUDE AVEC LA RÉALITÉ

VALEUR DE LA CONNAISSANCE HUMAINE

Dans les temps modernes, l'attention des philosophes, en ce qui concerne le problème de la certitude, s'est concentrée presqu'exclusivement sur la valeur objective de la pensée ou son accord avec la réalité.

Le dogmatisme admet l'accord entre la réalité et la pensée.

L'idéalisme nie cet accord et la possibilité de nous assurer que les choses existent réellement telles que nous les concevons. Dans ce système, les objets n'existent que dans notre esprit. Ils ne sont qu'en tant qu'ils sont perçus : *esse est percipi*.

Dans l'antiquité, Protagoras a enseigné la relativité de la connaissance. L'homme est la mesure de tout, disait-il, c'est-à-dire que les choses sont ce qu'elles paraissent à chacun de nous.

Dans les temps modernes, David Hume et Stuart-Mill soutiennent que l'expérience interne ou externe ne nous fait connaître que des phénomènes et nous ne pouvons pas savoir s'il y a des substances, des réalités : c'est *le phénoménisme*.

Kant prétend que nous connaissons les choses, non pas telles qu'elles sont en elles-mêmes, mais telles qu'elles nous apparaissent à travers les *formes a priori* de la sensibilité et les *catégories* de notre entendement. En d'autres termes, nous imposons aux choses les lois de notre esprit et par là même nous ne pouvons connaître les choses telles qu'elles sont : c'est *l'idéalisme transcendantal*. Nous n'avons pas la prétention de réfuter le relativisme Kantien. Qu'il nous suffise de constater que l'intelligence humaine croit avec une invincible confiance à la valeur des idées dont l'évidence la frappe. Elle croit que les principes de la raison, par exemple, le principe de causalité, ont une valeur absolue ; le nier serait nier l'autorité de la raison même. Kant ne reconnaît de valeur absolue qu'aux principes de la raison pratique, mais il n'en donne aucune raison sérieuse. Enfin, l'expérience nous révèle l'accord de la pensée et des choses, car, d'une part, les phénomènes s'accommodent aux lois de l'esprit et, d'autre part, les lois de l'esprit doivent s'accommoder aux phénomènes.

Le subjectivisme Kantien a pourtant rendu à la pensée humaine un service, en nous révélant que la connaissance varie avec les conditions de l'expérience et par conséquent que notre connaissance garde l'empreinte de son origine expérimentale. Il en résulte que notre connaissance dépend non seulement des objets, mais aussi de notre esprit. Aristote définissait la sensation « l'acte commun du sensible et du sentant ». On peut dire de même que toute connaissance est en nous l'acte commun du sujet pensant et de l'objet pensé.

CHAPITRE II

LA MÉTAPHYSIQUE SPÉCIALE

Art. 1er. — COSMOLOGIE RATIONNELLE

Dans la cosmologie rationnelle, le métaphysicien se pose d'abord la question de l'existence du monde extérieur, avant d'aborder la question de la constitution intime de la matière.

1. — Existence du monde extérieur

Rien de plus simple en apparence que la connaissance du monde extérieur. Elle nous paraît s'accomplir naturellement par une intuition immédiate. Contrairement aux apparences, cette question présente de graves difficultés. La perception externe ne peut évidemment nous faire connaître les objets extérieurs qu'au moyen des sensations ou modifications que les objets nous causent ou nous font subir. Or, les sensations ne sont que des modifications du moi, elles sont subjectives. Comment passons-nous du fait subjectif de la sensation à la réalité extérieure distincte de nous ? Par un mouvement irrésistible de notre intelligence, nous rapportons la sensation à des objets extérieurs et nous affirmons l'existence d'un non-moi résistant, étendu, coloré. Cette connaissance est-elle certaine, immédiate, représentative, ou est-elle inexacte, médiate, significative et symbolique ? C'est le grave problème de la connaissance du monde extérieur.

L'existence du monde extérieur a été niée par les idéalistes, qui réduisent le monde extérieur à un système d'idées sans valeur objective (1). C'est la doctrine de Berkeley (immatérialisme), de Stuart-Mill, pour lequel le monde extérieur n'est qu'un ensemble de possibilités de sensations.

Nous n'insisterons pas sur ces discussions ; car il est bien évident que le monde extérieur existe, et vouloir rejeter cette existence, c'est philosopher jusqu'à la déraison. Tous nos sens reçoivent du monde extérieur des impressions qu'ils nous transmettent. Ces impressions ont certainement pour cause quelque chose d'extérieur. Il est vrai que ces impressions subissent l'influence de notre organisme et par conséquent ne sont pas absolument conformes à la réalité ; il n'en est pas moins vrai que nos sens nous attestent la réalité du monde extérieur. Parmi nos sens, celui qui nous révèle le mieux l'existence des corps, c'est le tact. Une des sensations principales du tact est la résistance. Or, de même que nous ne pouvons pas résister aux corps sans déployer une force, nous devons supposer que la résistance que nous éprouvons implique une force. La réalité objective des corps, en tant qu'elle se ramène à une force, semble fondée sur une induction rigoureuse. C'est donc en vain que les idéa-

---

(1) Le principe de l'idéalisme moderne est celui-ci : nous ne percevons que nos propres modifications ; il nous est impossible de sortir de nous-mêmes. C'est Descartes qui a posé ce principe. Pour lui, l'âme seule est impliquée dans la pensée et elle ne dépend d'aucune chose matérielle. Directement l'âme ne connaît qu'elle-même. La pensée implique l'âme ; elle n'implique pas le corps uni à l'âme ni aucune chose matérielle. — Est-il nécessaire de dire que cette psychologie est fausse ? Elle oublie que l'âme est intimement unie au corps et forme avec lui « un tout naturel ».

listes veulent réduire le monde extérieur à un système de sensations sans réalité objective.

Mais si la réalité du monde extérieur s'impose, il n'en est pas moins fort difficile de dire comment nous le connaissons. Parmi les nombreuses théories, signalons :

1° **Doctrines de la perception immédiate.** — *a)* Aristote, saint Thomas et les scolastiques admettent la perception immédiate. La sensation est, d'après eux, « l'acte commun du sensible et du sentant ». Par les sens qu'elle anime, l'âme prend conscience à la fois des sensations qu'elle éprouve et des réalités qui leur correspondent; c'est ainsi qu'elle sort d'elle-même en quelque façon, ou pour mieux dire, qu'elle objective ses sensations.

b) Reid, Hamilton, Royer-Collard soutiennent que la perception est une intuition qui nous fait saisir immédiatement les objets extérieurs. Ils s'appuient sur l'instantanéité de la perception et supposent qu'une théorie inductive mettrait en péril la réalité du monde extérieur.

c) Maine de Biran soutient que la perception de notre corps est seule immédiate et sert d'intermédiaire pour la connaissance des corps.

2° **Théories inductives.** — *a)* D'après Descartes, notre esprit est hors d'état de communiquer avec le monde extérieur ; aussi nous ne le percevons vraiment pas, nous ne faisons que le concevoir à l'occasion de certains mouvements provoqués dans nos organes. Descartes n'est pourtant pas idéaliste. Il croit à l'existence des corps à cause de la véracité divine, qu'il invoque comme garantie de notre croyance.

b) D'après *Cousin*, notre esprit, après avoir éprouvé une sensation dont nous ne sommes pas la cause, va chercher au dehors la cause de cette sensation et conçoit ainsi le monde extérieur comme une réalité distincte de nous.

c) Plusieurs rejettent cette explication métaphysique et fondent la perception externe sur l'interprétation des sensations qui se produisent, quand les objets extérieurs agissent sur les organes des sens. Les sensations deviennent, pour l'intelligence, des signes qui lui permettent d'affirmer l'existence d'une réalité extérieure. Dans cette théorie, les sensations sont seulement des signes de la présence des corps et non la représentation exacte des objets.

d) Taine prétend que la perception externe est *une hallucination vraie* (1). D'après lui, toute sensation tend à s'extérioriser et elle s'objective, si elle n'est pas réduite à l'état d'image par des sensations concurrentes plus fortes qu'elle. Il en conclut que toute sensation est *hallucinatoire*. Mais il distingue des hallucinations fausses et des hallucinations vraies. Les hallucinations vraies sont d'accord, non seulement avec elles-mêmes, mais avec toutes nos sensations antécédentes ou concomitantes et même avec celles d'autrui. Or, tel est précisément le caractère de la perception externe. Elle est donc une *hallucination vraie*. — Tout en reconnaissant que, dans la perception externe, nous portons, pour ainsi dire, à l'extérieur nos sensations, comme dans l'hallucination, il faut pourtant remarquer que cette expression est étrange ; car elle devrait se traduire : *fausse perception vraie*. De plus, l'hallucination n'est pas le fait primitif, mais suppose une perception antérieure. C'est ainsi que l'aveugle-né ne saurait avoir d'hallucinations visuelles. On ne peut expliquer la perception par l'hallucination.

II. — Diverses conceptions sur la matière et sur la vie.

La matière existe ; mais quelle est sa nature ? Pour résoudre cette question, il faut distinguer dans le monde matériel deux sortes d'êtres : les êtres inorganisés ou non

(1) Avant Taine, Platon avait appelé la conception de la matière un *mensonge vrai*, et Leibniz avait dit que la perception est un « *rêve bien lié* ».

vivants et les êtres organisés ou vivants. Nous traiterons d'abord de la nature intime de la matière inorganisée.

I. — Conceptions sur la matière. — Les trois conceptions principales sont : le mécanisme, le dynamisme et la théorie de la matière et de la forme.

1° Le mécanisme. — Le mécanisme ramène les propriétés de la matière à l'étendue et au mouvement. Il a pris deux formes : le mécanisme physique ou atomisme et le mécanisme géométrique.

Le *mécanisme physique ou atomisme* (Démocrite, Epicure). Les atomes étendus, indivisibles, éternels se meuvent dans le vide et, par leurs agrégats, forment les corps. Epicure ajoute le *clinamen* ou la déviation des atomes et la distinction des atomes ronds et crochus, qui forment les âmes et les corps. — Gassendi rejette l'éternité de la matière et les combinaisons fortuites des atomes.

Le *mécanisme géométrique* (Descartes, Spinoza) identifie la matière avec l'étendue. La matière est une chose étendue, *rex extensa*. Les atomes étendus et indivisibles n'ont aucune activité propre ; ils se meuvent, parce qu'ils ont reçu une impulsion. Cette impulsion est ce que Pascal appelle, dans une lettre célèbre, la *chiquenaude*. « Qu'on me donne de l'étendue et du mouvement, je créerai le monde, disait Descartes. » — « Ces atomes, qui n'ont que de l'étendue, ne diffèrent pas du vide, dit Leibniz ». De plus, l'étendue et l'indivisibilité semblent contradictoires. Enfin, les corps nous résistent, ils renferment donc une force. On peut le prouver par un grand nombre de faits. 1° Tout corps est un agrégat d'atomes maintenus par une force de cohésion et cette force diffère d'un corps à l'autre ; même les gaz ont leur coefficient de dilatation.

2° Tout corps a son poids atomique spécial. Ceci est inexplicable dans la théorie mécaniste ; car tous les atomes ont la même étendue.

3° Enfin les corps ont des *affinités électives*. Un gramme d'oxygène se combine avec 8 grammes d'hydrogène pour former l'eau. Il y a donc dans les corps autre chose que l'étendue, il y a la force.

2° Le dynamisme (Leibniz). — Le dynamisme substitue ou ajoute à l'étendue inerte un principe d'activité : la force. Leibniz place l'essence de la matière dans la force. Les monades sont simples, inétendues, douées d'activité interne, ne pouvant agir les unes sur les autres (elles n'ont ni portes ni fenêtres). Les monades sont douées de perception et d'appétition et analogues à l'âme humaine. L'étendue n'est pour Leibniz qu'une relation. — Comment former l'étendue avec de l'inétendu? Leibniz a eu raison de corriger la théorie de Descartes, mais sa réaction va trop loin : elle supprime la réalité de l'étendue et la distinction entre la matière et l'esprit. « Leibniz, a dit Kant, a spiritualisé la matière. »

3° Théorie de la matière et de la forme (Aristote et les Scolastiques). — Ce système admet l'objectivité de l'étendue, mais suppose que l'étendue n'est qu'une propriété, non l'essence de la matière. Il admet dans la matière deux principes : l'un passif, indéterminé, qui est le fondement de la quantité et de l'étendue : *la matière première* ; l'autre actif, simple, duquel dépendent les propriétés dynamiques : *la forme substantielle*. Le premier de ces principes est analogue à l'étendue cartésienne, le second, à la monade de Leibniz. Cette doctrine offre l'avantage de concilier la théorie de Descartes, qui sacrifie la force à l'étendue, et celle de Leibniz, qui sacrifie l'étendue à la force.

Unité des forces physiques. — La physique moderne considère nos sensations comme des phénomènes de mouvement et tend à admettre que le son, la chaleur, la lumière, l'électricité ne sont que les différentes formes d'une force unique.

Conservation de la matière et de la force. — C'est un principe admis par la science moderne. Le mouvement se change en chaleur, la chaleur se change en mouvement. Lavoisier a prouvé que, dans la décomposition des corps, on retrouve, à la fin, le même poids qu'au commencement : rien ne se crée, rien ne se perd.

II. — **Conceptions sur la vie.** — La vie se manifeste par la spontanéité du mouvement. On la définit : l'activité intérieure par laquelle un être se meut lui-même. Le principe vital est cette force secrète qui préside à toutes les fonctions des corps organisés. Deux caractères distinguent les êtres vivants : l'activité spontanée et la finalité. 1° L'être vivant est une machine qui se donne le mouvement. L'être vivant se forme, se conserve, s'accroît en vertu d'une force tout interne. Son activité est immanente ; elle est produite par l'agent et ne sort pas de l'agent. 2° Tout être organisé forme un ensemble, un système clos, dont toutes les parties se correspondent et concourent à la même action. Cette unité centrale, qui rend toutes les actions partielles solidaires et génératrices les unes des autres, révèle la finalité.

Quelle est la nature du principe de la vie ? Les quatre conceptions principales sont : le mécanisme, l'organicisme, le vitalisme et l'animisme.

1° **Le mécanisme** (Descartes). — La vie consiste dans les phénomènes mécaniques, hydrauliques, chimiques dus à l'action des forces diverses de la nature. La physiologie, qui explique la circulation du sang par des lois hydrauliques, la respiration et la digestion par des opérations chimiques, semble donner en partie raison à cette théorie. — Mais elle ne rend pas compte du plan qui préside à la construction de l'être vivant. On en est réduit à considérer la disposition des organes comme un fait de hasard. Si la respiration est un effet des poumons, la digestion, un effet de l'estomac, pour que ces fonctions s'accomplissent, il faut d'abord que le poumon et l'estomac vivent. La vie préexiste aux organes. Les rapports qui existent entre les phénomènes vitaux et les phénomènes physico-chimiques prouvent simplement que les phénomènes de la vie trouvent dans les effets des forces physico-chimiques une partie de leurs conditions ; mais ces forces ne constituent pas la vie.

2° **L'organicisme** (Broussais). — L'organicisme fait dériver la vie de l'organisation, c'est-à-dire d'une certaine structure ou composition des organes. L'organisation développe des propriétés vitales, irréductibles aux propriétés de la matière et en opposition avec ces propriétés. — L'unique argument de ce système, c'est que l'altération de l'organisme entraîne la mort. Mais on peut construire dans les laboratoires des substances organisées, on ne peut produire la vie elle-même. Ce n'est pas l'organisation qui préexiste à la vie, c'est la vie qui préexiste à l'organisation. La vie ne résulte pas de la seule disposition des organes, puisque c'est elle qui produit les organes. L'organisme se forme peu à peu sous l'influence du principe qui vivifie la cellule primitive. L'organisation de l'être vivant est le résultat de l'évolution progressive d'une cellule engendrant d'autres cellules, en réalisant toujours un être d'un type défini. C'est cette évolution qui constitue la vie. L'organicisme n'explique pas cette force créatrice et directrice qui est la vie.

3° **Le vitalisme** (Jouffroy, Maine de Biran). — Le vitalisme admet une force immatérielle qui meut la matière et lui infuse la vie : le principe vital. Dans l'homme, le principe vital est distinct de l'âme. Laissant à l'âme la direction de tout ce qui est sensibilité et pensée, il préside à tout ce qui, dans le corps vivant, se passe sans le sentiment et la pensée. — Le vitalisme a raison contre les hypothèses mécanistes et organicistes, qui ne peuvent expliquer l'idée directrice qui préside à la vie. Mais le vitalisme a tort d'admettre que, dans l'homme, il y a un principe vital distinct de l'âme. Cette hypothèse ne s'appuie pas sur les faits, qui nous révèlent l'unité psychologique de l'homme. Elle ajoute au problème de l'union de l'âme et du corps une complication nouvelle.

4° **L'animisme** (Aristote, saint Thomas, Stahl). — L'animisme soutient que, dans l'homme, le principe de la vie est identique à celui de la pensée, c'est l'âme elle-même. L'âme préside aux mouvements du corps, comme elle dirige nos raisonnements et nos pensées. Par une sorte d'activité inconsciente, l'âme organise le corps et le conserve. Stahl admet à tort une activité consciente de l'âme dans les phénomènes physiologiques. L'animisme est le système qui explique le mieux les phénomènes de la vie. Dès lors que l'on admet une cause indépendante de la matière pour expliquer la vie, il ne faut pas multiplier les êtres sans nécessité. La supposition de deux forces est inutile, une seule suffit. L'animisme est confirmé : 1° par le témoignage de la conscience qui attribue au même moi les faits psychologiques et les faits physiologiques ; 2° par l'influence du physique sur le moral et par tous les faits qui attestent l'union du corps et de l'âme.

On oppose à l'animisme une objection : comment l'âme peut-elle être le principe de phénomènes dont elle n'a pas conscience ? — Nous l'ignorons, mais c'est un fait. Il y a, dans l'âme, une activité sourde, latente, qui fait produire un grand nombre de faits, même dans la vie psychologique proprement dite, sans que nous en ayons conscience. De plus, on ne peut pas dire avec les vitalistes que la vie du corps est complètement étrangère à la conscience. L'homme, sans doute, n'a pas conscience de toutes ses opérations vitales ; mais, par là même qu'il a le sentiment immédiat de son propre corps, on peut dire qu'il a une certaine connaissance de la vie organique. Nous nous apercevons plus clairement de notre vie physiologique quand il se produit quelque chose d'anormal. Enfin, nous pouvons agir sur notre vie physiologique. L'action de l'âme sur le corps ne peut pas être niée et elle devient plus profonde à mesure que l'âme s'habitue à exercer ce pouvoir. Il faut donc admettre que notre âme préside aux mouvements vitaux et qu'elle est le principe de la vie physique et de la vie morale.

Art. II. — PSYCHOLOGIE RATIONNELLE

SPIRITUALISME, MATÉRIALISME

C'est la métaphysique de l'âme. Elle étudie le problème de l'existence de l'âme, de sa nature et de sa destinée. Elle comprend trois questions : l'âme est-elle distincte du corps ? Comment est-elle unie au corps ? Périt-elle avec le corps ?

I. — EXISTENCE ET SPIRITUALITÉ DE L'AME

Nous avons étudié les phénomènes psychologiques et leurs lois ; nous n'avons pas étudié l'âme elle-même dans sa nature. Quelle est la nature du principe qui en nous sent, pense et veut ? Ce principe est-il distinct du corps ? Se confond-il avec le corps ? Selon que l'on répond dans un sens ou dans l'autre, on est spiritualiste ou matérialiste.

Le spiritualisme admet, sous le nom d'âme, un principe simple, identique, libre, distinct du corps, capable par conséquent de lui survivre. Il admet au-dessus de l'homme un principe simple, éternel, infini et parfait appelé Dieu et qui est distinct du monde.

Le matérialisme ne voit que de la matière dans l'homme et dans le monde. Le monde a en lui-même sa raison d'être et il n'y a nul besoin de recourir à un principe supérieur pour en expliquer l'existence et l'harmonie.

L'âme est distincte du corps. — Preuve tirée de l'unité du moi. — Toutes les opérations psychologiques sont incompatibles avec un sujet composé et en particulier les opérations intellectuelles. Celles-ci consistent à ramener la pluralité à l'unité. Généraliser, c'est ramener une multitude d'individus à une seule idée, par exemple, l'idée d'arbre. Juger, c'est réunir deux idées différentes dans un même acte de conscience et d'attention pour en concevoir et en affirmer le rapport. En particulier, la comparaison est impossible avec un sujet composé et il est facile de le démontrer. Si une partie du sujet qui compare connaît un terme de la comparaison, et une deuxième partie, le deuxième terme, dans laquelle se fera la comparaison ? Évidemment, ni dans l'une ni dans l'autre. Se fera-t-elle dans une troisième partie ? Mais une troisième partie ne pourra connaître le rapport des deux termes de la comparaison qu'à la condition de les connaître l'un et l'autre. Si on supposait cette troisième partie composée, le même raisonnement recommencerait, jusqu'à ce que l'on supposât finalement un sujet indivisible, un sujet simple. Cela posé, le corps, le cerveau surtout, est essentiellement composé et multiple, et par conséquent ne peut réaliser l'unité rigoureuse du sujet pensant. Le moi pensant est donc distinct du corps.

Cette preuve s'obtient en opposant le caractère multiple et collectif du corps à l'unité rigoureuse du moi pensant.

Preuve tirée de l'identité du moi. — L'identité est la propriété que possède un être de demeurer toujours substantiellement le même aux différents moments de la durée.

Or, l'observation interne, qui nous atteste l'unité du moi, nous atteste aussi son identité. Les phénomènes de conscience se modifient sans cesse ; mais, à travers ces modifications incessantes, le sujet, qui les produit ou les subit, reste le même. Cette identité du moi apparaît clairement dans la mémoire et dans la responsabilité. La mémoire suppose l'identité personnelle : je ne me souviens que de moi-même. Il est également évident que nul n'est responsable que de soi-même. Qu'elle dérision n'y aurait-il pas à se reprocher aujourd'hui une faute ou à se féliciter d'une bonne action accomplie dans le passé, si l'on ne savait pas que le moi d'aujourd'hui est substantiellement le même que celui qui, autrefois, a mérité ou démérité ? Or, si nous observons ce qui se passe dans le corps, nous verrons que l'identité ne saurait lui convenir. Il est soumis au *tourbillon vital* qui renouvelle intégralement l'organisme. Les expériences de Flourens ont prouvé que ce renouvellement est total et s'accomplit rapidement. Il est vrai que la direction de ce tourbillon vital, ainsi que l'espèce de molécules qui y sont entraînées, est constante ; mais la matière du corps actuel n'y sera bientôt plus. Cette mutabilité perpétuelle de la matière corporelle est absolument opposée à l'identité personnelle. Ajoutons que cette identité personnelle est consciente. Comment les molécules successives, qui composent notre organisme, pourraient-elles être le sujet de cette identité consciente ?

PREUVE TIRÉE DE LA LIBERTÉ. — L'homme est libre. J'ai conscience que je suis libre, que j'ai l'initiative de mes actes, le pouvoir de choisir entre les directions diverses que me trace ma pensée, entre les impulsions opposées qui me viennent de la sensibilité. Or, rien n'est plus contraire à la nature du corps que ce pouvoir d'agir avec liberté. Rien n'est plus inconciliable avec la matière que le pouvoir de se déterminer librement. La matière est inerte et soumise à un déterminisme absolu. Donc, dans l'homme, qui est libre, il y a autre chose que l'organisme et Kant a eu raison de conclure : « Je suis libre ; donc j'ai une âme. »

Preuve tirée des opérations transcendantes de l'ame. — Les opérations de l'âme dépassent la sphère des sens et manifestent une activité supérieure à la matière.

« L'homme n'est qu'un roseau, dit Pascal, mais c'est un roseau pensant... Toute notre dignité consiste dans la pensée, c'est de là qu'il faut nous relever. » L'esprit ne perçoit pas seulement le particulier que lui présentent les sens et la conscience, mais il perçoit l'universel ; il perçoit les vérités métaphysiques et morales : le bien, le devoir, la vertu. De même, notre esprit contemple et apprécie le beau et, devant les beautés de la nature et de l'art, devant l'immensité de la mer ou le ciel étoilé, nous nous arrêtons ravis et extasiés. L'être sans raison passe devant ce spectacle et le regarde d'un œil stupide. Il ne sait pas ce qu'est le beau, ce qu'est le vrai. Non seulement l'homme connaît le beau et le vrai ; mais il se perfectionne dans cette connaissance, il fait des progrès dans les sciences, dans les arts et il fait des inventions merveilleuses. Enfin, l'esprit humain peut embrasser dans ses conceptions la terre et les cieux ; il connaît l'Infini et s'y complaît, il aspire à le posséder. Toutes ces opérations transcendantes, dépassant évidemment la sphère des sens, ne peuvent être attribuées à l'organisme. Dans l'intelligence humaine, à côté des opérations inférieures de l'esprit, immédiatement dépendantes du système nerveux, il y a des opérations supérieures, qui ne dépendent de l'organisme que d'une façon indirecte, en tant que les opérations inférieures leur fournissent une matière sur laquelle elles peuvent s'exercer. C'est dans ce sens qu'Aristote a dit que « l'esprit opère sans les sens », « parlant ainsi divinement de la raison », dit Bossuet.

Les opérations volontaires manifestent mieux encore

cette activité transcendante. L'homme aspire à des fins étrangères au corps, à la science, à la gloire, à la vertu. Ces fins supérieures, il les poursuit, dans bien des circonstances, au détriment du corps, quelquefois au prix de sa destruction totale. Des hommes, par amour pour la science, usent leur santé. D'autres immolent et sacrifient leur vie pour de nobles causes. « Or, dit Bossuet, se déterminer à mourir avec connaissance de cause et par raison, marque un principe supérieur au corps et, parmi les animaux, l'homme est le seul en qui se trouve ce principe. » Donc il a une âme distincte du corps.

Preuve tirée de l'action de l'âme sur le corps. — S'il est vrai que le corps agit sur l'âme, il est certain que l'âme agit sur le cops, elle lui commande, elle le dompte; elle le discipline et elle atteste ainsi sa supériorité sur lui. C'est un fait que notre volonté entre souvent en lutte avec le corps et exerce un véritable empire sur notre organisme. « Une grande âme est maîtresse du corps qu'elle anime. » Une volonté énergique peut imprimer une vigueur étonnante à un corps faible et débile. Ne voyons-nous pas, dans l'affaiblissement du corps et presque dans l'agonie, l'âme, plus vivante que jamais, resplendir avec une puissance extrême, manifestant ainsi sa distinction et sa souveraineté ? »

Les trois dernières preuves ne prouvent pas seulement que l'âme est distincte du corps, mais encore qu'elle est spirituelle, dans le sens de ce mot exprimé par Bossuet : « l'être spirituel est celui qui non seulement n'est pas matière, mais qui est indépendant de la matière. »

Les objections du matérialisme. — 1re Objection. Personne n'a jamais vu d'âme. — « Je croirai à l'âme, dit Broussais, lorsque je la toucherai du bout de mon scalpel. »

Cet argument ne fait pas honneur à ses auteurs. Il est évident que l'âme, si elle existe, ne tombera jamais sous les sens. Mais les sens ne sont pas les seuls moyens que nous ayons de connaître les faits et les êtres. Le sentiment et la pensée ne peuvent pas plus que l'âme elle-même, être vus et touchés. Que savons-nous par les sens de la matière elle-même ? bien peu de chose. Les sensations ne nous feraient rien connaître des corps et de la matière sans la raison qui interprète les données sensibles. En somme, dire que l'âme n'existe pas, parce qu'on ne peut la voir, c'est faire une pétition de principe.

2° OBJECTION TIRÉE DES RAPPORTS INTIMES DU PHYSIQUE ET DU MORAL. Ce n'est qu'à mesure que le corps se développe que se développent l'intelligence, la sensibilité et la volonté. Si le corps est en santé, l'intelligence a toute sa puissance, la volonté toute son énergie Le tempérament, l'âge, le climat influent sur nos pensées et nos sentiments.

C'est la vieille objection matérialiste. Elle peut embarrasser le spiritualisme cartésien, mais non le spiritualisme véritable qui admet l'union substantielle du corps et de l'âme. Dans cette doctrine l'influence du physique sur le moral ne prouve pas que nous n'avons pas d'âmes, pas plus que l'influence du moral sur le physique ne prouve que nous n'avons pas de corps.

3° OBJECTION TIRÉE DES RAPPORTS INTIMES DU CERVEAU ET DE LA PENSÉE. Un rapport tout spécial de dépendance unit la pensée et le cerveau. Là où on trouve un cerveau on trouve aussi une pensée ; là où manque le cerveau manque la pensée ; le cerveau et la pensée croissent et décroissent dans la même proportion. Le cerveau est donc la vraie cause de la pensée. Il secrète la pensée, comme le foie secrète la bile.

Les relations intimes du cerveau et de la pensée ne peuvent être contestées. Les observations, qui nous montrent la pensée toujours unie au cerveau, prouvent assurément que le cerveau est, dans notre existence présente, une condition nécessaire de la pensée, sa condition *sine quâ non*. Mais s'ensuit-il que le cerveau soit le sujet pensant et que la pensée soit une fonction du cerveau ? Non. Les faits observés montrent bien une dépendance de la pensée vis-à-vis du cerveau ; mais ils sont impuissants à montrer la production de la pensée par le cerveau. Une comparaison, qui se trouve déjà dans Platon, (la lyre et le musicien) rendra ceci plus clair. Un musicien ne pourra pas jouer, si son instrument lui manque ou s'il est détérioré. Toutes les fois qu'il jouera, il aura en mains son instrument ; si son instrument ne vaut rien, il jouera mal ; s'il est excellent, il fera de la meilleure musique. Peut-on dire cependant que l'instrument *produit* la musique ? Il en est une condition sans doute, une condition nécessaire, mais non pas une condition suffisante. De même le cerveau est nécessaire pour la pensée, il en est la condition *sine quâ non*, il n'en est pas la condition suffisante, il n'en est pas la cause. De ce que le cerveau nous est nécessaire pour penser, conclure que le cerveau produit la pensée, c'est absolument comme si l'on disait qu'un excellent piano suffit à faire d'excellente musique.

Quand le matéralisme affirme que l'intelligence et la pensée croissent et décroissent dans la même proportion, il affirme ce qui n'a été établi. En effet, on ne saurait dire, dans l'état actuel de la science, à quelle qualité du cerveau se trouve lié un degré supérieur d'intelligence. On a tour à tour indiqué le volume et le poids. Mais le cerveau de Descartes n'atteignait pas la moyenne et celui de Napoléon ne la dépassait pas. Cuvier avait, il vrai, un cerveau très lourd ; mais des hommes intelligents ont eu des cerveaux légers, et on voit des idiots dont le cerveau est très lourd. On a donc dû recourir à l'étendue de la surface, à la perfection de la structure, à la composition chimique, à la quantité de phosphore ou à toutes ces conditions harmonieusement combinées. A quoi l'on peut répondre que, si la pensée est liée à des conditions nombreuses, dont quelques-unes sont encore inconnues, qui assure aux matérialistes que l'une de ces conditions n'est pas l'âme elle-même ? « Qui leur dit que l'une de ces conditions qu'ils ne connaissent pas, n'est pas le principe piritüel ? JANET. »

La pensée étant spirituelle de sa nature, nous devons affirmer qu'elle n'est pas attachée à un organe corporel. Toutefois, comme nous ne pensons pas sans image et que l'imagination est sous la dépendance du système nerveux, il s'ensuit que la pensée et l'entendement sont *indirectement* dépendants du corps, et, en particulier, du cerveau. De là les défaillances de la pensée chez l'enfant et chez le vieillard, parce que la débilité du système nerveux rend incapable d'appliquer l'esprit avec suite et énergie. De là le désordre dans la pensée, qui résulte d'une lésion au cerveau, non pas que le principe pensant soit atteint, mais parce que cette lésion détermine un trouble dans l'imagination et que les images extravagantes appellent des idées incohérentes. Le désordre et l'affaiblissement du cerveau n'enlèvent rien à l'intelligence elle-même, ils la privent seulement des conditions et des moyens requis pour s'exercer normalement. « La meilleure main du monde, dit Bossuet, écrira mal avec une mauvaise plume et les meilleurs yeux verront mal, s'ils sont contraints de regarder à travers une mauvaise lorgnette. »

3º ARGUMENT TIRÉ DES PROPRIÉTÉS INCONNUES DE LA MATIÈRE. — La science découvre sans cesse de nouvelles propriétés de la matière et démontre que le mouvement est susceptible de se transformer en diverses forces (lumière, chaleur, électricité). Rien n'empêche d'admettre la transformation du mouvement en pensée. Büchner, dans son livre *Force et matière*, et Spencer, dans ses *Premiers principes*, invoquent cette loi de la transformation des forces, et soutiennent qu'une vibration nerveuse peut devenir sensation, émotion, pensée. — Cette affirmation est insoutenable ; car il est impossible de ramener la pensée au mouvement. La pensée est un fait interne, sans dimension, étranger à l'espace. On pourra bien dire que la pensée est liée à un mouvement cérébral, mais on ne peut dire : la pensée est un mouvement. Le mouvement est quelque chose d'objectif, d'extérieur, c'est la modification d'une chose étendue, figurée, située dans l'espace. Au contraire, il est impossible de me représenter la pensée comme quelque chose d'extérieur. Un mouvement peut être circulaire, rectiligne, curviligne, en spirale. Qu'est-ce qu'une pensée en spirale, circulaire, rectiligne, curviligne ? La pensée est claire ou obscure, vraie ou fausse. Qu'est-ce qu'un mouvement clair ou obscur, vrai ou faux ? En un mot, un mouvement pensant implique contradiction.

Le matérialisme prétend tout ramener à la matière. Il existe de toute éternité une substance douée d'étendue et de force motrice, et toutes choses naissent fatalement de ses transformations. De la matière naît la vie, puis la sensation, et enfin la pensée. Observons simplement que la matière n'a pas sa raison d'être en elle-même. Il lui faut une cause, comme il faut une cause au mouvement qui s'y produit. Si l'être ne peut venir du néant, la vie ne peut venir non plus de la matière, ni la pensée, de la vie. Le matérialisme est donc une explication du supérieur par l'inférieur, du plus par le moins, de l'être par le non-être, il est anti-scientifique.

II. — Union de l'ame et du corps

Si l'âme humaine est distincte du corps, elle lui est intimement unie et de cette union naît l'homme qui est un tout naturel, dit Bossuet. Il nous reste à chercher la nature de cette union. Comment le corps, substance étendue et composée, et l'âme, substance une et simple, peuvent-ils être unis l'un à l'autre ? Les principales théories qui ont été proposées sur l'union de l'âme et du corps, sont les suivantes.

Théorie de l'influx physique. — Euler, en affirmant une influence réelle et naturelle, constate le fait, sans l'expliquer. Il suppose que l'âme a son siège au milieu d'un réseau de nerfs, comme l'araignée au centre de sa toile, et qu'elle agit réellement sur le corps.

Théorie des esprits animaux. — Descartes met l'âme au centre du cerveau, dans la glande pinéale. Elle entre en communication avec le corps par les esprits animaux, vapeurs subtiles émanées du sang. Les mouvements centripètes des esprits animaux déterminent l'action du corps sur l'âme ; les mouvements centrifuges déterminent l'action de l'âme sur le corps. — Puisque les esprits animaux sont matériels, comment agissent-ils sur l'âme ? Comment l'âme inétendue réside-t-elle dans l'étendue de la glande pinéale ?

Théorie des causes occasionnelles. — Descartes avait séparé profondément le corps de l'âme, en appelant le corps *res extensa* et l'âme *res cogitans*. Malebranche creuse en quelque sorte l'abîme et ne voit aucun lien ou rapport possible entre la matière et l'esprit. Il suppose, pour expliquer les faits, que Dieu, à l'occasion des mouvements de l'âme, produit les mouvements du corps et que, à l'occasion des mouvements du corps, il produit les mouvements de l'âme. — Cette théorie nie l'action réciproque du corps et de l'âme que nous atteste l'expérience. Elle refuse toute force, toute activité au corps et à l'âme. Cette théorie anéantit le libre arbitre. Enfin, si Dieu est l'unique activité, il est bien près d'être l'unique substance. Malebranche incline fortement vers le panthéisme.

Théorie de l'harmonie préétablie. — Leibniz supprime, lui aussi, toute action réciproque de l'âme et du corps. Tout se passe, il est vrai, comme si l'âme agissait sur le corps et le corps sur l'âme. Mais, en réalité, il n'y a pas d'action mutuelle, « les monades n'ayant ni portes ni fenêtres par lesquelles elles puissent recevoir quelque influence de l'extérieur ». Il y a une simple correspondance entre les modifications des deux substances. Ces modifications se développent en séries parallèles déterminées d'avance. Tous les mouvements de l'âme et du corps sont préordonnés par Dieu et ils sont comparables à deux chronomètres parfaits, dont les mouvements concordent toujours. — Cette théorie offre les mêmes difficultés que celle de Malebranche, sauf le danger de panthéisme. Elle compromet le libre arbitre, en introduisant dans le monde de l'esprit le déterminisme qui régit la matière.

Nature de l'union de l'âme et du corps. — Bien qu'inexplicable, l'union de l'âme et du corps est un fait incontestable ; l'action réciproque du corps et de l'âme ne peut pas être mise en doute.

Frappés de la distinction des deux substances, quelques philosophes ont été amenés à n'admettre qu'une union accidentelle. C'est la doctrine de Platon. « L'âme est dans le corps, dit-il, comme dans une prison. L'homme, dit-il encore, est une âme qui se sert d'un corps comme un ouvrier se sert de son instrument. » Cette doctrine est inexacte. Il est vrai de dire que le corps est un instrument pour l'âme, mais il y a une grande différence entre les instruments ordinaires et le corps humain. « Qu'on brise le pinceau d'un peintre ou le ciseau d'un sculpteur, dit Bossuet, il ne sent point les coups dont il a été frappé, mais l'âme sent tout ce qui blesse le corps. » Le corps n'est donc pas un simple instrument. Il n'est pas non plus un vaisseau que l'âme gouverne à la manière d'un pilote. Que le pilote sorte de son navire, le pilote et son navire restent ce qu'ils étaient. Il n'en est pas ainsi du corps et de l'âme. Le corps séparé de l'âme est un cadavre, et l'âme séparée du corps n'est plus tout l'homme.

L'union du corps et de l'âme est substantielle. L'âme et le corps ne font ensemble qu'un tout naturel formé de deux éléments intimement unis. Les deux natures fondues ensemble ne font qu'une seule personne, un seul composé, un seul principe d'action et de passion. C'est plus que l'union de deux forces, c'est l'union de deux substances qui se rapprochent, se pénètrent, afin d'agir par *modum unius*. L'unité de l'être humain est si parfaite que les actes de la vie animale et ceux de la vie intellectuelle et morale appartiennent à un seul et même *moi*. Nous disons : je pense, je veux, comme nous disons : je marche, je mange. L'union des deux substances est si intime que non seulement l'âme et le corps agissent l'un sur l'autre, mais qu'ils ne peuvent agir l'un sans l'autre. Le corps et l'âme inséparablement unis concourent ensemble à former un seul et même être. Le corps, dans le composé humain, est une matière, dont l'âme est la forme. Dans ce système, qui est celui d'Aristote et des scolastiques, l'âme, intimement unie au corps, lui communique à la fois la vie et le mouvement.

Cette théorie de l'âme *forme du corps* explique seule les rapports mutuels de l'âme et du corps et l'étroite solidarité qui existe entre ces deux activités distinctes.

On peut donc définir l'âme humaine une substance spirituelle destinée à informer un corps. Bossuet la définit : « une substance intelligente née pour vivre dans un corps et lui être intimement unie. » Il ajoute : « il est d'un beau dessein pour Dieu d'avoir voulu faire toutes sortes d'êtres, des êtres qui n'eusssent que l'étendue, des êtres qui n'eussent que l'intelligence, et enfin des êtres où tout fût uni, et où une âme intelligente se trouvât jointe à un corps. »

Définition de l'homme. — Platon définissait l'homme une âme qui se sert d'un corps. Cette formule ne donne pas une idée exacte de l'union de l'âme et du corps.

La définition donnée par de Bonald : l'homme est une intelligence servie par des organes, n'explique pas assez la nature de l'âme. En effet, l'âme humaine n'est pas simplement une intelligence, « une chose pensante », elle est aussi une chose sensible et même elle est le principe de la vie du corps. Elle n'est pas simplement servie par des organes, elle est étroitement unie à des organes.

La meilleure définition est celle-ci : l'homme est un animal raisonnable. Elle marque mieux que la définition précédente ce qu'il y a de commun entre l'homme et la brute et ce qui les distingue l'un et l'autre. On a reproché à cette définition de ne pas exprimer d'une manière parfaite la différence spécifique de l'homme, puisqu'elle ne mentionne pas la volonté. On peut répondre que la volonté est naturellement liée à la raison, si bien qu'Aristote et les scolastiques appellent la volonté l'appétit rationnel.

III. — L'IMMORTALITÉ DE L'AME.

C'est une des trois grandes questions qui, d'après Kant, résument la philosophie : que dois-je espérer ? Cette question est d'une importance extrême. « L'immortalité de l'âme, dit Pascal, est une chose qui nous importe si fort et qui nous touche si profondément, qu'il faut avoir perdu tout sentiment pour être dans l'indifférence pour savoir ce qu'il en est. Toutes nos actions et nos pensées doivent prendre des voies différentes selon que nous admettons ou non cette vérité. Notre premier intérêt et notre premier devoir sont de nous éclairer sur ce sujet d'où dépend toute notre conduite. »

L'Ame survit-elle au corps ? — La raison proclame cette survivance ; les aspirations de notre âme la démontrent ; nos souffrances et nos mérites l'exigent.

1° Preuve métaphysique. — Étant distincte du corps, l'âme peut subsister après la dissolution du corps. Non seulement cela est possible, mais cela doit être. Puisque notre âme est simple et indivisible, elle ne peut pas périr, comme notre corps, par décomposition, et par conséquent doit survivre.

La mort ne détruit pas ce qui n'est pas matière (*Chénier*).

Dieu, il est vrai, pourrait anéantir l'âme ; mais comment le supposer, alors que, dans le monde matériel, il n'anéantit rien.

Cet argument se fonde, il faut l'avouer, sur une simple convenance. De plus, il ne démontre pas suffisamment la persistance de la conscience et de la personnalité après la mort. Il a donc besoin d'être complété par d'autres preuves.

2° Preuve psychologique. — Toutes les tendances de notre nature protestent contre la doctrine qui soutient que la destinée de l'homme s'accomplit ici-bas. « L'âme humaine est faite pour l'infinité », dit Pascal. Le monde éveille toutes nos aspirations, il n'en satisfait aucune.

Notre cœur est insatiable. Il est manifeste que rien ici-bas ne le satisfait, rien ne peut rassasier l'immensité de ses désirs. « Un peu d'herbe satisfait l'agneau, dit Chateaubriand, un peu de sang satisfait le tigre. La seule créature qui cherche au dehors et qui n'est pas à elle-même son tout, c'est l'homme. »

L'intelligence humaine est insatiable. Cette intelligence si faible tend à la lumière sans ombre, à la vérité sans limite. Notre raison voudrait tout connaître. D'ailleurs, l'homme pense : or, penser, c'est se mouvoir dans l'infini.

De même, aucun idéal de justice et de vérité n'est assez grand pour notre volonté. Elle est l'extrême imperfection et l'extrême faiblesse, et elle se sent appelée à une perfection sans limites.

Tout homme éprouve instinctivement ce besoin de l'esprit, du cœur et de la conscience. Mais, dans l'humanité, il y a les meilleurs. Eh bien ! les meilleurs poursuivent cet idéal sans trêve et sans relâche. Aucune connaissance ne peut satisfaire leur intelligence, aucune vertu ne peut satisfaire leur idéal de perfection. Quelle contradiction si nous ne sommes faits que pour paraître quelques instants sur la terre et disparaître ensuite! S'il en est ainsi, les plus belles intelligences, les plus nobles cœurs sont des êtres contre nature. On ne peut éviter ces conséquences absurdes qu'en admettant que la lumière, le bien et le bonheur, que notre âme appelle par de si ardentes aspirations, nous seront donnés dans la vie future.

3° Preuve morale. — La véritable preuve se fonde sur la justice de Dieu. La raison exige l'immortalité comme sanction définitive de la loi morale. Cette sanction est de rigoureuse justice. Or, cette sanction n'est pas appliquée en cette vie : les hommes les plus vertueux ont souvent une existence pénible et les coupables jouissent souvent d'un bonheur immérité. Cependant, notre raison nous présente comme une nécessité l'accord de la vertu et du bonheur. Puisque cet accord n'est pas réalisé en cette vie, nous sommes amenés à conclure à une autre existence dans laquelle la justice sera satisfaite. Une autre doctrine serait profondément immorale; car elle anéantirait dans le même tombeau toutes les vertus et tous les crimes. Elle tarirait la source des magnifiques dévouements si bien chantés par Lamartine dans un hymne sur la tombe de sa mère :

> Là dorment soixante ans d'une seule pensée,
> D'une vie a bien faire uniquement passée,
> D'innocence, d'amour, d'espoir, de piété ;
> Tant d'aspirations vers son Dieu répétées,
> Tant de foi dans la mort, tant de vertus jetées
>   En gage à l'immortalité ;

> Tant de nuits sans sommeil pour veiller la souffrance,
> Tant de pain retranché pour nourrir l'indigence,
> Tant de pleurs toujours prêts à s'unir à des pleurs,
> Tant de soupirs brûlants vers une autre patrie
> Et tant de patience à porter une vie,
>> Dont la couronne était ailleurs...

Ces vers sublimes renferment un argument de grande valeur. Car il est manifeste que la croyance à nos immortelles destinées a inspiré et inspire tous les jours les plus sublimes dévouements et les plus héroïques vertus. Or, ne serait-il pas étrange que tout cela fut fondé sur une fausseté et que l'erreur et l'illusion fussent nécessaires pour produire ce qu'il y a de plus beau sur la terre ? Le poète a donc raison de conclure :

> Non, non, pour éclairer trois pas sur la poussière,
> Dieu n'aurait pas créé cette immense lumière,
> Cette âme au long regard, à l'héroïque effort.
> Sur cette froide pierre en vain le regard tombe.
> O vertu, ton aspect est plus fort que la tombe,
>> Et plus triomphant que la mort !

La souffrance exige la vie future. Il y a tant de souffrances sur la terre, tant de souffrances imméritées ! Il y a tant de pures affections trahies, tant de victimes du devoir ! Ces héros, ces martyrs, la terre, qui but leur sang, les a-t-elle engloutis tout entiers ? Non, cela n'est pas. Ces souffrances imméritées, ces vies sacrifiées et immolées au devoir forment un appel à la justice de Dieu. Que deviendrait cette justice, si elle se contentait de contempler les douleurs et les maux immenses dont souffre l'humanité, et si elle restait sourde aux cris de ces souffrances ?

Concluons avec Caro : « La vie future est le couronnement de tout l'ordre moral. Elle est nécessaire, car l'homme mérite et souffre. Le mérite et la souffrance,

voilà ce qui me fait immortel, voilà la vérité lumineuse....
C'est l'éternel, l'indéracinable argument en faveur de la
vie future. »

Cette croyance, que nous ne périssons pas tout entier,
est nécessaire pour nous aider à comprendre et à
supporter la vie terrestre. Cette vérité explique les aspirations les plus élevées de notre âme et leur apparente
contradiction avec l'insignifiance de la vie humaine,
en nous montrant que toute vie humaine a un prix infini.

La preuve morale suppose une immortalité consciente, l'immortalité de la personne, qui est la seule véritable. Celle des panthéistes, qui absorbent l'âme en Dieu,
n'a de l'immortalité que le nom. A quoi servirait de penser que notre âme continue d'être, si elle tombe à l'état
des forces inconscientes ? Une telle survivance ne vaudrait guère mieux que l'anéantissement.

L'âme est-elle destinée à vivre sans fin. — Nous
sommes autorisés à croire que Dieu ne mettra pas un
terme à la vie de notre âme. Il pourrait, il est vrai, l'anéantir après l'avoir suffisamment récompensée. Mais cela
serait peu digne de lui. *Creavit Deus ut essent*, dit saint
Augustin.

Celui qui peut créer dédaigne de détruire (*Lamartine*).

Les aspirations sans limites de l'âme humaine tendent
d'ailleurs à un bonheur parfait. L'intelligence humaine,
faite pour la vérité, ne peut être satisfaite que par la possession de la vérité parfaite. La volonté, faite pour le bien,
aspire à la possession du bien suprême. Or, cette destinée
n'est pas atteinte, si la vie future doit finir. « Si le bonheur
doit finir, dit Cicéron, il n'est pas un bonheur parfait. La
crainte de perdre un jour ce bonheur en empoisonnerait
les douceurs. »

L'éternité des peines rencontre des répugnances dans
l'esprit humain. Un châtiment éternel l'épouvante et il se

demande comment il peut se concilier avec la bonté de Dieu. — En admettant même que seule la foi nous rende certains de l'éternité des peines, il n'en est pas moins vrai que ce dogme peut se justifier aux yeux de la raison par des arguments de haute convenance.

Si l'on peut regarder comme prouvée l'éternité des récompenses, pourquoi les peines ne seraient-elles pas éternelles ? Il doit y avoir parité dans le double résultat d'une même épreuve. Il est certain, en outre, que le temps de l'épreuve se termine à la mort et, par conséquent, l'âme reste fixée à tout jamais dans l'état où elle se trouve à la mort, dans le bien et la récompense, dans le mal et dans le châtiment. Saint Thomas remarque qu'il y a une sorte d'infinité de malice dans le péché, à cause de l'infinie majesté de Dieu offensé, et qu'il doit y avoir, en rigoureuse justice, une sorte d'infinité dans la peine, l'infinité dans la durée, la seule possible. Enfin, un autre ordre de providence serait insuffisant à triompher, dans la mesure voulue, des passions humaines. Cette vérité terrible est une force pour ceux qui aiment le bien, elle nous aide à mettre un frein à nos passions et à remplir notre devoir.

Art. III. — THÉODICÉE

« La sagesse, dit Bossuet, consiste à connaître Dieu et à se connaître soi-même. » La connaissance de soi-même est le point de départ de la philosophie ; la connaissance de Dieu en est le terme et le couronnement. La connaissance de l'homme serait bien incomplète sans la connaissance de Dieu. Nous ne connaîtrions ni notre origine, ni notre fin, ni la loi dont l'observation doit nous conduire à notre sublime destinée.

La théodicée est la science rationnelle de Dieu. Elle se divise en trois parties :

1º Existence de Dieu ; 2º Nature et attributs de Dieu ; 3º Les œuvres de Dieu, ses rapports avec le monde.

I. — Existence de Dieu.

Il faut démontrer l'existence de Dieu ; car cette vérité n'est pas d'une évidence immédiate et il y a des athées. Dieu est, il est vrai, la vérité première. Mais, dans l'ordre de la connaissance, il n'est pas la première vérité connue. Nous connaissons notre existence tout d'abord, ainsi que celle des êtres sensibles qui nous entourent et, de cette connaissance, nous nous élevons à la connaissance de Dieu. La raison humaine, par une induction rationnelle, peut remonter des effets à la cause, des effets créés à la cause incréée et l'existence de Dieu devient ainsi la plus certaine de toutes les vérités, parce qu'elle est fondée sur tous les genres de preuves : les preuves physiques, métaphysiques et morales.

Preuves physiques — *a)* Preuve du premier moteur, (*Aristote*). — Il y a du mouvement dans le monde. Or, tout ce qui est mouvement est mû par quelque chose. Mais ce quelque chose qui communique le mouvement, ou bien reçoit le mouvement d'un autre moteur, ou le communique de lui-même. Si nous supposons qu'il a reçu le mouvement d'un autre, il faudra remonter à cet autre moteur et ainsi de suite, jusqu'à ce qu'on ait rencontré un premier moteur qui communique le mouvement et soit lui-même immobile. Ce premier moteur immobile est Dieu. En résumé, à moins d'admettre une série infinie de mouvements, ce qui est impossible, puisqu'un nombre infini est impossible, il faut admettre un premier moteur qui a donné le mouvement.

b) Preuve des causes finales. — *I*^{re} *forme* (Cicéron, Bossuet, Fénelon). Il y a dans le monde un ordre et une organisation admirables ; or, cet ordre et cette organisation supposent un ordonnateur souverainement intelligent, qui est Dieu

Il y a dans le monde un ordre admirable. L'ordre du monde se manifeste par des lois d'une puissance et d'une simplicité admirables. Si vous jetez un regard même superficiel sur le monde, vous y trouverez une variété et une harmonie qui ravissent et dépassent l'imagination. Dans chaque être pris à part, nous contemplons un monde de merveilles et, dans l'ensemble, tant d'ordre et de beauté que l'esprit reste confondu. « Le plus petit insecte, dit Fénelon, suppose plus de génie que nos plus ingénieux mécanismes. »

Or, cet ordre admirable suppose un ordonnateur infiniment intelligent. Il suffit à l'homme, même le plus illettré, pourvu qu'il soit homme de bon sens, de lever les yeux vers le ciel étoilé, de contempler la marche périodique de ces globes de feu, pour être convaincu qu'ils ne se sont pas mis en mouvement tout seuls et qu'ils ont dû être lancés dans l'espace par une main toute-puissante. Dans ce monde sidéral, tout se produit avec poids et mesure, si bien que le calcul peut déterminer la marche des cieux. Devant cette régularité majestueuse, comment ne pas reconnaître la pensée ordonnatrice qui a créé cet accord que rien ne peut troubler? Nous pouvons ajouter que toutes les lois du monde physique sont des relations mathématiques, des lois numériques et, par conséquent, nous pouvons affirmer que toutes choses ont été faites, suivant l'expression de l'Ecriture, avec nombre, poids et mesure. Or, l'intelligence seule peut peser, mesurer, nombrer. Le monde révèle donc une intelligence souveraine, un Dieu ordonnateur de l'univers.

En résumé, il n'y a pas d'effet sans cause et tout ce qu'il y a de perfection dans l'effet doit être éminemment dans la cause. L'ordre admirable de l'univers suppose donc un ordonnateur, ses lois merveilleuses supposent un législateur.

Les matérialistes affirment que cet ordre du monde n'a pas été préconçu. C'est un simple résultat. Dans la série infinie des siècles, une combinaison harmonieuse était possible. Cette combinaison s'est produite, comme un bon billet sort à la loterie. Cette explication par le hasard est évidemment insuffisante. Spencer explique par la force évolutive ces merveilleuses transformations de la matière. Un mot d'Aristote réfute cette explication. L'acte, dit-il, est antérieur à la puissance, ce qui signifie : c'est par l'action d'un être existant que le possible se réalise. Si nous supposons que cette force évolutive existe, il faut expliquer son existence. Cette force ne peut évidemment exister que par l'action d'un être existant avant elle. Sans Dieu, cette force est inexplicable, elle est un mouvement sans point de départ.

2° *forme*. Il y a dans l'univers des moyens admirablement appropriés à des fins : or, ces moyens appropriés à des fins supposent une cause intelligente ; donc Dieu existe. La finalité est partout visible dans le monde des vivants. Que l'on considère les plantes et les animaux, soit dans les rapports des fonctions entre elles, soit dans les rapports des organes aux fonctions qu'ils doivent remplir, soit dans les rapports des êtres avec leurs milieux, il est impossible de ne pas reconnaître une adaptation systématique des moyens à la fin, un art merveilleux.

L'activité instinctive, manifestement aveugle dans l'être en qui elle s'exerce et manifestement intelligente dans les résultats, prouve également la finalité. Or, la finalité suppose une cause intelligente. Le vaste système de moyens et de fins, qui constitue le monde, suppose donc une cause infiniment intelligente.

Objection. — Kant a dit : « ce serait tenter l'impossible que de renier l'autorité de cette preuve, mais elle n'établit pas l'infinité de la cause première. » Il appelle ailleurs cette preuve « une nichée de sophismes ». Nous pouvons répondre qu'il n'existe aucune raison pour restreindre ou limiter la perfection de la cause ordonnatrice du monde. Notre esprit conclut spontanément à l'infini. Ce n'est qu'après coup, à la réflexion, que l'on se demande si cette induction n'est pas excessive. Même alors, quand on contemple cette merveilleuse disposition de moyens par rapport à des fins, la puissance de prévision et d'intelligence que suppose l'établissement de ces lois dont aucune collision ne peut rompre l'empire, il est bien difficile de ne pas attribuer à l'auteur de ces merveilles une science infinie. En tout cas, cette preuve, même si elle ne démontre pas à elle seule la nature infinie de Dieu, établit au moins son existence. D'ailleurs, la cause, qui a produit l'ordre du monde, est celle qui a produit l'être des choses, elle est ordonnatrice, parce qu'elle est créatrice.

Preuves métaphysiques. — *a*) Preuve de la contingence du monde. — Le monde existe. Mais le monde n'existe pas par lui-même et nécessairement ; on peut concevoir sans contradiction la non-existence de tous les êtres qui le composent. Si le monde n'existe pas par lui-même, il n'existe pas non plus par une série infinie d'êtres donnant et recevant l'existence ; car une série infinie est impossible. « Quand même cette série infinie d'êtres existerait, dit Leibniz, la difficulté n'aurait pas disparu ; car vous auriez une série infinie d'êtres n'ayant pas leur raison suffisante. » Pour trouver la raison suffisante des êtres contingents, il faut donc sortir de la série des êtres contingents et admettre un être nécessaire, un être qui existe par soi. S'il n'y avait que des êtres contingents, leur existence serait un effet sans cause. On pourrait supposer qu'à un moment donné tous ces êtres n'étaient pas. Or, qu'il y ait un moment où rien ne soit, éternellement rien ne sera. C'est pourquoi Leibniz a pu dire : ou l'être nécessaire existe, ou rien n'est possible.

L'être nécessaire existe par lui-même, en vertu de sa nature, de son essence. Il ne peut pas être purement possible. Son essence est d'exister. D'ailleurs, s'il était à l'état de possibilité, il ne pourrait jamais exister. Leibniz a donc eu raison de dire : Dieu existe, s'il est possible.

b) Il existe des vérités éternelles, nécessaires. « Elles existent, dit Bossuet, quand même il n'y aurait aucun entendement capable de les concevoir. Il faut donc qu'elles subsistent dans une intelligence éternelle, où elles sont toujours entendues. »

c) Preuve par l'existence en nous de l'idée de parfait. — C'est la 1re preuve donnée par Descartes dans le *Discours de la Méthode*. J'ai l'idée de parfait. Cette idée ne me vient pas du néant qui ne produit rien. Elle ne me vient pas de moi-même qui suis imparfait ; elle doit donc me venir de l'être parfait qui l'a mise en moi, comme la marque de l'ouvrier sur son ouvrage.

d) Preuve ontologique. — (Saint Anselme). — J'ai l'idée d'un être tel qu'on ne saurait en concevoir un plus parfait ; donc cet être existe en réalité ; car, s'il existait seulement dans l'entendement, on pourrait en concevoir un plus parfait, à savoir celui qui existerait dans la réalité.

Gaunilon réfuta cet argument en montrant que l'on pourrait, par le même raisonnement, démontrer l'existence des Iles Fortunées. Les Iles Fortunées sont les plus parfaites qu'on puisse concevoir ; mais, si elles n'existaient pas en réalité, on pourrait en concevoir de plus parfaites ; donc elles existent en réalité.

Descartes formule ainsi l'argument de saint Anselme, qui était son argument préféré : l'être parfait possède toutes les perfections ; or, l'existence est une perfection ; donc l'être parfait possède l'existence. L'existence est donc comprise dans l'idée de l'être parfait, en même façon qu'il est compris dans celle du triangle que ses angles sont égaux à deux droits.

Cet argument de saint Anselme, renouvelé par Descartes, est un sophisme. Il conclut à tort de l'ordre idéal à l'ordre réel, de ce qui existe dans notre esprit à ce qui existe dans la réalité. Or, il est bien manifeste qu'il ne suffit pas qu'un être soit dans notre pensée pour être dans la réalité. On aura beau creuser une notion purement idéale, on n'y trouvera que des perfections idéales, par conséquent, dans le cas présent, une existence idéale et non une existence réelle.

Leibniz a renouvelé cet argument. Dieu existe, s'il est possible ; or, il est possible ; donc il existe.

La majeure est vraie. Il est certain que, en Dieu, l'essence implique l'existence, si bien que, si Dieu n'est pas, il est impossible. Dieu ne peut pas être à l'état de pure possibilité. Qui l'en ferait sortir ?

La mineure est fausse. On ne peut conclure de l'idée de Dieu à sa possibilité, qui implique son existence. Ce serait passer de l'ordre idéal à l'ordre réel. Au fond, c'est l'argumentation de saint Anselme sous une forme plus spécieuse.

Preuves morales. — Comme la science a besoin de l'idée de Dieu pour expliquer le monde matériel, de même la conscience humaine a besoin de Dieu pour expliquer le monde moral.

a) Preuve par la loi morale et par sa sanction. — Il existe une loi morale qui prescrit le bien, défend le mal et s'impose à la conscience avec une autorité infaillible. Notre raison proclame l'existence de cette loi. Non seulement la loi morale est universelle, elle est aussi inviolable et, si on l'enfreint, on en porte la peine au plus profond de son être. Mais cette loi suppose un législateur. Ce législateur suprême est Dieu.

La loi morale doit avoir une sanction. Notre raison proclame que toute bonne action doit être récompensée, que toute mauvaise action doit être punie. Or, cette sanction parfaite ne peut être réalisée, si on n'admet pas l'existence d'un témoin infaillible de toutes les actions humaines, d'un juge incorruptible et tout puissant, capable d'apprécier la valeur morale de nos actions et de leur appliquer la sanction qu'elles méritent. Ce législateur et ce juge ne peuvent être que Dieu.

En résumé, Dieu et la conscience sont deux mots inséparables. Toute morale qui exclut Dieu comme principe et fondement de l'obligation morale, manque de base rationnelle et de couronnement, elle est dépourvue d'autorité et de sanction.

b) PREUVE PAR LE CONSENTEMENT UNIVERSEL. — Tous les peuples ont cru à l'existence de l'Être suprême. Or, le consentement universel est une preuve, lorsqu'il est moralement unanime et qu'il porte sur des vérités morales importantes. Donc Dieu existe.

Le fait de la croyance universelle est affirmé en ces termes par Cicéron : « *Non est gens tam fera, tam immansueta, quæ etiamsi ignoret quales Deos habere deceat, tamen habendos esse sciat* ». « Vous pourrez trouver des cités privées de murailles, de gymnases, de monnaies, de la culture des lettres, mais un peuple sans Dieu, sans prières, sans religion, nul ne l'a jamais vu », dit Plutarque. Il est certain que l'athéisme n'a jamais pu convertir à ses doctrines une seule nation.

On objecte le polythéisme et le fétichisme. Ils s'expliquent par les passions, par l'abaissement moral des peuples. Mais il n'en est que plus étonnant qu'au milieu des superstitions les plus grossières, la croyance à une puissance souveraine ait toujours existé chez tous les peuples.

c) PREUVE PAR L'EXISTENCE DE LA RAISON. — L'existence de la raison en nous prouve l'existence d'une raison absolue et parfaite. « Quelle plus grande absurdité, dit Montesquieu, qu'une fatalité aveugle qui aurait produit des êtres intelligents ! »

Toutes les preuves de l'existence de Dieu sont *a posteriori* : elles partent toutes d'un fait d'observation : existence de l'être contingent, pour la preuve métaphysique ; existence de l'ordre, pour la preuve physique ; existence de l'obligation, pour la preuve morale.

Elles reposent toutes sur le principe de *raison suffisante* ; car elles établissent que tous ces faits d'ordres si divers n'ont et ne peuvent avoir de raison d'être qu'en Dieu et par Dieu.

Ces preuves de l'existence de Dieu forment un faisceau dont rien ne peut rompre la puissante harmonie. Les preuves physiques nous montrent Dieu comme puissance créatrice et ordonnatrice du monde. Les preuves morales nous le montrent comme législateur et juge suprême. Les preuves métaphysiques le montrent comme être nécessaire et absolu. Les preuves métaphysiques sont les plus directes et les plus complètes. La preuve des causes finales est la plus populaire et l'intelligence la plus commune peut la comprendre. La preuve morale est, dans les temps actuels, la plus frappante pour certains esprits effrayés de notre désarroi moral. Toutes ces preuves réunies garantissent, comme un triple rempart, l'idée de Dieu contre toutes les attaques de l'athéisme. La philosophie tout entière nous conduit à Dieu. La psychologie nous révèle les aspirations de notre âme vers l'infini. La logique aboutit à Dieu, vérité suprême. L'esthétique aboutit à Dieu, beauté suprême. La morale aboutit à Dieu, bien suprême. La philosophie est pleine de Dieu. Cette idée est le point culminant de la pensée humaine et le centre où elle trouve le repos.

II. — Nature et attributs de Dieu.

Nous ne pouvons connaître Dieu directement et tel qu'il est. Nous pouvons le connaître indirectement et d'une manière incomplète. Dieu n'est donc pas incompréhensible en ce sens que nous ne puissions rien en connaître. « Les cieux racontent la gloire de Dieu. » Depuis la création, les perfections invisibles de Dieu sont rendues visibles dans ses ouvrages. Les créatures, et spécialement l'âme humaine, reflètent les perfections divines et nous voyons Dieu en elles comme dans un miroir.

Dieu est l'Être parfait, il a la plénitude de l'être, il est *celui qui est*. Par là même qu'il est l'être parfait, il est *l'acte pur*, sans mélange de puissance. Il ne peut, comme les êtres imparfaits, passer de la puissance à l'acte, c'est-à-dire acquérir des perfections nouvelles.

Nous distinguons en Dieu plusieurs attributs, à cause de la faiblesse de notre intelligence qui, ne pouvant, par un seul concept, embrasser l'être parfait, s'en forme plusieurs concepts inadéquats. Cette connaissance est imparfaite, mais n'est pas fausse. Ces perfections que conçoit notre esprit sont bien en Dieu, mais d'une manière plus parfaite, sans aucune imperfection.

Les attributs de Dieu sont des perfections que notre raison conçoit en lui et lui attribue.

Dieu étant l'être parfait, il faut nier de lui toute imperfection et affirmer de lui toute perfection. On distingue donc deux sortes d'attributs : les attributs métaphysiques et les attributs moraux.

Attributs métaphysiques. — Nous les obtenons en niant de Dieu les imperfections des créatures : la multiplicité, la divisibilité, le changement, la limite dans le temps et dans l'espace. Nous obtenons ainsi : l'unité, la simplicité, l'immutabilité, l'éternité, l'immensité.

1° *Dieu est un*. « Un seul Dieu suffit », dit Leibniz. Deux Dieux seraient indiscernables et se limiteraient mutuellement.

2° *Dieu est simple*. « Toute composition marque de la dépendance », dit Descartes. Il n'y a rien en Dieu d'accidentel. On ne distingue pas en lui l'essence et l'existence. Les attributs divins ne sont pas séparables de l'essence. La simplicité de notre âme est une image imparfaite de la simplicité de Dieu.

3° *Dieu est immuable.* Il ne peut devenir ni plus parfait ni moins parfait. Lorsqu'il a créé, l'œuvre créatrice n'a produit en lui aucun changement : *opera mutas, non mutas consilium,* dit saint Augustin.

4° *Dieu est éternel.* On ne doit pas dire de Dieu : il a été, il sera ; mais : il est. L'éternité est la possession totale et simultanée d'une vie interminable (Boèce). Il n'y a en Dieu ni succession, ni changement, il est étranger et supérieur à la durée.

5° *Dieu est immense.* Il n'est limité, ni par un être étranger, ni par sa nature. Il est au-dessus des limites de l'espace et, sans étendue, il est présent à toutes les créatures qui ne peuvent exister et persister que par sa toute puissance. Nous avons en nous une image lointaine de ce mystère : l'âme inétendue est présente à toutes les parties du corps.

Attributs moraux. — Nous les obtenons en affirmant de Dieu toutes les perfections qui appartiennent aux créatures, après les avoir dégagées de toute limite, par conséquent en les élevant à l'infini. « Les perfections de Dieu sont celles de nos âmes ; mais il les possède sans bornes. Il est un océan dont nous n'avons reçu que des gouttes », dit Leibniz.

Les attributs moraux de Dieu sont : la bonté, la puissance, la justice, l'intelligence et la liberté.

1° *Dieu possède la bonté.* Puisqu'il se connaît, il ne peut rester indifférent à ses propres perfections. Il doit donc s'aimer lui-même d'un amour infini et il aime ses œuvres. C'est sa bonté qui l'a porté à communiquer à d'autres êtres quelque chose de la perfection qu'il possède. Il est la bonté infinie. Dieu est si bon que meilleur ne peut être, disait saint Louis.

2° *Dieu possède la toute puissance*. Il peut faire tout ce qu'il veut.

3° *Dieu possède la justice*. Sa justice est parfaite et infaillible, s'exerce dans la vie présente et dans la vie future. C'est cette justice infinie qui établira éternellement l'accord entre la vertu et le bonheur. Cette justice infinie se concilie avec son infinie miséricorde.

4° *Dieu possède l'intelligence infinie, l'omniscience*. Il se connaît lui-même et il connaît toute chose en lui-même. Il connaît les choses passées, présentes et futures par un acte d'intuition simple et infini. Si la science des futurs libres est incompréhensible pour nous, elle n'en est pas moins certaine et nécessaire, car sans cela la science de Dieu ne serait plus parfaite et Dieu ne serait pas immuable.

5° *Dieu possède la liberté*, parce qu'il est la cause première et parfaite. Il peut créer ou ne pas créer.

La personnalité divine et le panthéisme. — Parce que l'homme possède, dans une mesure restreinte, l'intelligence et la volonté libre, il est une personne et non une chose. Dieu les possédant à un degré infini, est donc essentiellement personnel, le plus individuel des êtres moraux. D'ailleurs, la personnalité étant une perfection, on ne saurait la refuser à Dieu. Mais ce mot de personnalité attribué à Dieu n'est pas une expression parfaite ; car, appliqué à l'homme, il implique l'idée de limite circonscrivant l'individualité et la distinguant des autres hommes. Or, en Dieu, il n'y a pas de limite. Cependant nous pouvons attribuer à Dieu la personnalité, en ayant soin, comme pour les autres attributs, d'éliminer toute limite. Nous pouvons dire que Dieu possède la personnalité dans ce qu'elle a d'essentiel, à un degré infini. Quand nous disons que Dieu est personnel, nous affirmons simplement qu'il possède l'intelligence et la liberté, qu'il est un être réel et distinct et, par conséquent, qu'il n'est pas un être abstrait et tout idéal, ni une puissance aveugle et fatale.

Le Panthéisme. — Le panthéisme identifie Dieu et le monde. Tous les êtres se confondent en une seule et même substance. On distingue :

1° LE PANTHÉISME D'ÉMANATION. — (Inde. Ecole d'Alexandrie). — Tous les êtres sortent de Dieu par voie d'émanation. Il y a entre Dieu et le monde une certaine distinction, comme entre la source et le ruisseau, mais tout être est divin.

2° LE PANTHÉISME STOÏCIEN. — Le monde ne forme qu'un seul être composé de deux éléments, la matière inerte et passive et l'âme du monde, élément actif qui pénètre la matière et la vivifie : *mens agitat molem*. Dieu est l'âme du monde.

3° LE PANTHÉISME DE SPINOSA. — Il n'y a qu'une substance infiniment parfaite. Les esprits et les corps sont les modes de cette substance infinie. Panthéisme d'immanence.

4° LE PANTHÉISME DES ÉLÉATES ET DES ALLEMANDS. — Il n'y a qu'une réalité, c'est l'être, disait Parménide. D'après Hegel, Dieu est un être en quelque sorte en puissance : il se développe peu à peu et devient la matière, le monde, l'animal, l'homme.

Les panthéistes admettent le nom de Dieu ; mais, au fond, leur doctrine est un athéisme déguisé. Qu'est-ce qu'un Dieu qui n'a ni personnalité, ni vie propre, sourd, aveugle et muet, comme on l'a dit du Dieu de Spinoza ? Cependant les panthéistes reconnaissent que l'idée de Dieu a une grande place dans l'intelligence humaine, et en cela ils se distinguent des athées.

Réfutation du panthéisme. — 1° *Il contredit la conscience psychologique*. Nous avons conscience de notre existence personnelle, individuelle. Nous nous connaissons comme une cause vivante, intelligente et libre, distincte des autres hommes. Le panthéisme contredit cette vérité évidente en ramenant tous les êtres à une substance unique, dont ils ne sont que des modes ou des développements nécessaires, sans activité propre et personnelle.

2° *Le panthéisme contredit la raison.* Dans son effort pour ramener à l'unité d'une seule substance Dieu et le monde, il multiple les contradictions. Son Dieu est à la fois fini et infini, parfait et imparfait, esprit et matière. Une réunion d'êtres contingents et finis ne fera jamais un être infini et nécessaire, pas plus que mille coquins ne feront un honnête homme (Kant).

3° *Le panthéisme anéantit la morale.* Il supprime la distinction du bien et du mal. Pour le panthéisme, toutes les actions sont innocentes et divines. Tout est permis à un Dieu. Il n'y a rien de vil dans la maison de Jupiter, disait Spinoza. On trouve, il est vrai, dans le stoïcisme et dans Spinoza, une morale qui ne manque pas de grandeur. C'est une morale sans moralité, puisqu'il n'y a pas d'obligation. De même, les Stoïciens et Spinoza parlent beaucoup de liberté, mais ils n'admettent pas le libre arbitre. La liberté, pour les Stoïciens, est la délivrance du joug des passions. Pour Spinoza, c'est la nécessité comprise et acceptée.

Le panthéisme est une erreur grossière, inconcevable. Dieu est la raison et la cause des choses, il n'en est pas la substance.

Objections. — 1° Le panthéisme prétend que la création est inconcevable. La création est, au contraire, une vérité bien établie. Si elle est mystérieuse, la cause en est, la disproportion de notre intelligence avec l'infini.

2° Supposer en dehors de l'infini des substances réelles, c'est limiter et par conséquent détruire l'infini. L'infini n'est tel qu'à condition d'être tout.

Réponse. — L'infini n'est pas tout l'être, mais l'Être qui possède toutes les perfections. Sa nature exclut toute limite intérieure, toute limite dans son essence. Mais elle n'exclut pas toute existence en dehors de la sienne, du moment que ces existences dépendent de lui et qu'elles lui doivent tout ce qu'elles ont d'être. On limiterait Dieu, si on admettait, en dehors de lui, des êtres indépendants de lui dans leur existence. Mais si ces êtres tiennent de Dieu leur existence et s'ils ne continuent d'exister que par lui, loin de le limiter, ils sont un témoignage de sa toute puissance. D'autre part, les créatures n'ajoutent rien à l'infini, puisqu'elles ne sont pas de même nature.

Remarquons enfin que dans les doctrines spiritualistes sur Dieu se trouvent un grand nombre de vérités qui dépassent notre intelligence ; mais le panthéisme est irrationnel et inintelligible. La part de vérité que contient cette doctrine fausse est exprimée dans ces paroles : « *in ipso vivimus, movemur et sumus* ».

III. — Rapports de Dieu avec le monde

CRÉATION ET PROVIDENCE

1° La Création

La création est l'acte de volonté infini, tout puissant, par lequel Dieu a tiré le monde du néant et a fait passer les êtres de la non-existence à l'existence. *Creatio est productio alicujus rei secundum totam suam substantiam.*

Dieu a créé le monde. 1ʳᵉ preuve. Dieu est l'Etre infini. Aucun être ne peut donc exister sans qu'il ait en Dieu sa raison et sa cause.

2ᵉ preuve. Le monde ne s'est pas créé lui-même. Il n'est pas éternel, car il est contingent, non seulement dans la disposition de ses parties, mais dans son fond intime. S'il était éternel, il serait infini et immuable ; de possible, il n'est donc devenu réel que par la puissance créatrice à laquelle il doit tout son être.

3ᵉ PREUVE. La raison ne répugne pas à l'acte créateur, mais la réclame. Si la puissance et la perfection de l'opération dépendent de la nature et de la perfection de l'opérateur, il faut admettre que l'opération divine doit différer substantiellement de l'opération de l'homme. Or, l'homme peut donner des formes différentes à une matière préexistante ; il doit donc appartenir à Dieu de produire les substances elles-mêmes. Le pouvoir de produire des choses dans leur intégrité absolue ne répugne donc pas à l'idée de la toute puissance et semble, au contraire, faire nécessairement partie de sa compréhension. « L'ouvrier divin a fait tout son ouvrage », dit Bossuet.

4° PREUVE. Cette doctrine est seule raisonnable. En dehors de cette doctrine, on ne trouve que des conceptions contradictoires, le dualisme et le panthéisme, et, par conséquent, cette vérité s'impose à la raison comme l'unique moyen d'échapper à l'absurde.

Le dualisme. — Le dualisme a pris deux formes : 1° le dualisme religieux ou manichéisme, qui admet un principe du mal distinct de celui du bien. 2° Le dualisme philosophique, admis par Platon et Aristote, qui suppose une matière préexistante. C'est une erreur grossière ; car, si cette matière existait par elle-même, elle limiterait Dieu dans sa nature et dans ses opérations. De plus, il y aurait ainsi deux infinis, au moins en durée.

Pourquoi Dieu a-t-il créé ? La philosophie ancienne l'a dit par la bouche de Platon, Dieu a créé le monde par bonté. Le motif de la création est la bonté divine. Le but de la création est la gloire divine et la félicité de l'homme. Les deux fins sont intimement unies ; car plus grands sont les biens communiqués aux créatures intelligentes et libres, plus grande est la gloire de Dieu.

2° LA PROVIDENCE.

La Providence est l'action permanente par laquelle Dieu conserve et gouverne le monde.

On appelle *déisme* la doctrine qui, tout en admettant la création, rejette la Providence (VOLTAIRE).

DIEU GOUVERNE LE MONDE. — 1ʳᵉ PREUVE. On ne comprend pas que Dieu, qui n'a pas dédaigné de créer le monde, puisse dédaigner d'en prendre soin. Serait-ce par défaut de puissance ou de bonté ? Mais il est tout puissant et infiniment bon.

2ᵉ PREUVE. L'ordre qui règne dans le monde, la finalité qui s'y manifeste, établit la Providence, aussi bien que l'existence de Dieu. La permanence de l'ordre et de l'harmonie dans le monde prouve qu'il est gouverné par la toute puissance.

3ᵉ PREUVE. L'ordre moral suppose la Providence. La loi morale suppose non seulement un législateur, mais aussi un pouvoir souverainement bon et juste, rémunérateur de la vertu et vengeur du crime, c'est-à-dire la Providence.

4ᵉ PREUVE. L'histoire de l'humanité manifeste la direction imprimée aux choses humaines par la sagesse divine : l'homme s'agite et Dieu le mène. Sans toucher à la liberté humaine, Dieu domine et dirige les événements. Cette action supérieure par laquelle Dieu dirige toutes choses, difficile à discerner dans les faits particuliers, est manifeste dans l'ensemble et dans la suite de l'histoire.

5ᵉ PREUVE. On pourrait encore invoquer le consentement universel ; car ce n'est pas en un Dieu abstrait ou indifférent que les hommes ont cru, mais en un Dieu personnel, juste et bon, entendant nos prières et récompensant la vertu.

Le problème du mal. — La grande objection contre la Providence est l'existence du mal.

Les dualistes attribuent le mal à une divinité malfaisante. Plusieurs philosophes de l'antiquité le faisaient dériver de la matière qu'ils regardaient comme un des principes éternels du monde. C'est en particulier la doctrine d'Aristote.

Dans la philosophie moderne, nous trouvons deux solutions opposées. Les uns admettent que tout est au mieux dans le monde, les autres que tout y est au plus mal.

1. Optimisme. — On distingue l'optimisme absolu et l'optimisme relatif. L'optimisme absolu dit que le monde est le meilleur possible. L'optimisme relatif dit que le monde est bon et que le bien y domine.

L'optimisme absolu a été enseigné par Platon : « la meilleure des causes ne peut produire que le meilleur des effets. » Il est admis par Malebranche et Leibniz. Dieu, libre de créer, ne peut créer que le meilleur, s'il se décide à créer (Malebranche). D'après Leibniz, Dieu devait créer et il devait créer le meilleur. Il soutient que le monde est parfait dans son ensemble et veut qu'on envisage l'univers dans la série indéfinie de ses progrès futurs.

L'optimisme absolu est faux. — 1° On ne conçoit pas pour une puissance infinie un maximum de perfection dans ses œuvres. Elle peut toujours y ajouter.

2° Ce système nie la liberté de Dieu.

3° Leibniz dit que la raison suffisante du choix de Dieu, c'est que le monde est le meilleur. Or, il ne faut pas chercher en dehors de Dieu la raison de l'acte créateur. La raison du monde, c'est la bonté de Dieu qui l'a incliné à donner l'être à qui ne l'avait pas et dans la mesure fixée par sa sagesse.

4° L'optimisme de Leibniz sacrifice cruellement l'individu à la perfection de l'ensemble. Il se peut, dit-il, que les souffrances individuelles soient inévitables et nécessaires pour réaliser la perfection de l'ensemble.

5° Enfin et surtout, l'optimisme absolu ne tient aucun compte des défectuosités évidentes du monde.

II. Le Pessimisme. — On distingue le pessimisme absolu et le pessimisme relatif.

Le pessimisme absolu dit que le monde est essentiellement mauvais.

Le bouddhisme voit dans la vie un rêve douloureux, dont nous délivre le nirvâna, anéantissement de la personnalité, retour à la nature universelle, et seule félicité possible.

Schopenhauer déclare que « ce monde est le plus mauvais des mondes possibles ». Dans son livre, *Le Monde comme volonté et représentation*, il soutient que le monde est dû à une volonté aveugle qui produit tout sans raison et sans but et met au cœur des êtres le désir de vivre, c'est-à-dire de souffrir. Le remède à nos maux est le renoncement à la vie par l'anéantissement du « vouloir vivre ».

Hartmann, dans sa *Philosophie de l'inconscient*, déclare que le monde est le meilleur possible, mais qu'il est détestable. Il a pour cause l'inconscient, c'est-à-dire l'inintelligence absolue, il est totalement dépourvu de raison. La tendance au bonheur est une illusion. Dans l'antiquité, l'humanité a rêvé le bonheur sur la terre, c'était une duperie ; elle l'a cherché dans la vie future, c'est un rêve ; elle l'a enfin cherché dans le progrès indéfini ; c'est une chimère. La vie est mauvaise et absurde, il faudrait l'anéantir. Le seul remède à tout cela est le *suicide cosmique*.

Le pessimisme absolu est une fausseté Il est manifestement faux qu'il n'y a que du mal dans le monde. Il n'y a qu'à regarder pour voir dans le monde beaucoup de bien. Le monde sidéral est soumis à des lois pleines de magnificence. Dans le monde organique, il y a des beautés admirables. Dans l'ordre psychologique, s'il y a des douleurs, il y a aussi des joies. « S'il est des jours amers, il en est de si doux ! » dit Chénier. Dans l'ordre moral, il y a des vertus sublimes. L'existence du bien moral et la possibilité de l'accroître par l'effort personnel sont des réfutations victorieuses de ces systèmes qui ne sont au fond que des paradoxes. D'ailleurs, si tout était mal, rien n'existerait.

Donc l'optimisme et le pessimisme absolus sont deux erreurs et la discussion ne peut plus exister qu'entre l'optimisme et le pessimisme relatifs.

Le pessimisme relatif, frappé des maux qui remplissent le monde, déclare que, somme toute, la vie ne vaut pas la peine de vivre, puisque les imperfections, les douleurs, le mal moral y sont si abondants.

L'optimisme relatif a la prétention d'expliquer ces différentes espèces de maux, d'en donner la raison et de montrer qu'ils n'ont rien d'inconciliable avec la Providence. Il emprunte à Leibniz plusieurs de ses arguments.

1° *Le mal métaphysique ou l'imperfection des créatures n'a rien d'étonnant.* Un être créé est nécessairement imparfait. L'inégalité entre les êtres est une condition de la variété et de la beauté de l'univers.

2° *Le mal physique est souvent le résultat des lois générales qui président à l'harmonie du monde.* La douleur est la conséquence de l'imperfection d'un être doué de sensibilité et de conscience. Beaucoup de douleurs sont d'ailleurs causées par notre faute et sont dues à des excès personnels ou aux fautes des ancêtres : « *Nostrorum causa malorum nos sumus.* » La douleur est une expiation et un remède contre le mal moral. Elle est une source de mérite. La douleur offre de grands avantages. « L'homme est un apprenti, la douleur est son maître », dit Musset. Elle développe en l'âme la patience, le courage, et par la sympathie qu'elle excite en nous, la pitié, la charité. Elle développe l'énergie morale. On peut donc dire que bannir la souffrance de la terre serait en bannir les plus nobles vertus. Aussi Platon voulait-il que le juste fût éprouvé.

3° *Le mal moral*. S'il est le pire des maux, sa possibilité est la condition du bien moral, qui est le plus grand de tous les biens. L'homme, il est vrai, peut faillir ; mais il peut sortir triomphant de la lutte. Si plusieurs abusent de la liberté, Dieu devait-il priver les bons de ce bienfait, parce que les méchants devaient en abuser ? Enfin, le mal que la liberté fait, elle peut le réparer ; l'homme a la faculté de se repentir.

Si plausibles que soient les explications de l'optimisme, la raison ne laisse pas de se demander pourquoi Dieu n'a pas réduit le mal au minimum et pourquoi il y a tant de défectuosités, tant de douleurs, tant de désordres dans le monde. Le monde pourrait donc être meilleur Mais, somme toute, le bien l'emporte sur le mal, disent les optimistes modérés, et le monde est assez bon pour être l'œuvre de Dieu. Il est digne de la bonté et de la sagesse de Dieu « qui fait bien ce qu'il fait ». Pour éviter le pessimisme, il faut admettre que la vie nous a été donnée, non pour jouir ici-bas, mais pour faire le bien, accomplir notre devoir et réaliser notre éternelle destinée. Dieu a créé l'homme pour être heureux ; mais il veut qu'il en soit digne et mérite son bonheur en pratiquant le bien. En résumé, le pessimisme cherche avant tout le plaisir et, ne le trouvant pas, il n'a qu'un mot à dire à l'humanité, le mot de Shakespeare dans Richard III : désespère et meurs ! L'optimisme modéré a une meilleure parole à lui faire entendre :

« Faites votre devoir, et laissez faire à Dieu. »

Le pessimisme, quel qu'il soit, est en somme une doctrine de découragement. L'optimisme, au contraire, est une école d'espérance et de consolation.

HISTOIRE DE LA PHILOSOPHIE

L'histoire de la philosophie est l'exposé des grands systèmes et des grandes écoles philosophiques.

Un *système philosophique* est un ensemble de doctrines donnant la solution des principaux problèmes philosophiques touchant la nature de l'homme, l'origine des choses, la règle de la vie humaine.

Une *théorie* est l'explication d'une question particulière : la distinction des qualités primaires et secondaires de la matière est une théorie.

Une école philosophique est un groupe de philosophes qui suivent un même système ou du moins suivent la tradition et l'esprit d'un même chef.

Cousin a distingué quatre grands systèmes, dont la succession lui semblait une loi de l'histoire : 1° Le *sensualisme*, qui exagère la part des sens dans la connaissance. On peut lui rapporter le sensualisme proprement dit, l'empirisme, le matérialisme, le positivisme. 2° L'*idéalisme*, qui accorde trop au principe pensant et en fait l'unique source de la connaissance, sans tenir assez compte de l'expérience (Platon et Kant). 3° Le *scepticisme*, conséquence naturelle du conflit des deux premiers systèmes, refuse à la connaissance toute valeur et s'abstient de juger. 4° Le *mysticisme*, enfin, n'ayant plus confiance dans les moyens naturels de connaître, cherche des moyens surnaturels : l'illumination intérieure ou l'extase, l'inspiration surnaturelle ou la révélation.

Cette classification n'assigne aucune place au panthéisme. D'autre part, le mysticisme est enseigné par des philosophes professant les doctrines les plus diverses : Platon, les Alexandrins, Pascal, Spinoza.

En dernière analyse, l'intelligence humaine suit deux principales directions : l'*empirisme* qui prétend ne pas dépasser l'expérience et l'*intellectualisme* ou le *rationalisme* qui soutient qu'il faut admettre pour interpréter les faits, l'intelligence. Les trois formes principales de l'intellectualisme ou rationalisme sont le *spiritualisme*, l'*idéalisme* et le *panthéisme*. Les trois formes principales de l'empirisme sont : l'*empirisme proprement dit*, le *matérialisme* et le *positivisme*.

Utilité de l'histoire de la philosophie. « Il faut, dit saint Thomas, recueillir les opinions de nos prédécesseurs. Cela sert à deux fins : ce que nos devanciers ont affirmé avec raison, nous en faisons notre profit ; quant à leurs erreurs, nous tâchons de les éviter. » L'histoire de la philosophie est donc fort utile. Elle nous fait connaître les opinions « des sages » et un grand nombre d'éléments d'information, sans lesquels chaque philosophe devrait laborieusement, sinon vainement, chercher les vérités et les théories qui constituent la science.

Division de l'histoire de la philosophie. — L'histoire de la philosophie se divise : en philosophie ancienne, en philosophie du moyen-âge et en philosophie moderne.

1° La philosophie ancienne va des origines à la fermeture de l'École d'Athènes par Justinien, en 529.

2° La philosophie du moyen-âge commence dans les écoles ouvertes par Charlemagne et dure jusqu'à la chute de l'empire d'Orient.

3° La philosophie moderne, préparée par la Renaissance, s'étend du XVIIe siècle jusqu'à nos jours.

CHAPITRE PREMIER

LA PHILOSOPHIE ANCIENNE

La philosophie classique ne traite pas des doctrines de l'Egypte, de la Perse, de l'Inde et de la Chine, elle se borne à la philosophie grecque.

La philosophie grecque se divise en trois périodes. Pendant la première période, qui va de Thalès à Socrate, (600-400 avant Jésus-Christ), la philosophie prend naissance dans les colonies grecques de l'Asie Mineure et de l'Italie. Pendant la seconde période, de Socrate à l'ère chrétienne, la philosophie ancienne brille de tout son éclat à Athènes. Pendant la troisième période, de l'ère chrétienne à 523, la philosophie est enseignée surtout à Alexandrie et trouve son dernier asile à Athènes.

Art. 1er. — PREMIÈRE PÉRIODE
(600 à 400 avant Jésus-Christ).

Pendant cette période, la philosophie s'efforce de découvrir l'origine et la nature du monde ; la *cosmogonie* en est la principale étude. On y trouve un grand nombre de doctrines qui sont comme les ébauches des systèmes qui se développeront plus tard. On distingue quatre écoles principales :

1° L'Ecole Ionique. — Elle place l'origine des choses dans un seul principe, dont les développements et les transformations engendrent tous les êtres.

Thalès trouve le principe des choses dans l'*eau*. Anaximène le place dans l'*air*. Héraclite le place dans le *feu*, Phérécyde le place dans la *terre*. Anaximène soutient que le principe des choses est l'indéfini, il l'appelle το απειρον l'indéterminé.

Héraclite est le plus remarquable des philosophes ioniens. Il n'y a pas d'existence fixe, tout passe, tout s'écoule, τα παντα ρει. Empédocle enseigne que tout est formé de quatre éléments : l'eau, la terre, l'air et le feu. Anaxagore affirme que l'ordre du monde a sa cause dans une intelligence ordonnatrice.

2° L'Ecole italique. — Pythagore, né à Samos (584 av. J.-C.) fonda cette école à Crotone. Archytas et Philolaüs furent ses disciples. Tout s'explique par les lois des nombres ; ils sont la seule réalité. C'est l'idéalisme mathématique.

3° L'Ecole Atomistique d'Abdère, dont le principal représentant est Démocrite (490 av. J.-C.), admet que tout est composé d'atomes toujours en mouvement formant les corps par leurs combinaisons. L'âme est composée d'atomes subtils.

4° L'école d'Elée. — Xénophane niait le mouvement. Parménide et Zénon furent de son avis. L'être, disaient-ils, est un, éternel et immobile. C'est le panthéisme idéaliste.

En résumé, les Ioniens avaient essayé de tout expliquer par la matière, les Eléates par la pensée, les Pythagoriciens par les nombres, Démocrite par les atomes.

Les sophistes. — Du conflit de ces doctrines qui, formées au loin, se rencontrèrent à Athènes et se combattirent mutuellement, sortit la sophistique. A l'origine, les sophistes étaient des hommes distingués par leur savoir. Plus tard il furent déconsidérés à cause de leur peu de souci de la vérité, de leur âpreté au gain. Les deux plus célèbres sophistes sont Gorgias et Protagoras. Gorgias enseigne que rien n'existe, ou du moins qu'on ne peut rien connaître, ou, en tout cas, qu'on ne peut en rien communiquer aux autres. Protagoras dit que « l'homme est la mesure de tout », ce qui signifie que toute pensée est vraie pour celui qui la pense. C'est la doctrine de la relativité de la connaissance.

La sophistique fut une réaction contre le dogmatisme des systèmes insuffisants et contradictoires. Elle commença la réflexion de la pensée sur elle-même. Au lieu de s'occuper principalement du cosmos et de l'origine des choses, les sophistes donnèrent une place à l'étude de l'homme, de ses sentiments, de ses pensées. C'étaient de beaux parleurs se prétendant capables d'enseigner tous les arts, de soutenir toutes les thèses. Ils trouvèrent un adversaire redoutable dans Socrate qui devait restaurer ou fonder la philosophie.

Art. II. — DEUXIÈME PÉRIODE (DE SOCRATE A L'ÈRE CHRÉTIENNE)

I. — SOCRATE (470 à 400 avant JÉSUS-CHRIST).

Socrate naquit à Athènes, de Sophronisque, sculpteur, et de Phénarète, sage-femme. Accusé par Mélitus, Lycon et Anytus de combattre les Dieux et de corrompre la jeunesse, il fut condamné par le tribunal des héliastes à boire la ciguë.

Nous connaissons la vie et la doctrine de Socrate par ses disciples, Platon et Xénophon. Platon lui prête ses propres spéculations métaphysiques. Xénophon nous le montre comme un moraliste sensé, spirituel, subtil. Pour connaître vraiment Socrate, il faut corriger et compléter

Platon et Xénophon l'un par l'autre. Aristote nous fournit sur la doctrine de Socrate quelques renseignements précis et importants.

La nouveauté comme le mérite de la philosophie de Socrate est dans le domaine particulier qu'il lui assigna et dans la méthode qu'il suivit. Il opéra sa révolution philosophique en donnant à la philosophie un objet : la nature humaine ; une méthode : l'analyse des concepts ; un but : la direction de la vie morale.

1º L'OBJET. Écartant les questions cosmogoniques, il réduit la philosophie à l'étude de l'homme. La recherche de la nature des choses est à ses yeux impossible et inutile. Il étudie donc l'homme, c'est-à-dire l'âme humaine, et pour étudier l'âme, il a recours à l'observation de la conscience. C'est donc sur la psychologie qu'il fonde la morale et la théodicée. L'objet de la philosophie est exprimé par la formule γνῶθι σεαυτον, *connais-toi toi-même*.

2º LA MÉTHODE. Il emploie la méthode d'observation, l'étude attentive de la nature intellectuelle et morale de l'homme. Sa méthode comprend deux sortes de procédés : les uns consistent dans les opérations constitutives de la science : l'*induction* et la *définition* ; les autres caractérisent son mode personnel d'enseignement : l'ironie et la maïeutique.

a) *L'induction et la définition*. Socrate voit dans la science un ensemble d'idées générales ou de concepts disposés dans un ordre méthodique. Dès lors, la première opération de la science est la formation des concepts ; on y arrive par l'induction, qui, par l'analyse et la comparaison de cas particuliers, dégage l'ensemble des caractères communs dont le concept est la représentation. Socrate cherchait à s'élever des exemples particuliers à une conception générale propre à résumer et à caractériser tout un ordre de faits. L'*induction socratique* est donc une généralisation, elle aboutit à une idée générale, tandis que l'induction des modernes aboutit à une loi. La seconde opération de la science consiste à déterminer les rapports des concepts entre eux, au point de vue de leur compréhension et de leur extension. C'est l'œuvre de la *définition*. Socrate exprimait les concepts dans une définition précise qui exprimait la véritable nature des choses. Il substituait ainsi des concepts bien déterminés aux idées confuses des sophistes. La méthode de Socrate est donc la réflexion personnelle appliquée à l'analyse des idées de l'ordre moral.

b) *L'ironie et la maïeutique* Socrate procédait par interrogation : de là le nom de dialectique (de διαλέγεσθαί, converser) donné à sa méthode. La dialectique n'est autre chose que la logique sous la forme de dialogue.

L'ironie consistait à mettre son adversaire en contradiction avec lui-même par des interrogations faites avec une feinte ignorance. Admettant toujours la théorie de celui qu'il interrogeait, il l'amenait par des questions habiles à se contredire lui-même. La fausseté, disait Socrate, renferme un germe de mort ou de contradiction. La *maïeutique* ou l'art d'accoucher les esprits, c'est-à-dire de leur faire découvrir la vérité qui est en germe dans toutes les âmes, consistait à amener progressivement l'interlocuteur à la solution de la question posée, par l'examen des conditions auxquelles cette solution doit satisfaire. Il faisait ainsi remonter des conséquences au principe.

Le But. La philosophie a pour but le perfectionnement moral ; connais-toi toi-même, pour te mieux conduire. C'est pourquoi il ne s'occupe pas des sciences de la nature, qui ne peuvent pas servir à la direction morale de l'homme. La philosophie de Socrate est exclusivement psychologique et morale, mais beaucoup plus morale que psychologique. Le *cogito ergo sum* est, au contraire, un fait psychologique qui n'a pas de portée morale et qui devient la base de la métaphysique cartésienne.

Doctrine de Socrate. — La science morale, pour Socrate, ne va pas sans une certaine métaphysique, d'ailleurs très sommaire.

Théodicée. Dieu existe. S'il y a de l'intelligence dans l'homme, ne faut-il pas qu'il y en ait dans la cause qui a produit le monde? Si nous voyons partout, dans la nature et dans l'homme, des moyens appropriés à des fins, c'est que l'intelligence présente dans l'univers gouverne tout en vue du bien. Dieu voit tout, est présent partout et veille sur tout à la fois.

Psychologie. — L'âme est distincte du corps et elle survit au corps, parce qu'elle en est distincte et le gouverne ; parce que l'on voit le corps dépérir, tandis que l'âme garde toute sa force. L'âme est d'origine divine.

Morale. — Il admet l'identité de la vertu et de la science. La vertu est la science du bien, le vice en est l'ignorance. La vertu est notre véritable bonheur. Au fond, il n'y a qu'une vertu, la sagesse, mais elle prend différents noms : courage, tempérance, justice et piété. La règle de la vertu est de subordonner le corps à l'âme, les sens à la raison, l'individu à la famille et la famille à la cité.

Socrate enseigne que tous les hommes sont frères, que l'esclavage est injuste, que la femme est l'égale de l'homme, qu'il ne faut nuire à personne, qu'il faut faire du bien à tous et honorer le travail.

Les petites écoles socratiques. — On donne parfois le nom de demi-socratiques aux fondateurs des écoles Cyrénaïque, Cynique et Mégarique.

1° *Ecole cyrénaïque.* — Aristippe professe que le plaisir est le souverain bien : préface de l'épicurisme.

2° *Ecole cynique.* — Antisthène dit, au contraire, que la vertu est le souverain bien. Tout le reste est indifférent, même les bienséances. Diogène et Cratès appartiennent à cette école, qui fut comme la préface du stoïcisme.

3° *L'école mégarique* ou éristique pousse jusqu'à l'excès les subtilités de la dialectique. Son fondateur est Euclide.

II. — Platon (428-347)

Platon, ainsi appelé à cause de la largeur de ses épaules, naquit à Athènes. Il s'attacha à Socrate qu'il fréquenta pendant huit ans. Après de longs voyages en Italie, en Egypte, en Sicile, il fonda, dans les jardins d'Académus, à Athènes, une école qui devait être célèbre sous le nom d'Académie. Il mourut à l'âge de 84 ans.

Ses ouvrages. — Il reste de Platon trente-cinq dialogues. Les plus célèbres sont : le Phèdre, le Banquet, le Phédon, le Philèbe, le Timée, la République, les Lois.

La philosophie de Platon concilie les doctrines des philosophes de la première période, les Ioniens, les Pythagoriciens et les Eléates dans un système plus vaste, fondé sur les principes de la dialectique et de la morale de Socrate. Il admet la théorie de l'écoulement perpétuel d'Héraclite ; les nombres de Pythagore ont frayé la route aux idées ; le νους d'Anaxagore se termine, comme dans Socrate, à une Providence bienfaisante. *La théorie des idées* est le centre de la philosophie de Platon.

Théorie des idées. — Les connaissances sensibles sont les premières que nous ayons ; mais les sensations sont mobiles et changeantes, comme les objets qui les suscitent en nous et, par conséquent, elles ne peuvent pas constituer une connaissance véritable, la science, dont l'objet doit être immuable. Cet objet immuable de la science, ce sont les idées, les types éternels des choses, en qui se trouve toute réalité. Les choses visibles ne sont que des images imparfaites, de grossières représentations des réalités véritables. Tout le monde sensible n'est qu'un monde d'apparence, qui n'est que le symbole et la figure du monde réel, le monde intelligible, le monde des idées. Si le philosophe s'intéresse au monde sensible, c'est comme l'ami s'intéresse au portrait de son ami, aussi longtemps qu'il est privé de sa présence.

Les idées sont pour Platon, non une vue de notre esprit, mais les réalités suprêmes, antérieures aux individus. Les êtres n'ont d'existence que par leur participation aux idées ; un homme participe à l'idée d'homme et la réalise. Comment se fait cette participation aux idées ? C'est ce que Platon n'explique nulle part.

Les idées ne sont pas seulement les principes de l'existence pour les objets, elles sont aussi les principes de la connaissance. On ne connaît vraiment les choses que lorsqu'on les voit dans leur idée.

Les idées sont multiples et forment une hiérarchie au sommet de laquelle se trouvent les idées de vrai et de beau et, au terme le plus élevé, l'idée de bien, qui est le soleil du monde intelligible.

Une question discutée est celle-ci : les idées sont-elles subsistantes par elles-mêmes ou sont-elles les conceptions de la pensée divine ? Au sentiment d'Aristote, Platon admettait les idées comme distinctes de Dieu.

LA DIALECTIQUE. — C'est la marche que suit l'esprit pour arriver à la connaissance des idées. Nous devons commencer par les sensations. Elles ne nous montrent que des apparences semblables aux ombres que voient les prisonniers de la caverne ; mais il est indispensable de commencer par ces apparences. Des sensations, nous nous élevons aux notions ou concepts généraux, par l'abstraction et la généralisation. Les notions, bien que générales, sont variables, comme les sensations d'où elles proviennent. Elles peuvent être seulement l'objet de la *croyance*, comme les sensations étaient l'objet de la *conjecture*. Les sensations et les notions ne peuvent nous donner que *l'opinion* et non la *science*. Pour avoir la science véritable, il faut s'élever à la région lumineuse des idées. Platon ne décrit pas d'une manière claire le moyen de s'élever des notions aux idées. Il affirme seulement que, par les procédés logiques, auxquels s'ajoute une préparation morale, l'âme s'élève à la contemplation des idées et les perçoit par *intuition*. Pour rendre compte de cette intuition, il suppose une vie antérieure, dans laquelle l'âme a contemplé les idées qu'elle a ensuite oubliées au moment de son incarcération dans le corps. A l'occasion des perceptions sensibles, elle se rappelle d'abord confusément les idées et finit par les reconnaître en passant successivement par les quatre degrés de la connaissance indiqués dans l'allégorie de la caverne : 1° la connaissance des images des objets sensibles, 2° la connaissance des objets sensibles eux-mêmes ; 3° la connaissance par voie discursive, qui nous fait connaître les genres, les espèces, les rapports rationnels ; 4° la connaissance intuitive des idées, qui est la seule véritable connaissance.

Théodicée. — Platon prouve l'existence de Dieu par l'argument du premier moteur développé par Aristote ; par la preuve des causes finales. Si les révolutions célestes ressemblent aux mouvements de l'intelligence, il faut conclure qu'une âme pleine de bonté dirige le monde. Le Dieu de Platon est réel et vivant. Dieu n'est pas créateur, il est l'organisateur du monde. La matière est éternelle, mais Dieu l'a façonnée d'après les idées. Dieu a produit le monde par bonté. Celui qui est bon n'est pas avare de ses biens. Il a créé le monde aussi bon que possible. Il l'a fait semblable à lui-même. La meilleure cause ne pouvait produire que le meilleur des effets. Si le monde renferme des imperfections, c'est que la matière, essentiellement imparfaite, ne subit pas sans résistance l'action divine.

Psychologie. — Platon distingue dans l'âme trois facultés : 1° l'intelligence νους dont le siège est dans la tête ; 2° les passions nobles θυμος qui siègent dans le cœur ; 3° les passions viles επιθυμία qui siègent dans le ventre. Les passions nobles sont intermédiaires et s'allient avec le νους ou avec l'επιθυμία Platon distingué donc dans l'homme deux parties essentielles : les sens et la raison ; il ne connaît pas la volonté.

L'âme humaine n'est pas seulement distincte du corps, elle a préexisté à son union avec lui. Cette union est accidentelle et même monstrueuse. Il compare l'âme à un char attelé de deux coursiers : l'un généreux, l'autre rétif ; le νους est le cocher. « Il y a dans l'homme, dit-il encore, un homme, un lion, et une hydre.

L'âme est immortelle. Elle est indissoluble, parce qu'elle est une et simple. Elle a pour objet l'intelligible, l'éternel ; elle doit donc leur être conforme. Enfin, il croit à la justice des habitants de l'Olympe et personne ne pourra échapper à cette justice. « Si la mort était la destruction de l'homme entier, ce serait un trop grand profit pour les méchants. »

Morale et politique. — Le souverain bien pour l'homme consiste à rendre notre âme conforme à l'idée du bien, à imiter Dieu. C'est le moyen pour l'homme d'atteindre le bonheur. La vertu et le bonheur sont inséparables, attachés l'un à l'autre par une chaîne de fer et de diamant Il vaut mieux souffrir l'injustice que de la commettre. Le sage, au milieu des tortures et même mis en croix, est plus heureux que le tyran, dont les crimes paraissent avoir assuré la prospérité. Qui s'est écarté de l'ordre doit y rentrer ; pour cela le coupable doit rechercher l'inévitable expiation.

Comme Socrate, il affirme que la vertu est la science du bien, le vice est ignorance ou erreur. Nul n'est méchant volontairement. La vie morale consiste à se détacher des sens et à développer sa raison. En subordonnant à sa raison les autres facultés, l'homme fait régner l'ordre dans sa vie. Platon distingue trois vertus principales : la sagesse qui correspond au νους, le courage qui correspond au θυμος, la tempérance qui correspond à l'ἐπιθυμία. Il ajoute la justice, vertu générale qui unit toutes les autres et produit l'unité de la vie morale.

Politique. — La politique est pour Platon l'application de la morale aux institutions sociales ; son but est de conduire les hommes à la vertu et au bonheur. Comme il distingue dans l'âme humaine trois facultés, il distingue dans la cité idéale trois classes : les magistrats, les guerriers, les artisans. Chacune de ces classes doit avoir sa vertu propre : la sagesse, le courage, la tempérance. Le but de la politique est de mettre de l'harmonie entre ces trois classes. Platon veut que dans la société les individualités disparaissent pour que l'Etat forme une collectivité vivante dont les membres sont intimement unis. Pour faire cesser tout principe de division, Platon veut faire disparaître la propriété et la famille. Tout sera commun entre les citoyens ; les enfants appartiendront à l'Etat et seront élevés par lui. Pour que le Gouvernement soit parfait, il faut que les classes inférieures soient subordonnées à la classe supérieure, qui représente la sagesse. Le pouvoir doit appartenir à ceux qui ont la science, aux philosophes. C'est ce qu'il appelle le gouvernement par la raison. Cet idéal, réalisé dans l'île Atlantide, a cédé la place à la timocratie ou gouvernement de la classe militaire, enfin, au gouvernement inférieur par le peuple. De ce gouvernement démagogique naît la tyrannie.

Platon a commis deux erreurs en politique : il confond la politique et la morale et sacrifie tout à l'unité de l'Etat. Dans les lois, il accepte la propriété individuelle et la famille.

26

III. — ARISTOTE (384-322)

Aristote, né à Stagire en Macédoine, suivit pendant vingt ans les leçons de Platon, devint précepteur d'Alexandre, puis ouvrit une école de philosophie dans les galeries du Lycée, gymnase consacré à Apollon, tueur de loups. Il enseignait en se promenant, d'où le nom de péripatéticiens donné à ses disciples. A la mort d'Alexandre, il se retira dans l'île d'Eubée où il mourut.

Les œuvres d'Aristote forment une encyclopédie :

1° L'ORGANON divisé en six livres : Les catégories, l'interprétation, les deux analytiques, les topiques et les sophismes.

2° OUVRAGES SCIENTIFIQUES : Traité du ciel, la Physique, le Traité des Plantes, l'Histoire des animaux.

3° OUVRAGES PHILOSOPHIQUES : Traité de l'âme, la Morale à Eudème, la Morale à Nicomaque, la Grande morale, la Métaphysique.

4° L'ECONOMIQUE, LA POLITIQUE, LA RHÉTORIQUE ET LA POÉTIQUE.

MÉTAPHYSIQUE. — Aristote est à la fois le disciple et l'adversaire de Platon. Ce dernier va chercher le principe des choses dans le monde intelligible. Aristote rejette les idées platoniciennes. Pour lui, les individus seuls existent réellement ; il ne faut donc pas chercher les idées en dehors des choses, mais dans les choses qui tombent sous l'expérience. L'expérience est le premier fondement de la connaissance. L'esprit en tire les idées par son activité. L'entendement dégage du sensible l'intelligible et forme, d'après les perceptions sensibles particulières, des idées générales, qui sont l'objet de la science.

Aristote distingue dans tous les êtres la *matière et la forme*. La matière est l'être incomplet, indéterminé. La *forme* détermine et achève l'être. La réunion de la matière et de la forme constitue l'*entéléchie*. Si l'on considère l'ensemble des choses, elles forment une série d'êtres de plus en plus parfaits, dans laquelle l'inférieur sert de matière au supérieur. Le minéral sert de matière au végétal, le végétal sert de matière à l'animal, l'animal sert de matière à l'homme, dans lequel l'âme est la forme du corps. Au-dessus de l'homme se trouve Dieu, qui est sans matière, sans puissance, tout en acte.

Tous les êtres individuels sont doués d'activité et s'expliquent les uns par les autres par l'action des quatre causes : matérielle, formelle, efficiente, finale. La métaphysique d'Aristote est souvent appelée la métaphysique des causes.

Théodicée. — Le mouvement par lequel les êtres passent de la puissance à l'acte serait inexplicable sans Dieu. Aristote admet comme principe que le possible (ce qui est en puissance) ne peut se réaliser que par l'action d'un être déjà existant, « l'acte, dit-il, est antérieur à la puissance » ; par conséquent le passage du possible à la réalité est inexplicable, s'il n'existe pas un être éternellement en acte, un premier moteur immobile. Toutefois Dieu ne meut pas le monde par impulsion et comme cause efficiente. Il exerce sur lui une sorte d'attraction et le monde tend vers Dieu comme vers la perfection suprême.

Dieu est vivant et heureux. C'est une intelligence éternellement en acte. Il se connaît lui-même ; il ne connaît pas le monde, car le monde est imparfait. Le spectacle d'un monde imparfait altérerait la pureté de sa pensée et la félicité de sa vie. Dieu n'a pas créé ni même organisé le monde ; il ne le gouverne pas par une action directe et providentielle ; mais, par cela même que les choses tendent vers lui, elles trouvent l'ordre et l'harmonie. Dieu est donc le principe de tout ordre et de tout bien.

Aristote est optimiste. La nature, dit-il, en toutes choses

aspire au mieux. « S'il y a du mal dans le monde, il a sa raison dans la matière qui renferme nécessairement l'imperfection. »

La Logique. — Dans l'*Organon*, Aristote a créé la logique formelle, « qui n'a pas fait depuis un pas en avant ou en arrière », dit Kant.

Psychologie. — On peut dire aussi que le Traité de l'âme a fondé la psychologie. Comme tous les êtres, l'homme se compose d'une matière et d'une forme. La matière est le corps organisé capable de vivre ; l'âme en est la forme ; elle est l'entéléchie première d'un corps organisé qui a la vie en puissance. L'âme est à la fois végétative, sensitive et raisonnable. *L'âme végétative* a pour fonction la nutrition (faits physiologiques). *L'âme sensitive* est le principe des opérations qui nous sont communes avec les animaux : sensation, appétits, perception externe, mémoire et imagination sensibles. *L'âme raisonnable* accomplit les opérations proprement intellectuelles dans lesquelles elle dépasse la sphère des sens, opère sans les sens. De la raison et du désir naît la volonté, qui est l'appétit rationnel. La volonté tend au bonheur, mais par des moyens dont elle a le choix. L'âme humaine est le principe de la vie et de la pensée (animisme). Le corps et l'âme sont unis d'une manière intime et substantielle. L'âme est distincte du corps, elle est spirituelle, comme le prouvent ses opérations transcendantes. En tant que principe de la vie végétative et sensitive, l'âme ne peut survivre au corps. Au contraire, l'âme raisonnable ne doit pas périr ; mais c'est une immortalité impersonnelle.

Morale et politique. L'homme désire nécessairement le bonheur. Or, le bonheur pour lui ne peut consister que dans l'activité conforme à sa nature, dans l'activité vraiment humaine, c'est-à-dire dans l'activité conforme à la raison. La vie conforme à la raison ou la vertu, voilà donc le souverain bien pour l'homme ; elle nous donne par surcroît le bonheur. Cependant, si la vertu est pour Aristote l'élément essentiel du bonheur, il ne méprise pas, comme les Stoïciens, les biens extérieurs : la santé, la richesse, les honneurs ; ils doivent s'ajouter à la vertu pour que le bonheur soit complet ; mais ils ne peuvent seuls rendre l'homme heureux. Le bonheur consiste pour l'homme dans la satisfaction constante de toutes ses tendances, mais principalement de ses tendances les plus élevées. « Qui voudrait être heureux comme un animal ou comme un fou ?

La vertu est une habitude qui consiste dans un milieu. Vivre conformément à la raison, c'est contenir ses passions dans de justes limites, les soumettre à l'ordre et à la mesure.

Il distingue les vertus morales : la tempérance, la force ; les vertus intellectuelles, la prudence. Aux vertus individuelles il ajoute les vertus sociales : justice, amitié. La justice est commutative, distributive et vindicative.

Aristote donne une grande place à l'utile et né met pas assez en lumière l'honnête. On ne peut pourtant pas confondre sa doctrine avec la morale de l'intérêt. Il n'apprécie pas nos actes d'après le plaisir qu'ils procurent, mais il apprécie la valeur du plaisir d'après la perfection de l'acte ; notre activité doit être réglée par la raison. C'est un eudémonisme rationnel.

En politique, il rejette les théories communistes de Platon. L'homme est un être sociable. L'État est une association d'hommes libres et égaux. La famille et la propriété sont nécessaires pour le bien des individus et de l'État. Aristote admet l'esclavage comme une nécessité : Il faut des instruments humains de travail.

IV. — LA PHILOSOPHIE GRECQUE APRÈS ARISTOTE.

Après Aristote on distingue chez les Grecs cinq principales écoles.

1° *Ecole de Platon ou Académie*. Speusippe, Xénocrate et Crantor forment l'*Ancienne Académie*. Arcésilas est le chef de la *Moyenne Académie*, et Carnéade le chef de la *Nouvelle Académie* ; 2° *l'école d'Aristote*. Les disciples d'Aristote sont : Théophraste, Dicéarque et Straton ; 3° *l'école sceptique* ; 4° *l'école d'Epicure* ; 5° *l'école du Portique*. Les deux dernières écoles sont seules importantes.

Ecole sceptique. Pyrrhon, né en 330. Rien de plus changeant que les opinions des hommes. Il faut se garder de rien affirmer, de rien nier, n'affirmons rien au delà de l'apparence, suspendons notre jugement sur la réalité. Cette abstention de tout jugement ἐποχή éloignera le trouble de notre vie, nous donnera le repos et la paix.

Le scepticisme fut soutenu plus tard par Sextus Empiricus, qui formula les principaux arguments du pyrrhonisme, et par Ænésidème, qui nia le principe de causalité.

Autant la métaphysique avait préoccupé Platon et Aristote, autant elle fut oubliée par les épicuriens et les stoïciens. A leurs yeux, la morale était tout ; le reste lui était subordonné. Ils se contentèrent d'une physique ou théorie du monde, et uniquement en vue de justifier leur morale.

IV. — EPICURE (341-270).

Epicure naquit à Gargette, petit bourg de l'Attique. A 37 ans, il ouvrit, à Athènes, une école de philosophie. Il mena une vie frugale et austère. Il composa, dit-on, trois cents ouvrages. Nous n'en possédons que des fragments. Nous connaissons Epicure par Lucrèce, Cicéron et Sénèque.

La philosophie d'Epicure se compose de trois parties :

la physique, la logique ou canonique et la morale. Ces trois parties de la philosophie tendent au même but : procurer à l'individu la félicité intérieure. Pour atteindre cette fin, il donne des règles, dans la logique, pour éviter l'erreur ; dans la physique, il dissipe les craintes vaines de la superstition.

LA CANONIQUE. — LA LOGIQUE d'Epicure est purement sensualiste. La science sort uniquement de l'expérience. Les images produites par les atomes ou *effluves* qui se détachent des objets, frappent nos sens et deviennent les perceptions. A la sensation s'ajoute une autre source de connaissance, les *anticipations*. Cette dernière opération est une généralisation purement sensible due à la répétition des expériences. D'après le passé, nous pouvons conclure l'avenir.

LA PHYSIQUE. — Tous les êtres se forment par la rencontre des atomes. Quelques-uns dévient de leur route. Cette déviation *(clinamen)* produit les agrégats. Dans l'infinité des combinaisons, une combinaison harmonieuse était possible, elle s'est réalisée. Les corps sont composés d'atomes crochus, les âmes sont composées d'atomes ronds, leur *clinamen* est le libre arbitre. Il admet des dieux qui vivent heureux, sans s'inquiéter des hommes et des choses.

LA MORALE. — Epicure place le souverain bien dans le plaisir que tous les êtres sensibles cherchent spontanément. Rechercher le plaisir est le mouvement instinctif de l'enfant comme de l'animal. La nature nous crie : le bien, c'est le plaisir. Or, il faut vivre conformément à la nature; par conséquent il faut rechercher le plaisir, fuir la douleur. Il distingue deux sortes de plaisirs : le plaisir en mouvement, vif, fugitif, traînant après lui la douleur, il résulte de la satisfaction des passions ; le plaisir stable, modéré, paisible, durable, sans conséquences fâcheuses, il consiste surtout dans l'absence de douleur et de trouble, dans l'ataraxie. Là se trouve le bonheur véritable.

Epicure indique les moyens d'atteindre cette félicité. Il recommande d'accepter le plaisir qui n'entraîne aucune douleur et de fuir celui qui entraîne une douleur plus grande.

Dans le même but, il donne une *théorie des désirs* Il distingue : 1° *Les désirs naturels et nécessaires*, qui sont peu nombreux, faciles à satisfaire. « Avec un peu d'orge et un peu d'eau, le sage le dispute en félicité avec Jupiter ». 2° Les *désirs naturels non nécessaires* : le sage doit tendre à s'en affranchir ; 3° *les désirs superflus :* ils sont insatiables.

Enfin Epicure prêche la vertu comme moyen d'arriver au bonheur. « Si on les sépare du plaisir, dit-il, toutes les vertus ne valent pas un jeton de cuivre. » La première des vertus est la sagesse ou prudence qui fait distinguer les vraies voluptés. La tempérance nous éloigne des plaisirs trompeurs. Le courage est un bouclier contre l'adversité. La justice nous fait éviter des représailles ou les châtiments de la loi. L'amité nous soutient et nous console. « Dans ce court espace de la vie, le soutien le plus sur et la plus douce consolation, c'est l'amitié. »

La morale d'Epicure est une morale de gens découragés. Sous son apparence voluptueuse, c'est une morale austère et triste. Elle est contradictoire, elle dit que le but de la vie est le plaisir et elle aboutit, non au bonheur, mais à l'insensibilité. Elle isole l'homme au point de supprimer la vie de famille ; or il est évident que l'homme est fait pour la société. Doctrine d'inactivité et d'inertie, elle affaiblit les âmes et les décourage. Chez les Romains elle fut un agent de corruption ; elle détruisit l'activité civique et livra le monde sans résistance à toutes les tyrannies.

Lucrèce (95-52) expose avec enthousiasme, dans son poème *De natura rerum*, le système d'Epicure.

VI. — LE STOÏCISME.

Le fondateur du Stoïcisme, Zénon (336-264), naquit à Cittium, dans l'île de Chypre. Il suivit à Athènes les leçons de Cratès. Il ouvrit une école à Athènes, dans le portique du Pécile. De là le nom de Stoïciens (στοα, portique) donné à ses disciples. Le Stoïcisme fut développé par Cléanthe et par Chrysippe.

Le Stoïcisme veut porter remède aux mêmes maux que l'Epicurisme, il veut délivrer l'homme du trouble des passions. Mais l'Epicurien se dérobe, s'efface et arrive à l'inertie. Le Stoïcien se redresse, résiste, lutte, c'est l'effort. Ces tendances procèdent des principes très différents des deux systèmes. Tout est passif et inerte dans le monde, disent les Epicuriens; au contraire, la tension et l'effort sont partout au fond des choses, disent les Stoïciens.

Zénon divise la philosopphie en logique, physique, et morale.

LOGIQUE. — Les idées viennent de la sensation. Zénon accepte l'adage : *nihil est in intellectu quod non priùs fuerit in sensu*. Mais la connaissance n'est pas uniquement sensible, elle demande l'activité, l'effort de l'esprit.

LA PHYSIQUE. — La physique stoïcienne est une physique *panthéiste* et *matérialiste*. Tout est composé de deux éléments, l'un passif, la matière, l'autre actif, la force qui meut la matière. Du principe actif répandu partout résultent le mouvement, l'unité, l'ordre et l'harmonie de l'univers. Cette force qui meut et ordonne la matière est *l'âme du monde*. Cette âme du monde qui anime l'univers, comme l'âme anime le corps, est le Dieu du Stoïcisme. Il est à la fois destin et providence ; car dans l'univers tout est déterminé rigoureusement, mais tout est rempli d'harmonie et d'intelligence.

Psychologie. — L'âme humaine est une étincelle du feu divin, une parcelle de l'âme du monde. Elle n'a qu'une faculté : la raison. La sensibilité n'est pas une faculté, mais une maladie de l'âme. L'âme humaine ne possède pas le libre arbitre. Elle ne périt pas à la mort, elle rentre dans l'âme universelle. C'est la simple immortalité de la substance.

Morale. — Il faut vivre conformément à la nature. Mais la nature n'est pas la sensibilité, c'est la raison. Vivre conformément à la nature, c'est donc vivre conformément à la raison. De même que, dans l'univers, c'est l'esprit qui anime la matière, dans l'homme, c'est l'âme qui vivifie le corps ; par conséquent, le corps doit reconnaître l'empire de l'âme, c'est-à-dire de la raison. La conformité à la raison, voilà le souverain bien. L'unique bien de l'homme, c'est la vertu.

De ce principe il résulte : 1° que le plaisir n'est pas un bien, pas plus que la santé, la richesse ; la douleur n'est pas un mal, pas plus que la maladie, les infortunes. Ce qui ne dépend pas de nous est indifférent. Sénèque appelle certains biens préférables.

2° La vertu doit être pratiquée pour elle-même, et non pour une fin supérieure : la vertu pour la vertu.

3° La vertu se suffit à elle-même et trouve en soi sa récompense : *gratuita virtus, virtutis praemium, ipsa virtus*.

4° Qui possède la vertu possède tous les biens : il est heureux, riche et maître de toutes choses, il est Dieu et plus que Dieu, puisque la vertu est le fruit de ses actes.

5° La vertu est une et indivisible ; on l'a tout entière ou on ne l'a pas du tout. Qu'importe qu'on se noie dans le fleuve ou près de la rive ?

La vie morale consiste à mettre dans sa vie l'ordre et l'harmonie qui règnent dans la nature entière. Comme Dieu fait du monde un tout bien lié, il faut que, de tous ses actes, l'homme compose un tout parfaitement ordonné. Le souverain bien est une vie d'accord avec elle-même,

« summum bonum, vita sibi consors ». Vivre d'accord avec soi, c'est toute la morale. Ce qui importe, c'est la force de la volonté, *constantia*. Le sage doit aussi être d'accord avec ses semblables. Une seule et même raison anime l'humanité ; les hommes sont donc égaux et frères. Le stoïcisme a la gloire d'avoir introduit dans la philosophie l'idée de fraternité et d'avoir condamné l'esclavage. Il a inspiré la parole sublime de Térence : *homo sum et nihil humani a me alienum puto*.

La vertu se conquiert par la lutte généreuse et acharnée de la liberté contre les passions. La passion est le relâchement de l'âme ; elle trouble le calme que la raison introduit dans l'âme. « C'est un mouvement de l'âme contraire à la raison et à la nature. » Le sage doit comprimer les passions et les étouffer jusque dans leurs racines. Il doit supprimer en lui *tous les sentiments*, toutes les passions, pour recouvrer la liberté. Pour parvenir à cette délivrance, il faut supporter et s'abstenir : « *sustine et abstine*. » Le sage doit tout supporter : la douleur, la calomnie, la mort. Quand l'univers s'écroulerait sur lui, il resterait impassible sur les ruines du monde. Le sage doit s'abstenir de tout désir, de toute affection sensible et il arrive ainsi à l'ataraxie. L'apathie épicurienne est l'absence de douleur. L'ataraxie stoïcienne est la suppression de tout ce qui trouble la raison. Remarquons en terminant que ces deux doctrines morales, stoïcienne et épicurienne, si opposées, s'accordent pour refuser à la sensibilité toute satisfaction. Elles méconnaissent ce puissant ressort de l'activité humaine qui est la passion.

Le stoïcisme à Rome. — Le plus illustre représentant de la philosophie à Rome, Cicéron, était stoïcien en morale. Dans les questions spéculatives, il accepte le probabilisme de la *Nouvelle Académie*.

Dans Sénèque, la philosophie a pour but de guérir les âmes, et, sous ce rapport, il se rapproche de l'épicurisme.

Son stoïcisme est moins orgueilleux et plus pratique que le stoïcisme grec.

Épictète a créé la distinction des choses qui dépendent de nous et de celles qui n'en dépendent pas. Les premières sont nos actions ; les autres sont la santé, la richesse, les honneurs. Il résumait la morale dans la célèbre maxime : supporte et abstiens-toi.

Marc-Aurèle (121-180) est le dernier des grands stoïciens. Il proclame l'égalité des hommes, la fraternité universelle, le devoir de s'aimer et de s'entre-aider.

Art. III. — TROISIÈME PÉRIODE

École d'Alexandrie.

Trois caractères distinguent cette école. 1° *l'éclectisme*. Elle unit les grandes doctrines de la Grèce, et surtout le platonisme, aux doctrines orientales. On l'appelle souvent l'école Néo-platonicienne 2° Le *panthéisme*, sous sa forme émanatiste empruntée à l'Inde. C'est un panthéisme idéaliste et mystique : tous les êtres ne sont que des émanations nécessaires et comme le rayonnement infiniment varié de l'âme divine. Le monde sorti de Dieu tend à y rentrer. 3° Le *mysticisme*. L'idée platonicienne n'est pas encore la véritable connaissance à cause de la dualité du sujet et de l'objet. La connaissance parfaite est produite par *l'extase*, état surnaturel de l'âme, dans lequel elle s'identifie avec l'objet connu. Plotin croyait y avoir atteint deux ou trois fois dans sa vie.

Ammonius Saccas est le fondateur de cette école. Plotin (205-269) est le plus grand des philosophes Alexandrins. Il écrivit 54 traités que Porphyre publia en 6 séries de 9 traités ou *ennéades*. Ses successeurs sont : Porphyre, Jamblique. Proclus (412-485) essaya de renouveler le néo-platonisme à Athènes.

CHAPITRE II

PHILOSOPHIE DU MOYEN-AGE

La philosophie du moyen-âge s'appelle la philosophie scolastique, parce que, à cette époque, l'enseignement était donné principalement dans les écoles établies auprès des sièges épiscopaux et dans les grands monastères.

La philosophie du moyen-âge suit la méthode d'autorité. Elle s'appuie sur l'autorité de l'Eglise et sur l'autorité d'Aristote. Elle attache une importance exagérée à la déduction et connait à peine l'induction.

1re PÉRIODE (800-1200) Les principaux philosophes de cette période sont Alcuin et Scot-Erigène, Roscelin, Guillaume de Champeaux, saint Anselme, Abélard et Pierre Lombard, le Maître des sentences.

2e PÉRIODE (1200 à 1300). C'est l'âge d'or de la scolastique. Les grands philosophes de cette période sont : Alexandre de Halès, Albert le Grand, saint Thomas d'Aquin, saint Bonaventure, Duns Scot, Roger Bacon, Raymond Lulle, Le Dante.

3e PÉRIODE (1300-1453). C'est la décadence. Des discussions stériles inspirèrent le dégoût de la philosophie. Les philosophes de cette période sont : Guillaume d'Occam, Pierre d'Ailly, Gerson.

CHAPITRE III

PHILOSOPHIE MODERNE

Art. 1ᵉʳ. — PHILOSOPHIE DE LA RENAISSANCE
(1453-1487)

« C'est l'éducation de la pensée moderne par la pensée antique », dit Cousin. Pendant ces deux siècles, il y a beaucoup d'ardeur pour les études philosophiques, déterminée : par des causes religieuses, la Réforme et son libre examen ; par des causes scientifiques, la propagation de l'Imprimerie, la découverte de l'Amérique ; par des causes littéraires, la diffusion des manuscrits grecs en Occident.

Presque tous les systèmes de l'antiquité reparaissent et retrouvent des partisans.

Ecole platonicienne. (Florence) : Marsile Ficin, Pic de la Mirandole.

Ecole Péripatéticienne. (Padoue) : Césalpini, Pomponace.

Ecole Pythagoricienne : Nicolas de Cusa.

Mysticisme alexandrin : Paracelse.

Pyrrhonisme : Montaigne.

Quelques essais de philosophie indépendante : Ramus, Campanella, Giordano Bruno, Vanini.

C'est le temps de Copernic, Galilée, Léonard de Vinci, Képler, Machiavel, Erasme, Rabelais, Calvin, Luther.

En somme, la Renaissance est un mouvement désordonné et dangereux, profitable aux lettres, aux sciences, sinon à la philosophie. Sur ce dernier point, il faudra débrouiller le chaos.

Art. II. — PHILOSOPHIE MODERNE

Caractères. — Comme la philosophie de la Renaissance, elle se déclare indépendante de la théologie. De plus, elle s'affranchit entièrement du joug de l'autorité des anciens. Le caractère dominant de l'époque nouvelle, c'est l'indépendance de la pensée ; chacun se fera par sa seule raison sa philosophie. Elle attache une grande importance au choix des méthodes et donne au procédé analytique et à l'observation la préférence sur le syllogisme et les principes *à priori*. Enfin elle se propose de connaître la nature de l'entendement et de faire la critique de l'esprit.

Bacon et Descartes comprirent la nécessité d'une réforme et d'une méthode nouvelle. Tous les deux débutent par l'observation et par l'analyse. Mais Bacon appuie son analyse sur l'observation extérieure des phénomènes de la nature, et Descartes, sur l'observation intérieure de la pensée. L'un s'attache au témoignage des sens et l'autre au témoignage de la conscience. Bacon représente la tendance à écouter l'expérience et à étudier la nature, il incline au sensualisme. Descartes représente la tendance rationnelle et incline à l'idéalisme.

I. — François Bacon (1561-1626).

Il naquit à Londres. Il devint garde des sceaux en 1617. En 1621, il fut accusé de vénalité et de corruption et fut condamné à être enfermé à la Tour de Londres. Jacques Ier lui fit grâce. Son grand ouvrage est l'*Instauratio magna*, ou grande réforme des sciences. Cet ouvrage doit être la réforme de l'entendement humain jusque-là privé de direction. Nous ne possédons que les deux premières parties et quelques fragments des quatre autres.

1re Partie. — La première partie *De dignitate et augmentis scientiarum* renferme le panégyrique, la classification et l'inventaire des sciences.

a) *Il défend les sciences contre la défiance des théologiens et des hommes d'Etat.* « Peu de science éloigne de la religion ; beaucoup de science y ramène. » La science donne à l'homme une grande puissance sur la nature ; savoir, c'est pouvoir.

b) *Classification.* Il distingue les sciences de mémoire : histoire naturelle, civile, littéraire, ecclésiastique ; d'imagination : la poésie est narrative, didactique, dramatique et parabolique et les sciences de raison : la philosophie, qui se divise en science de Dieu, de la nature et de l'homme. De ces trois parties de la philosophie, la plus importante, à ses yeux, est la philosophie naturelle. « La nature frappe notre intelligence d'un rayon direct. » L'âme ne nous est connue que par « un rayon réfléchi » et Dieu, par « un rayon réfracté ». La tâche la plus urgente est d'établir les fondements de la science de la nature encore bien peu avancée.

c) Bacon, après avoir décrit l'état de la science, formule la loi du progrès. Les hommes passent, mais la science demeure et grandit toujours. « L'âge d'or est devant nous, non derrière. L'antiquité n'était que l'enfance du monde. »

2e Partie. — Cette seconde partie appelée *Novum Organum*, par opposition à l'*Organon* d'Aristote, contient les vues de Bacon sur la méthode inductive. Elle se divise en deux chapitres.

A. *Pars destruens.* Pour atteindre la vérité, il faut avant tout se mettre en garde contre l'erreur. Les causes qui s'opposent au progrès sont : 1° l'emploi du syllogisme. Il ne peut rien inventer ; 2° le respect de l'antiquité. Aristote a été le despote de la pensée : Bacon va jusqu'à le qualifier de « détestable sophiste, ébloui d'une vaine subtilité » ; 3° les préjugés ou fantômes (idoles) s'interposant entre l'esprit et la réalité. Il distingue :

1° *Idola tribus*. L'entendement humain est semblable à un miroir faux ; 2° *Idola specûs* (de la caverne). Chacun a une sorte de caverne où la lumière ne pénètre que brisée ; 3° *Idola fori* : erreurs du langage ; 4° *Idola theatri* : erreurs des systèmes. Bacon ramène les sectes philosophiques à trois principales : la philosophie sophistique, empirique et superstitieuse.

B. *Pars informans* Bacon assigne à la science de la nature un *but* pratique : donner à l'homme les moyens de maîtriser la nature. Il montre que la science a pour objet la connaissance des lois auxquelles les faits sont soumis. Il dit, après Aristote, que la science consiste à connaître les causes: *vere scire per causas scire*. Mais la science a pour objet les causes formelles qui indiquent *comment* les faits se passent et non *pourquoi*. Il renvoie à la métaphysique l'étude de la cause efficiente et de la cause finale.

On découvre les lois par l'induction expérimentale. Elle comprend l'observation, l'expérimentation et l'induction proprement dite.

a) Il faut multiplier les observations et les expériences. L'expérience doit être variée, étendue, renversée. *b*) Les faits obtenus doivent être distribués en trois tables : de présence, d'absence, de degrés. *c*) On obtient la loi par l'élimination des fausses causes. On reconnaît la loi à ce signe que deux faits sont toujours absents ou présents ensemble, croissent ou décroissent proportionnellement.

Cette méthode est bien, dans son ensemble, la vraie méthode des sciences de la nature. Elle est cependant incomplète. Bacon n'a pas vu le rôle de l'hypothèse et, par

27

cela même, il n'a pas compris le rôle de l'expérimentation dans l'interprétation de la nature. Elle n'a pas pour but principal d'ajouter de nouveaux faits; elle est un moyen rapide de vérifier et de contrôler les hypothèses. Il a méconnu la déduction et par conséquent le rôle du calcul et de l'élément mathématique dans les sciences de la nature.

Bacon n'est l'auteur d'aucun grand système ni d'aucune découverte, et il faut reconnaître que son œuvre est bien inférieure à celle de Descartes. Il a exposé une méthode, la méthode d'observation, qu'il a opposée à la méthode d'autorité et d'observation ; cette méthode avait été déjà employée par des savants comme Léonard de Vinci et Galilée, il ne l'a donc pas inventée. Mais il en a formulé les lois et il a préconisé cette méthode. Il n'a pas fait de découvertes ; mais il a tracé des règles qui ont servi à en faire. C'est à ce titre qu'on peut le considérer avec Descartes comme un des fondateurs de la philosophie moderne. A partir du XVIII° siècle il fut regardé comme le chef de l'école empirique. Il représente la tendance à écouter l'expérience et à étudier la nature. Descartes représente la tendance idéaliste et rationnelle.

ÉCOLE DE BACON. On peut lui rattacher Hobbes, Gassendi, Locke et Condillac.

Hobbes est matérialiste. Il enseigne la morale de l'intérêt. L'homme, dit-il, est un loup pour l'homme. Gassendi est célèbre par son apologie de la philosophie d'Epicure et sa polémique avec Descartes sur l'origine des idées.

II. — DESCARTES. (1596-1650).

René Descartes naquit à la Haye en Touraine. Son père était conseiller au parlement de Bretagne. Il fit ses études au collège de la Flèche. En 1617, il prit du service, comme officier, dans l'armée de Maurice de Nassau, puis du duc de Bavière. Il assista au siège de la Rochelle en

1629, se retira en Hollande, où il passa 20 ans dans la retraite. Cédant aux instances de la reine Christine de Suède, il se rendit à Stockholm et y mourut en 1650.

Ses œuvres sont : le *Discours de la Méthode* (1637) ; les *Méditations* (1641) ; *Principes de philosophie* (1644) ; *Traité des passions de l'âme* (1649) ; le *Traité du monde et de la lumière*. Le *Traité de l'homme* et les *Règles pour la direction de l'esprit* furent publiés après sa mort.

Le *Discours de la Méthode* renferme presque toute la philosophie de Descartes. Il contient six parties.

1re PARTIE. — Eloge de la Méthode. Après avoir étudié toutes les sciences au collège, d'une part, il en apprécie la valeur, et, d'autre part, il en voit l'insuffisance et il conclut : « après tout ce cours d'étude, je me trouvai embarrassé de tant de doutes et d'erreurs, qu'il me semblait n'avoir fait autres profits, sinon que j'avais découvert de plus en plus mon ignorance. » Peu satisfait de toutes ces sciences, il se décide à lire dans le grand livre du monde. En voyageant, il se débarrasse de quelques préjugés. Il se décide à lire en lui-même.

2e PARTIE. — Il est en Bavière (1619). Il demande à sa conscience et à sa raison la vérité qu'il a vainement cherchée dans le monde. Un ouvrage fait par un seul est plus parfait, par exemple, un bâtiment construit par un seul architecte. Pénétré de cette idée, Descartes veut construire en entier l'édifice de ses connaissances. Pour cela, jugeant que les méthodes, dont on s'était servi jusque-là, étaient insuffisantes, il résolut d'en chercher une meilleure. Il découvrit les 4 règles de la méthode (1) : 1° n'admettre comme vrai que ce qui est évident ; 2° diviser les difficultés ;

---

(1) Le 10 novembre 1619, après avoir eu recours à Dieu selon son habitude, le jeune officier français découvrit sa méthode et, tout pénétré de reconnaissance, il fit vœu d'accomplir le pèlerinage de Notre-Dame de Lorette.

3° aller du simple au composé ; 4° faire des dénombrements entiers. Il ne veut faire servir sa méthode qu'à réformer ses pensées. Cette méthode ne convient pas aux esprits précipités ou craintifs. En appliquant ces règles, il a résolu plusieurs questions mathématiques.

3ᵉ Partie. — Il faut un gîte avant d'abattre sa maison. Règles de morale provisoire : 1° obéir aux lois de sa religion et de son pays ; 2° être ferme et résolu dans ses actions ; 3° tâcher toujours de se vaincre plutôt que la fortune et s'accoutumer à croire qu'il n'y a rien en notre pouvoir que nos pensées ; 4° employer toute sa vie à cultiver sa raison et à connaître la vérité.

Il se décide à faire table rase de ses opinions. Son doute diffère du doute des sceptiques qui doutent pour douter, « mon dessein ne tendant qu'à m'assurer et à rejeter la terre et le sable pour trouver le roc et l'argile ». C'est donc un scepticisme actif, qui veut, en triomphant de lui-même, atteindre une certitude contrôlée et réfléchie.

4ᵉ Partie. — 1° Le doute méthodique ou découverte d'une première vérité certaine fondement de toutes les autres. — Les sens nous trompent souvent, ils nous trompent peut-être toujours. On se trompe en raisonnant sur les choses les plus simples de la géométrie, le raisonnement est peut-être une fausse mesure. La vie n'est peut-être qu'un rêve. La conclusion est qu'il doute de tout. « Mais pendant que je me prenais ainsi à penser que tout était faux, il allait nécessairement que moi qui le pensais fusse quelque chose et remarquant que cette vérité : je pense donc je suis, était si ferme et si assurée, que toutes les suppositions des sceptiques n'étaient pas capables de l'ébranler, je jugeai que je pouvais la recevoir sans scrupule pour le premier principe de la philosophie. » Pour Descartes, douter, c'est penser encore ; puisque je doute, je pense. Mais penser, c'est être ; il est donc certain que j'existe : je pense, donc je suis. Voilà une vérité, la plus simple et la plus évidente de toutes, celle qui est impliquée dans la négation de toutes les autres. Quand je penserais que tout est faux, quand je douterais de tout, il est certain que je doute et par conséquent que je suis. Le *cogito, ergo sum* n'est pas un enthymème ; c'est la simple constatation d'un fait, c'est le résultat d'une observation psychologique ; c'est pour cela que Descartes est considéré comme le fondateur de la méthode psychologique. (1) On peut dire qu'il en a fixé la base, mais il ne continue pas à procéder par simple observation. De cette première vérité il va tirer toutes les autres *more geometrico*. Il est avant tout mathématicien et son ambition est d'appliquer la méthode mathématique à la philosophie.

2° SPIRITUALITÉ DE L'AME. — Je suis quelque chose qui pense. Je puis supposer que je n'ai ni corps, ni organes, que le monde extérieur n'existe pas ; mais je ne peux supposer que moi qui pense, je n'existe pas : Donc moi qui pense, je suis distinct du monde extérieur et de l'organisme.

Le moi qui pense ou l'âme est plus facile à connaître que le corps. Son essence est de penser, *res cogitans*.

Mais à quel signe Descartes a-t-il reconnu cette première vérité ? à son évidence parfaite. Dès lors il prend pour règle que les choses que nous connaissons fort clairement et fort distinctement sont toutes vraies.

C'est le point le plus faible et le plus dangereux de la philosophie de Descartes. Sa preuve de la distinction de

---

(1) Rien de plus audacieux que cette entreprise de faire sortir la certitude du doute lui-même. Son doute n'est pas semblable à celui des sceptiques : c'est un doute provisoire, un procédé de méthode. C'est un doute méthodique et presque fictif : « Je feignais de douter », écrit Descartes. Mais le doute méthodique est aussi universel que celui des sceptiques. Descartes ne réserve rien, pas même les premiers principes. Dès lors, comment pouvoir affirmer quelque chose ? Descartes s'en est tiré en homme de génie.

l'âme et du corps est sans aucune valeur. Descartes a la prétention de démontrer que le corps n'est pour rien dans la pensée. Or, ceci est une fausseté manifeste. Il supprime tout rapport entre le corps et l'âme. Cela serait vrai, si l'essence du corps était l'étendue et si l'essence de l'âme était la pensée. Mais ces deux affirmations sont inexactes.

3° EXISTENCE DE DIEU. — Il s'agit pour Descartes de sortir de son moi. Il est évident que je pense et que j'existe : Il n'est pas évident que ma pensée existe objectivement hors de moi. Mais il est une idée dont l'origine étrangère à moi est évidente : l'idée de parfait. Descartes en tire trois preuves de l'existence de Dieu.

a) L'idée de parfait ne peut venir de moi, puisque je doute, je me trompe ; ni du monde, imparfait comme moi. Il faut donc qu'elle vienne de l'être parfait, qui l'a mise en moi, comme la marque de l'ouvrier sur son ouvrage.

b) Je suis imparfait, donc je ne me suis pas donné l'être. Si, imparfait que je suis, j'avais pu me donner ce que je possède, je pourrais à plus forte raison me donner ce qui me manque. Je tiens donc mon existence d'un autre être, qui est l'Être parfait.

c) Enfin, dans l'idée de parfait l'existence est comprise en même façon qu'il est compris dans l'idée du triangle que ses angles sont égaux à deux droits. Donc l'être parfait, dont j'ai l'idée, existe.

« Il est donc aussi certain que Dieu existe qu'une démonstration de géométrie le saurait être. »

ATTRIBUTS DE DIEU. — Il faut nier de Dieu toute imperfection et affirmer de lui toute perfection.

Trois attributs de Dieu ont une grande importance : la toute puissance, l'immutabilité, la véracité.

4° EXISTENCE DU MONDE EXTÉRIEUR. — A la suite de la sensation, je conçois distinctement la matière étendue et je ne puis me soustraire à la croyance du monde extérieur. Si des objets extérieurs n'existaient pas, Dieu nous tromperait donc. La certitude de l'existence du monde repose donc sur la véracité divine.

Une seule qualité de la matière est indispensable, c'est l'étendue. La matière est donc de l'étendue, *res extensa*.

5ᵉ Partie. — Descartes expose les idées principales de son livre du monde et de la lumière.

La matière a été créée. Son essence est l'étendue.

Système des tourbillons. Dieu a imprimé à la matière un mouvement. Comme tout est plein, le mouvement devient circulaire. Des parties d'inégale densité se détachèrent du grand tourbillon et produisirent les différents astres.

Il distingue trois espèces d'êtres : les minéraux, les végétaux, les animaux. La vie s'explique sans qu'il soit nécessaire d'avoir recours à une âme. Le seul jeu mécanique des organes suffit à l'expliquer. La mécanique suffit à expliquer les mouvements compliqués du cœur. Théorie des esprits animaux. Automatisme des bêtes.

6ᵉ Partie. — Choses requises pour avancer dans la science de la nature. Le grand moyen de progresser, c'est l'expérience.

En résumé, Descartes ne veut recevoir pour vrai que ce qui lui paraît évidemment tel. Trois idées lui paraissent claires : l'idée de la pensée, de l'étendue et de la perfection. Avec ces trois idées il construit toute sa philosophie. L'âme est pour lui *une chose pensante, res cogitans*. Elle est unie au corps, mais elle en est totalement distincte, elle ne forme pas un composé avec lui. De la pensée de parfait, Descartes s'élève à Dieu, l'Etre parfait. Enfin, identifiant la matière et l'étendue, il construit une physique toute mathématique, dont les lois immuables ont pour fondement l'immutabilité divine.

Descartes est universellement proclamé le fondateur de la philosophie moderne. On peut dire sans exagération qu'il a opéré une véritable révolution en philosophie. Le cartésianisme est caractérisé par deux grandes nouveautés : 1° la pensée est l'origine de toute connaissance. De la pensée, il tire la vérité fondamentale, son existence. Par la pensée, l'esprit humain affirme sa nature spirituelle et distincte du corps. Enfin l'analyse de la pensée humaine lui révèle l'idée de parfait qui contient les preuves de l'existence de Dieu. Rien de plus simple et de plus imposant à la fois ; mais aussi, rien de plus dangereux. Cette doctrine renferme en germe tout le subjectivisme moderne jusqu'aux formes *à priori* du kantisme. 2° La deuxième nouveauté introduite par le cartésianisme est la toute puissance de la raison : « la raison peut tout dans sa sphère, dit Descartes, elle est adéquate au monde. Avec un peu de patience et de persévérance, nous pouvons forcer la nature à nous révéler tous ses secrets, car la méthode est infaillible. Qu'on me donne le temps, et tout ce qui est obscur s'éclairera. » De cette puissance illimitée de la raison découle la doctrine du progrès à l'infini. Ces deux dernières idées font de Descartes le père du rationalisme moderne et elles ne justifient que trop ces paroles prophétiques de Bossuet : « Je vois un grand combat se préparer contre l'Eglise sous le nom de philosophie cartésienne. »

L'œuvre de Descartes n'en est pas moins l'un des plus merveilleux efforts du génie. Tous ceux qui sont venus après lui, même les plus grands, même les plus hostiles, ont subi son influence. Ses idées maîtresses se trouvent, plus ou moins transformées, dans tous les systèmes de la philosophie moderne. Plusieurs faux systèmes sont sortis des lacunes et des erreurs de cette philosophie : le rationalisme ou philosophie séparée de la foi ; le phénoménisme ou négation de la substance ; l'idéalisme ou négation du monde extérieur, sans parler du panthéisme de

Spinoza que Leibniz appelait un cartésianisme exagéré. De plus la philosophie cartésienne est un spiritualisme à outrance, qui, par réaction, a été cause du matérialisme contemporain, devant lequel elle demeure impuissante. Par ces systèmes et par les contradictions qu'ils ont suscitées, le cartésianisme a donné un grand essor à la pensée humaine. Après deux siècles de discussions et d'études, ses côtés excessifs et périlleux ont été mis en lumière et nous permettent de découvrir la part de vérité qu'il renferme. Malgré ses faiblesses et ses dangers, nous comprenons qu'Hegel ait pu dire à Cousin : « Votre nation a assez fait pour la philosophie en lui donnant Descartes. »

Influence de Descartes. — Pascal, Bossuet, Fénelon, Port Royal, les adversaires eux-mêmes, Locke, Gassendi, ont subi l'influence de Descartes. Malebranche, Spinoza et Leibniz transformèrent sa doctrine par des pensées personnelles.

Malebranche est le plus original des cartésiens français. Il a créé deux théories célèbres : 1° *La vision en Dieu*. Il admet que nous ne connaissons pas Dieu par l'intermédiaire d'un raisonnement, mais par intuition, et que nous voyons tout en Dieu. 2° *Les causes occasionnelles*. Dans la théorie des rapports de l'âme et du corps, il admet que le corps et l'âme sont les causes occasionnelles de leurs modifications réciproques, dont Dieu est la véritable cause efficiente : c'est la conséquence du dualisme cartésien : *res extensa, res cogitans*.

La vision en Dieu et les causes occasionnelles, en faisant de Dieu le seul objet de l'intelligence et la seule force de la nature, développent les germes du panthéisme contenus dans Descartes. Ces germes se sont complètement épanouis dans la philosophie de Spinoza

III. — SPINOZA (1632-1677).

Né à Amsterdam d'une famille de juifs Portugais, il dut quitter Amsterdam en 1656 et se retira à la Haye.

Ses œuvres sont : *Principes de la Philosophie de René Descartes, Traité théologico-politique.* Après sa mort on publia la *Réforme de l'entendement* et l'*Ethique.*

L'Ethique se divise en cinq parties : de Dieu, de l'âme, des passions, de l'esclavage de l'homme par les passions, de l'entendement et de la liberté humaine.

Spinoza emprunte sa méthode et la forme de sa doctrine à Descartes, dont les témérités ont contribué à faire éclore son système. Pour le fond, il relève de la Cabale et des écoles juives. C'est en panthéiste qu'il a abordé l'étude de Descartes et, s'il emprunte les principes cartésiens, il les altère. Malgré les points de contact nombreux qui existent entre Descartes et Spinoza, il ne faut pas oublier les différences qui les séparent sur le fond même des doctrines.

Dieu et l'homme d'après Spinoza. — La substance, avait dit Descartes, est ce qui n'a pas besoin d'une autre chose pour exister : il voulait opposer la substance aux modes, qu'on ne saurait concevoir comme existant en eux-mêmes. Spinoza entend les paroles de Descartes au sens absolu. « J'entends par substance ce qui est en soi et est conçu par soi. La substance est donc l'être qui a en soi sa raison d'être, qui est cause de soi, *causa sui.* » La substance étant cause d'elle-même, est unique, infinie, éternelle, nécessaire ; elle a une infinité d'attributs infiniment infinis. Nous connaissons deux de ces attributs : l'étendue et la pensée.

L'étendue, en se modifiant, devient mouvement et repos.

Le mouvement engendre cette infinité de modes de l'étendue que nous appelons les corps.

La pensée, en se modifiant, devient intelligence et volonté et elle engendre les modes de la pensée que nous appelons les esprits.

Les corps et les esprits sont donc des modifications passagères de la substance infinie. Dieu et le monde ne sont donc qu'une même substance (Panthéisme d'immanence). Spinoza distingue pourtant Dieu en soi ou dans sa substance et ses attributs infinis (natura naturans), et le monde ou l'ensemble des modes finis de l'étendue et de la pensée (natura naturata).

Psychologie. — L'homme n'est pas une personne, « un empire dans un empire ». Il est un ensemble de modes e la pensée et un ensemble de modes de l'étendue qui se correspondent entre eux. Le tout est régi par un déterminisme absolu. L'homme se croit libre, parce qu'il ignore les motifs qui le font agir. L'âme est un « automate spirituel » ; les pensées et les passions en sont les ressorts.

Morale. — Spinoza donne à la morale le premier rang et il se propose de conduire l'homme à la souveraine perfection. La distinction du bien et du mal est toute relative. On doit entendre par bien et par mal ce qui est utile ou nuisible à la conservation de notre être et peut nous causer joie ou tristesse. Pour Spinoza, il n'y a pas d'obligation ni de responsabilité, mais il y a une sanction. La récompense du bien, c'est la perfection qu'il produit. Le châtiment du mal, c'est la déchéance qu'il entraîne. Les hommes qui suivent leurs passions ne sont pas coupables, mais ils sont bien à plaindre, ils sont privés de la béatitude. Au contraire, la vie raisonnable et vertueuse, sans être méritoire, est très heureuse.

La joie est la conscience d'une perfection et la tristesse est la conscience d'une imperfection. Cela posé, l'âme ayant pour essence la pensée, sera d'autant plus parfaite et heureuse que sa pensée sera plus parfaite. Le moyen d'être vertueux et heureux, c'est donc d'accroître la science. Comprendre, avoir des idées claires, des idées adéquates, c'est la perfection. Mais la pensée est d'autant plus parfaite que son objet est plus parfait. La perfection de l'intelligence consiste donc à connaître Dieu. Cette connaissance est la vie parfaite et souverainement heureuse. Or, Dieu c'est la nécessité universelle des choses. Celui qui comprend cette nécessité des choses s'identifie à Dieu; il voit toute chose au point de vue de l'éternité, *sub specie æterni*. Il entre ainsi en quelque sorte dans l'éternité de Dieu, participe à sa toute puissance, il s'élève au-dessus de la durée, il sent, il éprouve qu'il est éternel ; il goûte une joie sans mélange, la béatitude suprême. On affirme que Spinoza pratiqua cette morale et qu'il était « ivre de Dieu ».

IV. — Locke (1632-1704).

Jean Locke naquit à Wrington, près de Bristol. Sa vie n'offre rien de remarquable.

Ses ouvrages sont : *L'Essai sur l'entendement humain, Pensées sur l'éducation, Traité du gouvernement civil.*

Locke est le chef de l'école empirique moderne. Sa philosophie est une réaction contre le rationalisme cartésien. Descartes et Spinoza avaient eu l'ambition d'appliquer la méthode mathématique à la philosophie. Locke applique à l'étude des facultés de l'âme les procédés de la méthode inductive. Il est le véritable fondateur de la psychologie expérimentale.

L'essai sur l'entendement humain se divise en quatre livres. Les deux premiers traitent de l'origine des idées ; le troisième, du langage ; le quatrième, des diverses sortes de connaissance.

Le 1er *livre* est la critique de la doctrine cartésienne sur l'origine de la connaissance. Il n'y a point d'idées innées, c'est-à-dire de vérités gravées dans l'âme dès la naissance. Si de telles idées existaient, tous en auraient connaissance. Or, les enfants, les idiots, les sauvages ne possèdent pas ces idées, ils n'ont pas la moindre perception de ces idées prétendues innées. Les principes de la morale ne sont pas plus innés que les autres.

Dans le 2º *livre*, Locke donne la célèbre théorie de la *table rase*. La source de toutes les idées est l'expérience. Elle est double : sensation et réflexion. Par la sensation, nous percevons les objets extérieurs ; par la réflexion, les opérations intérieures. Par la sensation et la réflexion, les idées simples (concrètes) se forment dans l'esprit, qui est passif, un simple appareil enregistreur. Les idées complexes (générales) sont formées par l'activité de l'esprit combinant les idées simples. Il explique ainsi toutes les idées, même l'idée de substance, qui est la collection des phénomènes, l'idée de cause, qu'il confond avec la succession, et l'idée d'infini, qui est l'addition du fini.

Les limites de la connaissance humaine sont celles de l'expérience. Nous ne pouvons rien connaître de la nature intime des choses. Il rejette l'idée de substance, qui est « je ne sais quel sujet inconnu que l'on suppose être le soutien des qualités. » Ce n'est qu'un fantôme de l'imagination.

Le 3º livre intitulé des *mots* traite des rapports du langage et de la pensée, de l'imperfection et de l'abus du langage.

Le 4º livre de la *connaissance* traite des trois objets de la connaissance : le monde, l'âme et Dieu. Nous connaissons le monde par les idées-images, qui sont les intermédiaires entre nous et les objets. La connaissance de l'âme est intuitive. L'âme est spirituelle, mais Dieu pourrait peut-être donner à la matière la puissance de penser. Nous connaissons Dieu plus facilement que les objets sensibles. Son existence n'a pas besoin d'être prouvée.

Locke a subi l'influence de Descartes ; car il admet que l'évidence est le critérium de la certitude, que la pensée est l'essence de l'âme, que l'étendue est l'essence des corps, que l'âme et Dieu sont plus faciles à connaître que le corps. Il admet enfin les principales vérités spiritualistes.

Sa *politique* est remarquable. Les hommes ont des droits naturels antérieurs à la société et que celle-ci doit protéger et garantir: liberté personnelle, propriété, légitime défense. Ce dernier droit appartient au pouvoir civil. Le souverain est le mandataire de la nation qui peut le révoquer.

Locke a eu une grande influence au 18e siècle. L'Essai sur le gouvernement civil est le manuel de la politique libérale défendue par Montesquieu. Les pensées sur l'éducation se retrouvent dans l'*Emile*.

Le véritable disciple de Locke est Condillac (1715-1786).

Dans son traité des sensations, il expose son système de la sensation transformée. La sensation représentative dominante devient l'attention. Une double attention produit la comparaison et le jugement. Du jugement naît le raisonnement. La sensation affective devient le désir ; le désir dominant est la volonté.

V. — Leibniz (1646-1716).

Leibniz naquit à Leipsig. Ses écrits philosophiques sont: les *Nouveaux essais sur l'entendement humain ; Essais de théodicée, Monadologie*.

Leibniz est l'esprit le plus universel des temps modernes. Vaste et conciliante intelligence, il veut allier Platon avec Démocrite, Aristote avec Descartes, les scolastiques avec les modernes, prendre le meilleur de tous côtés et aller plus loin encore. Leibniz est à la fois le disciple et l'adversaire de Descartes. Il adopte la logique du Discours de la Méthode. Mais le cartésianisme n'est pour lui que « l'antichambre de la vérité ».

Toute la philosophie de Leibniz peut se rapporter à trois polémiques : 1° contre Locke, sur l'origine de la connaissance ; 2° contre Descartes, sur la nature des substances ; contre Bayle, sur Dieu et la Providence.

1° **Polémique sur l'origine de la connaissance.** — Leibniz est cartésien. Il combat la doctrine qui fait de la sensation et de la réflexion les sources uniques de la connaissance. L'esprit n'est pas une *table rase* au sens de Locke. A la formule *nihil est in intellectu quod non prius fuerit in sensu*, il ajoute cette restriction : *nisi intellectus ipse*, affirmant ainsi l'activité de l'esprit méconnu par Locke. L'expérience ne suffit pas pour expliquer la connaissance ; car il y a en nous des vérités universelles et nécessaires. Locke prétend à tort que les sauvages ne connaissent pas les principes. S'ils n'en connaissent pas la formule, ils les appliquent pourtant dans la pratique. Elles sont nécessaires, parce que, sans elles, nous ne pourrions porter aucun jugement, ni même faire des expériences.

La théorie de Leibniz tient le milieu entre l'empirisme de Locke et la première manière de Descartes. « Les idées ne sont pas toutes formées dès l'origine ; elles ne sont pas gravées en nous, comme l'édit du Préteur sur son album. » Notre esprit a seulement des virtualités, des dispositions, des tendances qui, manifestées à la réflexion, deviennent des idées. L'expérience est nécessaire pour transformer nos tendances en idées proprement dites. A l'occasion de l'expérience, nous découvrons ces vérités en nous, où elles sont, comme la statue tracée par les veines du marbre est dans le marbre avant qu'on la découvre en travaillant. « L'esprit, dit Leibniz, est inné à lui-même. »

2° **Polémique sur la nature des substances.** — Dans la monadologie, Leibniz oppose au mécanisme cartésien le dynamisme des monades. Le défaut capital de la métaphysique cartésienne est la passivité des substances. Leibniz soutient que toute monade est une activité, une force. L'étendue ne peut pas être l'essence des corps ; car tout corps a une force de résistance. L'âme n'est pas seulement une *chose pensante*, elle a des appétitions, des tendances. Leibniz va jusqu'à supprimer la réalité de l'étendue et la distinction des êtres spirituels et matériels : tous les êtres sont doués de perception et d'appétition.

Nature des monades. L'univers est l'ensemble des monades ou substances simples, indivisibles, sans aucune étendue. Elles sont en nombre infini, ne peuvent commencer que par création et périr que par annihilation. Les monades n'ont qu'une activité intérieure, elles sont toutes différentes les unes des autres.

A parler en rigueur, toutes les monades sont des âmes, des entéléchies. Elles sont toutes douées de *perception* et d'*appétition*. La *perception* est la représentation du multiple dans le simple, *multorum in uno expressio*. Chaque monade est le miroir de tout l'univers. L'*appétition* est la tendance des monades à passer à une perception supérieure.

On distingue différentes espèces de monades : 1° Les monades qui n'ont que des perceptions inaperçues. Ce sont les monades matérielles, sans conscience, sans mémoire ; 3° les monades qui ont des perceptions plus vives et la mémoire, et même une sorte de consécution qui imite le raisonnement (le chien et le bâton) ; 3° les monades raisonnables qui connaissent les vérités nécessaires et universelles, qui peuvent abstraire et raisonner.

La connaissance humaine est régie par deux principes : le principe de contradiction et le principe de raison suffisante, qui régissent les choses possibles et les choses réelles. Le principe de raison suffisante est pour Leibniz le principe du meilleur.

THÉODICÉE. — Au-dessus des monades créées, Leibniz admet la monade suprême, substance nécessaire, activité parfaite, dernière raison des choses. Il prouve l'existence de Dieu.

1re *preuve*. Pour trouver la raison des choses contingentes, il faut sortir de la série des choses contingentes et admettre un être nécessaire.

2e *preuve*. Dieu est la raison non seulement des existences mais encore des possibilités, c'est-à-dire que, si Dieu n'existe pas, rien n'est possible. Supposons un instant toutes choses à l'état de pure possibilité, elles y resteront éternellement.

3e *preuve*. Dieu existe, s'il est possible. Or, il est possible, puisqu'il n'y a dans l'idée de Dieu aucune négation ; donc Dieu existe.

Perfections de Dieu. Il n'y a qu'un Dieu et il suffit. Il est créateur. Dans la création, il est puissant, bon et sage.

HARMONIE PRÉÉTABLIE. — C'est la théorie de l'accord des monades. Le cartésianisme avait été conduit aux *causes occasionnelles* par l'impossibilité de concevoir que la substance étendue pût agir sur la substance pensante et réciproquement. Cette difficulté n'existait pas dans la philosophie de Leibniz qui ne connaissait qu'une seule espèce de substance. Une autre difficulté se présentait. Leibniz ayant établi en principe que les monades ne peuvent agir les unes sur les autres, comment concevoir la corrélation qui se manifeste entre toutes les monades ? Leibniz répond : il n'y a entre les monades aucune liaison réelle, mais une liaison idéale (dans l'idée de Dieu) ; car Dieu, en créant une monade, a déterminé ses relations avec les autres. En réalité, chaque monade se développe en vertu de ses propres lois, comme dans un monde à part ; mais elles ont été disposées de manière que leurs mouvements se correspondent dans un concert admirable, comme deux horloges ou comme un chœur de musiciens faisant leur partie, sans entendre les autres, en suivant le chef d'orchestre.

3e Polémique (contre Bayle) *sur Dieu et la Providence*. Dieu a créé le meilleur monde possible. Sa sagesse le lui a fait connaître, sa bonté le lui a fait choisir et sa puissance le lui a fait produire. Le monde présente dans son unité une variété infinie. Tout est plein de vie. L'ensemble des choses est parfait. Les monades sont les miroirs de l'univers, l'âme humaine est le miroir de Dieu. En vertu des lois établies par Dieu, tout bien est récompensé, tout mal est puni. Leibniz répond aux objections tirées du mal métaphysique, physique et moral. Le monde est indéfiniment perfectible.

Déterminisme. Nous agissons toujours pour un motif et pour le motif le plus fort. Leibniz fait consister la liberté dans la spontanéité de l'être intelligent, qui connaît les raisons de son acte et se décide d'après des motifs devenus les siens et par conséquent se détermine lui-même. La volonté est donc indépendante de toute nécessité extérieure et l'âme est un automate spirituel.

La philosophie de Leibniz demeure, malgré ses paradoxes, l'un des plus puissants efforts de la pensée humaine. Il repousse le panthéisme de Spinoza, le sensualisme de Locke, le pessimisme de Bayle ; il voit les lacunes du cartésianisme et veut le sauver en le corrigeant. Il accepte la théorie de Descartes sur l'origine des idées et la défend contre Locke, mieux que ne l'aurait fait Descartes lui-même. Il se sépare complètement de lui sur la nature des substances, substituant à la *passivité* et au *dualisme* cartésien (étendue et pensée) la *force* et le *monisme*. Dans sa réaction, il va trop loin en supprimant l'étendue et en faisant des monades matérielles, des âmes. Enfin, par son harmonie préétablie, Leibniz a emprisonné la force qu'il met avec raison dans les monades. C'est pourquoi il retombe dans plusieurs erreurs cartésiennes : dans la question des rapports de l'âme et du corps, sa théorie est bien voisine des *causes occasionnelles*. Le principe de l'harmonie préétablie et l'exagération du principe de raison suffisante lui firent commettre deux autres erreurs : le déterminisme, inconciliable avec la liberté de l'homme, et l'optimisme, qui nie la liberté de Dieu.

VI. — KANT (1714-1804).

Les principaux philosophes du XVIII° siècle sont, en France : Voltaire, Diderot, Condillac, Helvétius, Rousseau ; en Angleterre : Berkeley, David Hume, Adam Smith, Bentham, Thomas Reid. Le plus grand philosophe de ce siècle est Emmanuel Kant. Il naquit, vécut, enseigna la philosophie et mourut à Kœnigsberg.

Ses trois ouvrages les plus connus sont : *La Critique de la raison pratique* (1781) ; *La Critique de la raison pratique* (1788) ; *La Critique du jugement* (1790). La *Métaphysique des mœurs* parut en 1797. Le mot critique signifie étude raisonnée et analytique du sujet traité. La philosophie de Kant s'appelle souvent le criticisme.

Le problème que se propose la philosophie critique est le problème de la valeur de la connaissance. Elle veut déterminer la valeur de nos facultés de connaître. Avant Kant, la philosophie prétendait faire tourner l'esprit autour des choses. Par une révolution comparable à celle de Copernic, mais en sens inverse, Kant veut faire tourner les choses autour de l'esprit. Puisque la théorie ancienne, qui soumettait l'esprit à l'objet, n'a pu conduire à la certitude, ne pourrait-on pas supposer que c'est la pensée qui règle les objets et qui leur impose sa loi ?

1. CRITIQUE DE LA RAISON PURE. — On peut la résumer ainsi : La pensée, ses formes, ses conditions, ses limites.

Kant distingue dans l'intelligence trois facultés: la *sensibilité*, ou ensemble des sens et de la conscience, qui nous donne les idées concrètes ; L'*entendement* ou faculté de juger, qui nous donne les idées générales ; la *raison* ou pouvoir de concevoir les idées universelles, faculté de l'absolu.

1° ESTHÉTIQUE TRANSCENDANTALE. — La sensibilité ne nous fournit par ses *intuitions* que la *matière* de la connaissance. Il faut que l'esprit y ajoute la *forme*. C'est ce qu'il accomplit par les notions *d'espace* et de *temps*, qui sont les conditions essentielles de la sensibilité. Toute donnée des sens nous apparaît nécessairement dans l'espace et dans le temps, et toute donnée de la conscience nous apparaît nécessairement dans le temps. Or ces notions d'espace et de temps sont en nous avant toute expérience et elles sont comme les cadres dans lesquels nous recevons toutes les intuitions de la sensibilité. Elles sont les conditions de l'intuition des objets et par elles s'achève la connaissance. A cause du rôle prépondérant de ces notions *à priori*, il nous est impossible d'affirmer l'objectivité de nos idées. Il y a des phénomènes, y-a-t-il des noumènes, c'est-à-dire des réalités? Il nous est impossible de le savoir.

En résumé, la sensibilité ne nous montre pas les choses telles qu'elles sont en elles-mêmes, mais comme apparaissant à l'esprit à travers des lunettes, dont l'un des verres est l'espace et l'autre le temps.

2° *Analytique transcendantale*. — De même que la sensibilité perçoit toute chose dans l'espace et dans le temps, de même l'entendement moule en quelque sorte ses jugements sur certaines *formes à priori* que Kant appelle catégories. Il y a douze catégories qui correspondent aux diverses espèces de jugement suivant la quantité, la qualité, la modalité et la relation.

Catégories : 1° Unité, pluralité, totalité ;
    »   2° Réalité, négation, limitation ;
    »   3° Substance, causalité, réciprocité ;
    »   4°. Possibilité, existence, nécessité.

Nous formons tous nos jugements au moyen de ces catégories. Les idées concrètes en sont la *matière* ; les catégories, la *forme*. Or les idées concrètes sont subjectives et les catégories sont *à priori*. Nous avons donc ici une connaissance subjective dans ces deux éléments. — La science est néanmoins possible, mais à la condition d'être tout entière relative aux phénomènes et non *aux choses en soi*.

3° *Dialectique transcendantale*. — Kant y montre que notre esprit est à la fois contraint de poursuivre l'absolu et incapable de l'atteindre.

La *raison* est la faculté de ramener la totalité de nos jugements à certains points de vue généraux : les idées universelles. Elle perçoit trois idées qui sont pour nous les conditions de toutes choses : L'*âme*, qui est la condition suprême de ce qui se passe en nous ; le *monde*, qui est la condition suprême de ce qui se passe hors de nous ; *Dieu*, qui est la condition suprême de l'âme et du monde. Ces idées sont les trois foyers où viennent converger tous les rayons de l'intelligence humaine. Ces trois idées sont *à priori* et par conséquent nous ne pouvons pas en savoir la valeur objective. Il y a des raisons spéciales de douter de cette objectivité, les antinomies ou contradictions de la cosmologie, de la psychologie et de la théologie. La raison démontre également ces propositions contradictoires, que :

1° Le monde est limité et illimité.

2° La matière est divisible à l'infini et elle ne l'est pas.

3° L'univers est régi par la nécessité et il renferme des causes libres.

4° Tout est contingent et il y a un être nécessaire.

De plus, toutes les preuves de l'existence de Dieu sont insuffisantes. L'argument des causes finales suppose un architecte du monde, mais non un créateur, une cause très sage, mais non infinie. — La preuve de la contingence du monde suppose à tort qu'il ne pourrait pas y avoir une série indéfinie de causes et d'effets ; elle conclut faussement de l'existence empirique à une cause située en dehors de l'expérience. — La preuve ontologique passe d'une idée qui est dans l'esprit à une réalité qui se trouve au dehors. Un pauvre pourrait donc dire : j'ai l'idée de mille écus, donc ils sont dans ma poche !

Kant conclut ainsi son réquisitoire contre la raison : « Il faut suspendre son jugement dès qu'il sagit des noumènes, nous n'en pouvons rien connaître. A consulter la raison pure, le monde des choses en soi est le rêve d'un rêve. »

II. CRITIQUE DE LA RAISON PRATIQUE. — La critique de la raison pure aboutit au scepticisme. Mais Kant ne s'y arrête pas ; il en sort par la raison pratique. L'idée de devoir nous fait connaître la vraie réalité. Le devoir, voilà, selon lui, le « quid inconcussum », le roc inébranlable sur lequel repose la métaphysique. Pour Descartes, le « Cogito, ergo sum » est la première vérité inébranlable ; pour Kant rien n'égale en certitude *l'impératif catégorique* ou le devoir.

Le devoir peut seul donner à notre vie un principe absolu de conduite. La raison peut nous donner deux sortes de commandements : des commandements conditionnels, comme celui-ci : « si tu veux la santé, sois tempérant », et comme toutes les règles de l'intérêt, ils sont hypothétiques. Il y a un commandement de la raison qui s'impose à nous sans condition : « respecte ta dignité personnelle. » Seul ce motif rationnel, l'impératif catégorique, peut produire un principe absolu de détermination. L'impératif catégorique pour Kant est l'obligation d'accomplir la loi par respect pour la loi. Dès lors, le bien est de faire son devoir. Une action n'est pas obligatoire parce qu'elle est bonne ; mais elle est bonne parce qu'elle est commandée. Le devoir se suffit à lui-même et nous devons lui obéir. L'obéissance au devoir, parce que c'est le devoir, constitue la *bonne volonté*. Il ne faut pas attendre du plaisir de son obéissance ; car ce ne serait pas agir moralement. La vraie moralité consiste dans la volonté triomphant des résistances de la sensibilité pour obéir à la loi. Cette bonne volonté, d'après Kant, est autonome, c'est-à-dire qu'elle porte la loi à laquelle elle obéit. Cette bonne volonté a une valeur absolue.

Il ne suffit pas de savoir que nous devons agir par devoir, il faut encore connaître les actes que le devoir impose. Pour déterminer ces actes, il donne deux formules : agis toujours de manière que ton action puisse devenir une loi universelle. Agis toujours de manière à traiter l'humanité en toi-même ou en autrui, non comme un moyen, mais comme une fin.

L'impératif catégorique devient pour Kant la base de toute certitude. De cette proposition incontestable : la loi morale oblige, il fait sortir toute sa métaphysique. C'est pourquoi il appelle ces vérités importantes les *postulats de la raison pratique*.

1° Le premier de ces postulats est *la liberté et la spiritualité de l'âme*. Puisque le devoir s'impose à nous, il s'ensuit que nous sommes libres. Si je dois, je puis ; si je puis, je suis libre, et par conséquent j'ai une âme.

Le 2° postulat est l'*immortalité de l'âme*. Il faut que nous puissions atteindre à la perfection morale absolue ou à la sainteté, puisque nous le devons. Or, nous n'y pouvons attteindre dans la vie présente, qui est si courte, et où tant d'obstacles nous arrêtent. Nous devons croire que la personne humaine est immortelle, pour achever, dans une autre vie, sa perfection.

3° Postulat. L'*existence de Dieu*. Je dois être vertueux ; mais je ne puis me dispenser de croire que la vertu et le bonheur doivent être unis. La vertu est digne d'être heureuse et la félicité doit être la conséquence de la parfaite moralité. Cet accord entre la vertu et le bonheur ne peut être réalisé que par un Dieu, aussi bon que sage et puissant, qui assure, dans l'éternité, cette harmonie entre la vertu et le bonheur.

L'existence de Dieu est nécessaire comme garantie suprême de l'ordre moral et du triomphe définitif du bien. C'est donc l'idée du devoir qui nous donne accès dans le monde des réalités objectives, où la raison spéculative ne peut nous introduire. La certitude que nous avons de ces vérités n'est pas la science, mais la foi ou la croyance.

III. Critique du jugement. Elle traite du beau et de la finalité. Caractères du beau. Distinction du beau et du sublime.

La finalité interne consiste dans l'harmonie et l'unité d'un être, dont toutes les parties concourent à la perfection de l'être. La finalité se manifeste dans les plantes et dans les animaux. Tout organisme se développe comme si une idée dirigeait son évolution ; notre esprit en conclut que la nature ne fait rien en vain. Ce principe nous dirige dans nos études ; mais il n'a pas plus de valeur objective que les principes de la raison pure.

Les principaux philosophes du XVIIIe siècle sont Condillac (1715-1780), Berkeley, Hume et Reid. Condillac est sensualiste. Berkeley est immatérialiste. Hume exagéra l'immatérialisme de Berkeley en niant la substance. Reid entreprit de réagir au nom du sens commun contre le phénoménisme de Hume.

VII. — La philosophie au XIXe siècle.

En Allemagne, les disciples de Kant, Fichte, Schelling et Hégel sont panthéistes.

Schopenhauer et Hartmann sont pessimistes.

Moleschott, Hæckel et Büchner sont matérialistes.

Weber, Fechner et Wundt sont psycho-physiciens.

En France, Cabanis et Broussais sont matérialistes.

De Maistre, de Bonald et Lamennais sont traditionalistes.

Maine de Biran et Cousin sont spiritualistes.

Saint-Simon, Fourrier, Proudhon sont socialistes.

Les deux doctrines qui ont eu le plus de célébrité et d'influence au XIX° siècle sont la philosophie spiritualiste de Cousin et la philosophie positive d'Auguste Comte.

La philosophie de Cousin fut éclectique et spiritualiste. Sa morale fut la morale du devoir empruntée en partie à Kant.

Philosophie positive. L'insuffisance du spiritualisme de Cousin provoqua une réaction qui s'appelle la *philosophie positive*. Auguste Comte en est l'auteur (1798-1857). Les principaux représentants de cette philosophie sont : Littré Taine, Ribot, en France ; Stuart-Mill et Herbert Spencer en Angleterre.

Le positivisme est caractérisé par la loi des trois états, la hiérarchie des sciences, la méthode d'observation extérieure qui implique la relativité de la connaissance et enfin par la morale altruiste.

D'après Comte, l'humanité aurait passé par l'état théologique, l'état métaphysique, et arrive enfin à l'état scientifique, à l'explication des faits par les faits.

Les sciences se groupent d'après un ordre régulier d'abstraction décroissante et de complexité croissante, dans l'ordre suivant : mathématiques, astronomie, physique, chimie, biologie, sociologie.

La méthode positive consiste à s'en tenir aux faits et à leurs relations constantes. Elle n'admet que l'expérience. Nous ne connaissons que des faits ou phénomènes. L'absolu nous est inconnaissable.

En morale, Comte admet deux mobiles de nos actions : *l'amour de soi* et *l'altruisme*. Il fait consister la moralité dans la prédominance des instincts altruistes. Il veut que dans nos actions nous ayons en vue l'intérêt de l'humanité : vivre pour autrui est la loi suprême

Comte a voulu fonder une religion de l'humanité. Il n'a pas été suivi sur ce terrain par ses disciples. Tous les positivistes rejettent la métaphysique et la recherche des causes, des origines et des fins. En général, les positivistes français tendent au matérialisme ; les positivistes anglais sont phénoménistes.

TABLE DES MATIÈRES

Introduction.

La science.	1
Classification des sciences.	4
Objet de la philosophie.	7

Première partie.

PSYCHOLOGIE

Objet et méthode de la psychologie expérimentale. . . . 15

CHAPITRE PREMIER. — LA SENSIBILITÉ

Art. Ier.	— Les émotions (plaisir et douleur).	29
Art. II.	— Les inclinations.	39
Art. III.	— Les passions.	48

CHAPITRE II. — L'INTELLIGENCE

Fonction d'acquisition.

Art. Ier.	— La perception externe.	59
Art. II.	— La perception interne.	65

Fonction de conservation.

Art. Ier.	— La mémoire.	73
Art. II.	— L'association des idées.	80
Art. III.	— L'imagination.	85

Fonction d'élaboration

Art. Ier.	— L'attention.	92
Art. II.	— L'abstraction.	95
Art. III.	— La comparaison.	97
Art. IV.	— La généralisation.	98
Art. V.	— Le jugement.	104
Art. VI.	— Le raisonnement.	107
Art. VII.	— La raison et les principes.	110
Art. VIII.	— Origine des idées.	114

CHAPITRE III. — LA VOLONTÉ

Art. Ier.	— L'instinct.	130
Art. II.	— L'habitude.	134
Art. III.	— La volonté.	137
	Le libre arbitre.	141
	Le fatalisme.	145

CHAPITRE IV. — PSYCHOLOGIE APPLIQUÉE

Art. Ier.	— Des signes et du langage.	153
Art. II.	— Le beau et l'art.	160
Art. III.	— Rapport du physique et du moral.	168
Art. IV.	— Psychologie comparée.	171

Deuxième partie.

LOGIQUE

CHAPITRE Ier. — LOGIQUE FORMELLE

Art. Ier.	— De l'idée et du terme.	179
Art. II.	— Du jugement et de la proposition.	183
Art. III.	— Du raisonnement et des arguments.	188

CHAPITRE II. — LOGIQUE APPLIQUÉE

Art. Ier.	— Méthode inductive.	200
Art. II.	— Méthode déductive.	215
Art. III.	— Méthode des sciences morales.	219
Art. IV.	— Méthode historique.	222
Art. V.	— Les erreurs et les sophismes.	226
	Les grandes hypothèses.	237

Troisième Partie

LA MORALE

CHAPITRE Ier. — MORALE GÉNÉRALE

Art. Ier.	— Distinction du bien et du mal.	241
Art. II.	— La conscience morale.	248
Art. III.	— La loi morale.	253
Art. IV.	— Conséquences de l'acte moral.	258
Art. V.	— Les divers systèmes de morale.	268

CHAPITRE II. — MORALE SPÉCIALE

Art. Ier.	— Devoirs individuels.	288
Art. II.	— Devoirs envers nos semblables.	293
Art. III.	— Devoirs envers Dieu.	302
Art. IV.	— Rapports de la morale et de l'économie politique.	306

Quatrième partie.

MÉTAPHYSIQUE

CHAPITRE Ier. — MÉTAPHYSIQUE GÉNÉRALE

Art. Ier.	— Ontologie	323
Art. II.	— Critique de nos facultés intellectuelles	331

CHAPITRE II. — MÉTAPHYSIQUE SPÉCIALE

Art. Ier. — Cosmologie rationnelle. 342
    I. — Existence du monde extérieur. . 342
    II. — Diverses conceptions sur la matière et sur la vie. 345

Art. II. — Psychologie rationnelle. 351
    I. — Existence et spiritualité de l'âme. 351
    II. — Union de l'âme et du corps. . . 359
    III. — L'immortalité de l'âme. 363

Art. III. — Théodicée. 368
    I. — Existence de Dieu. 369
    II. — Nature et attributs de Dieu. . . 376
    III. — Rapports de Dieu avec le monde. 382

Cinquième partie.

HISTOIRE DE LA PHILOSOPHIE

CHAPITRE Ier. — LA PHILOSOPHIE ANCIENNE

Art. Ier. — Première période (600-400 avant J.-C.). . 391

Art. II. — Deuxième période, de Socrate à l'ère chrétienne. 393
    I. — Socrate. 393
    II. — Platon. 397
    III. — Aristote. 402
    IV. — La philosophie grecque après Aristote. 406
    V. — Épicure. 406
    VI. — Le stoïcisme. 409

Art. III. — Troisième période. École d'Alexandrie. . 412

CHAPITRE II

Philosophie du moyen-age 413

CHAPITRE III. — PHILOSOPHIE MODERNE

Art. Ier. — Philosophie de la Renaissance 414
Art. II. — Philosophie moderne. 415
    I. — François Bacon 415
    II. — Descartes. 418
    III. — Spinoza. 426
    IV. — Locke. 428
    V. — Leibniz 430
    VI. — Kant 435
    VII. — La philosophie au XIXe siècle. . 440

ERRATA

Page 50, ligne 18, au lieu de : *nous connaissons le monde extérieur...*
  lisez : nous connaissons les objets extérieurs.

Page 93, ligne 30, au lieu de : *dispaaitre*
  lisez : disparaître.

Page 121, ligne 6, au lieu de : *l'expérence*
  lisez : l'expérience.

Page 122, ligne 8, au lieu de *Romini*
  lisez : *Rosmini.*

Page 148, ligne 4, au lieu de : *sience*
  lisez : *science.*

Page 148, ligne 17, au lieu de : *comparer des plaisirs*
  lisez : comparer des motifs.

Page 203, ligne 30, au lieu de : *l'observation*
  lisez : l'observateur.

Page 357, ligne 24, au lieu de : *ce qui n'a été établi*
  lisez : ce qui n'a pas été établi.

Page 437, ligne 5, au lieu de : *dans ces deux éléments*
  lisez : dans ses deux éléments.

Page 445, au lieu de : *Les grandes hypothèses....* 237
  lisez : *Les grandes hypothèses.,...* 231.

A LA MÊME LIBRAIRIE

Mélanges philosophiques, par Mgr Hulst. In-8° écu. 3 fr. 50

L'idée ou Critique du Kantisme, par l'abbé C. Piat, agrégé de philosophie, docteur ès-lettres, professeur à l'Institut catholique de Paris. 2e édition. In-8° écu. . . . . 6 fr.

Philosophie et Athéisme, par Ernest Hello (Œuvre posthume). In-12. . . . . 3 fr. 50

H. Taine, par M. Amédée de Margerie, 2e édition. In-8° écu. 5 fr.

Conférences de Notre-Dame, par Mgr d'Hulst, chaque vol. 5 fr.
1891. Les fondements de la moralité. — 1892. Les devoirs envers Dieu. — 1893. Les devoirs envers Dieu (suite). — 1894. La Morale de la famille. — 1895. La Morale du citoyen. — 1896. La Morale sociale.

Conférences de Notre-Dame de Paris et de Toulouse, par le R. P. Lacordaire. 5 volumes in-12. . . . . 20 fr.

Conférences de Nancy, prêchées en 1842 et 1843, par le R. P. Lacordaire, et publiées par le P. Tripier, des Frères Prêcheurs, 2 vol. in-12. . . . . 6 fr.

La Science de la religion, par le R. P. Chabin, S. J. In-8°. . . . . 5 fr.

Les quatre évangiles. Traduction avec introduction, notes et index des noms propres, cartes, plans et gravures, par M. l'abbé S. Verret, 2e édition. In-12, broché. . . . . 3 fr.

Apologies scientifiques de la foi chrétienne, par Mgr Duilhé de Saint-Projet, recteur de l'Université de Toulouse. Nouvelle édition. In-12, avec portrait. . . . . 3 fr. 50

Apologétique chrétienne, par Mgr Cauly. In-12 . . 2 fr. 75

Le Christianisme et les temps présents, par Mgr Bougaud, évêque de Laval :
5 volumes in-8°. . . 37 fr. 50 | 5 volumes in-12. . . 20 fr.
Tome Ier. La Religion et l'Irréligion. — Tome II. Jésus-Christ. — Tome III. Les Dogmes du Credo. — Tome IV. L'Église. — Tome V. La Vie chrétienne.
(Les deux premiers volumes ne se vendent pas l'un sans l'autre.)

Études philosophiques sur le christianisme, par M. A. Nicolas. 23e édition. 4 volumes in-8°. . . . . . . 24 fr.
Le même ouvrage. 26e édition. 4 volumes in-12. . . . 14 fr.

Le Dogme de la vie future et la libre pensée contemporaine, par le R. P. Lescœur. In-12. . . . . 3 fr. 75

Vannes. — Imprimerie LAFOLYE frères, 2, place des Lices.

www.ingramcontent.com/pod-product-compliance
Lightning Source LLC
Chambersburg PA
CBHW070539230426
43665CB00014B/1746